高职高专规划教材

# 路面施工技术

何　晨　主编
姚玲玲　主审

化学工业出版社
·北京·

本书为全国交通土建类高等职业教育规划教材，本书根据交通职业教育教学指导委员会路桥工程专业指导委员会新的课程标准编写而成。

本教材主要对路面工程的设计和施工技术进行阐述，全书包括路面结构图的设计与识读、施工准备工作、基层施工、沥青路面施工、水泥混凝土路面施工、路面施工组织设计、施工检测技能训练等内容，以路面设计规范、路面施工技术规范为编写依据，密切联系施工生产中实际应用的施工技术内容，突出施工技术控制与操作，并对施工中常见的问题和相应的处理技术要点做了说明。

本书为高职高专道路桥梁工程技术专业及相关专业的教育教学工作，也可供有关工程技术人员参考使用。

**图书在版编目（CIP）数据**

路面施工技术/何晨主编. —北京：化学工业出版社，2013.5

高职高专规划教材

ISBN 978-7-122-16793-4

Ⅰ.①路… Ⅱ.①何… Ⅲ.①路面施工-高等职业教育-教材 Ⅳ.①U416.2

中国版本图书馆CIP数据核字（2013）第058903号

责任编辑：王文峡　　文字编辑：陈　雨

责任校对：陈　静　　装帧设计：刘丽华

出版发行：化学工业出版社（北京市东城区青年湖南街13号　邮政编码100011）

印　　装：北京云浩印刷有限责任公司

787mm×1092mm　1/16　印张19　字数490千字　2013年6月北京第1版第1次印刷

购书咨询：010-64518888（传真：010-64519686）　售后服务：010-64518899

网　　址：http://www.cip.com.cn

凡购买本书，如有缺损质量问题，本社销售中心负责调换。

定　　价：36.00元

# 前 言

高等职业教育以培养生产、建设、管理、服务第一线的高素质技能型专门人才为根本任务，在建设人力资源强国和高等教育强国的进程中发挥着不可替代的作用。《中华人民共和国职业教育法》和《中华人民共和国高等教育法》的颁布和实施真正确立了我国高等职业教育的法律地位。“大力发展职业教育，投入职业教育，提升并发展职业教育层次”已经成为我国各级政府和教育行政部门的共识。近年来，我国职业教育被确认为“国家教育事业的重要组成部分”，受到社会各界广泛认可、接受和重视。

根据《关于全面提高高等职业教育教学质量的若干意见》（教高［2006］16号）的精神，针对区域经济发展的要求，灵活调整和设置专业，是高等职业教育的一个重要特色。交通类高等职业教育是我国高等职业教育的重要组成部分，为交通行业发展担负着培养合格的一线高素质技能型人才的重任。

“课程建设与改革是提高教学质量的核心，也是教学改革的重点和难点。高等职业院校要积极与行业企业合作开发课程，根据技术领域和职业岗位（群）的任职要求，参照相关的职业资格标准，改革课程体系和教学内容。建立突出职业能力培养的课程标准，规范课程教学的基本要求，提高课程教学质量”，道路桥梁工程技术专业认真分析交通行业对人才的需求，通过与来自行业企业的一线专家和教育教学专家共同探讨，选择教学内容，制定培养目标，形成了道路桥梁工程技术专业的课程体系，继而明确了专业教学标准和课程标准。

“路面施工技术”是道路桥梁工程技术专业的一门专业核心课程，其教学目标是在具备了路面工程的基本知识、基本理论和决策方法的基础上，培养学生解决公路路面施工技术和实施性施工组织设计等问题的能力，以及运用国家现行施工规范、规程、标准的能力，并进行路面施工新技术、新工艺的应用学习。同时学生通过学习达到公路施工员资格证书中相关技术考试的基本能力要求。

本书由河南交通职业技术学院何晨主编，由郑州市交通规划勘察设计院总工程师姚玲玲高级工程师担任主审。参加本教材编写工作的人员分工如下：第一章、第五章由河南交通职业技术学院王菊蕊编写；第二章、第七章由河南交通职业技术学院闫海峰编写；第三章、第四章由河南交通职业技术学院何晨编写；第六章、第八章由河南交通职业技术学院贾悦编写。

本教材在编写过程中，参考并引用了附于本书末尾的参考文献中作者的部分成果，得到了化学工业出版社的帮助，在此一并致以诚挚谢意。

编者

2013年3月

# 目 录

**第五章　水泥混凝土路面施工 …… 178**



**第六章　路面检测技能训练 ……… 211**

# 第一章　公路路面结构图设计

**知识目标**

1. 了解公路路面结构层的组成、作用及要求；
2. 了解公路沥青路面设计的原理；
3. 掌握公路沥青路面设计的依据；
4. 掌握公路水泥混凝土路面的构造；
5. 掌握水泥混凝土路面设计的原理；
6. 掌握公路水泥混凝土路面设计的依据、内容和方法；
7. 掌握路面排水结构的类型。

**技能目标**

1. 能准确描述路面结构的组成和各结构层的作用及要求；
2. 能完整收集路面设计需要的设计资料；
3. 能进行路面结构层的厚度计算，并能绘制路面结构图，计算所需的工程数据。

## 第一节　路面的结构组成和基本要求

路面是道路的主要工程构造物之一，是在路基顶面的行车部分用各种混合料铺筑而成的层状结构物。

路基是路面结构的基础，是在天然地表面按照道路的设计线型（位置）和设计横断面（几何尺寸）的要求开挖或堆填而成的岩土结构物。坚固而稳定的路基是路面结构长期承受车辆荷载作用的保障，同时路面结构又保护了路基的稳定，使之避免直接承受车辆荷载与大气等因素的破坏作用，二者是相辅相成的整体。

### 一、路面横断面

在路基顶面铺筑路面结构层，沿横断面方向一般由行车道、硬路肩和土路肩等部分组成。路面横断面形式随着道路等级的不同，可以选择不同的形式，通常分为槽式横断面和全铺式横断面，如图 1-1 所示。

1. 槽式横断面

在路基上按路面行车道及硬路肩设计宽度开挖路槽，保留土路肩，形成浅槽，在槽内铺筑路面。也可以采用培槽的方式，在路基两侧培槽，或半挖半填的方式培槽。

2. 全铺式横断面

就是在路基全部宽度内都铺筑某个路面层次。

修筑高等级公路时，为了将路面结构内部的水分迅速排除，可以在全宽范围内铺筑基层材料，保证水分沿横向排入边沟，减小向下的渗透量。

有的时候考虑到道路交通量的迅速增长，为了适应改扩建的需要，可以将硬路肩及土路肩的位置全部按行车道标准铺筑成面层结构。

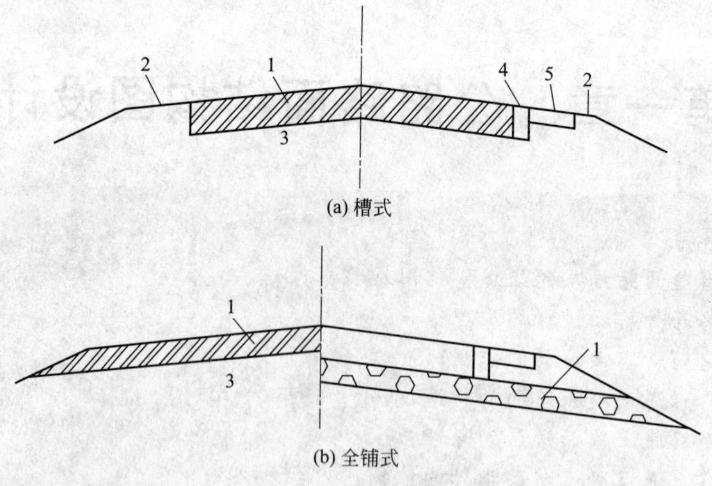


图 1-1　路面横断面形式

1—路面结构层次；2—土路肩；3—路基；4—路缘石（侧石）；5—硬路肩

在盛产石料的山区或者比较狭窄的路基上，也可以按全宽形式铺筑中、低级路面。

## 二、路拱横坡度

为了保证路面表面的雨水及时横向排除，减少雨水对路面的浸润和渗透而导致路面结构强度的下降，路面表面横向应做成中间向两侧倾斜的拱形，即为路拱。

路拱的基本形式比较多，一般可采用直线型、折线型或抛物线型。等级高的路面，平整度和水稳定性较好，透水性比较小，通常可以采用直线型路拱和比较小的路拱横坡度。等级较低的路面，为了便于及时排除表面积水，一般采用抛物线型路拱和比较大的路拱横坡度。表 1-1 列举了不同类型路面所采用的路拱平均横坡度。

**表 1-1　各类路面的路拱平均横坡度**

| 路面类型 | 路拱平均横坡度/% | 路面类型 | 路拱平均横坡度/% |
|---|---|---|---|
| 沥青混凝土、水泥混凝土 | 1～2 | 碎、砾石等粒料路面 | 2.5～3.5 |
| 其他沥青路面 | 1.5～2.5 | 低级路面 | 3～4 |
| 半整齐块石 | 2～3 | | |

注：路肩横坡度一般比路拱横坡度大 1%～2%。

路拱及路肩横坡度应根据行车道宽度、路面结构类型、排水要求和当地自然条件而定。

在干旱和存在积雪、积冰现象的地区应采用低值，多雨地区采用高值；当道路纵坡较大或者路面较宽、或行车速度较高、或交通量和车辆载重均较大、或常有挂车行驶时，采用低值，反之可采用高值。

整体式高速公路和一级公路，通常采用两种方式布置路拱横断面。若中央分隔带未设置排水设施，路面表面则做成中间高、两侧低，由单向横坡向路肩方向排水。若分隔带设置排水设施，则两侧路面分别单独做成中间高、两侧低的路拱，向中间排水设施和路肩两个方向排水。

路肩横坡度一般比路拱横坡度大 1%～2%。但是高速公路和一级公路的硬路肩采用与路面行车道相同的结构时，应采用与路面行车道相同的路面横坡度。

## 三、路面结构分层及层位功能

行车荷载和自然因素对路面的影响的特点是随深度的增加而逐渐减弱，因此，对路面材料的强度、抗变形能力和稳定性的要求也随深度的增加而逐渐降低。为了适应这一特点，路面结构通常是分层铺筑的，按照使用要求、受力状况、土基支撑条件和自然因素影响程度的不同，分成若干层次。通常按照各个层位功能的不同，划分为面层、基层和垫层三个层次，如图 1-2 所示。

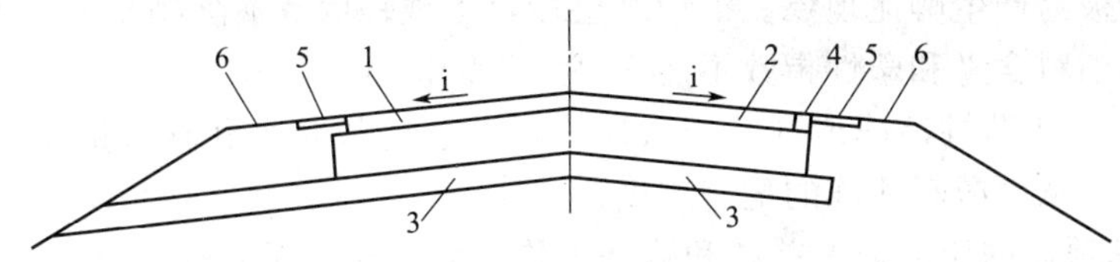


图 1-2　路面结构层次划分示意图

1—面层；2—基层；3—垫层；4—路缘石；5—硬路肩；6—土路肩；i—路拱横坡度

1. 面层

面层是直接承受车轮荷载反复作用和自然因素影响的表面层次。

面层承受较大的行车荷载的垂直力、水平力和冲击振动力的作用，同时还受到降水的侵蚀、气温变化及风化的影响，因而面层应具备较高的结构强度和抗变形能力，较好的水稳定性和温度稳定性，应当耐磨，不透水，其表面还应有良好的抗滑性和平整度。

面层有时分两层或三层铺筑，高速公路沥青面层厚度可以达到 18～20cm，可按表面层、中面层、下面层三层结构进行铺设；水泥混凝土路面也可以按上、下两层进行铺筑，分别采用不同强度等级的水泥混凝土材料；有的水泥混凝土路面上铺设厚度 5cm 左右的沥青混凝土结构层而组成的复合型路面结构，在旧水泥混凝土路面改建工程中十分常见。这里应注意砂石路面上的 2～3cm 的磨耗层及厚度不超过 3cm 的沥青表面处置层，不能算是独立的计算层次。

修筑面层的材料主要有各种结合料（包括沥青、水泥、石灰等）稳定土或稳定碎（砾）石、贫水泥混凝土、天然砂砾、各种碎石或砾石、片石、块石或圆石、各种工业废渣（煤渣、粉煤灰、矿渣等）和土、砂、石组成的混合料等。

面层的类型及适用范围如表 1-2 所示。

**表 1-2　面层的类型及适用范围**

| 面层类型 | 适用范围 |
|---|---|
| 沥青混凝土 | 高速、一、二、三、四级公路 |
| 水泥混凝土 | 高速、一、二、三、四级公路 |
| 沥青贯入式、沥青碎石、沥青表面处治 | 三、四级公路 |
| 砂石路面 | 四级公路 |

2. 基层

直接位于沥青面层下、用高质量材料铺筑的主要承重层或直接位于水泥混凝土面板下、用高质量材料铺筑的路面结构层次称为基层。

基层主要承受由面层传来的车轮荷载的垂直力，并将其扩散到下面的垫层和路基中去。

沥青路面结构中，基层实际上是路面结构层中的承重层，因此应该具备足够的强度和刚度，并具有良好的扩散应力的能力。基层遭受大气因素的影响虽然比面层小，但仍然有可能受到地下水和通过面层渗透的大气降水的侵蚀，所以基层要求有足够的水稳定性和抗冲刷性。基层表面虽然不直接提供车辆行驶的能力，但仍然要求有较好的平整度，这是保证面层平整性的基本条件。

水泥混凝土路面结构中，面层的强度和刚度非常大，因此设置基层主要有以下目的：

① 防唧泥　混凝土面层如直接放在路基上，会由于路基土塑性变形大，细料含量多和抗冲刷能力低而极易产生唧泥现象。铺设基层后，可减轻以致消除唧泥的产生。但未经处治的砂砾基层，其细料含量和塑性指数不能太高，否则仍会产生唧泥。

② 防冰冻　在季节性冰冻地区，用对冰冻不敏感的粒状多孔材料铺筑基层，可以减小路基的冰冻深度，从而减轻冰冻的危害程度。

③ 减小路基顶面的压应力，并缓和路基不均匀变形对水泥混凝土面层的影响。

④ 防水　在湿软土基上，铺筑开级配粒料基层可以排除从路表面渗透下来的水分（如图 1-3 所示）以及隔断地下毛细水的上升。

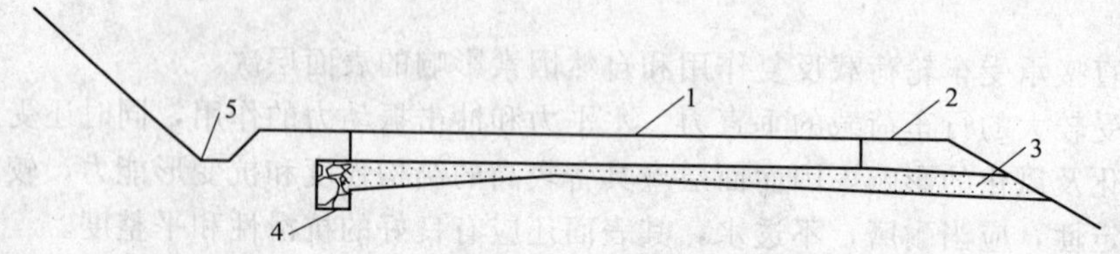


图 1-3　兼起排水作用的粒料基层

1—路面面层；2—路肩；3—通过路肩的基层；4—盲沟；5—边沟

⑤ 为水泥混凝土面层施工提供支立模板、运送材料的空间。

⑥ 提高路面结构的承载能力，延长路面的使用寿命。

基层所用的材料包括各种无机结合料（如石灰，水泥），稳定土（包括细粒土，中和粗粒的碎砾石等），无机结合料稳定的各种工业废渣（如煤渣，矿渣，石灰渣及粉煤灰等），贫水泥混凝土，天然砂砾，各种碎石或砾石等，常用的基层类型见表 1-3。

**表 1-3　各种常用的基层类型**

| 类型 | | 材料 |
|---|---|---|
| 沥青稳定类 | | 沥青碎石、沥青稳定碎石、排水式沥青碎石等 |
| 水泥混凝土类 | | 碾压式混凝土、贫混凝土等 |
| 无机结合料稳定类 | 水泥稳定类 | 水泥碎石、水泥砂砾、水泥土等 |
| | 石灰工业废渣类 | 石灰粉煤灰(二灰)、二灰碎石、二灰砂砾、二灰土 |
| | 石灰稳定类 | 石灰碎石土、石灰砾石土、石灰土、石灰土碎石等 |
| 粒料类嵌锁、级配型 | 嵌锁型 | 泥结碎石、泥灰结碎石、填隙碎石等 |
| | 级配型 | 级配碎石、级配砾石、级配砂砾等 |

当基层厚度较大，为了保证工程质量可以分为两层或三层铺筑。当采用不同材料铺筑基层时，基层最下层部分称为底基层，对底基层材料质量要求低于基层的要求，可就地取材进行修筑以降低成本。

基层或底基层可以是单层或双层形式，基层为双层时，分别称为上基层、下基层；底基层为双层时，分别称为上底基层、下底基层。

3. 垫层

垫层介于土基与基层（底基层）之间，它的功能一方面是改善土基的湿度和温度状况，以保证面层和基层的强度、刚度和稳定性不受土基水温状况变化所造成的不良影响。另一方面，垫层将基层（底基层）传递下来的车辆荷载应力加以扩散，以减小土基顶面的应力与变形。同时垫层还能防止路基土挤入基层（底基层）中，影响基层（底基层）的性能。

修筑垫层的材料，主要考虑选择水稳定性和隔温性能好的材料，常用的垫层材料包括两类：一类是松散粒料，如砂、砾石、炉渣等粗粒料组成的透水性垫层；另一类是石灰和水泥稳定土等铺筑的稳定性垫层。

需要说明的是，并不是公路路面都必须同时具备上述所有的层次，这需要根据实际情况设置必要的结构层。

**四、路面的基本性能**

公路在使用中，除了要求具有全天候的通行能力，而且要求车辆能以一定的速度，安全、舒适而经济的行驶，这就要求路面具有良好的使用性能，从而提供良好的行驶条件和服务水平。

为了保证公路最大限度地满足车辆运行的要求，提高车速、增强安全性和舒适性，降低运输成本和延长道路使用寿命，要求路面具有下列基本性能。

1. 承载能力

行驶在公路上的汽车，通过车轮把荷载传递给路面，路面内部产生应力、应变和位移。如果路基路面结构整体或某一组成部分的强度或抗变形能力不足，则路面就会出现断裂、波浪或车辙等病害，使路况恶化，服务水平下降。因此要求路面结构整体及其各组成部分都必须具有与行车荷载相适应的承载能力。

结构承载能力包括强度和刚度两个方面。路面结构应具有足够的强度抵抗车轮荷载引起的各种应力，保证不发生压碎、拉断、剪切等各种破坏。路面结构整体或各个结构层次都应具有足够的刚度来抵抗车轮荷载作用下引起的变形，保证不发生过量的变形而导致出现沉陷、波浪或车辙等各种病害。

2. 稳定性

路面结构在大气温度、降水湿度变化的影响之下保持工程设计所要求的几何形态与物理力学性质的能力，称为路面结构的稳定性。

大气降水会使路面结构内部的湿度状态发生变化。沥青混凝土路面，由于水分的侵蚀，会引起沥青结构层剥落或松散。砂石路面，在雨季会因雨水冲刷和水分渗入结构层，而导致强度下降，产生沉陷、松散等病害。因此防水、排水是确保路面水稳定性的重要措施。

气温周期性的变化对路面结构的稳定性有重要影响。高温季节沥青路面软化，在车轮荷载作用下会产生较大的变形。水泥混凝土路面面板在高温季节会翘曲变形，在车轮荷载的反复作用下，则容易产生裂缝或造成断板。北方在低温冰冻季节，沥青路面、水泥混凝土路面、半刚性基层由于低温会产生大量收缩裂缝。

3. 耐久性

路面结构在车辆荷载和大气水温周期性的重复作用下，路面路用性能将逐年下降，最终可能在远低于设计年限的情况下出现疲劳破坏。

为了提高路面结构的耐久性，除了精心设计、精心施工外，要重视常年的路面养护、维修工作。

4. 表面平整度

不平整的路面表面会增大行车阻力，造成行车颠簸，影响行车的速度和安全、驾驶的平稳和乘客的舒适感。同时，振动作用还会对路面施加冲击力，从而加剧路面和汽车机件的损坏及轮胎的磨损，并增大油料的消耗。此外，不平整的路面还会积滞雨水，加速路面的破坏。

优良的路面平整度，要依靠优良的施工装备，精细的施工工艺，严格的施工质量控制以及经常和及时的养护来保证。

路面的平整度与整个路面结构和路基顶面的强度、抗变形能力有关，与结构层所用材料的强度、抗变形能力以及材料的均匀性有很大关系。

5. 表面抗滑性能

路面表面要求平整，但不能光滑。汽车在光滑的路面上行驶，车轮与路面之间缺乏足够的附着力和摩擦力，雨天高速行车，紧急制动或突然启动，爬坡或转弯时，车轮易产生空转或打滑，致使行车速度降低，油料消耗增加，甚至引起交通事故。

路面表面的抗滑能力通常采用坚硬、耐磨、表面粗糙的集料组成路面表层材料来实现，也可采用一些工艺性措施来实现，如水泥混凝土路面的刷毛或刻槽等。此外，路面上的积雪或污泥等也会降低路面的抗滑性，必须及时予以清除。

**五、影响路面基本性能的因素**

1. 自然因素

路面结构裸露在大气中，其性能很大程度上受当地自然条件的影响。这其中包括地理条件、地质条件、气候条件、水文和水文地质条件。

这就需要深入调查公路沿线的自然条件，从总体到局部，从大区域到具体路段的自然情况进行分析研究，掌握自然因素的变化规律及其对路面的影响，因地制宜地采取有效的工程技术措施，确保路面具备稳定的路用性能。

2. 车辆荷载

车辆荷载是路面结构产生各种病害的主因之一。分析车辆荷载包括车辆的类型、轴重、轴型组成，使用年限内的交通量等。

3. 路面材料

不同的路面材料，反映出不同的力学特性，对路面结构的使用性能影响很大，正确地认识材料性能和选择合适的材料，是保证路面结构使用性能的前提。

4. 合理的设计方案，严格的施工控制和及时必要的养护

以上这些方面是路面结构长期路用性能的重要保障。

**六、路面分类**

路面可以从不同角度进行类型划分，在工程设计中，主要从路面结构的力学特性和设计方法的相似性出发，将路面划分为柔性路面、刚性路面和半刚性路面三种类型。

1. 柔性路面

柔性路面是指整体结构刚度较小，在车辆荷载作用下产生较大的弯沉变形，路面结构的抗弯拉强度较低，主要靠抗压、抗剪强度来承受车辆荷载作用的路面。它主要包括由各种粒料类嵌锁型、级配型基层及沥青稳定类基层和各类沥青面层所组成的路面结构，或砂石类面层所组成的路面结构。车轮荷载通过各结构层向下传递到土基的压应力较大，因而对土基的强度和稳定性要求较高。

2. 刚性路面

刚性路面是指用水泥混凝土作为面层或基层的路面结构。刚性路面与柔性路面的主要区别在于路面的破坏状态和它分布荷载到路基上的状态有所不同。刚性路面的特点是刚度与强度很高，弹性模量也大，结构呈板体性，分布到土基的荷载面较宽，传递到土基的应力较小。

3. 半刚性路面

半刚性路面是指由无机结合料稳定类材料做基层和各类沥青面层所组成的路面结构。无机结合料稳定类基层在前期具有柔性路面的力学性质，后期的强度和刚度均有较大幅度的增

长，但最终的强度和刚度仍远小于水泥混凝土，这类基层称为半刚性基层。亦即铺筑在半刚性基层上的沥青面层路面结构称为半刚性路面。

## 第二节 路面设计资料的收集

汽车是公路的服务对象。路面的基本功能是保证长期条件下，车辆能够快速、安全、平稳的行驶。同时，行车荷载又是造成路面结构损伤的主要原因。因此为了保证路面设计能达到预期的功能，应首先对公路上行驶的汽车进行分析，包括车辆的分类、汽车的参数（轴数、轮数、轴重）、设计年限内的交通量及变化规律等。

### 一、行车荷载

1. 车辆的种类

道路上通行的汽车车辆主要分为客车与货车两类。

客车又分成小客车、中客车和大客车。小客车自身重量与满载总重都比较小，但车速高，一般可达到 120km/h，有的小客车可达到 200km/h 以上；中客车一般包括 6 个座位至 20 个座位的中型客车；大客车一般是指 20 个座位以上的大型客车（包括铰接车和双层客车），主要用于长途客运与城市公共交通。

货车又分为整车、牵引式挂车和牵引式半挂车。整车的货厢与汽车发动机为一整体；牵引式挂车的牵引车与挂车是分离的，牵引车提供动力，牵引后挂的挂车，有时可以拖挂两辆以上的挂车；牵引式半挂车的牵引车与挂车也是分离的，但是通过铰接相互连接，牵引车的后轴也担负部分货车的重量，货车车厢的后部有轮轴系统，而前部通过铰接悬挂在牵引车上。货车总的发展趋势是向大吨位发展，特别是集装箱运输水陆联运业务开展之后，货车最大吨位已超过 40～50t。

汽车的总重量通过车轴与车轮传递给路面，所以路面结构的设计主要以轴重作为荷载标准。对于公路上行驶的多种车辆组合，路面结构设计时，重型货车与大客车起决定作用，轻型货车与中、小客车影响很小，有时可以忽略不计。但是在考虑路面表面特性要求时，如平整性、抗滑性等，以小汽车为主要对象，因为小汽车的行驶速度高，在高速行车条件下应具有良好的平稳性与安全性。

2. 汽车的轴型

无论是客车还是货车，车身的全部重力都通过车轴上的轮子传递给路面，因此汽车的轴重是路面设计的决定性因素。

由于轴重的大小直接关系到路面结构的设计承载力与结构强度，为了统一设计标准和便于管理，我国公路与城市道路路面设计规范中均以 100kN 作为设计标准轴重，即 BZZ-100。

通常，整车形式的客、货车车轴分前轴和后轴。绝大多数车辆前轴都是由两个单轮组成的单轴（一根车轴、一侧一个车轮），而汽车的后轴通常有单轴、双轴、三轴三种，大多数汽车后轴都是双轮组（一侧两个车轮）。

随着我国经济不断发展，货车的总重也越来越大，出现了各种多轴多轮货车，以减轻对路面的压力。我国常用汽车路面设计参数见表 1-4。

3. 车辆对道路的作用

汽车对道路的作用可分为停驻状态和行驶状态。

（1）静态压力　当汽车处于停驻状态时，对路面的作用力为静态压力，主要是由轮胎传递给路面的垂直压力 $p$，它的大小受到下述因素影响：①汽车轮胎的压力 $p_i$；②轮胎的刚度和轮胎与路面接触的形态；③轮载的大小。

表 1-4 我国常用汽车路面设计参数

| 序号 | 汽车型号 | 总重/kN | 载重/kN | 前轴重/kN | 后轴重/kN | 后轴数 | 轮轴数 | 轴距/cm | 出产国 |
|---|---|---|---|---|---|---|---|---|---|
| 1 | 解放 CA10B | 80.25 | 40.00 | 19.40 | 60.85 | 1 | 双 | | 中国 |
| 2 | 解放 CA15 | 91.35 | 50.00 | 20.97 | 70.38 | 1 | 双 | | 中国 |
| 3 | 解放 CA30A | 103.00 | 46.50 | 29.50 | 2×36.75 | 2 | 双 | | 中国 |
| 4 | 解放 CA50 | 90.90 | 50.00 | 24.70 | 68.20 | 1 | 双 | | 中国 |
| 5 | 解放 CA340 | 78.70 | 36.60 | 22.10 | 56.60 | 1 | 双 | | 中国 |
| 6 | 解放 CA390 | 105.15 | 60.15 | 35.00 | 70.15 | 1 | 双 | | 中国 |
| 7 | 东风 EQ140 | 92.90 | 50.00 | 23.70 | 69.20 | 1 | 双 | | 中国 |
| 8 | 黄河 JN150 | 150.60 | 82.60 | 49.00 | 101.60 | 1 | 双 | | 中国 |
| 9 | 黄河 JN162 | 174.50 | 100.00 | 59.50 | 115.00 | 1 | 双 | | 中国 |
| 10 | 黄河 JN162A | 178.50 | 100.00 | 62.28 | 116.22 | 1 | 双 | | 中国 |
| 11 | 黄河 JN253 | 187.00 | 100.00 | 55.00 | 2×66.00 | 2 | 双 | | 中国 |
| 12 | 黄河 JN360 | 270.00 | 150.00 | 50.00 | 2×110.0 | 2 | 双 | | 中国 |
| 13 | 黄河 QD351 | 145.65 | 70.00 | 48.50 | 97.15 | 1 | 双 | | 中国 |
| 14 | 延安 SX161 | 237.14 | 135.00 | 54.64 | 2×91.25 | 2 | 双 | 135 | 中国 |
| 15 | 长征 XD160 | 213.00 | 120.00 | 42.60 | 2×85.20 | 2 | 双 | | 中国 |
| 16 | 长征 XD250 | 189.00 | 100.00 | 37.80 | 2×72.60 | 2 | 双 | | 中国 |
| 17 | 长征 XD980 | 182.40 | 100.00 | 37.10 | 2×72.65 | 2 | 双 | 122 | 中国 |
| 18 | 长征 XD361 | 229.00 | 120.00 | 47.60 | 2×90.70 | 2 | 双 | 132 | 中国 |
| 19 | 交通 SH141 | 80.65 | 43.25 | 25.55 | 55.10 | 1 | 双 | | 中国 |
| 20 | 交通 SH361 | 280.00 | 150.00 | 60.00 | 2×110.0 | 2 | 双 | 130 | 中国 |
| 21 | 南阳 351 | 146.00 | 70.00 | 48.70 | 97.30 | 1 | 双 | | 中国 |
| 22 | 太脱拉 111 | 185.70 | 102.40 | 38.70 | 2×74.00 | 2 | 双 | 120 | 中国 |
| 23 | 吉尔 130 | 85.25 | 40.00 | 25.75 | 59.50 | 1 | 双 | | 前苏联 |
| 24 | 日野 KB222 | 154.50 | 80.00 | 50.20 | 104.30 | 1 | 双 | | 日本 |
| 25 | 尼桑 CK10G | 115.25 | 65.65 | 39.25 | 75.00 | 1 | 双 | | 日本 |

轮胎的刚度随着轮胎的新旧程度不同而不同，轮胎与路面的接触形态和轮胎的花纹也会影响接触压力的分布。

在路面设计中，通常直接取内压力作为接触压力，并假定接触面上的压力是均匀分布的。

轮胎与路面的接触形式如图 1-4 所示，在路面设计中一般以圆形接触面积表示，并将车轮荷载简化成当量的圆形均匀分布荷载，并采用轮胎内压力作为轮胎接触压力 $p$。当量圆半径 $\delta$ 按式(1-1) 确定。

$$\delta=\sqrt{\frac{P}{\pi p}} \tag{1-1}$$

式中　$P$——作用在车轮上的荷载，kN；

$p$——轮胎接触压力，kPa；

$\delta$——接触面当量圆半径，m。

对于双轮组车轴，如果每一侧的双轮接触面用一个圆表示，称为单圆荷载；如果用两个圆表示，称为双圆荷载，如图 1-4 所示。双圆荷载的当量圆直径 $d$ 和单圆荷载的当量圆直径 $D$，分别按式(1-2)、式(1-3) 计算：

$$d=\sqrt{\frac{4P}{\pi p}} \tag{1-2}$$

$$D=\sqrt{\frac{8P}{\pi p}}=\sqrt{2}d \tag{1-3}$$

我国现行路面设计规范中规定的标准轴载 BZZ-100 的轮载 $P=100/4$kN，$p=700$kPa，用式(1-2)、式(1-3) 计算，可分别得到相应的当量直径为：$d=0.213$m，$D=0.302$m。

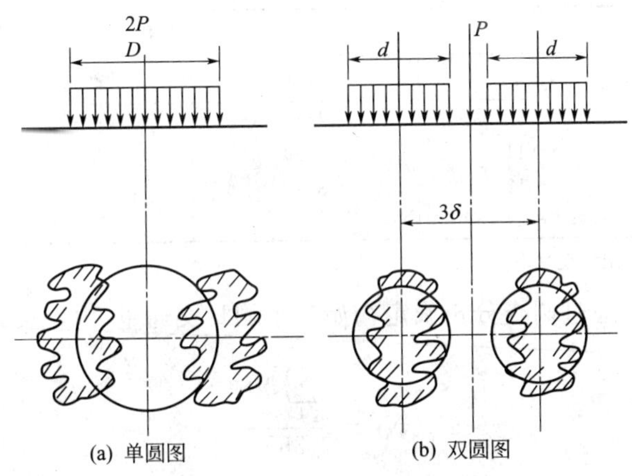


图 1-4　车轮荷载计算图

（2）动态影响　行驶中的车辆除了施加给路面垂直静压力外，还有水平力、振动力的作用。

路面表面与轮胎之间必须保持足够的附着力，这是保证车辆正常行驶的必要条件。从路面结构本身来看，附着力的大小与结构层承受的水平荷载有直接关系。在水平荷载作用下，结构层尤其是面层结构，若抗剪强度不足，将会导致推移、拥包、波浪、车辙等破坏现象。

汽车在道路上行驶，由于自身的振动和路面的不平整，车轮实际是在以一定的频率和振幅在路面上跳动，从而产生振动力的作用。车速越大，或路面平整度越差，由于振动力产生的冲击作用越明显，在设计路面时，有时要以静轮载乘以冲击系数作为设计荷载。

行驶的车辆对路面的荷载作用具有瞬时性，试验表明，车速提高，沥青路面的弯沉和水泥混凝土路面边角的应变都不同程度的降低，这可以理解为路面结构刚度的相对提高，或者是路面结构强度的相对增大，对于路面结构是有利的。

除此之外，汽车荷载对路面的多次重复作用也是一项重要的动态影响。对于弹性材料，在重复荷载作用下，材料将出现疲劳现象；对于弹塑性材料，在重复荷载的作用下，材料将出现累积变形，所以对于路面设计，不仅要重视车辆轴重的影响，还应关注道路上通行车辆的数量。

4. 交通分析

(1) 交通量　交通量是指一定时间间隔内各类车辆通过某一道路横断面的数量。这个数值可以通过现有的交通流量观测站的调查资料，得到该路段设计的初始年平均日交通量，也可以根据需要在合适的地点设置临时观测点获取某一段时间内的车辆通行数据，这种临时观测的结果需要经过数据上的处理换算成年平均日交通量。

目前各地观测站进行交通量调查，将车辆分为 11 个类别：小型货车、中型货车、大型货车、小型客车、大型客车、拖挂车、小型拖拉机、大中型拖拉机、自行车、人力车、畜力车。对沥青路面结构性能影响大的车辆主要为中型货车、大型货车、拖挂车、大型客车和大中型拖拉机五大类。沥青路面设计中的交通量调查应着重调查这五大类车型的交通量。对水泥混凝土路面结构性能影响大的车辆主要为中型货车、大型货车、大型客车等。水泥混凝土路面设计中的交通量调查应着重调查这几类车型的交通量。

道路路面承受的年平均日交通量是逐年增长的，通过连续观测的交通量资料，总结出交通量增长率的变化规律，如表 1-5 所示，选用时需考虑公路所在地域人口、经济和交通发展趋势做适当调整。

**表 1-5　交通量平均增长率 γ 变化范围**　　单位：%

| 公路等级 | 设计年限 | | | |
|---|---|---|---|---|
| | 10 年 | 15 年 | 20 年 | 30 年 |
| 高速公路 | 5～9 | 4～7 | 4～7 | 3～6 |
| 一级公路 | 6～11 | 4～9 | 3～9 | 2～6 |
| 二级公路 | 5～12 | 3～8 | 2～6 | 2～4 |
| 三级公路 | 3～24 | 2～18 | 2～13 | 1～8 |

注：初始交通量大的取下限，反之取上限。

路面结构设计中，通过调查分析确定初始年平均日交通量 $N_i$，按式(1-4) 计算。

$$N_1=\frac{\sum_{i=1}^{365}N_i}{365} \tag{1-4}$$

式中　$N_1$——初始年平均日交通量；

$N_i$——每日每车型实际交通量。

路面结构设计中，设计年限内累计交通量 $\overline{N}_e$可以按式(1-5) 进行预估计算。

$$\overline{N}_e=\frac{365N_1}{\gamma}[(1+\gamma)^t-1]$$

或

$$\overline{N}_e=\frac{365N_t}{\gamma(1+\gamma)^{t-1}}[(1+\gamma)^t-1] \tag{1-5}$$

式中　$\overline{N}_e$——设计年限内的累计交通量；

$N_1$——设计的初始年平均日交通量；

$N_t$——设计年限末年的年平均日交通量；

$\gamma$——设计年限内交通量年平均增长率；

$t$——设计年限。

（2）轮迹横向分布　车辆在道路上行驶时，车轮的轨迹总是在横断面中心线附近一定范围内左右摆动，总的轴载通行次数既不会集中在断面上某一固定位置，也不可能平均分布到每个点上，而是按一定规律分布在车道的整个横断面上，这就是轮迹横向分布。

在路面设计时，必须对路面全宽范围内车轮实际作用总次数乘上一个系数，使之折算为相应于不同宽度（或不同车道数）的路面行车最集中部分的车轮实际作用次数，该系数称为轮迹横向分布系数。

**二、公路的自然区划**

我国地域辽阔，各地气候、地形、地貌、水文地质等自然条件相差很大，而这些自然条件与公路建设密切相关。为区分不同地理区域自然条件对公路工程影响的差异性，并在路基路面的设计、施工和养护中采取适当的技术措施和采用合适的设计参数，以体现各地公路设计与施工的特点，侧重必须解决的问题，更有利于保证公路的质量和经济合理，经过长期研究，我国的公路部门制定了《公路自然区划标准》(JTJ 003—86)。

制定公路自然区划的原则是：①道路工程特征相似；②地表气候区划差异性；③自然气候因素既有综合又有主导作用。为使自然区划便于在实践中应用，结合我国地理、气候特点，将全国的公路自然区划分为三个等级。

首先将全国划分为多年冻土、季节冻土和全年不冻土三大地带，然后根据水热平衡和地理位置，划分为冻土、温润、干湿过渡、湿热、潮暖、干旱、高寒七个大区。即：Ⅰ北部多年冻土区；Ⅱ东部温润季冻区；Ⅲ黄土高原干湿过渡区；Ⅳ东南湿热区；Ⅴ西南潮湿区；Ⅵ西北干旱区；Ⅶ青藏高寒区。

我国七个一级自然区的路面结构设计注重的特点各有不同，根据各地区经验，可大致归纳如下。

Ⅰ区——北部多年冻土区　该区北部为连续分布的多年冻土，南部为岛状分布的多年冻土。对于泥沼地多年冻土层，最重要的道路设计原则是保温，不要轻易挖去覆盖层，使路堤下保持冻结状态，若冻土层受大气热量影响融化，则后患无穷。对于非多年冻土层的处理方法则不同，需将泥炭层全部或局部挖去，排干水分，然后填筑路堤。对于该区的林区山地道路，因表土湿度大，地面径流大，最易翻浆，应采取换土、稳定土、砂垫层等处理方法。

Ⅱ区——东部温润季冻区　该区路面结构突出的问题是防止翻浆和冻胀。翻浆的轻重程度取决于路基的潮湿状态，可根据不同的路基潮湿状态采取措施。该区缺乏砂石材料，采用稳定土基层已取得一定的经验。

Ⅲ区——黄土高原干湿过渡区　该区的特点是黄土对水分的敏感性，干燥的土质路基强度高、稳定性好。在河谷盆地的潮湿路段以及灌区耕地，土基稳定性差，强度低，必须认真处理。

Ⅳ区——东南湿热区　该区雨量充足集中，雨型季节性强，台风暴雨多，水毁、冲刷、滑坡是道路的主要病害，路面结构应结合排水系统进行设计。该区水稻田多，土基湿软、强度低，必须认真对待。由于气温高、热季长，要注意沥青类面层材料的热稳定性和防透水性。

Ⅴ区——西南潮湿区　该区山多，筑路材料丰富，应充分利用当地材料筑路。对于水文不良路段，必须采取措施，稳定路基。

Ⅵ区——西北干旱区　该区大部分地下水位很低，虽然冻深多在1.0～1.5m以上，但一般道路冻害较轻。个别地区，如河套灌区，内蒙古草原洼地，地下水位高，翻浆严重。丘陵区 1.5m 以上的路堑冬季积雪厚，雪水浸入路面造成危害，所以沥青面层材料应具有良好的防透水性，路肩也应做防水处理。由于气候干燥，砂石路面经常出现松散、搓板和波浪现象。

Ⅶ区——青藏高寒区　该区局部路段有多年冻土，须按保温原则设计。由于地处高原，气候寒冷，昼夜气温相差很大，日照时间长，沥青老化很快，又因为年平均气温相对偏低，路面易遭受冬季雪水渗入而破坏。

二级区划是在每一个一级区划内，再以潮湿系数为依据，分为 6 个等级。潮湿系数 $K$ 为年降雨量 $R$ 与年蒸发量 $Z$ 的比值。

结合各个大区的地理、气候条件、地貌类型、自然病害等因素，全国分为 33 个二级区和 19 个二级副区，共有 52 个二级自然区。它们的名称如表 1-6 所示，各二级区的区界、自然条件对工程的影响详见有关标准及其附录。

**表 1-6　公路自然区划名称表**

| | |
|---|---|
| Ⅰ北部多年冻土区 | Ⅳ$_{7}$ 华南沿海台风区 |
| Ⅰ$_{1}$ 连续多年冻土区 | Ⅳ$_{7a}$台湾山地副区 |
| Ⅰ$_{2}$ 岛状多年冻土区 | Ⅳ$_{7b}$海南岛西部润干副区 |
| Ⅱ东部温润季冻区 | Ⅳ$_{7c}$南海诸岛副区 |
| Ⅱ$_{1}$ 东北东部山地润湿冻区 | Ⅴ西南潮湿区 |
| Ⅱ$_{1a}$三江平原副区 | Ⅴ$_{1}$ 秦巴山地润湿区 |
| Ⅱ$_{2}$ 东北中部山前平原重冻区 | Ⅴ$_{2}$ 四川盆地中湿区 |
| Ⅱ$_{2a}$辽河平原冻融交替副区 | Ⅴ$_{2a}$雅安、乐山过湿副区 |
| Ⅱ$_{3}$ 东北西部润干冻区 | Ⅴ$_{3}$ 三西、贵州山地过湿区 |
| Ⅱ$_{4}$ 海栾中冻区 | Ⅴ$_{3a}$滇南、桂西润湿副区 |
| Ⅱ$_{4a}$冀热山地副区 | Ⅴ$_{4}$ 川、滇、黔高原干湿交替区 |
| Ⅱ$_{4b}$旅大丘陵副区 | Ⅴ$_{5}$ 滇西横断山地区 |
| Ⅱ$_{5}$ 鲁豫轻冻区 | Ⅴ$_{5a}$大理副区 |
| Ⅱ$_{5a}$山东丘陵副区 | Ⅵ西北干旱区 |
| Ⅲ黄土高原干湿过渡区 | Ⅵ$_{1}$ 内蒙古草原中干区 |
| Ⅲ$_{1}$ 山西山地、盆地中冻区 | Ⅵ$_{1a}$河套副区 |
| Ⅲ$_{1a}$雁北张宣副区 | Ⅵ$_{2}$ 绿洲、荒漠区 |
| Ⅲ$_{2}$ 陕北典型黄土高原中冻区 | Ⅵ$_{3}$ 阿尔泰山地冻土区 |
| Ⅲ$_{2a}$榆林副区 | Ⅵ$_{4}$ 天山、界山山地区 |
| Ⅲ$_{3}$ 甘东黄土山地区 | Ⅵ$_{4a}$塔城副区 |
| Ⅲ$_{4}$ 黄渭间山地、盆地轻冻区 | Ⅵ$_{4b}$伊犁河谷副区 |
| Ⅳ东南湿热区 | Ⅶ青藏高寒区 |
| Ⅳ$_{1}$ 长江下游平原润湿区 | Ⅶ$_{1}$ 祁连、昆仑山地区 |
| Ⅳ$_{1a}$盐城副区 | Ⅶ$_{2}$ 柴达木荒漠区 |
| Ⅳ$_{2}$ 江淮丘陵、山地湿润区 | Ⅶ$_{3}$ 河源山原草甸区 |
| Ⅳ$_{3}$ 长江中游平原中湿区 | Ⅶ$_{4}$ 羌塘高原冻土区 |
| Ⅳ$_{4}$ 浙闽沿海山地中湿区 | Ⅶ$_{5}$ 川藏高山峡谷区 |
| Ⅳ$_{5}$ 江南丘陵过湿区 | Ⅶ$_{6}$ 藏南高山台地区 |
| Ⅳ$_{6}$ 武夷南岭山地过湿区 | Ⅶ$_{6a}$拉萨副区 |
| Ⅳ$_{6a}$武夷副区 | |

三级区划是二级区划的具体化。

三级区划的方法有两种：一种是按照地貌、水文和土质类型将二级自然区进一步划分为若干类型单元；另一种是继续以水热、地理和地貌等标志将二级区划细分为若干区域。各地可根据当地的具体情况选用。三级区划由各省、自治区、直辖市自行划定。

公路自然区划的应用主要体现在：公路路面设计人员通过查"公路自然区划图"可以得到所设计的公路路面位于哪一个二级区划中；再通过查表的方式获取所设计的公路路面主要病害形式、着重解决的问题和相关设计参数等。

## 三、路基的干湿类型

路面结构的强度和稳定性与路基的干湿类型密切相关。路基的干湿类型分为干燥、中湿、潮湿和过湿四类。为了保证路面结构的稳定性，一般要求路基处于干燥或中湿状态。潮湿和过湿状态的路基必须经过处理后方可铺筑路面。

路基干湿类型确定方法主要有平均稠度法和临界高度法。

1. 平均稠度法

路基土的稠度 $\omega_c$ 是指土的液限含水率 $\omega_L$ 与土的含水率 $\omega$ 之差和土的液限含水率 $\omega_L$ 与塑限含水率 $\omega_P$ 之差的比值，即式(1-6) 所示。

$$\omega_c=(\omega_L-\omega)/(\omega_L-\omega_P) \tag{1-6}$$

土的稠度较准确地表示了土的各种形态与湿度的关系，稠度指标综合了土的塑性特性，包含了液限与塑限，全面直观地反映了土的硬软程度，物理概念明确。

(1) 当 $\omega_c=1.0$，即 $\omega=\omega_P$，为半固体与硬塑状的分界值；

(2) 当 $\omega_c=0$，即 $\omega=\omega_L$，为流塑与流动状的分界值；

(3) 当 $1.0>\omega_c>0$，即 $\omega_L>\omega>\omega_P$，土体处于可塑状态。

我国现行的《公路沥青路面设计规范》(JTG D50—2006) 和《公路水泥混凝土路面设计规范》(JTG D40—2011) 中规定，路面设计时路基的干湿类型以实测最不利季节（指路基路面结构处于最不利工作状态的季节）路床顶面以下 0.80m 深度内土的平均稠度 $\omega_c$，再按表 1-7 中土基干湿类型的稠度建议值确定。

表 1-7　土基干湿类型的稠度建议值

| 干湿类型 / 土质类别 | 干燥状态 | 中湿状态 | 潮湿状态 | 过湿状态 |
| --- | --- | --- | --- | --- |
| | $\overline{\omega}_c\geqslant\omega_{c1}$ | $\omega_{c1}>\overline{\omega}_c\geqslant\omega_{c2}$ | $\omega_{c2}>\overline{\omega}_c\geqslant\omega_{c3}$ | $\overline{\omega}_c<\omega_{c3}$ |
| 土质砂 | $\overline{\omega}_c\geqslant1.20$ | $1.20>\overline{\omega}_c\geqslant1.00$ | $1.00>\overline{\omega}_c\geqslant0.85$ | $\overline{\omega}_c<0.85$ |
| 黏质土 | $\overline{\omega}_c\geqslant1.10$ | $1.10>\overline{\omega}_c\geqslant0.95$ | $0.95>\overline{\omega}_c\geqslant0.80$ | $\overline{\omega}_c<0.80$ |
| 粉质土 | $\overline{\omega}_c\geqslant1.05$ | $1.05>\overline{\omega}_c\geqslant0.90$ | $0.90>\overline{\omega}_c\geqslant0.75$ | $\overline{\omega}_c<0.75$ |

注：$\omega_{c1}$、$\omega_{c2}$、$\omega_{c3}$ 分别为干燥和中湿、中湿和潮湿、潮湿和过湿状态路基土的分界稠度，$\overline{\omega}_c$ 为路床顶面以下 0.80m 深度内的平均稠度。

最不利季节路床顶面以下 0.80m 深度内土的平均稠度确定方法是：在路床顶面以下 0.80m 深度内，每 10cm 取土样测定其天然含水率、塑限含水率和液限含水率，按式(1-7) 和式(1-8) 计算。

$$\overline{\omega}=\sum_{i=1}^{8}\omega_i/8 \tag{1-7}$$

$$\overline{\omega}_c=(\omega_L-\overline{\omega})/(\omega_L-\omega_P) \tag{1-8}$$

式中　$\overline{\omega}$——土的平均含水率；

$\omega_i$——路床顶面以下 0.80m 深度内，每 10cm 为一层，第 $i$ 层土的天然含水率，%；

$\overline{\omega}_c$——路床顶面下 0.80m 深度内土的算术平均稠度；

$\omega_L$——土的液限含水率（液限塑限联合测定法测定），%；

$\omega_P$——土的塑限含水率（液限塑限联合测定法测定），%。

2. 临界高度法

对于新建公路，由于路基尚未建成，无法按上述方法现场勘查路基的湿度状况，可以用临界高度作为判别标准。

路基临界高度是指路床顶面距地表长期积水水位或地下水位的最小高度。

当路基位置的地表积水水位或地下水位一定的情况下，路基的湿度由下而上逐渐减小，如图 1-5 所示。$H_1$对应于 $\omega_{c1}$，为干燥和中湿状态的临界高度；$H_2$对应于 $\omega_{c2}$，为中湿与潮湿状态的临界高度；$H_3$对应于 $\omega_{c3}$，为潮湿和过湿状态的临界高度。

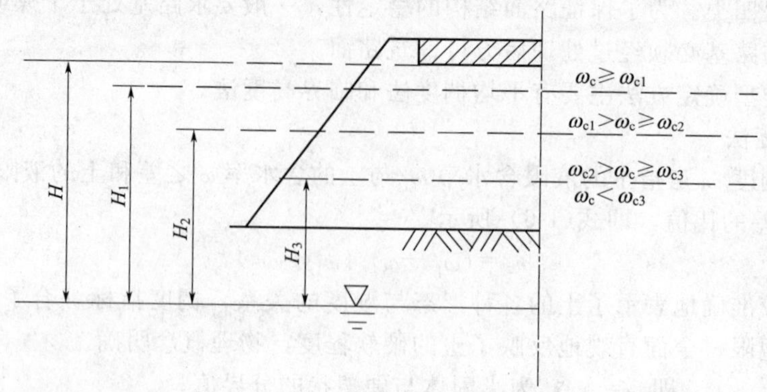


图 1-5　路基临界高度与路基干湿类型

路基临界高度可根据土质、气候条件按当地经验确定。当缺乏实际资料时，可参考表 1-8、表 1-9 或现行的公路沥青路面设计规范的有关附表选用。

**表 1-8　距地表长期积水水位的路基临界高度参考值**

| 公路自然区划 | 砂性土(细粒土质砂) | | | 黏性土(黏质土) | | | 粉性土(粉质土) | | |
|---|---|---|---|---|---|---|---|---|---|
| | $H_1$ | $H_2$ | $H_3$ | $H_1$ | $H_2$ | $H_3$ | $H_1$ | $H_2$ | $H_3$ |
| Ⅲ$_2$ | 1.1～1.3 | 0.9～1.1 | 0.6～0.9 | 1.75～2.2 | 1.3～1.7 | 0.9～1.3 | 1.9～2.4 | 1.4～1.9 | 1.0～1.4 |
| Ⅲ$_3$ | 1.1～1.3 | 0.9～1.1 | 0.6～0.9 | 1.6～2.1 | 1.2～1.6 | 0.9～1.2 | 1.8～2.3 | 1.4～1.8 | 1.0～1.4 |
| Ⅳ$_3$ | | | | 0.8～0.9 | 0.5～0.6 | 0.3～0.4 | 0.9～1.0 | 0.6～0.7 | 0.3～0.4 |
| Ⅳ$_5$ | | | | 1.0～1.1 | 0.6～0.7 | 0.3～0.4 | | | |
| Ⅳ$_6$ | | | | 0.9～1.0 | 0.5～0.6 | 0.3～0.4 | | | |
| Ⅳ$_7$ | 0.9～1.0 | 0.7～0.8 | 0.6～0.7 | 1.0～1.1 | 0.7～0.8 | 0.4～0.5 | | | |
| Ⅴ$_1$ | 1.1～1.3 | 0.9～1.1 | 0.6～0.9 | 1.6～2.0 | 1.2～1.6 | 0.8～1.2 | 1.7～2.2 | 1.3～1.7 | 0.9～1.3 |
| Ⅵ$_2$ | 1.1～1.4 | 0.9～1.1 | 0.6～0.9 | 1.65～2.2 | 1.2～1.65 | 0.75～1.2 | 1.85～2.3 | 1.4～1.85 | 0.9～1.4 |
| Ⅶ$_3$ | 1.2～1.5 | 0.9～1.2 | 0.6～0.9 | 1.75～2.3 | 1.3～1.75 | 0.75～1.3 | (2.0～2.4) | (1.6～2.0) | (1.0～1.6) |

## 四、路面的设计安全等级

公路工程结构的设计安全等级，根据结构破坏可能产生后果的严重程度划分。

《公路工程结构可靠度设计统一标准》(GB/T 50283—1999) 中规定的公路工程结构设计安全等级分为三级，路面工程的设计安全等级仅考虑高速公路、一级公路和二级公路的路面，相应的安全等级规定为一级、二级、三级。

公路工程路面结构的设计基准期 $T$ 应采用：沥青混凝土路面结构不大于 15 年，水泥混凝土路面结构不大于 30 年。现行的《公路水泥混凝土路面设计规范》(JTG D40—2011) 中为三、四级公路路面增加了一个设计安全等级——四级，相应的设计基准期为 20 年。同一技术等级公路的路面结构宜取相同的安全等级，必要时部分路段的设计安全等级可降低一级。

**表 1-9　距地下水位的路基临界高度参考值**

| 公路自然区划 | 砂性土(细粒土质砂) | | | 黏性土(黏质土) | | | 粉性土(粉质土) | | |
|---|---|---|---|---|---|---|---|---|---|
| | $H_1$ | $H_2$ | $H_3$ | $H_1$ | $H_2$ | $H_3$ | $H_1$ | $H_2$ | $H_3$ |
| Ⅱ | | | | 2.9 | 2.2 | | 3.8 | 3.0 | 2.2 |
| Ⅱ$_2$ | | | | 2.7 | 2.0 | | 3.4 | 2.6 | 1.9 |
| Ⅱ$_3$ | 1.9～2.2 | 1.3～1.6 | | 2.5 | 1.8 | | 3.0 | 2.2 | 1.6 |
| Ⅱ$_4$ | | | | 2.4～2.6 | 1.9～2.1 | 1.2～1.4 | 2.6～2.8 | 2.1～2.3 | 1.4～1.6 |
| Ⅱ$_5$ | 1.1～1.5 | 0.7～1.1 | | 2.1～2.5 | 1.6～2.0 | | 2.4～2.9 | 1.8～2.3 | |
| Ⅲ$_2$ | 1.3～1.6 | 1.1～1.3 | 0.9～1.1 | 2.2～2.75 | 1.7～2.2 | 1.3～1.7 | 2.4～2.85 | 1.9～2.4 | 1.4～1.9 |
| Ⅲ$_3$ | 1.3～1.6 | 1.1～1.3 | 0.9～1.1 | 2.1～2.5 | 1.6～2.1 | 1.2～1.6 | 2.3～2.75 | 1.8～2.3 | 1.4～1.8 |
| Ⅳ$_2$ | | | | 1.6～1.7 | 1.1～1.2 | 0.8～0.9 | 1.7～1.9 | 1.2～1.3 | 0.8～0.9 |
| Ⅳ$_4$ | 1.0～1.1 | 0.7～0.8 | | 1.7～1.8 | 1.0～1.2 | 0.8～1.0 | | | |
| Ⅳ$_6$ | 1.0～1.1 | 0.7～0.8 | | 1.8～2.0 | 1.3～1.5 | 1.0～1.2 | 2.0～2.2 | 1.5～1.6 | 1.0～1.1 |
| Ⅳ$_7$ | | | | 1.7～1.8 | 1.4～1.5 | 1.1～1.2 | | | |
| Ⅴ$_1$ | 1.3～1.6 | 1.1～1.3 | 0.9～1.1 | 2.0～2.4 | 1.6～2.0 | 1.2～1.6 | 2.2～2.65 | 1.7～2.2 | 1.3～1.7 |
| Ⅴ$_{4.5}$ | | | | 1.7～1.9 | 0.9～1.1 | 0.4～0.6 | 2.2～2.5 | 1.4～1.6 | 0.5～0.7 |
| Ⅵ$_2$ | 1.4～1.7 | 1.1～1.4 | 0.9～1.1 | 2.2～2.75 | 1.65～2.2 | 1.2～1.65 | 2.3～2.5 | 1.85～2.3 | 1.4～1.85 |
| Ⅵ$_3$ | 1.5～1.8 | 1.2～1.5 | 0.9～1.2 | 2.3～2.85 | 1.75～2.3 | 1.3～1.75 | 2.4～3.1 | 2.0～2.4 | 1.6～2.0 |

注：1. 表中数值摘录于现行的《公路沥青路面设计规范》。

2. 缺少资料的二级区可论证地参考相邻二级区数值。

地表长期积水水位或地下水位，通过公路勘测设计野外调查获得，路基高度从路线纵断面设计图或路基设计表中查得，扣除预估的路面厚度，即可得到路床顶面距地下水位或地表积水水位的高度 $H$。

在新建公路的初步设计中，确定路基的干湿类型时，先选定路基处于干燥、中湿、潮湿状态的临界高度 $H_1$、$H_2$、$H_3$，再根据路床顶面距地表积水水位或地下水位的高度 $H$ 按表 1-10 判断土基的干湿类型。

由土基的干湿类型并结合表 1-7 可论证地得到各路段路基土的平均稠度 $\overline{\omega}_c$。

**表 1-10　路基干湿类型**

| 路基干湿类型 | 平均稠度与分界稠度的关系 | 一　般　特　征 |
|---|---|---|
| 干燥 | $\omega_c \geqslant \omega_{c1}$ | 土基干燥、稳定，路面强度和稳定性不受地下和地面积水的影响。$H>H_1$ |
| 中湿 | $\omega_{c1}>\omega_c \geqslant \omega_{c2}$ | 土基上部土层处于地下水或地表积水影响的过渡带区内。$H_2<H \leqslant H_1$ |
| 潮湿 | $\omega_{c2}>\omega_c \geqslant \omega_{c3}$ | 土基上部土层处于地下水或地表积水的毛细影响区内。$H_3<H \leqslant H_2$ |
| 过湿 | $\omega_c<\omega_{c3}$ | 土基极不稳定，冰冻区春融翻浆，非冰冻区雨季软弹，土基经处理后方可铺筑路面。$H \leqslant H_3$ |

所设计的路面结构应具有的可靠度水平可以用结构的可靠度指标表示。可靠度的定义为：路面结构在规定的时间内，在规定的条件下，路面使用性能满足预定水平要求的概率。度量路面结构可靠性的一种数量指标称为可靠指标，由标准正态分布反函数的定义确定，也可称之为保证率系数。

现行《公路水泥混凝土路面设计规范》中规定：路面设计安全等级一级、二级、三级、四级对应的目标可靠度分别为 95%、90%、85%、80%；相对应的目标可靠指标分别为：1.64、1.28、1.04、0.84。

## 五、沥青路面使用性能的气候分区

沥青路面的长期路用性能不仅与荷载有关系，还与环境因素及气候因素有关。夏季持续高温是引起沥青路面车辙的重要原因，冬季气温骤降将导致沥青路面的低温开裂。

我国幅员辽阔，气候变化大，各个地区对沥青路面的使用性能的要求应有差别。在选择沥青胶结料等级、进行沥青混合料配合比设计和检验沥青混合料的使用性能时，应考虑沥青路面工程的环境因素，尤其是温度和湿度条件。我国为此提出了“沥青及沥青混合料气候分区指标”及相应的分区图。气候分区指标分别为高温指标、低温指标和雨量指标。气候分区情况见表1-11。

**表1-11 气候分区种类、气候因子指标汇总表**

| | 设计高温分区指标 | 一级区划分为3个区 | | |
|---|---|---|---|---|
| 高温气候区 | 1 | 2 | 3 | |
| 气候区名称 | 夏炎热区 | 夏热区 | 夏凉区 | |
| 最热月平均日最高气温/℃ | >30 | 30～20 | <20 | |
| | 设计低温分区指标 | 二级区划分为4个区 | | |
| 低温气候区 | 1 | 2 | 3 | 4 |
| 气候区名称 | 冬严寒区 | 冬寒区 | 冬冷区 | 冬温区 |
| 极端最低气温/℃ | <−37 | −37.0～−1.5 | −21.5～−9 | >−9 |
| | 设计雨量分区指标 | 三级区划分为4个区 | | |
| 雨量气候区 | 1 | 2 | 3 | 4 |
| 气候区名称 | 潮湿区 | 湿润区 | 半干区 | 干旱区 |
| 年降雨量/mm | >1000 | 1000～500 | 500～250 | <250 |

沥青路面温度分区由高温和低温组合而成，第一个数字代表高温分区，第二个数字代表低温分区，数字越小表示气候因素越严重；温度和雨量组成的气候分区由高温-低温-雨量组合而成，第三个数字代表雨量分区。气候分区为研究沥青面层最高温度与气温的关系和计算沥青路面的温度应力、车辙深度等奠定了基础。

## 六、路基应力工作区及强度指标

通常路基承受两种荷载，一种是路面和路基自重引起的荷载，另一种是车辆轮重引起的外荷载，在两种荷载的共同作用下，使路基土处于受力状态。正确的设计应使路基受力时尽可能只产生弹性变形，而当车辆驶过后，路基变形可以恢复原状，以确保路基的相对稳定，而不致引起路面破坏。路基土在车轮荷载作用下所引起的垂直应力是随深度增大而减小的。

在路基的某一深处，车辆荷载引起的应力只占结构自重应力的1/5～1/10，在此深度以下，车辆荷载对土基的作用非常小，可以忽略不计，这一深度范围称为应力工作区。路基工作区内，土基的强度和稳定性对保证路面的强度和稳定性极为重要。

通过研究分析，路基属于弹塑性材料，用土基回弹模量 $E_0$ 来表示路基强度的大小。回弹模量 $E_0$ 是指路基、路面及筑路材料在荷载作用下产生的应力与其相应的回弹应变的比值。

土基回弹模量的确定方法如下：车辆荷载通过路面传至土基的垂直压力，使土基产生一定程度的竖向位移变形，假定土基为均质的弹性体，在圆形垂直均布荷载作用下，在应力与应变成直线关系时，可用弹性理论来建立荷载与变形之间的如下关系式

$$E_0=2p\delta(1-\mu_0^2)a/L_r \tag{1-9}$$

式中　$L_r$——路表距离荷载中心轴为 $r$ 某点处的垂直位移，亦称弯沉值，cm；

$p$——圆形垂直均布荷载，MPa；

$E_0$——土基回弹模量，MPa；

$\delta$——圆形均布荷载面积半径，m；

$\mu_0$——土的泊松系数，取 0.35；

$a$——竖向位移系数，是 $r/\delta$ 的函数，$r/\delta=0$ 时，$a=1$；$r/\delta=1.5$ 时，$a=0.356$。

由上式看出：在一定的车轮荷载作用下，土基的回弹模量 $E_0$ 值越大，所产生的回弹弯沉值 $L_r$ 就越小。这标志着土基的承载能力大，抵抗变形的能力强。

土基回弹模量确定可以通过现场实测、室内实验法、换算法或通过经验公式计算确定的查表法。

1. 现场实测

现场实测是在不利季节，采用圆形刚性承载板（板的直径为 30cm），作用于现场土基表面通过承载板对土基逐级加载、卸载的方法，测出每级荷载下相应的土基变形值，经过计算求出土基回弹模量。

2. 室内实验法

取具代表性的土样，在室内按最佳含水量备制 3 组土样试件，测得不同压实度与相对应的回弹模量，绘制压实度与回弹模量曲线，查图求得标准压实度条件下的回弹模量。

3. 换算法

在新建土基上用承载板测定 $E_0$ 时，同时测得同点回弹弯沉 $L_0$、承载比 CBR 与土的其他指标，并在室内按相同状态的土进行测试，建立现场测定与室内试验的关系，得到 $E_0$-$L_0$、$E_0$-CBR 的相关换算关系，以此为基础，就可单独用室内试验方法确定回弹模量 $E_0$。

4. 查表法

① 按路基高度，参考《公路沥青路面设计规范》中附录 F.0.1，确定路基高度与临界高度的关系。

② 按该路段的路基高度与路基临界高度的关系，确定路基的干湿类型。

③ 按路段的干湿类型和土的性质，确定路基土的平均稠度。

④ 根据该路段路基土的平均稠度、二级自然区划和土的性质，参考《公路沥青路面设计规范》附录 F.0.3，确定土基回弹模量 $E_0$。当采用重型击实标准时，路基回弹模量设计值可较表中所列数值提高 20%～35%。

# 第三节　我国的沥青路面设计方法

## 一、沥青路面设计理论

由不同材料的路面结构层和土基组成的沥青路面结构整体，在车辆荷载作用下产生的应力、应变关系一般表现为非线性特性，准确地说，沥青路面在力学性质上属于非线性的弹-黏-塑性体。考虑到行驶的车辆荷载具有瞬时性（仅百分之几秒），在沥青路面结构中产生的黏-塑性变形数量很小，对于厚度较大、强度较高的沥青路面，将其简化为线性弹性体是可行的，并用弹性层状体系理论分析计算应力、变形和位移等分量。

在对沥青路面结构力学分析时，将其视为线性弹性体，并用弹性层状理论体系分析计算是合适的。我国现行的《公路沥青路面设计规范》（JTG D50—2006）规定，沥青路面设计采用双圆垂直均布荷载作用下的多层弹性连续体系理论，并以累计当量轴次来反映路面结构和材料的疲劳特征。

弹性层状体系是由若干个弹性层组成的，上面各层具有一定的厚度，最下一层为弹性半空间体，如图 1-6 所示。我国在应用弹性力学方法求解弹性层状体系的应力、变形和位移等时，做了以下基本假设：

① 各层是连续的、完全弹性的、均匀的、各向同性的，位移和形变是微小的；

② 最下一层在水平方向和垂直向下方向为无限大，其上各层厚度为有限的，水平方向为无限大的；

③ 各层在水平方向无限远处以及最下一层向下无限深处，其应力、变形和位移为 0；

④ 层间接触情况为连续体系或滑动体系；

⑤ 不计自重。

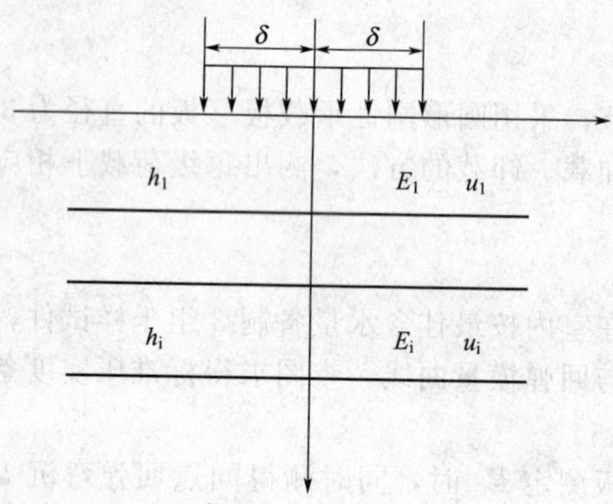


图 1-6　弹性层状体系示意图

## 二、沥青路面破坏模式

沥青路面在使用过程中的破损形态各异，破损的原因是错综复杂的，根据破损现象的成因及对路面使用性能的影响，路面的破损可分为以下几种主要模式。

1. 沉陷

沉陷是路面在车轮荷载作用下，其表面产生的较大凹陷变形，有时凹陷两侧伴有隆起现象，如图 1-7 所示。当沉陷严重超过了结构的变形能力时，在结构层受拉区产生开裂而形成纵裂，并有可能逐渐发展成网裂。引起路面沉陷的主要原因是路基土的压缩。当路基土的承载能力较低，从路面传递到路床顶面的车轮荷载压力超过其抗压强度，就会产生沉陷并导致路面的开裂、变形和破坏。

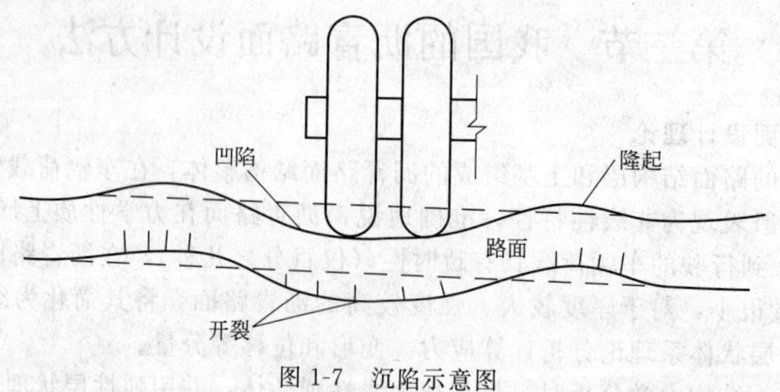


图 1-7　沉陷示意图

2. 车辙

车辙是路面结构层及土基在行车荷载重复作用下的补充压实，以及结构层材料的侧向位移产生的累计永久变形。这种变形出现在行车轮迹带处，特别是在渠化交通的情况下容易形成路面的纵向带状凹陷。车辙是沥青路面的主要破损形式。对于沥青路面而言，即使每一次行车荷载作用下产生的残余变形量很小，但多次重复作用累积起来的残余变形总和将会较大，足以影响车辆的正常行驶。

沥青路面的车辙与荷载应力大小、重复作用次数以及路面结构层和土基的性质有关。

3. 疲劳开裂

疲劳开裂是指由于车轮荷载的反复作用，路面材料在低于极限抗拉强度的情况下，结构层经受重复拉应力或拉应变而最终导致结构层开裂。疲劳开裂的特点表现为，路表无显著的永久变形，开始阶段多数是细而短的横向开裂，并逐渐发展为网状开裂，开裂的宽度和范围不断扩大。

结构层达到临界疲劳状态时所承受的车轮荷载重复作用次数称为疲劳寿命。

产生疲劳开裂的主要原因是：结构整体强度不足或在车轮荷载反复作用下，沥青结构层底面或半刚性基层底面产生的拉应力（或拉应变）超过材料的疲劳强度，底面便产生开裂，并逐渐扩展延伸到表面。

4. 推移

推移是沥青路面材料沿行车方向发生剪切或拉裂破损而出现推挤或拥起现象，如图 1-8 所示。造成推移的主要原因是：沥青路面受到较大的水平荷载作用（在车辆经常启动、制动的路段及弯道、坡度变化处等），在车辆荷载的垂直力和水平力的综合作用下，使结构层内产生的剪应力超过材料的抗剪强度。同时也与行驶车轮的冲击、振动有关。

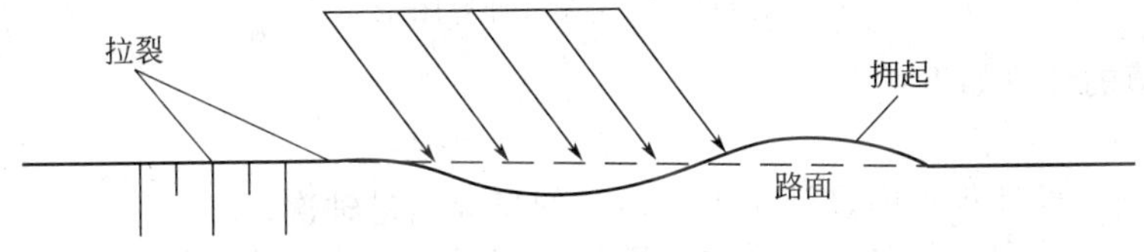


图 1-8　推移与拥起

5. 低温缩裂

沥青路面结构中的一些半刚性结构层在低温（负温度）时由于材料收缩受限制而产生较大的拉应力，当它超过材料相应条件下的抗拉强度时便产生横向间隔性的（间距为 5～8m）裂缝，严重时发展为纵向裂缝（因为路面的纵向约束远大于横向约束）。在冰冻地区，沥青面层及半刚性基层，冬季都可能出现这种裂缝。低温裂缝的产生与荷载无关。

综上所述，应当根据沥青路面在行车荷载和自然因素作用下所产生的应力、应变和位移量不超过路面任一结构层中材料的允许应力、应变和位移量来确定路面结构层的组合和厚度，以达到防止或减少各种路面破损现象的发生，保证在设计使用年限内汽车能够在路面上安全、迅速、舒适的行驶。

**三、沥青路面设计控制指标**

1. 控制路基土压缩引起路面沉陷的指标

可选用路床顶面的垂直压应力或垂直压应变作为设计指标。如选用垂直压应力为设计指标，则车轮荷载作用下路床顶面产生的垂直压应力 $\sigma_Z$ 不应超过路基土的容许抗压强度 $\sigma_{ZR}$：

$$\sigma_Z \leqslant \sigma_{ZR} \tag{1-10}$$

2. 控制车辙深度的指标

目前，控制车辙深度的指标有两种，一种是路面各结构层（包括土基）的残余变形总和 $L_c$，另一种是路基表面的垂直变形（应变）$\varepsilon_Z$。残余变形总和 $L_c$ 不应超过容许总残余变形 $L_{cR}$，垂直应变 $\varepsilon_Z$ 不应超过容许垂直变形 $\varepsilon_{ZR}$：

$$L_c \leqslant L_{cR} \quad \text{或} \quad \varepsilon_Z \leqslant \varepsilon_{ZR} \tag{1-11}$$

3. 路面整体刚度和强度指标

路基路面在车轮荷载作用下产生的垂直位移（垂直变形）通常称为弯沉。路基或路面材料是非线性弹塑性体，路面总弯沉包括可以恢复的变形（称为回弹变形或回弹弯沉）和不可以恢复的变形（称为残余变形或残余弯沉）两部分。

为了控制路基路面的总变形，防止网裂、沉陷、车辙，使路面具有足够的整体刚度和强度，可以采用路表设计弯沉值 $L_d$ 作为路面整体刚度和强度的控制指标。路面表面实际可能产生的回弹弯沉值 $L_s$ 不应超过路表设计弯沉值 $L_d$：

$$L_s \leqslant L_d \tag{1-12}$$

计算图示如图 1-9 所示。图中 $A$ 点是路表弯沉的计算点，位于双圆均布荷载的轮隙中间。

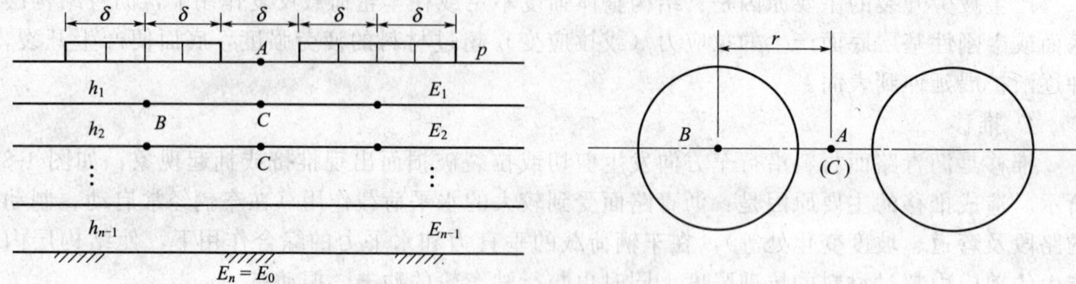


图 1-9　路表弯沉计算图示

设计弯沉值的计算如下：

$$L_d = 600 N_e^{-0.2} A_c A_s A_b \tag{1-13}$$

式中　　$N_e$——设计年限内设计车道上通过的累计当量轴次；

$A_c$，$A_s$，$A_b$——分别为公路等级系数、面层类型系数、基层类型系数，取值见表 1-12～表 1-14。

**表 1-12　公路等级系数 $A_c$**

| 公路等级 | 高速、一级公路 | 二级公路 | 三、四级公路 |
|---|---|---|---|
| $A_c$ | 1.0 | 1.1 | 1.2 |

**表 1-13　面层类型系数 $A_s$**

| 面层类型 | 沥青混凝土 | 热拌沥青碎石、乳化沥青碎石、上拌下贯或贯入式路面 | 沥青表处 |
|---|---|---|---|
| $A_s$ | 1.0 | 1.1 | 1.2 |

**表 1-14　基层类型系数 $A_b$**

| 基层类型 | 半刚性基层 | 柔性基层 |
|---|---|---|
| $A_b$ | 1.1 | 1.2 |

实际弯沉值的计算如下：

$$L_s = 1000 \times 2p\delta/(E_1 \alpha_c F) \tag{1-14}$$

$$F = 1.63\left(\frac{L_s}{2000\delta}\right)^{0.38}\left(\frac{E_0}{p}\right)^{0.36} \tag{1-15}$$

$$\alpha_c = f\left(\frac{h_1}{\delta}, \frac{h_2}{\delta}, \cdots, \frac{h_{n-1}}{\delta}, \frac{E_2}{E_1}, \frac{E_3}{E_2}, \cdots, \frac{E_0}{E_{n-1}}\right) \tag{1-16}$$

式中　$p$，$\delta$——标准轴载轮胎接地压力和当量圆半径；

$F$——弯沉修正综合系数，设计时取 $L_s=L_d$；

$E_0$——土基弹性模量；

$\alpha_c$——理论弯沉系数，由弹性层状体系理论计算得出。

4. 控制疲劳开裂的指标

控制疲劳开裂的指标可以采用结构层底面的拉应力或拉应变，即结构层底面可能产生的最大拉应力 $\sigma_m$ 或最大拉应变 $\varepsilon_m$ 不应超过容许拉应力 $\sigma_R$、容许拉应变 $\varepsilon_R$：

$$\sigma_m \leqslant \sigma_R \quad 或 \quad \varepsilon_m \leqslant \varepsilon_R \tag{1-17}$$

容许拉应力 $\sigma_R$ 是路面承受行车荷载反复作用达到临界破坏状态时的最大疲劳拉应力。容许拉应力的确定与材料的极限抗拉强度有关（极限抗拉强度的大小通过试验确定），同时也与重复荷载次数有关，容许拉应力要比一次荷载作用的极限抗拉强度小，其减小的程度同重复荷载次数和路面结构层材料的性质有关，其公式如下。

$$\sigma_R = \frac{\sigma_{sp}}{k_s} \tag{1-18}$$

结构层材料抗拉强度 $\sigma_{sp}$，对沥青混凝土系指 15℃时的劈裂强度；对水泥稳定类材料为龄期 90 天的劈裂强度，对二灰稳定类、石灰稳定类的材料为龄期 180 天的劈裂强度。需要指出的是沥青贯入式作为基层或面层时，因空隙大，整体性能较差，几乎不承受拉应力。粗粒式或中粒式沥青碎石的抗弯拉强度经验往往偏低，因此规范规定：仅对沥青混凝土面层结构进行抗拉应力的验算，对沥青碎石、沥青贯入式、沥青表面处置均不进行验算。

表征结构层材料抗拉强度因疲劳而降低的抗拉强度结构系数 $k_s$，根据疲劳方程可表示如下：

对沥青混凝土面层

$$k_s = 0.09A_a N_e^{0.22}/A_c \tag{1-19}$$

式中，$A_a$ 为沥青混凝土级配类型系数，细、中粒式沥青混凝土为 1.0，粗粒式沥青混凝土为 1.1。

对于无机结合料稳定集料类：

$$k_s = 0.35N_e^{0.11}/A_c \tag{1-20}$$

对于无机结合料稳定细粒土类：

$$k_s = 0.45N_e^{0.11}/A_c \tag{1-21}$$

5. 控制剪切破损的指标

为了防止高温季节道路交叉口、停车场等汽车经常启动、制动的路段沥青面层产生推挤和拥包等破损现象发生，可采用面层抗剪强度作为控制指标。在车轮垂直力和水平力综合作用下，面层中可能产生的最大剪切应力 $\tau_m$ 不应超过容许剪切应力 $\tau_R$：

$$\tau_m \leqslant \tau_R \tag{1-22}$$

6. 控制低温缩裂的指标

低温时结构层材料因收缩受约束而产生的温度拉应力 $\sigma_{tm}$ 不应超过该温度时材料的容许拉应力 $\sigma_{tR}$：

$$\sigma_{tm} \leqslant \sigma_{tR} \tag{1-23}$$

目前，世界各个国家沥青路面设计方法采用的控制指标不尽相同，有的方法采用一个指标，有的方法采用几个指标，但不少国家沥青路面设计均采用路表设计弯沉值作为主要的控制指标。路表弯沉不仅反映路面整个结构层及土基的整体强度和刚度，而且与路面的使用状态存在一定的内在联系，同时弯沉值的测定也很方便。

我国现行的《公路沥青路面设计规范》(JTG D50—2006) 规定：高速公路、一级公路、二级公路的路面结构，以路表面回弹弯沉值、沥青混凝土层的层底拉应力和半刚性材料层的层底拉应力为设计指标。三级公路、四级公路的路面结构以路表面设计弯沉值为设计指标。有条件时，对重载交通路面宜检验沥青混合料的抗剪切强度。

## 四、沥青路面设计的有关参数

1. 沥青路面设计年限

在计算路面疲劳寿命时所取用的基准时间称为设计年限。沥青路面的设计使用年限应根据经济、交通发展情况以及该公路在公路网中的地位，考虑环境和投资条件综合确定。各级公路的沥青路面设计使用年限不宜低于表 1-15 的要求。若有特殊使用要求，可适当调整。

**表 1-15 各级公路的沥青路面设计年限**

| 公路等级 | 高速公路、一级公路 | 二级公路 | 三级公路 | 四级公路 |
|---|---|---|---|---|
| 设计年限/年 | 15 | 12 | 8 | 6 |

2. 设计车道上的累计当量轴次

(1) 设计交通量 沥青路面的设计交通量，应在实测各类相关车型轴载谱（各种车辆不同轴重的概率分布）的基础上，参照项目可行性研究报告等有关交通量预测资料，考虑未来各种车型的组成，论证地确定各种车型（代表轴载）在路面交工后第一年双向日平均交通量（作用次数）$n_i$。

设计年限内交通量的平均增长率 $\gamma$，在项目可行性研究报告等资料的基础上，经研究分析确定。

(2) 当量轴次换算 按弯沉等效或拉应力等效的原则，将不同车型、不同轴载作用次数换算为与标准轴载 100kN 相当的轴载作用次数称为当量轴次。当量轴次的换算方法如下。

① 采用路表设计弯沉值及沥青层层底拉应力为指标时 凡轴载小于或等于 130kN 的各级轴载（包括车辆的前、后轴，一般宜大于 25kN）$P_i$的作用次数 $n_i$ 均应按式(1-24) 换算成标准轴载 $P$ 的当量作用次数 $N_i$。

$$N_i = C_1 C_2 n_i \left(\frac{P_i}{100}\right)^{4.35} \tag{1-24}$$

各级轴载的作用次数换算成标准轴载的当量作用次数的总和为：

$$N = \sum_{i=1}^{k} N_i = \sum_{i=1}^{k} C_1 C_2 n_i \left(\frac{P_i}{100}\right)^{4.35} \tag{1-25}$$

式中 $N$——标准轴载的当量轴次，次/日；

$n_i$——被换算车型的各级轴载的作用次数，次/日；

$P_i$——被换算车型的各级轴载，kN；

$C_1$——被换算车型的轴数系数，当轴间距大于 3m 时，应按单独一个轴计算，当轴间距小于 3m 时，按双轴或多轴计算，轴数系数 $C_1=1+1.2(m-1)$，$m$ 为轴数；

$C_2$——被换算车型的轮组系数，双轮组为 1，单轮组为 6.4，四轮组为 0.38。

通常称 $C_1 C_2 \left(\frac{P_i}{100}\right)^{4.35}$ 为轴载换算系数，用 $K$ 表示。

$$K = C_1 C_2 \left(\frac{P_i}{100}\right)^{4.35} \tag{1-26}$$

② 当以半刚性材料层层底拉应力为设计指标时 凡轴载小于或等于 130kN 的各级轴载（包括车辆的前、后轴，一般宜大于 50kN）$P_i$的作用次数 $n_i$ 均应按式(1-27) 换算成标准轴载 $P$ 的当量作用次数 $N'$。

$$N' = \sum_{i=1}^{k} C'_1 C'_2 n_i \left(\frac{P_i}{100}\right)^8 \tag{1-27}$$

此时的轴载换算系数为

$$K' = C'_1 C'_2 \left(\frac{P_i}{100}\right)^8 \tag{1-28}$$

式中　$C'_1$——被换算车型的轴数系数，当轴间距小于 3m 时，双轴或多轴取 $C'_1=1+2(m-1)$；

$C'_2$——被换算车型的轮组系数，双轮组为 1.0，单轮组为 18.5，四轮组为 0.09。

(3) 累计当量轴次计算　在设计年限内，考虑车道数量影响后，一个车道上的当量轴次总和称为累计当量轴次。

设计年限内一个车道上的累计当量轴次 $N_e$ 可用式(1-29) 计算。

$$N_e = \frac{[(1+\gamma)^t - 1] \times 365}{\gamma} N_1 \eta \tag{1-29}$$

式中　$N_e$——设计年限内一个车道上的累计当量轴次，次/车道；

$t$——设计年限，年；

$\gamma$——设计年限内交通量的平均增长率，%；

$N_1$——路面交工后（营运）第一年的双向日平均当量轴次，次/日；

$\eta$——车道系数，可按表 1-16 选用。

**表 1-16　车道系数**

| 车道特征 | 双向单车道 | 双向两车道 | 双向四车道 | 双向六车道 | 双向八车道 |
|---|---|---|---|---|---|
| 车道系数 $\eta$ | 1.0 | 0.6～0.7 | 0.4～0.5 | 0.3～0.4 | 0.25～0.35 |

注：公路无分隔时，车道窄宜选高值，车道宽宜选低值。

当上下行交通荷载有明显差异时，可按上下行交通特点分别进行结构与厚度设计。当交通流出现明显的超载时，设计人员应根据调查资料对累计当量轴次进行修正。

3. 交通等级

目前公路沥青路面厚度计算中采用设计年限内一个车道上的累计当量标准轴次作为设计荷载的依据。但是，累计当量标准轴次不能反映交通量的组成情况，也不能反映车辆荷载对路面产生车辙、平整度、耐磨抗滑等性能指标的直接影响，难以用累计当量标准轴次建立相关关系。对原材料的技术指标要求，以及在混合料设计、结构设计等方面，一般与公路等级有关，公路等级越高，技术指标要求越高。从有关调查资料分析得知，同一公路等级的交通量及组成却大不相同。因此，应当根据国内交通的实际情况，在考虑公路等级的同时，也考虑交通量等级的影响。

现行的《公路沥青路面设计规范》(JTG D 50—2006) 中根据一个车道累计当量轴次或每车道、每日平均大型客车及中型以上的各种货车交通量大小，将交通等级划分为轻交通、中等交通、重交通和特重交通四个等级，见表 1-17。当用两种方法划分的交通等级不相同时，选择一个较高的交通等级作为设计交通等级。

**表 1-17　交通分级**

| 交通等级 | BZZ-100 累计当量轴次 $N_e$/(次/车道) | 大型客车及中型以上的各种货车交通量/[辆/(天·车道)] |
|---|---|---|
| 轻交通 | $<3\times10^6$ | $<600$ |
| 中等交通 | $3\times10^6\sim1.2\times10^7$ | 600～1500 |
| 重交通 | $1.2\times10^7\sim2.5\times10^7$ | 1500～3000 |
| 特重交通 | $>2.5\times10^7$ | $>3000$ |

### 五、沥青路面的设计

为使沥青路面设计先进，经济合理，路面安全适用并与周围环境协调，在设计工作中应遵循下列原则。

① 应根据路面使用要求与当地的自然条件（包括气候、水文、土质等），结合当地实践经验，按面层耐久、基层坚实、土基稳定的要求进行综合设计。

② 应贯彻合理选材，方便施工，利于养护，节约投资的原则，结合当地经验进行路面结构方案的技术经济比较，选择技术先进、经济合理、强度高、稳定性好、便于机械化和工厂化施工的路面结构方案。

③ 应从技术经济上论证是否有必要分期修建。对分期修建的路面工程，应合理设计结构层次与厚度，使前期工程能在后期被充分利用。高速公路和一级公路的路面不宜分期修建。

④ 应积极采用并推广新技术、新材料、新工艺、新设备、推行机械化施工。对高速公路和一级公路，应采用大型、高效成套的机械设备施工，以确保工程质量。

对软土地区或高填方路基及可能产生较大沉降的路段，宜按分期修建或一次设计分期实施的原则进行设计。设计时应按远景交通量设计路面结构与厚度，修筑时可酌情减薄沥青面层厚度，待路基变形趋于稳定后，再根据路面实际情况加铺沥青面层至设计厚度。

沥青路面的设计内容主要包括以下几点：

1. 结构层组合设计

根据设计任务书的要求，在确定路面等级的基础上，结合当地交通、气候和路用材料的特点，拟定路面各结构层。

一般可以做 2～3 个方案，比较后择优选择。

（1）面层　沥青面层通常由双层或三层组成，面层类型选择参考表 1-18。

**表 1-18　沥青混合料类型**

| 层位 | 沥青层厚度/cm | 混合料类型 |
|---|---|---|
| 表面层 | 2.5～4<br>4～5 | 细粒式<br>中粒式 |
| 中面层 | 4～6<br>5～6 | 中粒式<br>粗粒式 |
| 下面层 | 4～5<br>5～6<br>6～8 | 中粒式<br>粗粒式<br>粗粒式 |
| 上基层<br>调平层 | 5～6<br>6～8<br>8～10 | 粗粒式<br>粗粒式<br>特粗粒式 |

沥青层推荐厚度参考表 1-19。

**表 1-19　沥青层推荐厚度**

| 公路等级 | 高速公路 | 一级公路 | 二级公路 | 三级公路 | 四级公路 |
|---|---|---|---|---|---|
| 推荐厚度/cm | 12～18 | 10～15 | 5～10 | 2～4 | 1～2.5 |

（2）基层底基层　基层底基层类型的选择可参考表 1-20、表 1-21。

2. 路面材料配合比设计

对选定的路面结构层（面层、基层、垫层）所用的材料，进行原材料选择，混合料配合比设计。基层（底基层）垫层材料设计参数见表 1-22。

表 1-20 适宜各等级公路的基层类型

| 公路等级 | 基层 | 底基层 |
|---|---|---|
| 高速、一级公路 | 沥青稳定碎石、水泥稳定碎石、石灰粉煤灰稳定碎石 | 水泥稳定粒料、石灰粉煤灰稳定粒料、石灰稳定粒料、水泥稳定土、石灰粉煤灰稳定土、级配粒料、天然砂砾 |
| 二级及以下公路 | 水泥稳定粒料、石灰粉煤灰稳定粒料、石灰稳定粒料 | 水泥稳定土、石灰稳定土、石灰粉煤灰稳定土、天然砂砾 |

表 1-21 基层结构的最小厚度和适宜厚度

| 结构类型 | 最小厚度/cm | 适宜厚度/cm |
|---|---|---|
| 沥青稳定碎石 | 10 | 10～20 |
| 水泥稳定类 | 20 | 20～30 |
| 石灰稳定类 | 20 | 20～30 |
| 石灰工业废渣类 | 20 | 20～30 |
| 级配碎、砾石 | 15 | 15～20 |

表 1-22 基层（底基层）垫层材料设计参数参考值

| 材料名称 | 配合比或规格要求 | 抗压模量/MPa | 劈裂强度/MPa |
|---|---|---|---|
| 二灰砂砾 | 7：13：80 | 1300～1700 | 0.6～0.8 |
| 二灰碎石 | 8：17：75 | 1300～1700 | 0.5～0.8 |
| 水泥砂砾 | 5%～6% | 1300～1700 | 0.4～0.6 |
| 多孔隙水泥碎石 | 9.5%～11% | 1300～1700 | 0.4～0.6 |
| 多孔隙水泥碎石 | 9.5%～11% | 1300～1700 | — |
| 多孔隙沥青碎石 | 沥青用量 2.5%～3.5% | 600～800 | — |
| 石灰水泥粉煤灰砂砾 | 6：3：16：75 | 1200～1600 | 0.4～0.6 |
| 石灰水泥碎石 | 5：3：92 | 1000～1400 | 0.35～0.5 |
| 石灰土碎石 | 粒料占 60%以上 | 700～1100 | 0.3～0.4 |
| 碎石灰土 | 粗料占 40%～50% | 600～900 | 0.25～0.35 |
| 水泥石灰砂砾土 | 4：3：25：68 | 800～1200 | 0.3～0.4 |
| 二灰土 | 10：30：60 | 600～900 | 0.2～0.3 |
| 石灰土 | 8%～12% | 400～700 | 0.2～0.25 |
| 石灰土 | 4%～7% | 200～350 | — |
| 级配碎石 | 符合级配要求 | 300～350<br>250～300<br>200～250 | — |
| 填隙碎石 | 填隙密度 | 200～280 | — |
| 未筛分碎石 | 具有一点级配 | 180～220 | — |
| 天然砂砾 | 符合规范要求 | 150～200 | |
| 中、粗砂 | | 80～100 | — |

沥青类面层材料设计参数见表 1-23。

表 1-23 沥青混合料强度设计参数

| 材料名称 | | 抗压模量 $E$/MPa | | 15℃劈裂强度/MPa |
|---|---|---|---|---|
| | | 20℃ | 15℃ | |
| 细粒式沥青混凝土 | 密级配 | 1200～1600 | 1800～2200 | 1.2～1.6 |
| | 开级配 | 700～1000 | 1000～1400 | 0.6～1.0 |
| 沥青马蹄脂碎石 | | 1200～1600 | 1600～2000 | 1.4～1.9 |
| 中粒式沥青混凝土 | | 1000～1400 | 1600～2000 | 0.8～1.2 |
| 密级配粗粒式沥青混凝土 | | 800～1200 | 1000～1400 | 0.6～1.0 |
| 沥青碎石基层 | 密级配 | 1000～1400 | 1200～1600 | 0.6～1.0 |
| | 半开级配 | 600～800 | — | — |
| 沥青贯入式 | | 400～600 | — | — |

3. 路面结构计算

路面结构计算的要点如下：

① 由设计年限累计交通量，确定路面设计弯沉值，以它为控制指标进行路面厚度计算；

② 对高速公路、一、二级公路沥青混凝土面层和半刚性基层，应验算拉应力是否满足容许值要求；

③ 在季节性冰冻地区，应验算防冻厚度是否满足要求。

**六、沥青路面厚度计算**

路面厚度设计计算可采用多层弹性体系理论编制的专用设计程序进行，也可采用简化法，将多层体系转化为三层体系，利用设计图表（查路面设计手册）进行计算。沥青路面的设计步骤如下。

① 根据设计任务书的要求，并综合考虑国家政治、经济、国防、旅游、公路等级、交通量和交通组成、建设投资和其他方面的要求，确定合理的路面等级和面层类型。计算在设计年限内换算为标准轴载的单车道的累计当量轴次和路表设计弯沉值，容许拉应力值。

② 确定路基回弹模量值。按路基土组与干湿类型将路基划分为若干路段（每段长度一般情况下不宜小于 500m，若为大规模机械化施工，不宜小于 1km)，确定各路段土基回弹模量值。

③ 确定路面材料的回弹模量值。为了保证路面结构的强度与稳定性并充分发挥各结构层的功能，应考虑当地气候、土质、材料，施工等具体情况，拟定几种可能的路面结构组合与厚度方案，根据实测或查表确定各结构层路面材料的回弹模量及设计参数。

④ 根据设计弯沉值计算路面厚度。对于高速公路、一级公路、二级公路的沥青混凝土面层和整体性材料基层、底基层应验算其拉应力是否满足容许拉应力的要求。如不满足要求，应通过调整路面结构层厚度，或变更路面结构组合，或调整材料配合比以提高极限抗弯拉强度后再重新计算：对季节性冰冻地区的高级和次高级路面，还应验算防冻厚度是否符合要求。

⑤ 进行技术经济比较，确定采用的路面结构方案。

沥青路面设计程序如图 1-10 所示。

**七、改建路面设计**

沥青路面随着使用时间的延续，它的使用性能和承载能力不断下降，当其达到一定程度后便不能满足正常行车交通的要求，需要进行补强或改建。当原有路面需要提高等级时，对不符合技术指标的路段应先进行线型改善，改线路段应按新建路面设计。路面加宽、提高路基、调整纵坡的路段应结合具体情况按新建或改线路段设计。在原有路面上补强时，按改建路面设计。

改建路面设计的工作包括：调查原路面状况，对路面破损程度进行分段评价，分析路面破坏原因，分段拟订路面改建工程设计方案。

1. 现有路面状况调查工作

① 交通调查　对于当前的交通量和车型组成进行实地观测。通过调查分析预估交通增长趋势，确定年平均增长率。

② 路基状况调查　调查沿线路基土质、填挖高度、地面排水情况、地下水位，以确定路基土组和干湿类型。

③ 路面状况调查　一般每隔 50m 挖一试坑，调查路面结构类型、组合和各层厚度，量测路基和路面宽度。详细调查路表状况及路拱大小。调查路面的病害和破坏情况并分析产生原因。

④ 路面修建和养护历史调查。

2. 原有路面结构的分段

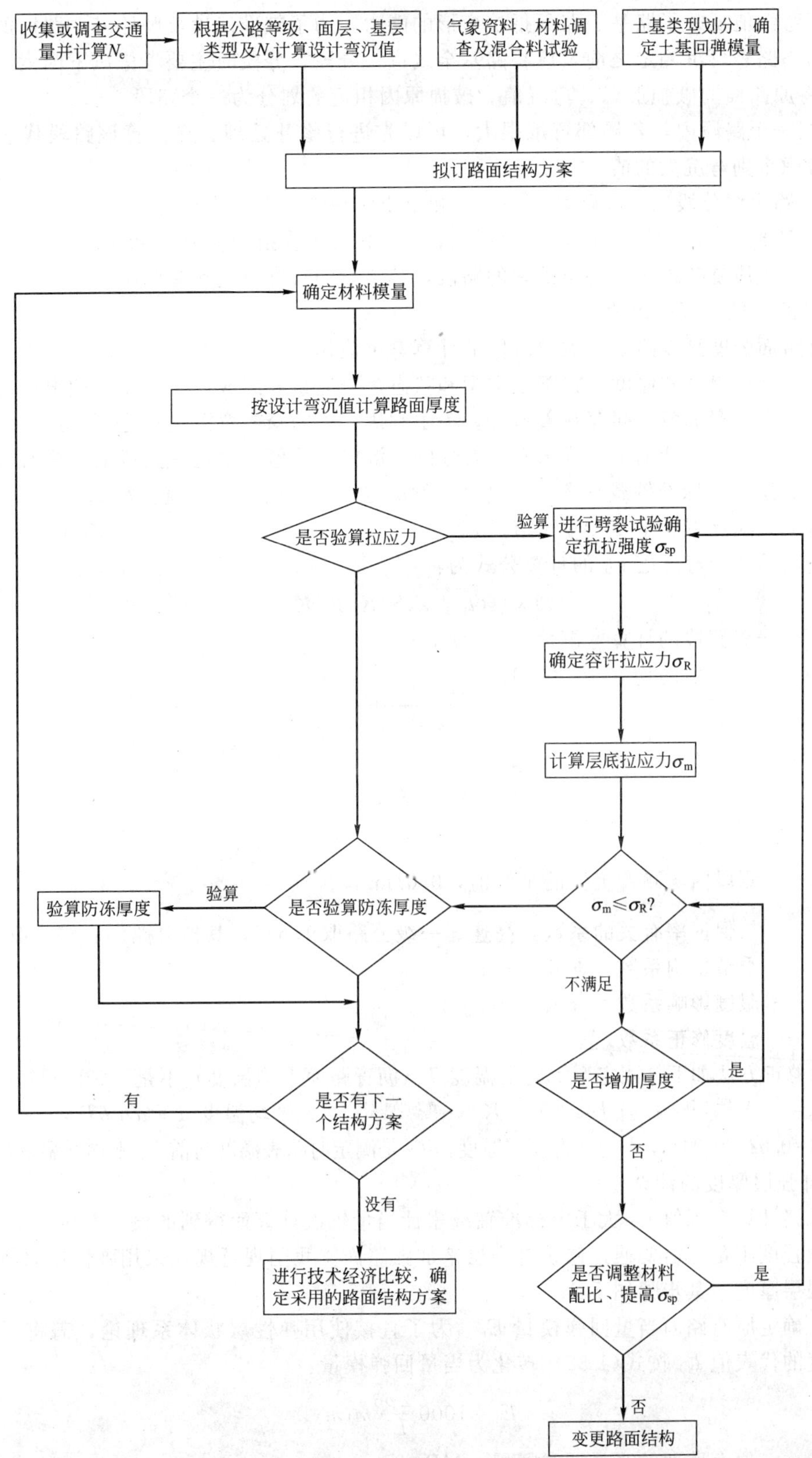


图 1-10　沥青路面设计程序

路表弯沉值反映了路基、路面抵抗变形的能力，为了较准确地反映路基、路面的整体强度在对旧路路表弯沉测定之前，应将路基全线进行分段，分段时主要考虑以下因素：

① 将原路面的破损形态、弯沉值、破损原因相近的划分为一个路段。

② 同一个路段内，若局部弯沉很大，可以先进行修补处理。在计算该路段代表弯沉值时可不考虑个别弯沉大的值。

③ 旧路全线分段，各段路基干湿类型和土质应相同，弯沉值相近。

④ 一般按 1km 为单位对路况进行评价，当路况评价指标基本接近时，可适当延长路段。水文、土质复杂或需要特殊处理的路段，其路段的长度可视实际情况确定。

3. 各路段的计算弯沉值

原有路面强度是以路表实测弯沉值的计算弯沉值作为评定指标。因为弯沉值大小同路面面层类型、结构组合和厚度，路基土类型和状态，交通量和组成，路面使用期限以及路面温度等有关，实测弯沉值之间存在着差异，为了利用测得的众多弯沉值评定一段路面强度，需对所测弯沉值进行统计加工，寻求有代表性的弯沉值，该值就是这一路段的计算弯沉值。各路段采用 BZZ-100 标准轴载汽车，用贝克曼梁测定原有路面的弯沉值。每 20～50m 测一点，每段的弯沉值测点不少于 20 点/车道。

各路段的计算弯沉值 $L_0$ 的计算公式为：

$$L_0=(\bar{l}_0+Z_aS)K_1K_2K_3 \tag{1-30}$$

式中 $L_0$——各路段的计算弯沉值，0.01mm；

$S$——弯沉值的均方差，0.01mm。

$$S=\sqrt{\frac{\sum_{i=1}^{n}(l_i-\bar{l}_0)^2}{n-1}} \tag{1-31}$$

式中 $\bar{l}_0$——测段内实测弯沉值的平均值，0.01mm，$\bar{l}_0=\frac{\sum_{i=1}^{n}l_i}{n}$；

$Z_a$——与保证率有关的系数，高速、一级公路取 1.645，其他公路沥青路面取 1.5；

$K_1$——季节影响系数，查表 1-24；

$K_2$——湿度影响系数，查表 1-25；

$K_3$——温度修正系数。

温度修正方法如下。测定弯沉时的温度 $T$（沥青路面平均温度）不是（20±2)℃：当 $T\geqslant$ 20℃，$K_3=e^{h(1/T-1/20)}$；当 $T<20$℃，$K_3=e^{0.002h(20-T)}$。平均温度 $T=a+bT_0$，$a=-2.65+0.52h$，$b=0.62-0.008h$，$h$ 为沥青面层厚度，$T_0$ 是测定时路表温度与前 5h 平均气温之和。

4. 补强层厚度的计算

当原路计算弯沉值 $L_0$ 大于由标准轴载累计当量轴次计算而得到的设计弯沉值 $L_d$，说明现有路面强度不足，需要通过修筑补强层来加强路面。我国现行规范采用弹性层状体系理论求解补强层厚度。其步骤如下：

(1) 确定原有路面当量回弹模量 $E_t$　为了直接使用弹性层状体系理论，需将原有路面整体强度的代表值 $L_0$ 按式(1-32) 转化为当量回弹模量：

$$E_t=1000\frac{2p\delta}{L_0}m_1m_2 \tag{1-32}$$

式中 $E_t$——原有路面的当量回弹模量，MPa；

$\delta$——标准轴载单轮传压面半径，cm；

**表 1-24　季节影响系数 $K_1$**

| 自然区划 | 名称 | 路面类型 | 路基干湿类型 | $K_1$ 的建议值 | | | | 备注 |
|---|---|---|---|---|---|---|---|---|
| | | | | 春融 | 干季 | 雨季 | 冻前 | |
| Ⅱ$_1$ | 辽宁<br>吉林<br>黑龙江 | 砂石 | 干 | 1.0 | 1.2～1.4 | 1.1～1.2 | 1.05～1.15 | 东北区春融一般指 4～5 月中旬；干季指 5 月中旬～7 月中旬或 9 月中旬～10 月中旬；雨季指 7 月中旬～9 月末；冻前指 11 月。辽宁比黑龙江晚上冻半个月，早化半个月 |
| | | | 中 | 1.0 | 1.5～1.6 | 1.3～1.4 | 1.2～1.3 | |
| | | | 湿 | 1.0 | 1.8～1.9 | 1.7～1.8 | 1.6～1.7 | |
| | | 沥青 | 干 | 1.0 | 1.2～1.3 | 1.1～1.2 | 1.05～1.15 | |
| | | | 中 | 1.0 | 1.3～1.4 | 1.2～1.3 | 1.1～1.2 | |
| | | | 湿 | 1.0 | 1.5～1.6 | 1.3～1.4 | 1.2～1.3 | |
| Ⅱ$_{1a}$ | 黑龙江 | 砂石 | | 1.0 | 1.55～1.65 | | | |
| | | 沥青 | | 1.0 | 1.25 | | | |
| Ⅱ$_2$ | 黑龙江 | 砂石 | | 1.0 | 1.5～1.65 | | | |
| | | 沥青 | | 1.0 | 1.4～1.5 | | | |
| | 吉林 | 砂石 | | 1.0 | 1.3 | | | |
| | | 沥青 | | 1.0 | 1.54 | | | |
| Ⅱ$_{2a}$ | 辽宁 | 砂石 | 干 | 1.0 | 1.3～1.4 | 1.2～1.3 | 1.1～1.2 | |
| | | | 中 | 1.0 | 1.5～1.6 | 1.4～1.5 | 1.3～1.4 | |
| | | | 湿 | 1.0 | 1.9～2.0 | 1.8～1.9 | 1.6～1.7 | |
| | | 沥青 | 干 | 1.0 | 1.2～1.3 | 1.1～1.2 | 1.05～1.15 | |
| | | | 中 | 1.0 | 1.4～1.5 | 1.3～1.4 | 1.2～1.3 | |
| | | | 湿 | 1.0 | 1.8～1.9 | 1.7～1.8 | 1.5～1.6 | |
| Ⅱ$_3$ | 辽宁 | 砂石 | 干中湿 | 1.0 | 1.3～1.4 | 1.2～1.3 | 1.1～1.2 | |
| | | 沥青 | 干 | 1.0 | 1.2～1.3 | 1.1～1.2 | 1.05～1.15 | |
| | | | 中 | 1.0 | 1.3～1.4 | 1.2～1.3 | 1.15～1.2 | |
| | | | 湿 | 1.0 | 1.7～1.8 | 1.6～1.7 | 1.5～1.6 | |

**表 1-25　湿度影响系数 $K_2$**

| 自然区划 | 路基干湿类型 | 路面材料水稳定性 | | 附注 |
|---|---|---|---|---|
| | | 好 | 差 | |
| Ⅲ$_1$ | 干 | 1.00 | 1.00～1.10 | |
| | 中 | 1.10～1.20 | 1.10～1.30 | |
| | 湿 | 1.20～1.40 | 1.35～1.50 | |
| Ⅲ$_2$ | 干 | 1.00～1.10 | 1.10～1.15 | |
| | 中 | 1.10～1.30 | 1.15～1.35 | |
| | 湿 | 1.30～1.50 | 1.35～1.55 | |
| Ⅲ$_3$ | 干 | 1.00～1.15 | 1.10～1.20 | |
| | 中 | 1.15～1.35 | 1.20～1.40 | |
| | 湿 | 1.35～1.55 | 1.40～1.60 | |
| Ⅳ$_1$<br>Ⅳ$_{1a}$ | 干 | 1.00～1.10 | 1.10～1.20 | 在内蒙古建议值和宁夏实测值基础上调整 |
| | 中 | 1.10～1.20 | 1.20～1.30 | |
| | 湿 | 1.20～1.40 | 1.30～1.50 | |
| Ⅳ$_2$ | 干 | 1.00～1.20 | 1.10～1.25 | |
| | 中 | 1.20～1.40 | 1.25～1.50 | |
| | 湿 | 1.40～1.60 | 1.50～1.70 | |
| Ⅳ$_4$ | 干 | 1.00～1.10 | 1.10～1.20 | |
| | 中 | 1.10～1.20 | 1.20～1.30 | |
| | 湿 | 1.20～1.30 | 1.30～1.40 | |

$L_0$——原路面的计算弯沉值，0.01mm；

$p$——标准轴载车型轮胎接地压力，MPa；

$m_1$——用标准轴载的汽车在原路面上测得的弯沉值与用承载板在相同压力条件下所测得的回弹变形值之比，即轮板对比值，应根据各地的对比试验结果论证的确定，在没有对比试验资料的情况下，可取 $m_1=1.1$ 进行计算；

$m_2$——原路面当量回弹模量扩大系数，计算与原路面接触的补强层层底拉应力时，$m_2=e^{0.037\frac{h'}{\delta}\left(\frac{E_{n-1}}{p}\right)^{0.25}}$，计算其他补强层层底拉应力时，$m_2=1.0$。

（2）补强层厚度的计算　设计层的厚度采用弹性层状体系中的专用设计程序进行计算。

# 第四节　水泥混凝土路面设计方法

水泥混凝土路面是指以水泥和水拌和成的水泥浆为结合料，以碎（砾）石、砂为集料，再添加适当的外加剂，有时掺加掺和料拌成的混凝土铺筑面层的路面。它包括普通混凝土、钢筋混凝土、连续配筋混凝土、钢纤维混凝土、水泥混凝土预制块和碾压混凝土等面层板和基层（垫层）组成的路面。

碾压混凝土路面指水泥和水的用量较普通混凝土路面显著减少的水泥混凝土混合料经摊铺、碾压成型的水泥混凝土路面。钢筋混凝土路面是指为防止可能产生的裂缝缝隙张开，板内配置纵、横向钢筋或钢丝网的水泥混凝土路面。钢纤维混凝土路面是指在混凝土中掺加钢纤维的水泥混凝土路面。连续配筋混凝土路面是指沿纵向配置连续的钢筋，除了在与其他路面交接处或邻近构造物处设置胀缝以及视施工需要设置胀缝外，不设横向缩缝的水泥混凝土路面。

目前广泛采用的是普通混凝土路面，所谓的普通混凝土路面是指除了接缝区和局部范围（边缘和角隅）外，面层内均不配置钢筋的水泥混凝土路面，也称素混凝土路面。水泥混凝土路面和沥青路面相比具有以下特点。

① 由于混凝土的抗压强度、抗弯拉强度以及抗磨耗能力都比较高，所以水泥混凝土路面的强度要比沥青路面高很多。水泥混凝土路面也称刚性路面，沥青路面也称柔性路面。

② 随着时间的延长，沥青路面会出现“老化”现象，而混凝土路面的强度会随时间的延长而逐渐提高，同时它的水稳定性和热稳定性都比沥青路面要好，所以这种路面的整体稳定性好。

③ 混凝土路面一般可以使用20～40年，但沥青路面一般在15年，因而这种路面的耐久性好。

④ 从路面材料的颜色上来看，水泥混凝土路面颜色浅，沥青路面颜色深，通常称水泥混凝土路面为白色路面，沥青路面为黑色路面。由于水泥混凝土路面颜色浅在夜晚能见度高，对夜间行车有利。

⑤ 水泥混凝土路面上因为有接缝的存在，给施工和养护、行车舒适性、路面破坏等方面带来很多问题。

⑥ 由于混凝土的养生至少为28天，和沥青路面相比较开放交通较迟。

⑦ 水泥混凝土路面损坏后的修补工作比沥青路面要困难。

⑧ 修筑水泥混凝土路面时，对水泥和水的需要量大。

## 一、水泥混凝土路面的力学特性与工作特性

水泥混凝土路面与沥青路面相比，其特性主要有以下几个方面。

① 混凝土面板的弹性模量与力学强度大大高于基层和土基的相应模量与强度。

② 混凝土的抗拉强度远小于抗压强度，约为抗压强度的1/6～1/7，因此，其设计强度指标是极限抗弯拉强度。

③ 由于混凝土面板与基层或土基之间的摩阻力一般不大，所以在力学图、式上可把水泥混凝土路面结构看成是是弹性地基板，在做有关计算时，采用弹性地基板理论。

④ 在车辆荷载作用下，混凝土面板产生弯曲。当轮载作用于板中部时，板顶出现压应力，面板底面承受弯拉应力；当轮载作用于板角时，板底面承受压应力，而板顶面出现弯拉应力。可见，在重复荷载作用下，混凝土面板反复承受弯拉应力与压应力的作用。因此，其破坏是由于疲劳引起的损坏。由于混凝土的抗拉强度比抗压强度低得多，在车辆荷载作用下，当弯拉应力超过混凝土板极限抗弯拉强度时，将使板产生断裂破坏。

⑤ 由于板顶面和底面的温度变化，致使在板体内产生温度翘曲应力，板的平面尺寸越大，翘曲应力越大，这种温度疲劳应力是导致混凝土板破坏的原因之一。因此，在设计中应考虑荷载疲劳应力与温度疲劳应力的综合作用。

⑥ 水泥混凝土是一种脆性材料，它在断裂时的相对拉伸变形很小，在弯曲断裂时的表面相对拉伸变形只有1/10000～3/10000，所以在荷载作用下，土基、基层的变形情况对混凝土面板的影响很大。不均匀的变形会导致面板与基层脱空，板体由此而产生断裂。因此，要求板下的土基和基层不但要有足够的强度，更要注意其均匀性和水稳性，同时要求基层要有相当好的平整度。

## 二、水泥混凝土路面设计的理论

水泥混凝土路面是一种弹性层状结构，可应用弹性层状体系理论求解水泥混凝土路面问题。水泥混凝土路面板在荷载作用下变形小，在力学分析时将它视为弹性板，地基视为弹性地基，因此水泥混凝土路面在力学上可视为弹性地基板上的弹性板，简称弹性地基板。目前世界各国水泥混凝土路面设计方法所依据的力学理论主要是弹性地基板理论，其基本假定如下：

① 板为具有弹性模量 $E$ 和泊松比 $\mu$ 的等厚体。

② 作用于板上的荷载，其施压面的宽度和长度均大于板厚，此时可用薄板弯曲理论进行计算，当施压面积很小时，需按厚板理论对它进行修正。

③ 地基对板仅有竖向反力，即地基和板之间无摩阻力，同时地基与面板存在着完全的接触，即使在反力为负值（向下）时也是如此。

④ 地基顶面挠度同反力之间的关系，有着两种不同的假说：温克勒地基假说；半空间地基假说。半空间地基假说要比温克勒地基假说更符合地基实际的工作情况，但在荷载作用于板边或板角隅处；对有限尺寸的矩形板，运用半无限地基板理论的计算方法无法解决不同的荷载组合作用于板上任何位置等问题，因此，在实际计算中常采用近似的数值计算方法—有限元法。

根据我国的生产实践和科研成果，我国现行规范亦是采用弹性地基板理论，而地基模型则采用以弹性模量和泊松比表征的弹性半无限体地基假说。

## 三、水泥混凝土路面设计参数及设计依据

1. 可靠度设计指标

路面结构可靠度是指在规定的时间内，在规定的条件下，路面使用性能满足预定水平要求的概率。具体结合水泥混凝土路面而言，在定义中，“规定的时间”是指路面设计取用的使用时间，即设计基准期；“规定的条件”是指规定的交通和环境条件；“路面使用性能满足预定水平要求的概率”是指行车荷载产生的疲劳应力和温度变化产生的疲劳应力总和不超过

混凝土弯拉强度的概率。可靠度设计指标的取值见表1-26。

表 1-26 可靠度设计指标

| 公路等级 / 安全等级 | 高速 一级 | 一级 二级 | 二级 三级 | 三、四级 四级 |
| --- | --- | --- | --- | --- |
| 设计基准期/年 | 30 | 30 | 20 | 20 |
| 目标可靠度/% | 95 | 90 | 85 | 80 |
| 目标可靠指标 | 1.64 | 1.28 | 1.04 | 0.84 |
| 变异水平等级 | 低 | 低-中 | 中 | 中-高 |

2. 标准轴载作用次数

水泥混凝土路面结构设计以单轴-双轮组轴重 100kN 作为标准轴载。

通过试验证明当轴载作用在混凝土面板的纵向边缘中部时产生的应力最大，这一位置称为临界荷位。

不同轴-轮型和轴载的作用次数按下式换算为标准轴载的作用次数：

$$N_s = \sum_{i=1}^{n} \alpha_i N_i (P_i/100)^{16} \tag{1-33}$$

式中 $N_s$——标准轴载的作用次数；

$N_i$，$P_i$——分别为各级轴载轴重和作用次数；

$\alpha_i$——轮轴系数，单轴-双轮组 $\alpha_i = 1.0$，单轴-单轮组 $\alpha_i = 2.22 \times 10^3 P_i^{-0.43}$，双轴-双轮组 $\alpha_i = 1.07 \times 10^{-5} P_i^{-0.22}$，三轴-双轮组 $\alpha_i = 2.24 \times 10^{-8} P_i^{-0.22}$。

3. 标准轴载累计作用次数

$$N_e = \frac{[(1+\gamma)^t - 1] \times 365}{\gamma} N_1 \eta \tag{1-34}$$

式中 $N_e$——标准轴载累计作用次数；

$N_1$——设计车道使用初期标准轴载日作用次数；

$\gamma$——交通量平均增长率；

$\eta$——临界荷位处的车辆轮迹横向分布系数，高速、一级、收费站取 0.17～0.22，二级及以下公路，行车道宽 ＞7m 取 0.34～0.39，行车道宽 ≤7m 取 0.54～0.62。

4. 交通分级

按使用设计基准期内设计车道所承受的标准轴载累计作用次数，将水泥混凝土路面承受的交通划分为特重、重、中等和轻四个等级，见表1-27。

表 1-27 交通分级

| 交通等级 | 特重 | 重 | 中等 | 轻 |
| --- | --- | --- | --- | --- |
| 设计车道标准轴载累计作用次数 $N_e/10^4$ | ＞2000 | 100～2000 | 3～100 | ＜3 |

5. 基层顶面当量回弹模量 $E_t$

对于新建公路的基层顶面当量回弹模量 $E_t$ 的计算如下：

$$E_t = a h_x^b E_0 \left(\frac{E_x}{E_0}\right)^{1/3} \tag{1-35}$$

$$E_x=\frac{h_1^2E_1+h_2^2E_2}{h_1^2+h_2^2} \tag{1-36}$$

$$D_x=\frac{E_1h_1^3+E_2h_2^3}{12}+\frac{(h_1+h_2)^2}{4}\left(\frac{1}{E_1h_1}+\frac{1}{E_2h_2}\right)^{-1} \tag{1-37}$$

$$h_x=\left(\frac{12D_x}{E_x}\right)^{1/3} \tag{1-38}$$

$$a=6.22\left[1-1.51\left(\frac{E_x}{E_0}\right)^{-0.45}\right] \tag{1-39}$$

$$b=1-1.14\left(\frac{E_x}{E_0}\right)^{-0.55} \tag{1-40}$$

式中　$E_t$——基层顶面当量回弹模量，MPa；

$E_0$——路床顶面的回弹模量，MPa；

$E_x$——基层和底基层（或垫层）的当量回弹模量；

$E_1$，$E_2$——基层和底基层（或垫层）的回弹模量；

$h_x$——基层和底基层（或垫层）的当量厚度；

$D_x$——基层和底基层（或垫层）的当量弯曲刚度；

$h_1$，$h_2$——基层和底基层（或垫层）的厚度；

$a$，$b$——与 $E_x/E_0$ 有关的回归系数。

对于改建公路基层顶面的当量回弹模量 $E_t$ 的计算如下：

$$E_t=13739W_0^{-1.04} \tag{1-41}$$

式中　$E_t$——基层顶面当量回弹模量，MPa；

$W_0$——以后轴重 100kN 的车辆进行弯沉测定，经统计整理后得到的原路面计算回弹弯沉值。

6. 设计依据

水泥混凝土路面结构设计是以行车荷载和温度梯度综合作用产生的疲劳断裂为设计的极限状态，即：

$$\gamma_r(\sigma_{pr}+\sigma_{tr})\leqslant f_r \tag{1-42}$$

式中　$\sigma_{pr}$——行车荷载疲劳应力；

$\sigma_{tr}$——温度梯度疲劳应力；

$\gamma_r$——可靠度系数，查表 1-28；

$f_r$——水泥混凝土弯拉强度标准值。

**表 1-28　可靠度系数**

| 变异水平等级 | 目标可靠度/% | | | |
|---|---|---|---|---|
| | 95 | 90 | 85 | 80 |
| 低 | 1.20～1.33 | 1.09～1.16 | 1.04～1.08 | — |
| 中 | 1.33～1.50 | 1.16～1.23 | 1.08～1.13 | 1.04～1.07 |
| 高 | — | 1.23～1.33 | 1.13～1.18 | 1.07～1.11 |

## 四、水泥混凝土路面的设计

1. 结构层组合设计

路面结构组合设计就是初拟路面结构层次，选定各结构层材料类型及厚度。

(1) 面层　混凝土面板直接承受行车荷载和自然因素的作用，并直接体现使用功能的好坏，同时又是混凝土路面的承重结构。混凝土面板应保证表面平整、耐磨、抗滑，应满足以下要求。

① 混凝土的弯拉强度应满足表 1-29 的要求。

**表 1-29 混凝土弯拉强度标准值**

| 交通等级 | 特重 | 重 | 中等 | 轻 |
|---|---|---|---|---|
| 弯拉强度标准值/MPa | 5.0 | 5.0 | 4.5 | 4.0 |

② 有足够的表面平整度。混凝土路面的平整度以三米直尺量测为准，三米直尺与路面表面之间的最大间隙，高速公路和一级公路不应大于 3mm；其他各级公路不应大于 5mm；混凝土路面的平整度也可用平整度仪测定。

③ 有足够的抗滑性。混凝土路面的抗滑性以构造深度（TD）为指标。

理论分析表明，车轮荷载作用于板中部时，板所产生的最大应力约为轮载作用于板边部时的 2/3。因此，面层板的横断面应采用中间薄两边厚的形式，以适应荷载应力的变化，一般边部厚度较中部约大 25%，从路面最外两侧板的边部，在 0.6～1.0m 宽度范围内逐渐加厚。但是厚边式路面给土基和基层的施工带来不便；而且使用经验也表明，在厚度变化转折处，易引起板的折裂。因此，目前国内外常采用等厚式断面。混凝土面板的最小厚度为 18cm。

水泥混凝土面层类型及适用条件见表 1-30。

**表 1-30 水泥混凝土面层类型及适用条件**

| 面层类型 | 适 用 条 件 |
|---|---|
| 设接缝的普通混凝土面层 | 各等级公路 |
| 钢筋混凝土面层 | 面板尺寸较大，形状不规则，路基可能产生不均匀沉降 |
| 连续配筋混凝土面层 | 承受重载、大交通的高等级公路 |
| 碾压混凝土面层 | 二级及以下公路、服务区停车场 |
| 钢纤维混凝土面层 | 标高受限路段、收费站、桥面铺装处 |
| 矩形或异形混凝土预制板 | 服务区停车场、二级及以下公路桥头引道处 |

（2）基层　混凝土面板下设置基层，不仅为混凝土面板提供均匀而稳定的支撑，且能防止唧泥、错台、冻胀等病害，从而保证路面的整体性，延长路面的使用寿命。因此，除土基本身就是有良好级配的砂砾类土，而且是有良好排水条件的轻交通之外，都应设置基层。同时，基层应具有足够的刚度和稳定性，且断面正确，表面平整。理论计算和实践都已证明，采用整体性好，具有较高的弹性模量的材料修筑基层，可以确保混凝土路面良好的使用特性和延长路面的使用寿命。

基层材料应根据交通等级，当地条件和经济性等因素选用贫混凝土、沥青混合料、水泥稳定土、石灰稳定工业废渣、级配碎（砾）石、填隙碎石等。由于石灰稳定土的强度较低，在特重和重交通的公路上，或冰冻地区潮湿路段及其他地区的过湿路段上，不宜采用石灰稳定土基层。为保证模板和轨模式摊铺机轨道的安装、滑模式摊铺机的施工，以及混凝土面板边缘的强度和稳定性，当采用小型机具或轨模式摊铺机施工时，基层的宽度应比混凝土面板每侧宽出 25～35cm；当采用滑模式摊铺机施工时，每侧宽出 50～60cm；当路基为膨胀土或排水不良时，应与路基同宽。基层的厚度不宜小于 15cm。

水泥混凝土路面基层选择见表 1-31。

表 1-31　水泥混凝土路面基层类型选择

| 基层类型 | 适用条件 |
|---|---|
| 贫混凝土、碾压混凝土 | 特重交通 |
| 水泥稳定粒料、沥青稳定碎石 | 重交通 |
| 水泥稳定粒料、石灰粉煤灰稳定粒料或级配粒料 | 中等或轻交通 |

(3) 垫层　在路基水温状况不良的路段上，路基与基层之间宜设垫层。

对垫层材料的强度要求不一定要高，但其水稳性、隔热性能要好。垫层材料以就地取材为原则，一般采用颗粒材料（砂、砂砾、炉渣等）。

(4) 土基　混凝土路面下的路基必须密实、稳定和均质。影响路基强度和稳定性的地面水和地下水，必须拦截或排出路基范围以外，一般要求路基处于干燥或中湿状态。

2. 材料组成设计

按照交通等级所规定的抗折强度及其他技术性能的要求，对选定的路面基层、垫层所用材料进行选择，进行配合比设计。

3. 平面分块设计

混凝土面板平面尺寸见表 1-32。

表 1-32　混凝土面板平面尺寸

| 面层类型 | 板宽 | 板长/m |
|---|---|---|
| 素混凝土面层 | 通常取车道宽度 | 4.5～5.5 |
| 碾压混凝土、钢纤维混凝土面层 | | 6～10 |
| 钢筋混凝土面层 | | 6～15 |

4. 板厚设计

路板厚度的设计方法有经验法和解析法两大类：经验法是以足尺试验路为基础，经过长期的观测建立起标准轴载作用次数、路面结构厚度和使用性能之间的经验公式，如美国的 AASHO 法；解析法则是以结构分析为基础，利用弹性地基板理论来计算荷载应力，并以疲劳开裂作为路面破坏临界状态，如美国的 PCA 法。

我国目前仍采用解析法。板厚的确定，与混凝土的弹性模量、抗弯拉强度、土基、基层的力学性质、路面设计使用年限、交通量组成及其增长率、温度等众多因素有关。设计板厚的方法有多种，而设计标准可以概括为两种：①以混凝土面板的使用特性在使用期末下降到行车所不允许的程度为标准；②以使用年限期末混凝土面板出现疲劳开裂为临界状态做标准，我国现在就是采用这种标准。

板厚设计的步骤如下：

(1) 根据经验值拟定板厚　面板厚度可参考表 1-33。

(2) 计算荷载应力　标准轴载 $P_s$ 在临界荷位处产生的荷载疲劳应力 $\sigma_{pr}$ 计算为：

$$\sigma_{pr}=K_r K_f K_c \sigma_{ps} \tag{1-43}$$

$$\sigma_{ps}=0.077r^{0.6}h^{-2} \tag{1-44}$$

$$r=0.537h(E_c/E_t)^{1/3} \tag{1-45}$$

式中　$\sigma_{ps}$——标准轴载 $P_s$ 在临界荷位处产生的荷载应力；

$h$——混凝土板厚；

$r$——普通混凝土面层的相对刚度半径；

$K_r$——考虑接缝传荷能力的应力折减系数，查表 1-34；

$K_f$——考虑设计基准期内荷载应力累计疲劳作用的疲劳应力系数，查表 1-35；

$K_c$——考虑偏载或动载等因素对路面疲劳损坏影响的综合系数，查表 1-36。

表 1-33 水泥混凝土面层厚度参考值

| 交通等级 | 公路等级 | 变异水平等级 | 面层厚度/mm |
|---|---|---|---|
| 极重 | 一级 | 低 | ≥320 |
| 特重 | 高速 | 低 | 320～280 |
| | 一级 | 中 | 300～260 |
| | | 低 | 280～240 |
| | 二级 | 中 | |
| 重 | 高速 | 低 | |
| | 一级 | 中 | 270～230 |
| | | 低 | 260～220 |
| | 二级 | 中 | |
| 中等 | 二级 | 高 | 250～220 |
| | | 中 | 240～210 |
| | 三、四级 | 高 | |
| | | 中 | 230～200 |
| 轻 | 三、四级 | 高 | 220～190 |
| | | 中 | 210～180 |

表 1-34 接缝传荷能力应力折减系数 $K_r$

| 纵缝类型 | 设拉杆的平缝 | 不设拉杆的平缝或自由缝 |
|---|---|---|
| $K_r$ | 0.87～0.92(柔性基层取高值,刚性、半刚性取底值) | 1.0 |

表 1-35 疲劳应力系数 $K_f$

| 混凝土类型 | 计算公式 | |
|---|---|---|
| 普通混凝土、钢筋混凝土<br>连续配筋混凝土 | $K_f=N_e^a$<br>$N_e$ 为标准轴载累计当量轴次 | $a=0.057$ |
| 碾压混凝土、贫混凝土 | | $a=0.065$ |

表 1-36 综合系数 $K_c$

| 公路等级 | 高速公路 | 一级公路 | 二级公路 | 三、四级公路 |
|---|---|---|---|---|
| $K_c$ | 1.30 | 1.25 | 1.20 | 1.10 |

(3) 计算温度应力 由于面板顶面和底面的温度不同会在板内产生应力。混凝土面板顶面和底面的温度之差除以板的厚度，即为板的温度梯度。在晴天，混凝土面板的温度梯度经历了由零经正最大（板顶高于板底）到零，再经负最大（板顶低于板底）后回到零的周期性变化。同时，在一年内是呈现周期性变化的，最大值出现在 5～7 月份，最小值出现在 1～2

月份。

在临界荷位处的温度疲劳应力 $\sigma_{tr}$ 按下式计算：

$$\sigma_{tr}=K_t\sigma_{tm} \tag{1-46}$$

$$\sigma_{tm}=\frac{\alpha_c E_c h T_g}{2}B_x \tag{1-47}$$

$$K_t=\frac{f_r}{\sigma_{tm}}\left[a\left(\frac{\sigma_{tm}}{f_r}\right)^c-b\right] \tag{1-48}$$

式中　$K_t$——考虑温度应力累计疲劳作用的疲劳应力系数；

$a$，$b$，$c$——回归系数，查表 1-37；

$\sigma_{tm}$——最大温度梯度时混凝土板的温度翘曲应力；

$\alpha_c$——混凝土线胀系数，取 $1\times10^{-5}$℃$^{-1}$；

$T_g$——最大温度梯度，查表 1-38；

$B_x$——综合温度翘曲应力和内应力作用的温度应力系数，按 $l/r$ 和 $h$ 查图 1-11，其中 $l$ 为板长。

**表 1-37　回归系数 $a$、$b$、$c$**

| 系数 | 公路自然区划 | | | | | |
|---|---|---|---|---|---|---|
| | Ⅱ | Ⅲ | Ⅳ | Ⅴ | Ⅵ | Ⅶ |
| $a$ | 0.828 | 0.855 | 0.841 | 0.871 | 0.837 | 0.834 |
| $b$ | 0.041 | 0.041 | 0.058 | 0.071 | 0.038 | 0.052 |
| $c$ | 1.323 | 1.355 | 1.323 | 1.287 | 1.382 | 1.270 |

**表 1-38　最大温度梯度 $T_g$**

| 公路自然区划 | Ⅱ、Ⅴ | Ⅲ | Ⅳ、Ⅵ | Ⅶ |
|---|---|---|---|---|
| 最大温度梯度/(℃/m) | 83～88 | 90～95 | 86～92 | 93～98 |

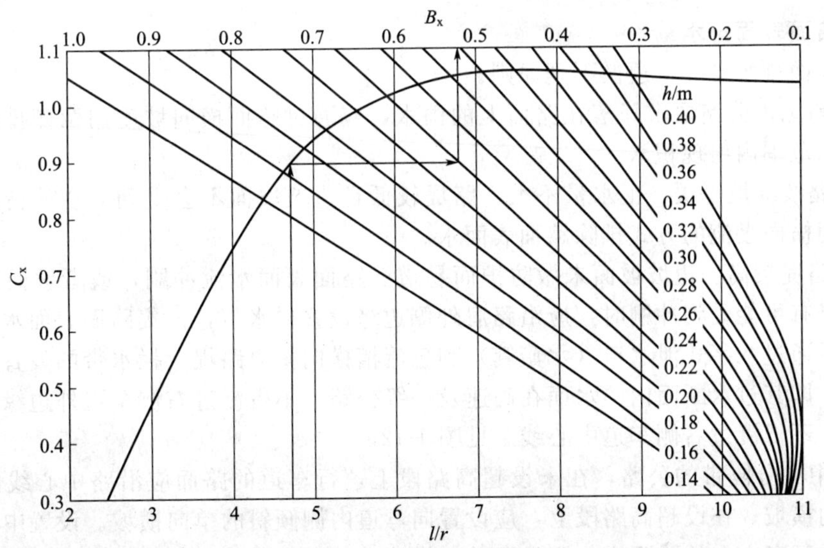


图 1-11　温度应力系数 $B_x$

(4) 检验初拟路面结构　如果 $\gamma_r$ $(\sigma_{pr}+\sigma_{tr})<f_r$ 成立，则初拟厚度为设计厚度，否则应

重新拟订。

5. 接缝设计

接缝设计是依据接缝的作用选择合适的类型，确定接缝的间距，布设接缝的位置，设计接缝的构造。

6. 路面排水设计

根据路面排水要求及表面或内部排水设施的作用与设置条件，选择合理的排水方案。

7. 路拱与路肩设计

水泥混凝土路面常用的路拱形式有直线、二次抛物线等，设计时可根据工程具体情况和当地条件，选择合适的路拱形式。

混凝土路面横向坡度一般采用1%～2%，硬路肩的横坡度与路面的横坡度一致，土路肩横向坡度应较路面横向坡度大1%～2%。

## 第五节　路面排水设计

路面排水的目的是迅速排除路面表面的大气降水和渗入路面结构中的水，防止水对路面结构层的损害，以保证路面结构的强度和稳定。路面排水包括路表排水、中央分隔带排水及路面结构内部排水。

### 一、设计频率

道路表面排水设计时，要考虑排水设施的设计降雨重现期，道路表面排水设施的设计降雨重现期见表1-39。

表1-39　道路表面排水设施的设计降雨重现期

| 公路等级 | 高速、一级公路 | 二级及以下公路 |
|---|---|---|
| 路面和路肩表面排水 | 5 | 3 |
| 坡面排水 | 15 | 10 |

### 二、路面表面排水

路面表面排水设计应遵循下列原则。

① 目前国内公路要求降落在路面上的雨水，应通过路面横向坡度向两侧排流，避免行车道的路面范围内出现积水。

② 在路线纵坡平缓、汇水量不大、路堤较低且边坡坡面不会受到冲刷的情况下，在路堤边坡上用横向漫流的方式排除路面表面水。

③ 在路堤较高、边坡坡面未做防护而易遭受路面表面水流冲刷，或者坡面虽已采取防护措施但仍有可能受到冲刷时，应沿路肩外侧边缘设置拦水带，汇集路面表面水后改为纵向流水，然后通过八字式泄水口（水簸箕）和急流槽横向排离路堤。拦水带的设置高度应满足以下条件，即其过水断面内的水面在高速及一级公路上不得漫过右侧车道外边缘，在二级及以下公路上不得漫过右侧车道中心线。见图1-12。

④ 无中央分隔带的公路，在未设超高路段上，行车道的路面应沿路中心线向两侧设置倾斜的双向横坡；在设超高路段上，应设置向弯道内侧倾斜的单向横坡。设置中央分隔带的公路，各个行车方向的路面应分别设置单向横坡，单向车道数超过3个时，也可分别设置双向横坡。

路面和路肩横坡的坡度，应根据路面面层类型，按《公路工程技术标准》(JTG B01—

2003）中的规定选用，设拦水带时，右侧硬路肩的横向坡度宜采用5%。拦水带可由沥青混凝土现场浇筑，或由水泥混凝土预制块铺砌而成。在道路交叉口、匝道口与桥梁等构造物连接处，超高路段和一般路段的横坡转换处，应设置泄水口以避免路面表面水横向流过行车道或结构物。在纵坡变换的凹形竖曲线底部，泄水口应设在最低点，并在其前后相距3～5m处各增设一个泄水口。泄水口的设置间距以20～30m为宜。

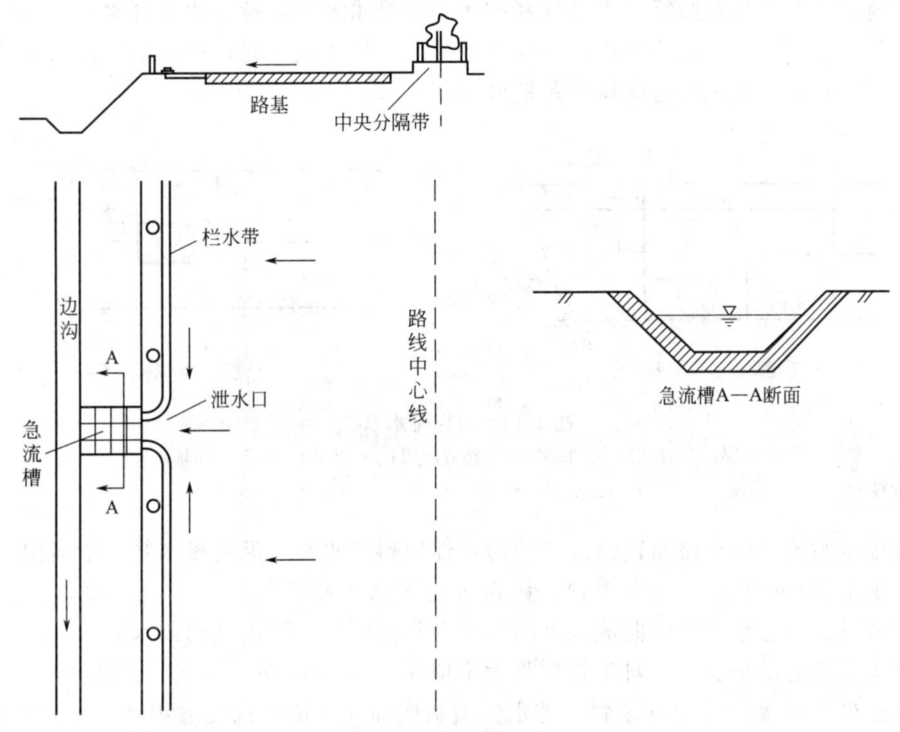


图1-12　路面排水

## 三、中央分隔带排水

中央分隔带的排水设施由排水沟（明沟、暗沟）、渗沟、雨水井、集水井、横向排水管等组成，中央分隔带可用凸式、平式或凹式。一般不封闭，也可封闭，如图1-13所示。

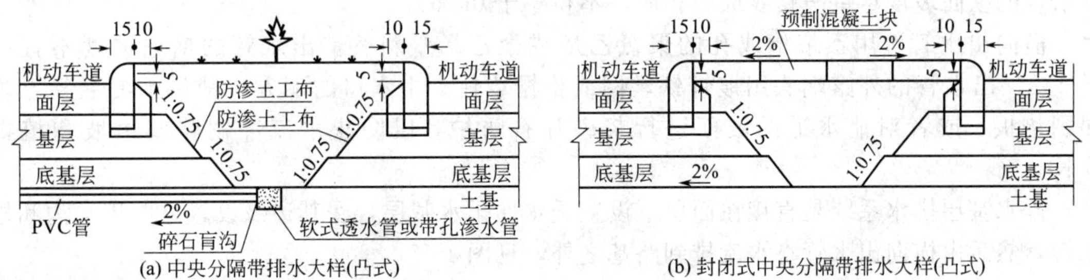


图1-13　中央分隔带排水

为排除渗入分隔带内的表面水，中央分隔带内可设置纵向排水渗沟，并间隔40～80m设一条横向排水管将渗沟内的水排引出，渗沟周围包裹反滤织物（土工布），以免渗入水携带的细粒将渗沟堵塞。渗沟上的回填料与路面结构的交界处铺设防水土工布。

中央分隔带封闭后可不设内部排水系统。封闭可用40～80mm预制混凝土或现浇混凝土，其下设砂砾垫层。

**四、路面内部排水**

在多雨或严重冰冻地区，路基由透水性差的细粒土组成，处于潮湿路段的二级及以上公路；路基两侧有滞水，可能渗入路面结构内的公路路段；或现有路面改建工程需要排除积滞在路面结构内的水分等情况下，宜设置路面内部排水系统。

路面内部排水系统有边缘排水系统和排水基层排水系统两种。边缘排水系统常用于旧水泥混凝土路面下基层材料结构透水性较小，需要改善排水状况时；排水基层排水系统常用于新建路面时，其排水效果比边缘排水系统好得多。

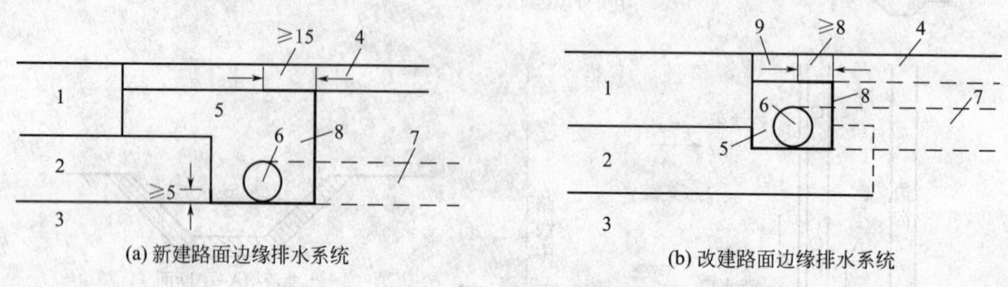


图 1-14　边缘排水系统

1—面层；2—基层；3—垫层；4—路肩面层；5—集水沟；6—纵向排水管；7—横向出水管；8—反滤织物；9—回填路肩面层

边缘排水系统是由沿路面边缘设置的透水性填料集水沟、纵向排水管、横向出水管和过滤织物（土工布）所组成，见图 1-14。该系统是将渗入路面结构内的自由水，先沿路面结构层内空隙或某一透水层次横向流入纵向集水沟和排水管，再由横向出水管引排出路基。

集水沟底面的最小宽度，对于新建路面不应小于 30cm；对于改建路面应能保证排水管两侧各有至少 5cm 宽的透水性填料。透水性填料底面和外侧围以反滤织物（土工布），以防路面垫层、基层及路肩内的细料侵入而堵塞填料空隙或管孔。反滤织物可选用由聚酯类、丙烯材料制成的无机纺织物。

纵向排水管通常选用聚氯乙烯或聚乙烯塑料管。排水管左右及上部可设槽或孔眼。排水管的埋置深度，应保证不被车辆或施工机械压裂，并应低于当地的冰冻深度。在非冰冻地区，新建路面时，排水管管底通常与基层底面齐平；改建路面时，管中心应低于基层顶面。排水管的纵向坡度尽量与路线纵坡相同，不得小于 0.25%。

横向出水管选用不带槽或孔的聚氯乙烯或聚乙烯塑料管。出水管的横向坡度不宜小于 5%。出水管的外露端头用镀锌铁丝网或格栅罩住。出水口的下方应铺设水泥混凝土防冲刷垫板，或者对泄水道的坡面进行浆砌片石防护，以防止水流冲刷路基边坡和植物生长。

排水基层排水系统是直接在面层下设置透水性排水基层，在其边缘设置纵向集水沟和排水管，然后由横向出水管将水流排到路基之外，见图 1-15。

排水基层是由不大于 4.75mm 细颗粒的开级配碎石集料，经过水泥或沥青处治，或未经处治的开级配集料组成。

排水基层的厚度应按所需排放的水量和基层材料的渗透系数经过水力计算确定，通常在 8～15cm 范围内选用，但最小厚度不得小于 6cm（碎石经沥青处治）或 8cm（碎石经水泥处治）。

其宽度应视面层施工的需要，可超出面层宽度 30～90cm。

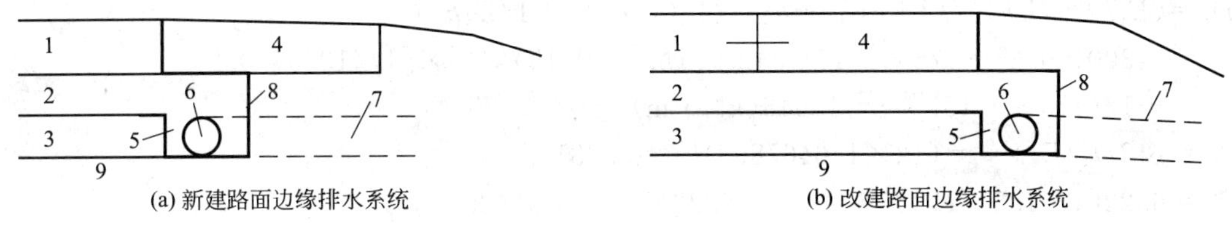


图 1-15 排水基层排水系统

1—面层；2—排水基层；3—不透水垫层；4—路肩面层；5—集水沟；6—纵向排水管；7—横向出水管；8—反滤织物；9—路基

纵向集水沟可设在面层边缘外侧、路肩下或路肩边缘外侧。集水沟中的填料采用与排水基层相同的透水性材料。集水沟的下部设置带槽或孔眼的纵向排水管，并隔适当距离设置不带槽或孔眼的横向出水管。

# 第六节 计算示例与路面结构图绘制

对于沥青路面结构层厚度的设计，根据设计车道累计当量轴次、设计弯沉值、容许拉应力值，各结构层的抗压回弹模量、土基回弹模量以及已知结构层的厚度，利用专用设计程序即可求得设计层的厚度，在本节中不再列举计算示例。本节中只列举普通水泥混凝土面板厚度计算的示例。

## 一、普通混凝土板厚度计算示例

**【例 1-1】** 湖南省拟新建一条二级公路，公路自然区划Ⅳ$_5$区，路基为砂性土，土基回弹模量 $E_0=31$MPa。采用普通混凝土路面，路面宽 9m。经交通调查得知，设计车道使用初期标准轴载日作用次数为 1510，交通量年平均增长率为 5.9%。试设计该路面结构。

**解：** 1. 交通分析

查表得到，二级公路的设计基准期为 20 年，安全等级为三级。临界荷位处的车辆轮迹横向分布系数取 0.39，设计基准期内设计车道标准轴载累计使用次数为：

$$N_e=\frac{[(1+\gamma)^t-1]\times 365}{\gamma}N_1\eta$$

$$=1510\times[(1+0.059)^{20}-1]\times 365\times 0.39/0.059$$

$$=7822532\ (\text{次})$$

属重交通等级。

2. 初拟路面结构

查表可知二级公路的安全等级为三级，相对应的变异水平等级为中级。根据二级公路、重交通等级和中级变异水平等级，查表，初拟普通混凝土面层厚度为 0.24m，基层选用水泥稳定砂砾（水泥用量 5%），厚 0.2m。垫层为 0.15m 天然砂砾。普通混凝土板的平面尺寸为宽 4.5m，长 5.0m。纵缝为拉杆平缝，横向缩缝为设传力杆的假缝形式，在缩缝处的施工缝采用加传力杆的平缝形式。

3. 路面材料参数确定

查表取普通混凝土面层的弯拉强度标准值为 5.0MPa，相应弯拉弹性模量标准值为 31GPa。查表取水泥稳定砂砾回弹模量为 1300MPa，天然砂砾垫层回弹模量取 175MPa。路基回弹模量为 31MPa。基层顶面当量回弹模量 $E_t$ 计算如下：

$$E_x=(h_1^2E_1+h_2^2E_2)/(h_1^2+h_2^2)=(1300\times 0.2^2+175\times 0.15^2)/(0.2^2+0.15^2)=895(\text{MPa})$$

$$D_x=(E_1h_1^3+E_2h_2^3)/12+[(h_1+h_2)^2/4](1/E_1h_1+1/E_2h_2)^{-1}$$
$$=(1300\times0.2^3+175\times0.15^3)/12+[(0.2+0.15)^2/4]\times[1/(1300\times0.2)+1/(175\times0.15)]^{-1}=1.646(\mathrm{kN\cdot m})$$

$$h_x=(12D_x/E_x)^{1/3}=(12\times1.646/895)^{1/3}=0.281$$

$$a=6.22[1-1.51(E_x/E_0)^{-0.45}]=6.22\times[1-1.51(895/31)^{-0.45}]=4.152$$

$$b=1-1.44(E_x/E_0)^{-0.55}=1-1.44\times(895/31)^{-0.55}=0.773$$

$$E_t=ah_x^bE_0(E_x/E_0)^{1/3}=4.152\times0.281^{0.773}\times31\times(895/31)^{1/3}=148(\mathrm{MPa})$$

普通混凝土面层的相对刚度半径 $r$ 计算为：

$$r=0.537h(E_c/E_t)^{1/3}=0.537\times0.24\times(31000/148)^{1/3}=0.765(\mathrm{m})$$

4. 荷载疲劳应力

标准轴载 $P_s$ 在临界荷位处产生的荷载应力 $\sigma_{ps}$ 计算为：

$$\sigma_{ps}=0.077r^{0.6}h^{-2}=0.077\times0.765^{0.6}\times0.24^{-2}=1.138(\mathrm{MPa})$$

因纵缝为拉杆平缝，取应力折减系数 $K_r=0.87$。考虑设计基准期内荷载应力累计疲劳作用的疲劳应力系数 $K_f=N_e{}^{0.057}=7822532^{0.057}=2.471$，根据公路等级，查表考虑偏载和动载等因素对路面疲劳损坏影响的综合系数 $K_c=1.20$。

标准轴载 $P_s$ 在临界荷位处产生的荷载疲劳应力 $\sigma_{pr}$ 计算为：

$$\sigma_{pr}=K_rK_fK_c\sigma_{ps}=0.87\times2.471\times1.20\times1.138=2.94(\mathrm{MPa})$$

5. 温度疲劳应力

查表Ⅳ$_5$ 区最大温度梯度取 90（℃/m）。板长 5m，$l/r=5/0.765=6.54$，由图 1-11 可查普通混凝土板厚 $h=0.24$m，$B_x=0.64$。最大温度梯度时混凝土板的温度翘曲应力 $\sigma_{tm}$ 计算为：

$$\sigma_{tm}=\alpha_cE_chT_gB_x/2=1\times10^{-5}\times31000\times0.24\times90\times0.64/2=2.14$$

温度疲劳应力系数 $K_t$ 为：

$$K_t=f_r[a(\sigma_{tm}/f_r)^c-b]/\sigma_{tm}=5.0\times[0.841\times(2.14/5.0)^{1.323}-0.058]/2.14=0.504$$

计算温度疲劳应力 $\sigma_{tr}$：

$$\sigma_{tr}=K_t\sigma_{tm}=0.504\times2.14=1.08(\mathrm{MPa})$$

查表二级公路的安全等级为三级，相应于三级公路的安全等级的变异水平等级为中级，目标可靠度为 85%。再根据查得的目标可靠度和变异水平等级，查表确定可靠度系数 $\gamma_r=1.13$。

$$\gamma_r(\sigma_{pr}+\sigma_{tr})=1.13\times(2.94+1.08)=4.54(\mathrm{MPa})<f_r=5.0\mathrm{MPa}$$

因而，所选普通混凝土面层厚度（0.24m）可以承受设计基准期内的荷载应力和温度应力的综合疲劳作用。

该路面的结构如下：

水泥混凝土面层厚度为 0.24m；

基层为水泥稳定砂砾（水泥用量 5%），厚 0.2m；

垫层为 0.15m 天然砂砾；

水泥混凝土板的平面尺寸为宽 4.5m，长 5.0m。

接缝形式为：纵缝为拉杆平缝，横向缩缝为设传力杆的假缝形式，在缩缝处的施工缝采用加传力杆的平缝形式。

**二、路面结构图绘制**

路面结构图的绘制是路面结构设计的重要组成部分。以下给出了沥青路面和水泥混凝土路面结构图示例，可做参考。如图 1-16 至图 1-18 所示。

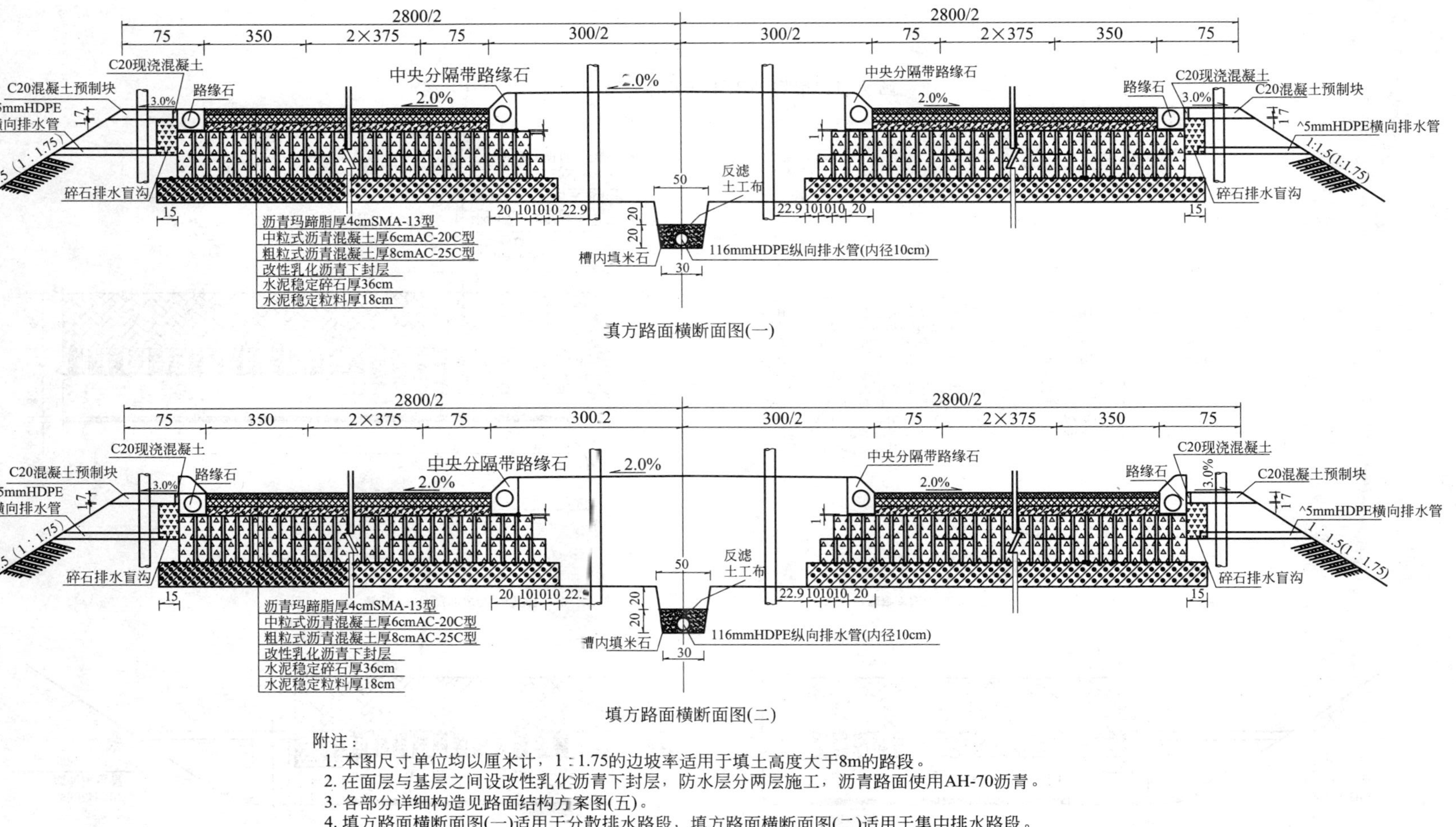


附注：

1. 本图尺寸单位均以厘米计，1∶1.75的边坡率适用于填土高度大于8m的路段。
2. 在面层与基层之间设改性乳化沥青下封层，防水层分两层施工，沥青路面使用AH-70沥青。
3. 各部分详细构造见路面结构方案图(五)。
4. 填方路面横断面图(一)适用于分散排水路段，填方路面横断面图(二)适用于集中排水路段。

图 1-16 某沥青路面结构设计图示例

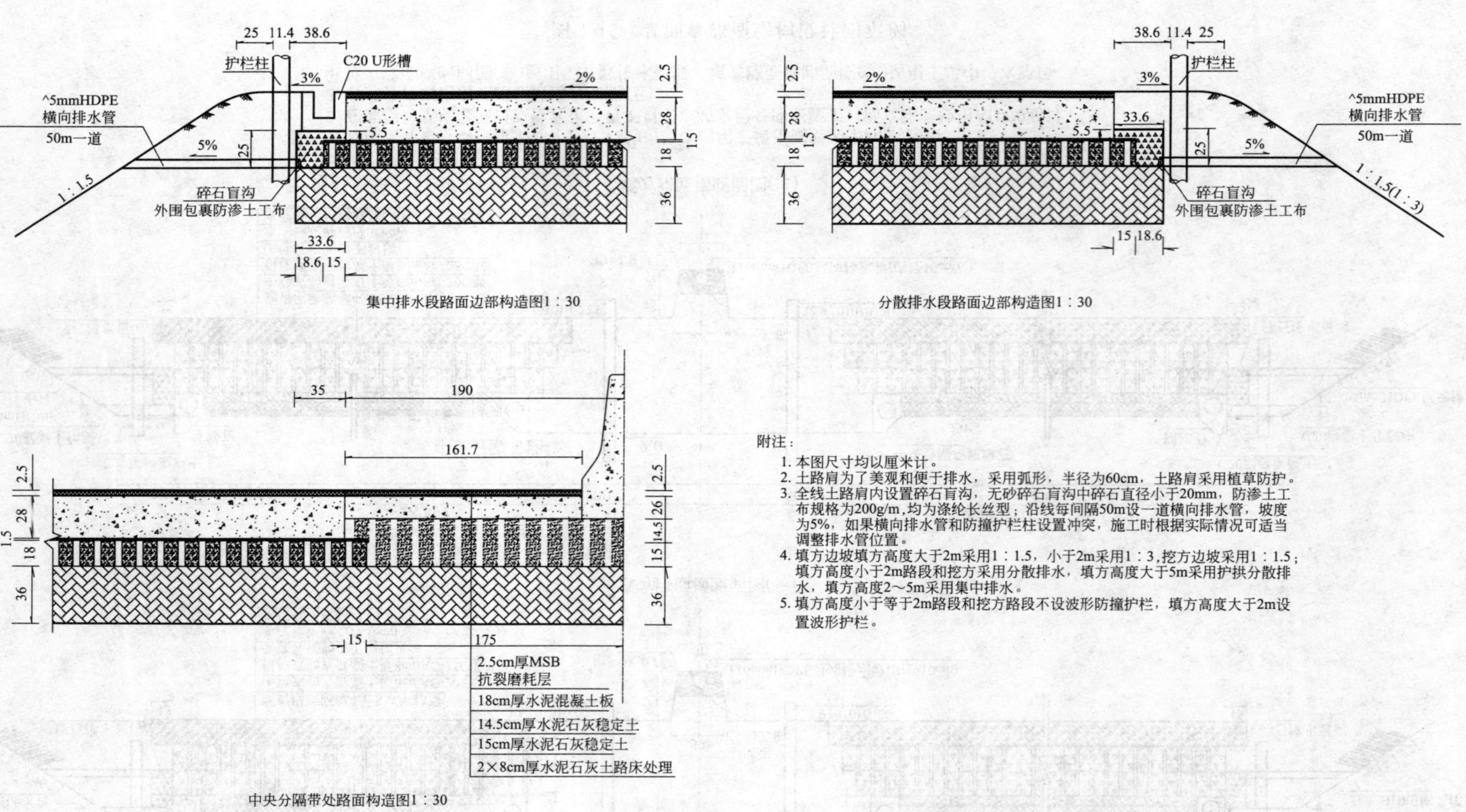


图 1-17　某水泥混凝土路面结构设计示例

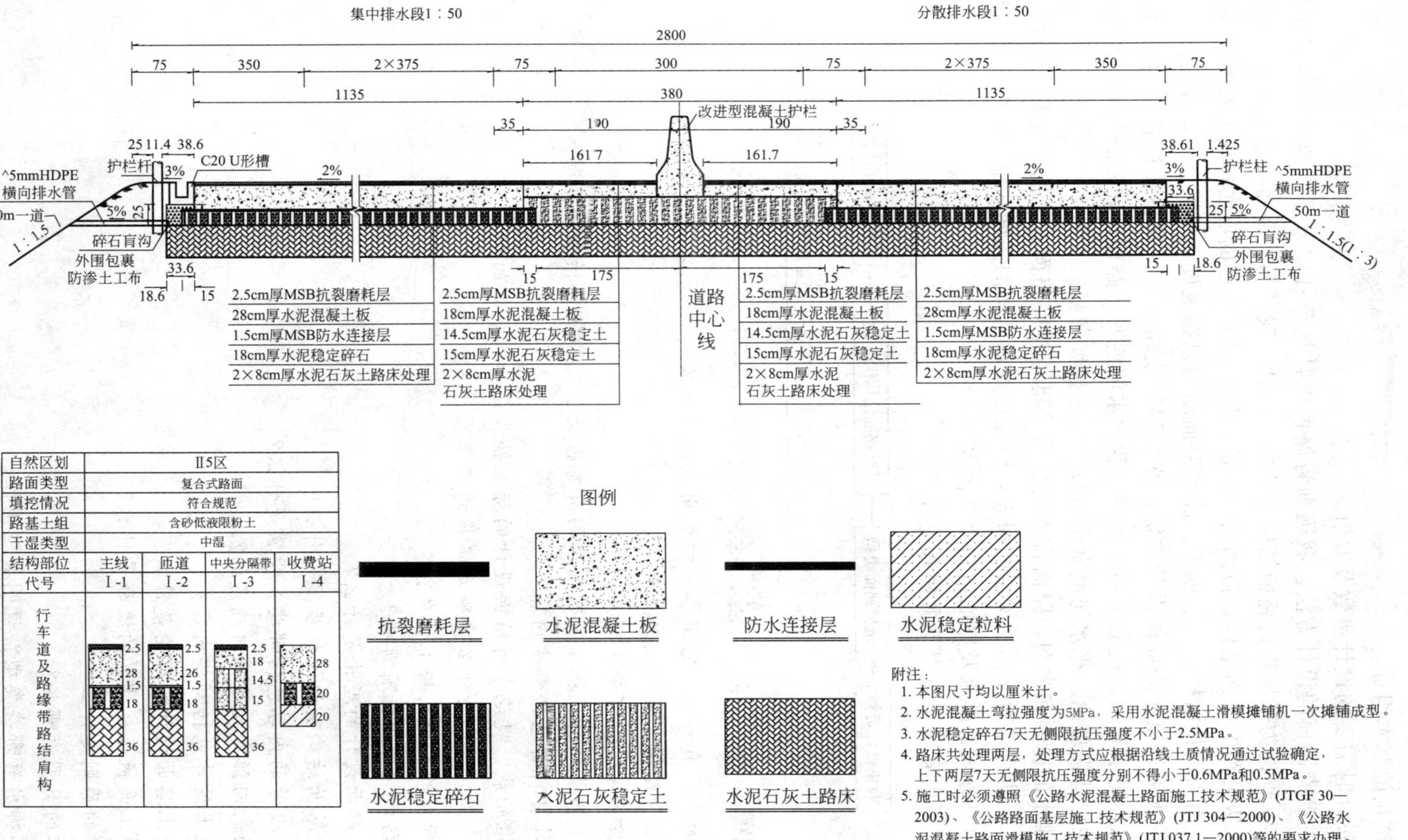


图 1-18　水泥混凝土路面排水段设计示例

## 本章小结

1. 道路结构的基本组成。

2. 路面设计时需要的设计参数及取值。

3. 我国的沥青路面的设计方法。我国沥青路面设计规范规定采用双圆均布荷载作用下的弹性层状体系理论为基础进行路面结构的分析和设计。我国沥青路面设计规范规定对于高速、一级、二级公路的路面结构，以路表弯沉值、沥青混凝土层的层底拉应力及半刚性材料层的层底拉应力为设计指标。三、四级公路的路面结构以路表设计弯沉值为设计指标。

4. 我国的水泥混凝土路面的设计方法。水泥混凝土路面是一种弹性层状结构，可应用弹性层状体系理论求解水泥混凝土路面问题。我国水泥混凝土路面设计方法所依据的力学理论主要是弹性地基板理论。把水泥混凝土面板作为小扰度薄板。

5. 路面排水的原则和类型。路面排水的目的是迅速排除路面表面的大气降水和渗入路面结构中的水，防止水对路面结构层的损害，以保证路面结构的强度和稳定。路面排水包括路表排水、中央分隔带排水及路面结构内部排水。

在学习本章内容时可按以下顺序来完成。

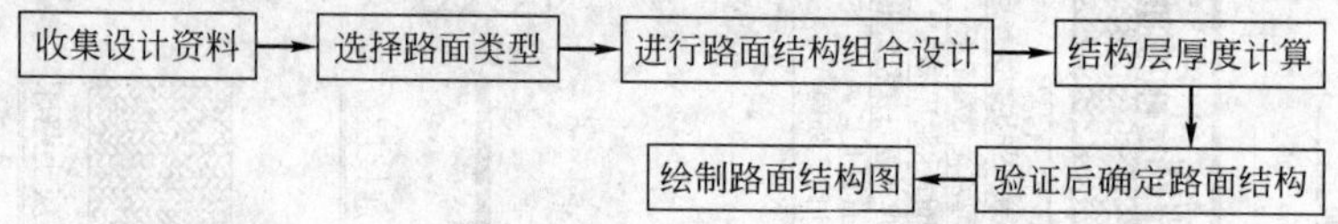


## 课后训练

1. 常用的路面面层有哪些？它们各自的适用范围是什么？
2. 路基向上路面结构分层的顺序是什么？
3. 公路路面按力学特性可分为哪几种？
4. 路面结构中的基层、底基层目前常用的有哪些类型？各自包括哪些范围？
5. 路面的设计资料都包括哪些内容？
6. 什么是标准轴载？规范中对路面设计的标准轴载是如何规定的？
7. 什么是应力工作区？为什么要确定路基的工作区？
8. 土基回弹模量的大小反映了什么？
9. 我国沥青路面设计指标有哪些？
10. 我国沥青路面设计的理论是什么？
11. 新建沥青路面结构层的设计步骤是什么？
12. 原路补强设计的内容包括哪些？步骤是什么？
13. 原有路面的回弹弯沉是如何确定的？
14. 水泥混凝土设计包括哪些内容？
15. 水泥混凝土路面设计的理论是什么？
16. 水泥混凝土面板厚度计算的流程是什么？
17. 路面排水的原则是什么？
18. 路面排水的类型有哪些？
19. 路面内部排水有哪些类型？说明其适用性。

# 第二章　路面施工准备工作

## 知识目标

1. 掌握路面施工准备工作的主要内容；
2. 了解常用的路面施工机械；
3. 掌握路面放样方法；
4. 了解开展路面试验段的目的；
5. 了解路面施工的安全环保措施。

## 技能目标

1. 能描述施工准备的工作内容；
2. 能描述常用路面施工机械的工作性能；
3. 能运用设备进行路面施工放样工作；
4. 能分析试验段工作的结论。

## 第一节　路面施工准备工作的主要内容

### 一、组织准备

1. 建立拟建工程项目的领导机构

根据拟建工程项目的规模、结构特点和复杂程度，确定拟建工程项目施工的领导机构人选和名额；坚持合理分工与密切协作相结合；把有施工经验、有创新精神、有工作效率的人选入领导机构；认真执行因事设职、因职选人。

2. 建立精干的施工队组

认真考虑专业、工种的合理配合；技工、普工的比例，坚持合理、精干的原则，制订出该工程的劳动力需要量计划。

3. 集结施工力量、组织劳动力进场

工地的领导机构确定之后，按照开工日期和劳动力需要量计划，组织劳动力进场，进行安全、防火和文明施工等方面的教育，安排好职工的生活。

### 二、物资准备

1. 物资准备工作的内容

“兵马未动，粮草先行”，施工前材料准备工作尤为重要，这项工作决定着工程能否顺利完成和施工质量，包括：建筑材料的准备、构（配）件、制品的加工准备、建筑安装机具的准备、生产工艺设备的准备。

（1）确定料源及进场材料的质量检验　对于沥青材料，在全面了解各种沥青料源、质量及价格的基础上，从质量和经济两方面综合考虑选用。对进场沥青，每批到货均应检验生产厂家所附的试验报告，检查装运数量、装运日期、订货数量、试验结果等。对每批沥青都要抽样检测其合格率，不符合要求的不得使用。沥青材料的存放应符合沥青运至沥青厂或沥青拌和站后，按规定分摊检验其主要性质指标是否符合要求，不同种类和标号的沥青材料应分别储存，并应加以标记；临时性的储油池必须搭盖棚顶，并应疏通周围排水渠道，防止雨水或地表水进入池内。

矿料的准备应符合不同规格的矿料分别堆放，不得混杂，在有条件时宜加盖防雨顶棚；各种规格的矿料到达工地后，对其强度、形状、尺寸、级配、清洁度、潮湿度进行检查。如尺寸不符合规定要求时，应重新过筛，若有污染时，应用水冲选干净，待干燥后方可使用。

选择集料料场是十分重要的，对粗集料料场，重要的是检查石料的技术标准能否满足要求，如石料等级、饱水抗压强度、磨耗率、压碎值、磨光值及石料与沥青的黏结力，以确定石料料场。实际中，有些石料虽然达到了技术标准要求，但不具备开采条件，在确定料厂时也应慎重考虑。对各个料场采取样品，制备试件、进行试验，并考虑经济性后确定。碎石受石料本身结构与加工设备（腭式或锤式轧石机）的影响较大，应先试轧，检验其有关指标，以防止不合格材料入场。

细集料的质量是确定料场的重要条件。进场的砂、石屑及矿粉应满足规定的质量要求。

水泥、砂、石料及必要的外加剂、接缝材料，对已选备的砂和石料抽样检测含泥量、级配、有害物质含量、坚固性；对石子还应抽检其强度、针片状颗粒含量和磨耗等。混凝土施工前必须检验其设计配合比是否合适，如不合适，应及时调整。和易性（工作性）检验与调整，按设计配合比取样试拌，测定其工作性（或坍落度），必要时还应通过试铺实地检验。强度的检验，按工作性符合要求的配合比，成型混凝土抗弯拉及抗压试件，养生 28 天后测定强度，或压蒸 4h 快速测定强度后推算 28 天强度。强度较低时，可采用提高水泥标号、降低水灰比改善集料级配等措施。

（2）施工机械　路面施工前对各种施工机具应做全面检查，并应符合下列要求。

① 洒油车应检查油泵系统、洒油管道、量油表、保温设备等有无故障，并将一定数量沥青装入油罐，在路上先试洒、校核其洒油量，每次喷洒前应保持喷油嘴干净，管道畅通，喷油嘴的角度应一致，并与洒油管呈 15°～25°的夹角。

② 矿料撒铺车应检查其传动和液压调整系统，并应事先进行试撒，以确定撒铺每一种规格矿料时应控制的间隙和行驶速度。

③ 沥青混合料拌和与运输设备的检查。拌和设备在开始运转前要进行一次全面检查，注意连接的紧固情况，检查搅拌器内有无积存余料，冷料运输机是否运转正常，有无跑偏现象，仔细检查沥青管道各个接头，严禁吸沥青管有漏气现象，注意检查电气系统。对于机械传动部分，还要检查传动链的张紧度。检查运输车辆是否符合要求，保温设施是否齐全。

④ 摊铺机应检查其规格和主要机械性能，如振捣板、振动器、熨平板、螺旋摊铺器、离合器、乱板送料器、料斗闸门、厚度调节器、自动找平装置等是否正常。

⑤ 压路机应检查其规格和主要机械性能（如转向、启动、振动、倒退、停驶等方面的能力）及滚筒表面的磨损情况，滚筒表面如有凹陷或坑槽不得使用。

2. 物资准备工作的程序

根据施工预算、分部（项）工程施工方法和施工进度的安排，拟定物资的需求量计划。

根据各种物资需求量计划，组织货源，确定加工、供应地点和供应方式，签订物资供应合同。

按照施工总平面图的要求，组织物资按计划时间进场，在指定地点，按规定方式进行储存或堆放。

## 三、技术准备

向施工队组、工人进行施工组织设计、计划和技术交底的内容，工程的施工进度计划、月（旬）作业计划；施工组织设计，尤其是施工工艺；质量标准、安全技术措施、降低成本措施和施工验收规范的要求；新结构、新材料、新技术和新工艺的实施方案和保证措施；图纸会审中所确定的有关部位的设计变更和技术核定等事项。

1. 熟悉、审查施工图纸和有关的设计资料

（1）熟悉、审查施工图纸的依据 调查、搜集的原始资料；设计、施工验收规范和有关技术规定。

（2）熟悉、审查设计图纸的目的 为了能够按照设计图纸的要求顺利进行施工，生产出符合设计要求的最终建筑产品（建筑物或构筑物）；为了能够在拟建工程开工之前，方便从事建筑施工技术和经营管理的工程技术人员充分地了解和掌握设计图纸的设计意图、结构与构造特点和技术要求；通过审查发现设计图纸中存在的问题和错误，使其在施工开始之前改正，为拟建工程的施工提供一份准确、齐全的设计图纸。

（3）熟悉、审查设计图纸的内容 审查设计图纸是否完整、齐全，以及设计图纸和资料是否符合国家有关工程建设的设计、施工方面的方针和政策；审查设计图纸与说明书在内容上是否一致，以及设计图纸与其各组成部分之间有无矛盾和错误；审查建筑总平面图与其他结构图在几何尺寸、坐标、标高、说明等方面是否一致，技术要求是否正确；审查工业项目的生产工艺流程和技术要求，掌握配套投产的先后次序和相互关系，以及设备安装图纸与其相配合的土建施工图纸在坐标、标高上是否一致，掌握土建施工质量是否满足设备安装的要求。

2. 编制施工组织设计

施工组织设计是施工准备工作的重要组成部分，也是指导施工现场全部生产活动的技术经济文件。

## 第二节 路面施工常用的机械设备

路面机械是指在公路建设中完成路面材料的生产与施工的机械设备。由于路面是用多种材料铺筑成的多层结构物，以及公路等级及地理位置的不同，造成采用的筑路材料种类繁多，加之施工方法多样，因此路面工程施工机械的品种多种多样，其范围涉及大多数工程机械、运输车辆、化工和发电设备，甚至农业机械等。

本节所介绍的路面机械主要是公路路面工程专用机械，即主要用于修建路面的机械。

路面机械根据其结构、性能、用途可以有多种分类方法。如果根据路面结构层，按照机械用途路面机械可分成面层施工机械、基层施工机械、沥青加热加工处理设备、石材集料加工处理设备 4 类，见图 2-1。此外还有路面的碾压设备。

路面机械的发展与路面施工新技术、新工艺、新材料的发展密切相关，两者相辅相成，均在不断地发展。20 世纪 60～70 年代国外路面机械发展的主要特点是大型化，到 80 年代初期各种路面机械都已形成规格齐全的系列化产品。之后，虽然新机种时有出现，但主要发展特点是对已有机械的局部构件进行不断的改进和提高。主要表现在广泛采用液压传动技术、电子技术，实现机电液一体化，提高自动化控制程度，提高机械操作性能及舒适性，提高施工质量，减轻环境污染。

为改变公路建设行业苦、脏、乱的现象，各国更加重视路面机械自动化和智能化。主要表现在普遍采用激光、超声等非接触传感技术、计算机技术，使操作更加省力、容易、舒适。不仅大型机械实现自动化控制，小型机械也实现自动化，增加随机质量自动检测控制系统，既保证了工程的质量，又能提高施工效率。

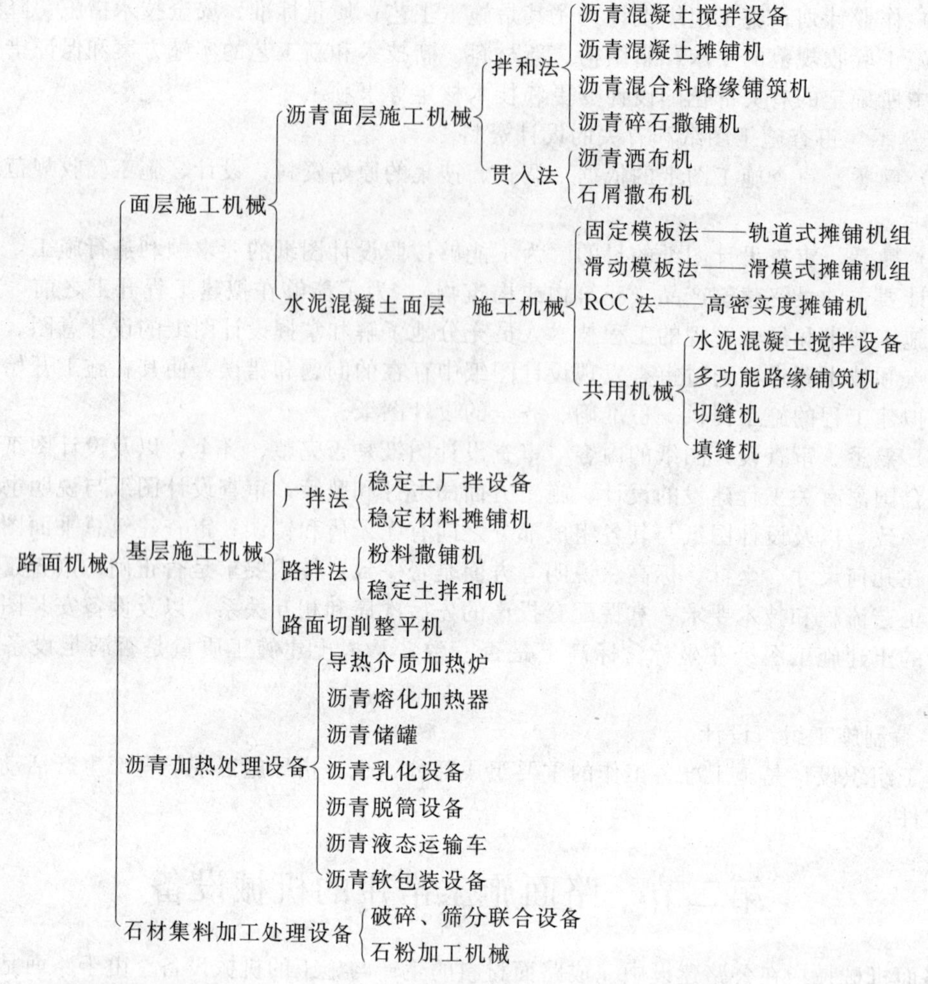


图 2-1　路面机械分类

## 一、稳定土拌和机械

在修筑道路和机场时，需要对基层的土壤进行加固，使基层有一定的承载强度，能够承受车辆给予公路的负荷，为了达到这种目的，在基层土壤中加入各种不同剂量的稳定材料（稳定剂），以使基层土壤获得所要求的稳定性和强度。稳定土拌和机械就是由于最初用于处理基层而发展起来的一种专用施工机械。

因此，稳定土拌和机械的主要功能即是将土粉碎，并与稳定剂（石灰、水泥、沥青、乳化沥青或其他化学剂）均匀拌和，以提高土的稳定性，形成稳定混合料，用来修建稳定土路面或加强路基。

稳定土拌和机械按其设备与拌和工艺可分为稳定土厂拌设备和稳定土拌和机两类。下面将对两种设备分别介绍。

1. 稳定土厂拌设备

(1) 功能　稳定土厂拌设备是路面工程机械的主要机种之一，是专用于拌制各种以水硬性材料为结合剂的稳定混合料的搅拌机组。由于混合料的拌制是在固定场地集中进行，使厂拌设备具有物料计量精度高、级配准确、拌和均匀、节省材料、便于计算机自动控制统计打印各种数据等优点，因而广泛用于公路和城市道路的基层、底基层施工，也适用于货场、停车场等需要稳定材料的工程，是当前高等级公路修筑中的一种高效能的路面基层修筑设备。

(2) 稳定土厂拌设备的技术特点　稳定土厂拌设备在技术特点上已经相对较为完善，在集料的计量方面大多采用了先进的工业电脑控制体系，实现了骨料、水泥和水的主动配比，具备计量正确、牢靠性好、搅拌平均、操作不便、环保好；在结构方面需安装在固定地点作业，整机庞大，占地面积大，还需配置运输车辆和装卸机械才能将成品料运至施工现场，因此使用成本高。

(3) 主要结构与工作原理　稳定土厂拌设备主要由矿料（土壤、碎石、砂砾、粉煤灰等）配料机组 1、集料皮带输送机 2、结合料（水泥、石灰）储存配给总成 3、搅拌器 4、水箱及供水装置 5、电器控制系统 6、成品料皮带输送机 7、成品储料斗 8 等部件组成（见图 2-2）。由于厂拌设备型号较多，结构布局多样，因此，各种厂拌设备的组成也有所不同。

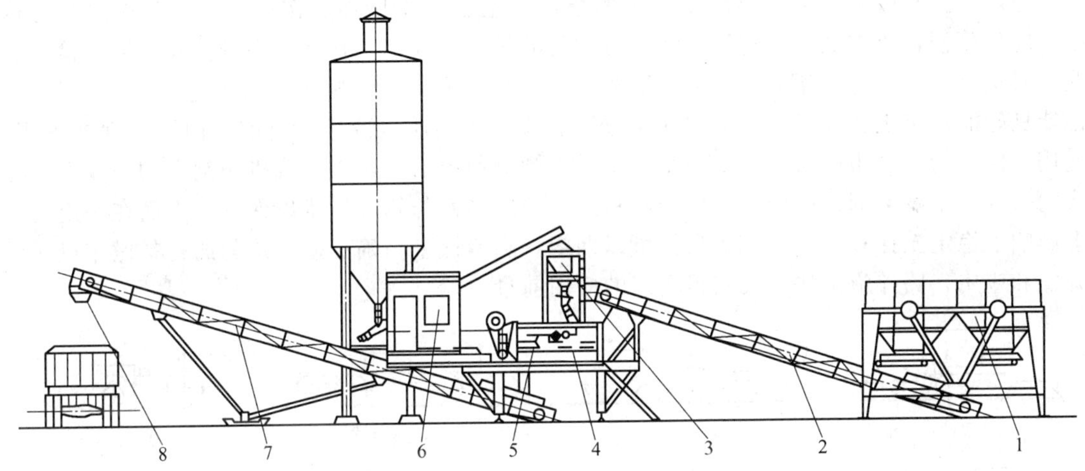


图 2-2　稳定土厂拌设备结构示意图

1—矿料配料机组；2—集料皮带输送机；3—结合料储存配给总成；4—搅拌器；5—供水装置；6—电器控制系统；7—成品料皮带输送机；8—储料斗

稳定土厂拌设备，一般采用连续作业式叶桨拌和器进行混合料的强制搅拌。其基本工作原理为：把各种不同规格的矿料用装载机装入配料机组 1 的各料仓中，配料机组 1 按规定比例连续按量将矿料配送到集料皮带输送机 2 上，再由集料皮带输送机 2 输送到搅拌器 4 中；结合料（也称粉料）由结合料储存配给总成 3 连续计量并输送到集料皮带输送机 2 上或直接输送到搅拌器 4 中；水经流量计计量后直接泵送到搅拌器 4 中；通过搅拌器 4 将各种材料拌制成均匀的成品混合料；成品料通过成品料皮带输送机 7 输送到储料斗 8 中，或直接装车运往施工工地。

(4) 稳定土厂拌设备的施工工艺

① 工艺流程图　见图 2-3。

② 操作方法　拌和站的安装和调试；设备安装要由机械员和电工共同完成。设备安装后，必须进行试运转，排除各种可能的故障，并掌握设备的运行规律。

③ 搅拌　配合比设计；稳定土试拌要根据调试好的参数进行稳定土拌和，以确定拌和机的各项参数是否合理；正式生产在调试完毕后，即可安排机械设备进行拌和；出厂检验时要对稳定土及时进行外观、添加剂含量、水的用量等检验，要求无明显粗细集料离析现象。

2. 稳定土拌和机

(1) 功能　稳定土拌和机（图 2-4）是一种在行驶过程中，以其工作装置——转子就地完成对道路施工现场土壤的切削、翻松、破碎作业并将土与加入的稳定剂（乳化沥青、水

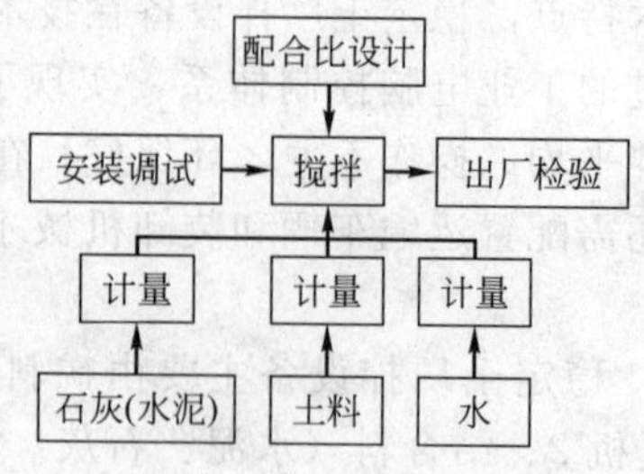


图 2-3 稳定土厂拌工艺流程图

泥、石灰等）搅拌均匀的机械。

稳定土拌和机主要用于道路工程中的稳定土基层的现场拌和作业。由于路拌法就地取材，施工简便，成本低廉，有厂拌法不可替代的优点。稳定土拌和机现场拌和的取样检测表明：对灰土（石灰、土壤）、灰砂（石灰、砂）等小颗粒稳定材料，当稳定剂散布均匀时，性能良好的稳定土拌和机通过一次或两次作业即可达到质量要求。目前国内缺少性能理想、使用方便的粉料撒布机械，施工中多采用手工倾倒稳定剂、再人工或机械刮平的作业方式完成粉料（即干稳定剂）的撒布，由于粉料撒布的精确性与均匀性难以保证，因而在一定程度上影响了稳定土拌和机的拌和效果。可以期望，随着计量精确、撒布均匀的粉料撒布机械的开发和应用，路拌施工法将会获得更好的应用前景。

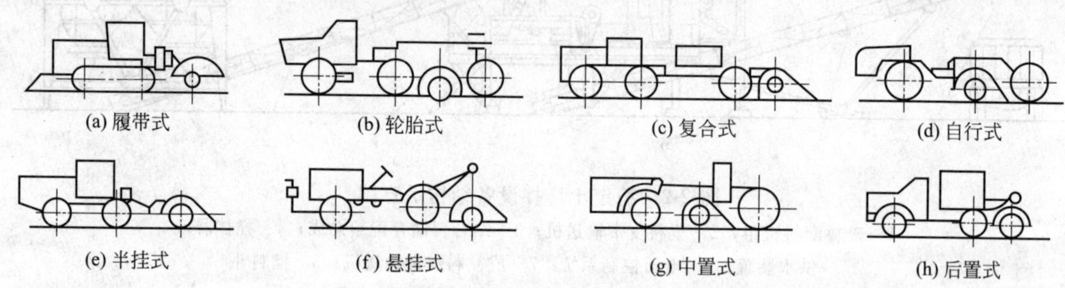


图 2-4 稳定土拌和机类型

（2）稳定土拌和机的技术特点 稳定土拌和机是在专用的机械底盘上加装拌和装置来进行稳定土拌和的专业机械，机动性强，节约运输成本，生产率高及拌和均匀性较高，但与高等级公路的施工规范技术条件要求相比，稳定土拌和机还存在不足之处。

现代优良的稳定土拌和机除了在提高性能和可靠性外，正朝着多功能转子的方向发展，即使用一种综合型的刀具来完成松土拌和及硬土翻松等作业，避免用户更换转子的困难。近年来，国外先进机型在行走系统和转子系统间设置了功率自动调节装置，自动控制机器在负荷变换的情况下始终保持发动机在额定工况下工作，还设有拌深自动调节装置等。这些自控装置的设置大大提高了机器的综合性能，减轻了司机的操作强度。

（3）主要结构与工作原理 图 2-5 是后置式全液压轮式稳定土拌和机，其结构特点是：整体车架，刚性悬挂，偏转车轮转向方式，前桥为摆动转向桥，后桥为驱动桥；行走系统为变量泵——定量发动机——两挡机械变速驱动；转子系统为变量泵——定量低速大扭矩发动机直接驱动；转子和行走系统间通过液压控制方式连接，根据超载时转子系统压力的变换自动调节行走速度限制超载。具有结构简单、维修使用方便等优点。不足之处为消耗整机功率80%左右的转子系统采用液压传动，整机效率仅为60%左右。

（4）稳定土拌和机的施工工艺

① 选择作业机械设备。

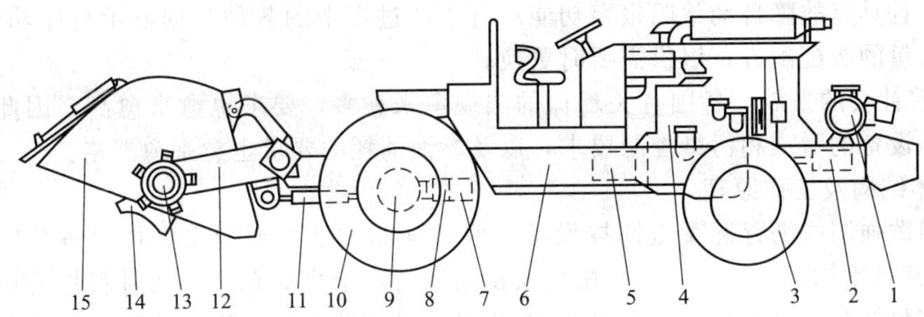


图 2-5　后置式全液压轮式稳定土拌和机

1—液体喷洒泵；2—行走液压泵；3—前轮；4—发动机；5—转子液压泵；6—车架；7—行走发动机；8—变速箱；9—驱动桥；10—后轮；11—转子举升油缸；12—举升臂；13—转子发动机；14—转子；15—罩壳

② 原材料准备。

③ 施工前的准备。

④ 拌和。

⑤ 整平。

⑥ 碾压。

⑦ 检验。

⑧ 接头处理。

⑨ 养生。

**二、沥青混凝土搅拌设备**

沥青混凝土搅拌设备是沥青混凝土路面施工中主要配套机械设备之一，它的主要用途及功能是将一定温度下的道路施工用不同粒径的集料（骨料）、填料（矿粉）和一定温度下的沥青，按适当的比例要求，搅拌而制成符合施工技术规范的沥青混合料。适用于公路、城市道路、机场、码头、停车场、货场等工程部门。常用的沥青混合料有沥青混凝土、沥青碎石、沥青砂等。沥青混凝土搅拌设备是沥青混凝土路面施工的关键设备之一，其性能直接影响到所铺筑的沥青路面的质量。

1. 沥青混凝土搅拌设备的技术特点

沥青混凝土设备在国外有很久的历史，早在 20 世纪初就已经问世。经过长期的发展，特别是随着电子技术的日益完善以及计算机技术和信息处理技术的突飞猛进，沥青混凝土搅拌设备在发达国家已经发展到很高的技术水平，并仍在不断改进，产品更新换代较快。

① 生产能力系列化。目前，国际市场沥青混凝土搅拌设备型号规格十分齐全，有小时产量几吨的小型设备，也有小时产量上千吨的大型设备，使用较多的是 350t/h 以下的各种中小型设备。随着沥青混凝土材料的商品化，沥青混凝土的制备朝着专业工厂化方向发展，沥青混凝土搅拌设备的生产能力也日趋大型化，间歇强制式搅拌设备生产能力最高已达 700t/h，连续滚筒式搅拌设备生产能力最高可达 1200t/h。

② 技术性能先进化。为适应工程对于成品质量的需要，为满足社会对于节能、环保的要求，设备的各项技术指标越来越高。目前骨料和粉料的计量精度间歇强制式搅拌设备达 0.5%，连续滚筒式搅拌设备达 1%；沥青计量精度间歇强制式搅拌设备达 0.33%，连续滚筒式搅拌设备可达 0.5%；热效率可达 80%～85%；粉尘排量都可控制在 50mg/m$^3$ 以内。

③ 控制操作自动化。不论是间歇强制式还是连续滚筒式搅拌设备，其控制系统均采用计算机管理，并设置微机程控与手动相结合的控制方式；设备的工艺流程可在显示器屏幕上

模拟显示，且具有故障自动诊断报警功能；有生产过程中的各种数据显示打印功能。另外，还可储存大量的级配配方，以供需要时更换。

④ 随着社会的发展，各国有关环保的法规愈来愈多，要求也愈来愈高，因此，对沥青混凝土搅拌设备的噪声和污染控制要求，以及燃油消耗的要求也愈来愈严格。

2. 总体结构及工作原理

(1) 间歇强制式沥青混凝土搅拌设备　间歇强制式沥青混凝土搅拌设备总体结构如图2-6所示。其基本构成如下：冷骨料配料及供给装置、干燥筒总成、热骨料提升机、振动筛分装置、矿料储存及供给装置、称量-搅拌及成品料输送系统、除尘系统、气动系统、沥青储存及供给系统、电气控制系统。

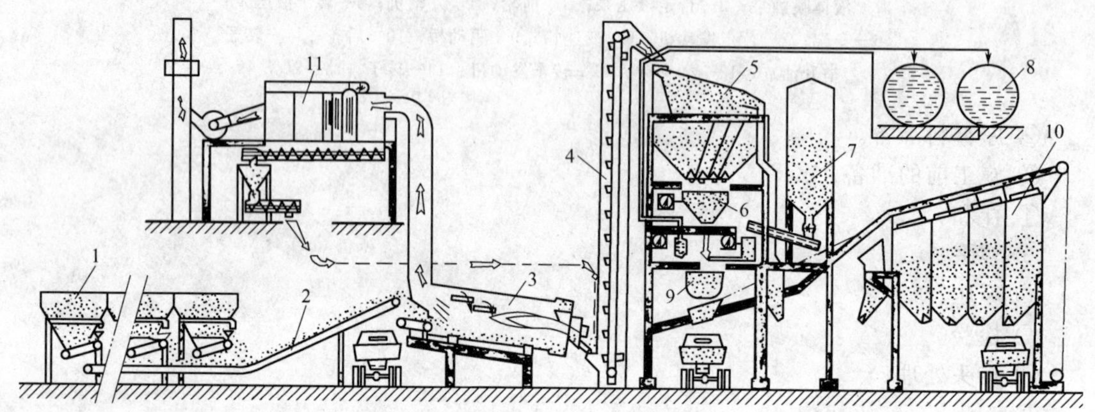


图 2-6　间歇强制式沥青混凝土搅拌设备总体结构

1—冷骨料储存配料装置；2—冷骨料带式输送机；3—冷骨料烘干加热筒；4—热骨料提升机；5—热骨料筛分储存装置；6—热骨料计量装置；7—石粉供给及计量装置；8—沥青供给装置；9—搅拌器；10—成品料储存仓；11—除尘装置

由于结构的特点，间歇强制式搅拌设备能保证矿料的级配，矿料与沥青的比例可达到相当精确的程度，另外也易于根据需要随时变更矿料级配和油石比，所以拌制出的沥青混凝土质量好，可满足各种施工要求。因此，这种设备在国内外使用较为普遍。其缺点是工艺流程长、设备庞杂、建设投资大、耗能高、搬迁困难、对除尘设备要求高（有时所配除尘设备的投资高达整套设备费用的30%～50%）。

(2) 连续滚筒式沥青混凝土搅拌设备　连续滚筒式沥青混凝土搅拌设备总体结构如图2-7所示。主要由以下部分组成：冷骨料供给及配料计量装置、烘干-搅拌筒总成、矿粉储存及计量供给系统、沥青储存及供给系统、除尘系统、成品料输送及储存系统、电气控制系统。

与间歇强制式沥青混凝土搅拌设备相比，连续滚筒式沥青搅拌设备工艺流程大为简化，设备也随之简化，不仅搬迁方便，而且制造成本、使用费用和动力消耗可分别降低15%～20%、5%～12%和25%～30%；另外，由于湿冷集料在干燥滚筒内烘干、加热后即被沥青裹敷，使细小粒料和粉尘难以逸出，因而易于达到环保标准的要求。

3. 沥青混凝土拌和设备的施工控制技术

(1) 沥青混凝土原材料的准备及沥青混凝土施工配合比的选择　沥青、砂、石、粉料等原材料必须符合质量要求。配合比必须经过一定数量混合料的试拌，才能基本稳定下来，也才能指导实践。如果石料料源不稳定，就不可能稳定下来，这时只能依靠沥青拌和设备上的

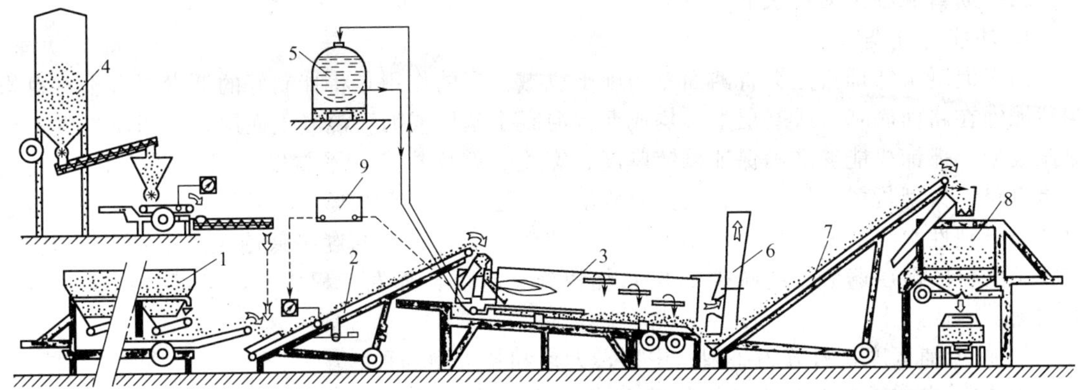


图 2-7　连续滚筒式沥青混凝土搅拌设备总体结构

1—冷骨料储存及配料装置；2—冷骨料带式输送机；3—烘干-搅拌滚筒；
4—石粉供给系统；5—沥青供给系统；6—除尘系统；7—成品料输送机；
8—成品料储存仓；9—油石比控制仪

操作人员适时调整了。切实可行的配方能使混合料中沥青含量、矿料级配既符合要求，又最大限度地减少溢料，提高设备产量，这样才能带来效益。以混凝土为例，外加剂防水混凝土所用的外加剂均须预先备足，其他材料亦应一次备足，选择混凝土配合比的工作应在施工前两个月进行，使之不影响备料及施工。

(2) 沥青混凝土的拌和　在正式拌和成品前，为了预热壳体，要用热砂石料预拌 2～3 次，矿料与填料在拌和筒内应预先干拌 10～15s 后再喷入沥青正式拌和，在拌和中，应保证料斗和料仓的供料均匀以防溢仓或串仓。

在拌和过程中要经常检查计量装置的准确性，还要保证计量时机的合适。计量时机过早，由于热集料从干燥筒到达热料仓的时间（一般 2min）要长于计量时间（约 45s），计量时容易发生“等料”现象。计量过晚，则容易发生溢料现象。还应保证冷料和热料按确定的配合比供料，以保证计量时各仓料量的均匀；拌和过程尽量保持连续性，减少停机、开机次数，因为拌和初期材料组成不易稳定，容易引起混合料配比失调。

矿料在烘干时，如含水量大时，烘干时间就应相对延长。当烘干筒达到一定温度后才能启动冷料输送机和配料给料装置，并保持供料均匀。

做好拌和时间的确定工作。对于拌和的均匀性要求拌和时间越长越好，但拌和时间过长会造成沥青的老化，应经试验确定。对不同混合料的组成，拌和时间也不同，根据实践，细料及石粉较多的混合料拌和时间要相对延长，沥青含量高的混合料拌和时间可相对缩短。

4. 加强成品料的控制

为了保证成品料的质量，须及时检验成品料，如出现花白料、结团成块或严重的粗细料分离现象，应立即停止施工，及时对配料及拌和作业进行调整，如提高集料加热温度或增加拌和时间、或减少矿粉用量等。此外还应经常测定成品料的温度，成品料温度过高将导致沥青老化，温度过低使石料、沥青包裹不均匀出现花白料，混合料的残余含水量过大。虽然拌和机有自动控制系统和记录系统，但是为防止仪表失误，应每拌制 3～5 缸测试一次成品料的出料温度，出料温度应在 140～165℃。过低的温度影响拌合料的质量，而且不利于摊铺碾压，过高会引起沥青老化、结焦。应配储料仓对成品料保温储存，但不宜长时间储存，最多不超过 72h 或温度降低不超过 10℃。

### 三、沥青混凝土摊铺机

1. 功能与分类

沥青混凝土摊铺机是沥青路面专用施工机械。它的作用是将拌制好的沥青混凝土材料均匀地摊铺在路面底基层或基层上，构成沥青混凝土基层或沥青混凝土面层，经压路机进一步碾压成型。摊铺机能够准确保证摊铺厚度、宽度、路面拱度、平整度，因而广泛用于公路、城市道路、大型货场、停车场、码头和机场等工程中的沥青混凝土摊铺作业，也可用于稳定材料和干硬性水泥混凝土材料（RCC）的摊铺作业。它可大幅度降低施工人员的劳动强度，减少压路机的碾压遍数（约减少 2/3），加快施工进度，降低工程成本，又可提高所铺路面的质量。

① 按摊铺宽度，可分为小型、中型、大型和超大型四种。

② 按行走方式，摊铺机分为拖式和自行式两种。其中自行式又分为履带式（图 2-8）、轮胎式两种。

③ 按动力传动方式，摊铺机分为机械式和液压式两种。

④ 按熨平板的延伸方式，摊铺机分为机械加长式和液压伸缩式两种。

⑤ 按熨平板的加热方式，分为电加热、液化石油气加热和燃油加热三种形式。

2. 沥青混凝土摊铺机的技术特点

现代沥青混凝土摊铺机已成熟地应用了机电液一体化技术，使沥青混凝土摊铺机具有结构合理、功能完善、性能稳定、安全可靠、易于维修等优点，其结构及技术特点如下：①供料速度自动控制；②作业速度自动控制；③作业平整度自动调平；④抗离析摊铺技术日趋成熟；⑤改善操作人员劳动条件。

3. 沥青混凝土摊铺机的摊铺工艺

(1) 摊铺作业前摊铺机结构参数的调整　沥青混凝土摊铺机的结构参数主要有熨平板的宽度、拱度、螺旋分料器的长度、熨平板工作角、振捣器和振动器的振幅及频率等。

(2) 摊铺起步　摊铺机的起步在整个过程中是技术性最强、要求最高、难度最大的工作，起步的好坏直接影响到接缝的平整度、压实度和连接质量。

(3) 搭接式摊铺工艺的应用　由于混合料会产生离析等原因，在施工规范中已明确提出，大宽度铺层不允许一次摊铺成型，但随着公路事业的发展，高等级、多车道公路将越来越多，因此搭接摊铺技术的应用将越来越广泛。

① 接缝的产生及处理　摊铺层的接缝分为纵向接缝和横向接缝。纵向接缝通常是由于两幅或多幅摊铺而形成，并有两台摊铺机梯队作业的热料对热料的“热接缝”和一台摊铺机作业的热料对冷料的“冷接缝”之分。横向接缝产生于暂停铺筑的地方，横向接缝一般为“冷接缝”。纵向接缝应尽可能采用“热接缝”，由于梯队作业时两幅的混合料的温差不大，摊铺层接缝处材料尚可挤压并能较好黏结，故只要选择合适的搭接量即可获得良好的搭接质量，在万不得已而采用冷接缝时，应使用熨平板的平端板或（冷却后）用切割机切齐，使其形成平接缝，使后来的搭接易于控制。

② 纵向冷接缝的施工　接缝施工中的许多错误均发生在摊铺第二幅时，为获得好的效果其搭接量应为 2cm，最大 3cm。然而，实际操作中 6cm、8cm 甚至超过 10cm 的重叠量并不少见。若搭接量过大，会对整个摊铺层及接缝造成两种负面影响：一是由于碾压会产生摊铺层沉降，尽管沉降量小于沥青混凝土的粒径，但搭接过大将导致粒料破碎，并可能使冷层边缘的组织结构受到破坏；二是熨平板的浮动将受到干扰，熨平板在铺筑好的那一侧并不是由沥青混合料来支撑，而是由搭接区域的高度迫使其抬高的，显而易见，即使经过碾压，此区域的密实度也必然会降低或出现压痕。因此，对接缝的正确摊铺方法，应是将搭接量控制

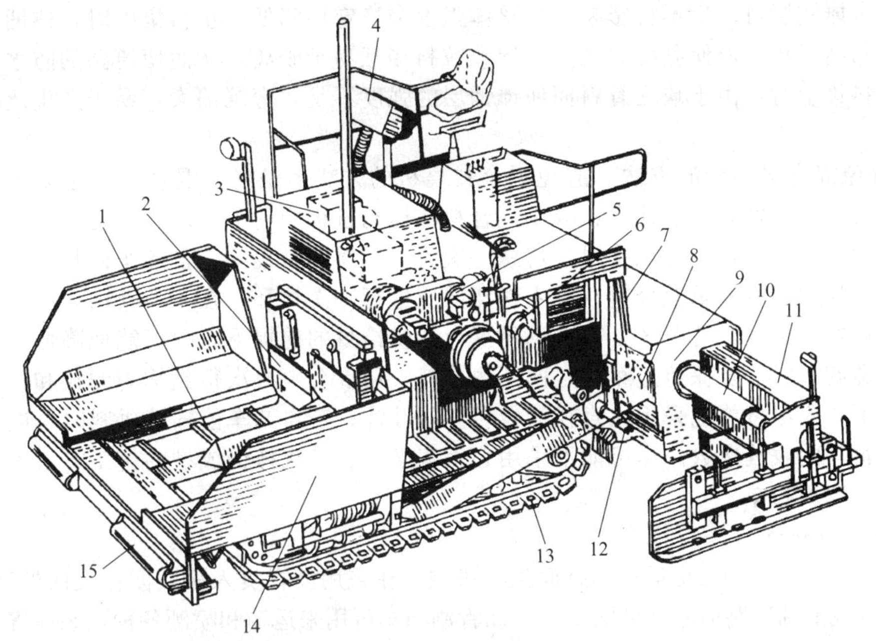

图 2-8　履带式沥青混凝土摊铺机

1—液压独立驱动双排刮板输送器；2—闸门；3—带消音罩的发动机；4—操作台；5—带差速器和制动器的变速器；6—轴承集中润滑装置；7—大臂升降液压油缸；8—大臂（牵引臂）；9—带有振动器和加热器的振捣熨平装置；10—熨平装置伸缩液压油缸；11—伸缩振捣熨平装置；12—独立液压驱动双排螺旋分料器；13—具有橡胶板和永久润滑的履带行走装置；14—接收料斗；15—顶推辊

至尽可能小，而不是过去普遍认为的 10cm 以下。

③ 搭接量的自动控制　在实际施工中，用人工控制使搭接量均匀一致的方法非常困难。目前，国外已经研究出一种称为边缘跟踪仪的自动控制装置。它的跟踪臂由第一幅摊铺层的边缘引导，在摊铺过程中与跟踪仪预置的搭接量进行比较，当产生偏差时，跟踪仪发出电脉冲信号控制伸缩熨平板，实现搭接量的自动控制，但是这种跟踪仪只适用于伸缩熨平板。

（4）表面黏结料过度集聚的处理

① 黏结料集聚的成因　在使用高密实度熨平板摊铺耐磨层时，如果获得的马歇尔密实度超过 98%时，将在摊铺层表面发生黏结料的过度集聚。由于表面析出的黏结料主要为沥青或改性沥青，因其中的骨料极少而导致摊铺层的强度不足，形成早期破坏现象。

② 消除黏结料集聚的方法　降低摊铺层密实度，可通过降低高密实度熨平板的夯锤与振动器的频率来实现，同时也就消除了表面黏结料的过度集聚。要获得摊铺层表面良好的组织结构，高密实度熨平板实现的马歇尔密实度平均值应控制在 95%以下。摊铺耐磨层时，应降低熨平板的压实能量，以避免黏结料的集聚。

（5）离析的产生与防止

① 离析产生的原因　混合料在运动过程中，如拌和、装料、运输、卸料以及分料等过程中，各种粒径的级配骨料的滑落速度不同，粗粒料相对细粒料因黏结面积小而黏结力较小，同时粗粒料又因其重力大于粒料之间的黏结力的机会较大而较细料更快滑落，从而产生离析，这是离析发生的内因。搅拌分料过程中，粒料受力方向和大小的改变是离析发生的外因，内外因的共同作用使混合料形成离析的倾向。

离析对摊铺层可产生不良影响，使整体强度和稳定性降低。粗料集中时，摊铺层的粒料间因沥青黏结面积小而使黏结力减小，导致粒料相互易于脱离，从而使道路的防水功能大大降低；细料集中时，由于缺乏骨料而使摊铺层的强度不足，弯沉偏大，易于产生泛油及拥包等现象。

② 避免混合料离析的方法　避免混合料离析的方法多是降低混合料在运动过程中的下降高度和时间，主要有以下几点：减小混合料在运动过程中的下降高度和时间是减少离析的关键，自卸车接料时，应分堆接料，切忌一次完成；摊铺过程中，自卸车向料斗中卸料时应一次举升完成，同时要求混合料在进入料斗前应进行一次拌和；在布料仓内，混合料的高度应稳定保持在螺旋叶片的 2/3 处；在满足混合料供给量的前提下，尽可能地降低螺旋布料器的高度；螺旋布料器要保持连续稳定向两边分料，使混合料再次得到均匀的拌和；在条件允许的情况下，应尽可能地采用大直径、低转速的叶片；若自卸车能连续供料时，应尽量减少摊铺机收料斗的收放次数；尽可能不采用超大宽度的、一次摊铺成型的施工方法等。

## 四、沥青洒布车

1. 功能与分类

沥青洒布车是一种历史最长的路面工程机械。在采用沥青贯入法或沥青表面处治法铺筑、养护沥青（或渣油）路面时（见图 2-9），沥青洒布车可用来运输和喷洒各种液态沥青（热态沥青、乳化沥青和渣油等），也可向就地破碎的土壤喷洒沥青结合料，以修建稳定土路面。

大量的沥青洒布车在工程中也可作为沥青和乳化沥青等的运载工具，因此常被称为沥青撒布车。沥青洒布车在公路、城市道路、机场、港口码头、水库工程等工程中被广泛应用。按用途沥青洒布车可分为养路用和筑路用两种。

2. 沥青洒布车技术特点

沥青洒布车控制技术：控制系统根据沥青洒布车产品的技术定位，体现出形式的多样性、技术性能的差异性。主要体现在：①多输出、多输入系统（脉冲测速、雷达测速等）；②综合控制（喷洒、加热、自动清洗等）；③控制精度要求；④Can-bus 总线；⑤多回路闭环 PID 控制；⑥GPS 定位、GSM 远程通信和故障诊断等功能；⑦高温、高振动的恶劣条件下的高可靠性。

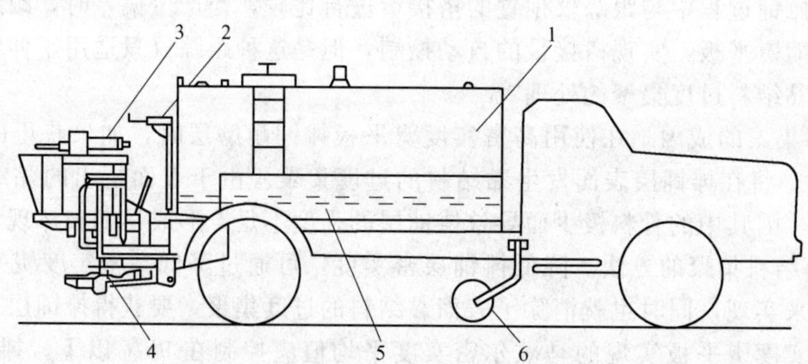


图 2-9　沥青洒布车结构示意图

1—沥青箱；2—操作机构；3—动力及传动装置；4—洒布系统；
5—加热火管；6—第五车轮测速仪

## 五、水泥混凝土搅拌设备

1. 功能与分类

水泥混凝土搅拌设备是制备新鲜混凝土料的成套专用机械，其功能是将水泥混凝土的原材料——水泥、水、砂、石料和附加剂等，按预先设定的配合比，分别进行输送、上料、储存、配料、称量、搅拌和出料，生产出符合质量要求的成品混凝土。这种设备广泛用于道路、建筑、水坝、码头、机场等工程施工。

按其现场安装和搬运方式，又可分为固定式搅拌设备和移动式搅拌设备。其中，固定式搅拌设备因其整体布置形式的不同，可分为垂直式搅拌设备和水平式搅拌设备两种；移动式搅拌设备因其移动方式的不同，可分为拆迁式、拖行式和集成式三种。

按所采用的搅拌主机的工艺特征分类，又可分为自落式搅拌设备和强制式搅拌设备两大类。

2. 水泥混凝土搅拌设备技术特点

随着商品混凝土的大力推广，以及建筑规模的大型化、复杂化和高层化对混凝土质量不断提出的高要求，有力地促进了混凝土生产设备在使用性能和技术水平方面的迅速提高和发展。目前大部分水泥混凝土搅拌设备均已采用了电子计算机自动控制和电视屏幕监控技术，对配合比的选择、上料、称量、搅拌、出料、骨料含水率的测定、配合比的调整以及各种数据的储存记录等全部实现了自动控制。一些先进的混凝土搅拌场（站），还设置有对粗细骨料粒度分布进行调整的粒度补偿、对骨料表面含水率的补偿、容量变更控制、骨料精称控制、废水回收浓度补偿等控制手段，从而能够得到比较高的配合比精度。现代水泥混凝土搅拌设备不仅技术性能先进，而且自动化程度高。

3. 主要结构与工作原理

一般混凝土搅拌楼的基本结构主要由皮带输送机、水平螺旋输送机、斗式提升机、回转配料器、骨料仓、水泥筒仓、骨料称量料器、搅拌机、成品料储存斗、控制台以及其他辅助装置组成，如图 2-10 所示。

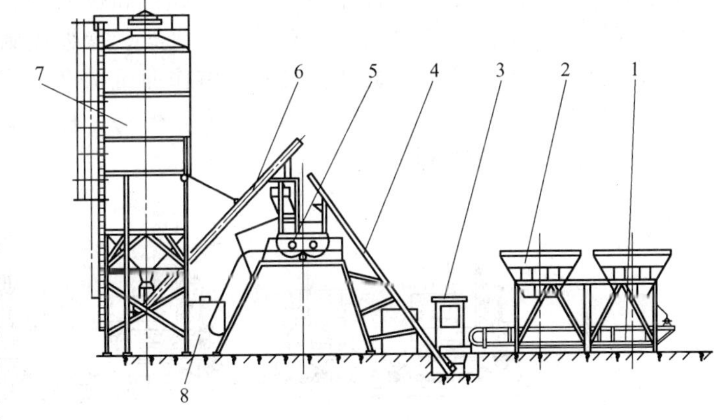


图 2-10　混凝土搅拌楼总体结构简图

1—集料计量装置；2—集料装置；3—操纵控制系统；4—上料机构；5—搅拌机；6—水泥上料机构；7—水泥筒仓；8—供水系统

## 六、水泥混凝土摊铺机

1. 功能与分类

水泥混凝十摊铺机是修筑水泥混凝土路面的主导施工机械，也是铺筑机场跑道、停机坪、水库坝面等设施的关键设备。随着公路、市政和航空事业的发展，为了提高水泥混凝土路面的施工速度和施工质量，水泥混凝土设备不断得到发展和应用。其主要功能是把已经搅拌好的水泥混凝土料均匀、平整地摊铺在路基上，再经过振实和光整作面等工序，使之形成符合标准规范要求的混凝土路面。为此，水泥混凝土摊铺机应满足以下技术要求：

① 布料必须均匀，不能产生骨料离析现象；

② 摊铺在路基或其他作业面上的虚方混凝土料，能够留出均等的余留厚度，以确保经振实和光整工序后符合规定的铺筑厚度；

③ 能对所铺设的混凝土层进行充分而有效的振实，确保路面或设施的内在质量；

④ 所铺筑的路面或设施，应达到表面平整度的设计要求，误差应符合标准规范。

水泥混凝土摊铺机的施工方法一般有固定模板法和滑动模板法。

按其行走方式的不同，可以分为轨道式摊铺机和履带式摊铺机。轨道式摊铺机采用固定模板铺筑作业，而履带式摊铺机采用随机滑动的模板进行施工，所以又分别称为固定模板式摊铺机和滑模式摊铺机。

2. 水泥混凝土摊铺机技术特点

（1）水泥混凝土摊铺技术概要　当今比较先进的滑模式摊铺机，采用履带行走，自带滑动成型模板，自动导向，自动找平，且集布料、整平、振实、光整等各种自动作业功能于一身，一次成型，可以达到很高的生产效率。

（2）水泥混凝土摊铺机现代技术特点　滑模式水泥混凝土摊铺设备作为水泥混凝土路面施工中高效、省力、文明、优质的现代化手段，自问世以来得到了不断的发展和完善。水泥混凝土摊铺机的主要现代技术特点如下：

① 一机多用的特点。例如路缘成型机具有多种工作装置，可以用来承担路缘石铺筑、隔离墙铺、设路边排水沟及人行道路面铺筑等多种施工任务。

② 产品具有较先进的综合性能。在弯道施工中，利用传感器控制，从而非常精确地控制机器按施工半径要求进行施工，铺筑出圆滑平整的弯道路面。

③ 产品的高效率大型化。

3. 工作原理

（1）轨道式水泥混凝土摊铺机　轨道式水泥混凝土摊铺施工方法是指采用两条固定模板或轨道模板（钢制或混凝土）作为路面侧面支撑和路型定位，模板顶面作为表面基准，在两条固定边模中对混凝土路面进行摊铺、捣实、成型和拉毛养生的施工技术。

轨道式摊铺机组由行走机构、传动系统、机架、操纵控制系统和作业装置构成。作业装置包括布料机构、计量整平、振动捣实和光整作面机构。虽然各类轨道式摊铺机的结构形式各具特点，所采用的作业执行机构也不尽相同，但每一种摊铺机都是若干上述机构的有机组合。图 2-11 所示为轨道摊铺机。

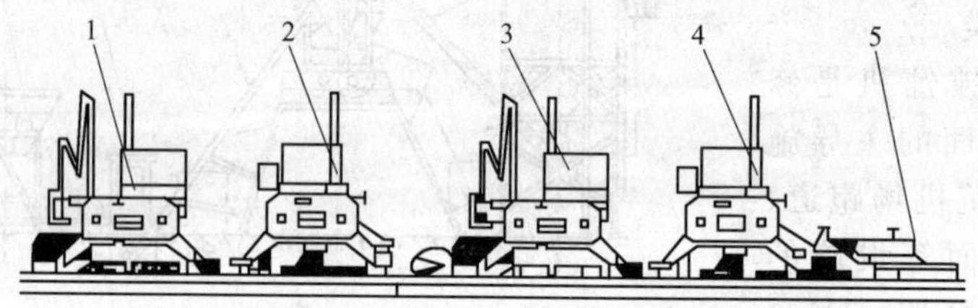


图 2-11　轨道摊铺机

1—布料机；2—整平振实机；3—布料机；4—整平振实机；5—光整作面机

轨道式摊铺机组的优点是结构简单、造价低廉、工作可靠、容易操作、故障少、易维修以及对混凝土要求较低等，因此至今仍然受许多发展中国家青睐。其缺点是自动化程度较低，铺筑的路面纵坡、横坡、平直度和转弯半径的精度，在很大程度上取决于钢轨和模板的铺设质量，钢轨模板需要量大、装卸工作频繁而笨重。

轨道式摊铺机，因其作业方式、执行机构和整体功能的差异，又可进一步分为列车型轨道摊铺机、综合型轨道摊铺机和桁架型轨道摊铺机。

（2）滑模式水泥混凝土摊铺机　滑模式摊铺机是一种自动化程度高、技术性能先进的施工机械。一般由机架、履带行走机构、操纵控制系统和悬挂在机架下面的一整套作业装置组成，可以完成混凝土路面铺筑的绝大多数工序，如布料、虚方计量、密实、提浆、实方计量、成型、抹光等。它的基本组成部分包括动力系统、传动系统、行走系统、摊铺工作装置、控制系统、主机架和一些辅助装置，见图 2-12。与轨道式摊铺机相比，在使用性能方面主要有以下优点：

① 整机采用全液压驱动，操纵控制系统采用电-液伺服、传感器自控技术，只需 1～2 人即可胜任施工作业。

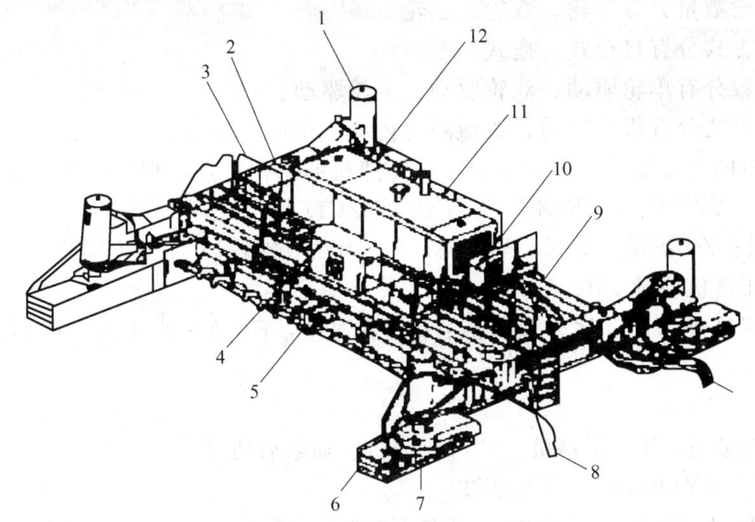


图 2-12　滑模式摊铺机

1—浮动支架；2—喷洒水系统；3—固定机架；4—操作控制台；5—摊铺装置；6—行走转向装置；7—自动转向装置；8—自动找平系统；9—伸缩机架；10—人行通道；11—动力系统；12—传动系统

② 摊铺路面时，路拱、纵坡、横坡和弯道均可通过调整成型板和导引机构自动实现。整个路面可以全幅施工，一次成型。

③ 生产准备工作简单，无需铺设模板和轨道，只需架设钢丝基准导引拉线即可施工。

滑模式摊铺机的结构较为复杂，操纵技术难度较大，对操纵人员的素质要求比较高。同时对所用混凝土的级配和坍落度等技术指标的要求也比较严格。这些也给它的具体应用造成一定局限。从经济技术角度来看，滑模式施工适合于大规模的高速公路水泥混凝土工程。

## 七、碾压设备

### 1. 功能与分类

路面的强度和稳定性等是非常重要的技术指标，而它们和路面压实有着极其密切的关系。因此，压实也是路面施工非常重要的一个环节，在路面压实作业中，常用的压实机械主要有光轮压路机、轮胎压路机、振动压路机等。压路机是一种依靠机械自身重力，通过特制的充气轮胎或钢轮对铺层材料以静力压实作用来增加工作介质密实度的压实机械，被广泛应用于填方、各种材料（底）基层及沥青面层的压实作业。

(1) 压路机的分类

① 按压实原理分有静作用式、振动式、振荡式。

② 按结构重量分有轻型、小型、中型、重型、超重型（表 2-1）。

表 2-1　压路机分类

| 型号 | 结构质量/t | 发动机功率/kW | 适用范围 |
|---|---|---|---|
| 轻型 | <1 | <10 | 狭窄地带与小型工程 |
| 小型 | 1～4 | 12～34 | 维修工程、内槽填土等 |
| 中型 | 5～8 | 40～65 | 基层、底基层、面层等 |
| 重型 | 10～14 | 78～110 | 街道、公路、机场等 |
| 超重型 | 16～25 | 120～188 | 公路、土坝、筑堤、围堰等 |

③ 按碾压轮的形式分有光钢轮、振动轮、羊脚轮。

④ 按机架分有整体机架、铰接机架。

⑤ 按碾压轮数量分有单轮、双轮、三轮。

⑥ 按行驶方式分有自行式、拖式。

⑦ 按驱动数分有单轮驱动、双轮驱动、全轮驱动。

⑧ 按传动方式分有机械传动、机械液力传动、全液压传动。

（2）压路机的型号编著　型号主要反映压路机的结构特点，根据国家标准来编著。

① 振动式　YZ18C　YZK18C　YZC12　YZC12A

Y—压路机；Z—振动式；K—羊脚轮；C—串联双钢轮；

18、12—压路机质量 18t、12t；

最后一个字母表示设计序号或特点：C—普通型，E、A—改进型，F—经济型，S—沙漠型

② 静光轮　2Y6/8　3Y12/15

2、3—光轮数量；Y—压路机；12/15—质量/加载后质量

③ 轮胎式　YL9/16　YL16/20

Y—压路机；L—轮胎式；16/20—质量/加载后质量

（3）振动式压路机的应用　振动式压路机是利用振动轮的自身重量与振动产生的激振力对被压实材料进行压实。在不同的条件下选用不同型式不同吨位的振动式压路机。

① 轻型——狭窄地带或小型工程。

小型——维修工程。

中型——建筑地基、公路面层、路面基层。

重型——路面的面层、基层与填层。

超重型——公路、土坝、筑堤、围堰。

② 根据生产率与工程质量来选取合适的压路机。

由工作量来决定压路机的大小与数量。

由工程质量来决定选取机型：有轮胎式、单钢轮、双钢轮、振动与静压等。

③ 根据铺层厚度来选取压路机。小于 60mm 的铺层采用低振幅的中小型压路机；大于 100mm 的铺层就采用重中型压路机；对于填层较厚的土坝、土堤、公路的回填基础则用超重型的振动式压路机。

④ 根据施工条件与公路类型选。

养护作业、狭窄地区——转向好、机动性好、中小型压路机。

压实要求不高——公路等级低，用机动性好的中重型压路机。

公路干线——公路等级高，用重型、超重型压路机。

路基、基层——用重型、超重型压路机。

堤坝、围堰——用超重型压路机，单钢轮。

人口密度大的地区——中重型，单钢轮。

路面——中重型，双钢轮，轮胎式压路机。

⑤ 根据土质与地质条件选。

砂石材质、混合料——振动式压路机。

黏土——羊脚式压路机。

⑥ 根据压路机振动参数选择。

厚层路基——高振幅（1.5～2.0mm）、低频（25～30Hz）。

薄层路面——低振幅（0.4～0.8mm）、高频（33～50Hz）。

2. 工作原理

压路机械种类较多，下面介绍两种较常用的压路机械。

（1）YZ18C 压路机　总体结构见图 2-13。它由动力装置、车架、驾驶室与操纵装置、行走与传动系统、振动轮、液压系统、电控系统及空调装置组成。

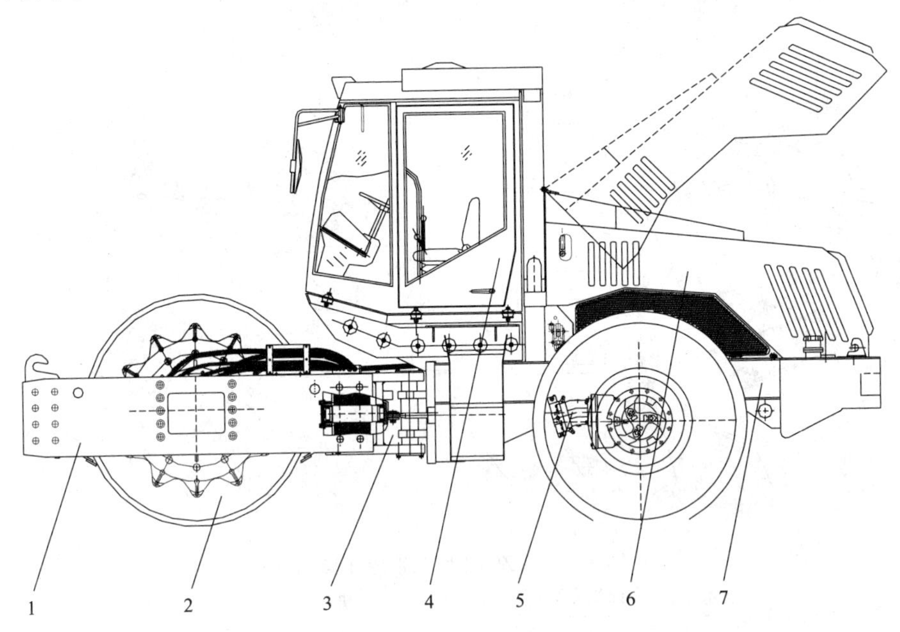


图 2-13　YZ18C 压路机

1—前车架；2—振动轮；3—中心铰接架；4—驾驶室；5—驱动轮；6—动力装置；7—后车架

车架是机器的骨架，它把机器的所有部件连成一个整体。采用铰接机架使机器转向灵活、转弯半径小，操纵方便，并具有一定的隔振能力。

动力装置是机器的心脏，向行走驱动及振动等提供动力，由柴油机及其附件组成。

驾驶室与操纵装置是机器的神经中枢，是操作人员工作的地方。要求有舒适的工作条件及保证驾驶员能够正确方便的操纵机器。

行走与传动系统的作用是最终用来驱动机器前进与后退。采用由油泵与油发动机组成的液压传动系统，全轮驱动：后轮由一个液压发动机通过驱动桥把动力分传给左右驱动轮；前轮则由液压发动机经减速器直接驱动钢轮。

振动轮是压路机的压实工作装置，能产生两种幅度的振动，利用自身的重量或加上钢轮振动的激振力对作业对象进行压实。

液压系统是操控机器的臂膀，它包括行驶液压、转向液压、振动液压、制动液压等子系统。驾驶员通过液压系统对压路机实行控制与操作。

电控系统则是压路机的神经，可以对压路机工作状态进行实时监控，驾驶员也可通过电控面板来完成对压路机的部分操纵。

振动产生的激振力可大大地提高压路机的性能与工作效率，但对驾驶员的工作条件带来极为不利的影响。为此，在前车架与振动轮之间、驾驶室与后车架之间装有起减振缓冲作用的减振块，以改善驾驶员在驾驶室内的工作条件。

（2）YZC12 型压路机　YZC12 型压路机的总体结构见图 2-14。它由洒水装置、驾驶室、前振动轮、车架、动力装置、后振动轮、行走传动系统、液压系统、电控系统等组成。

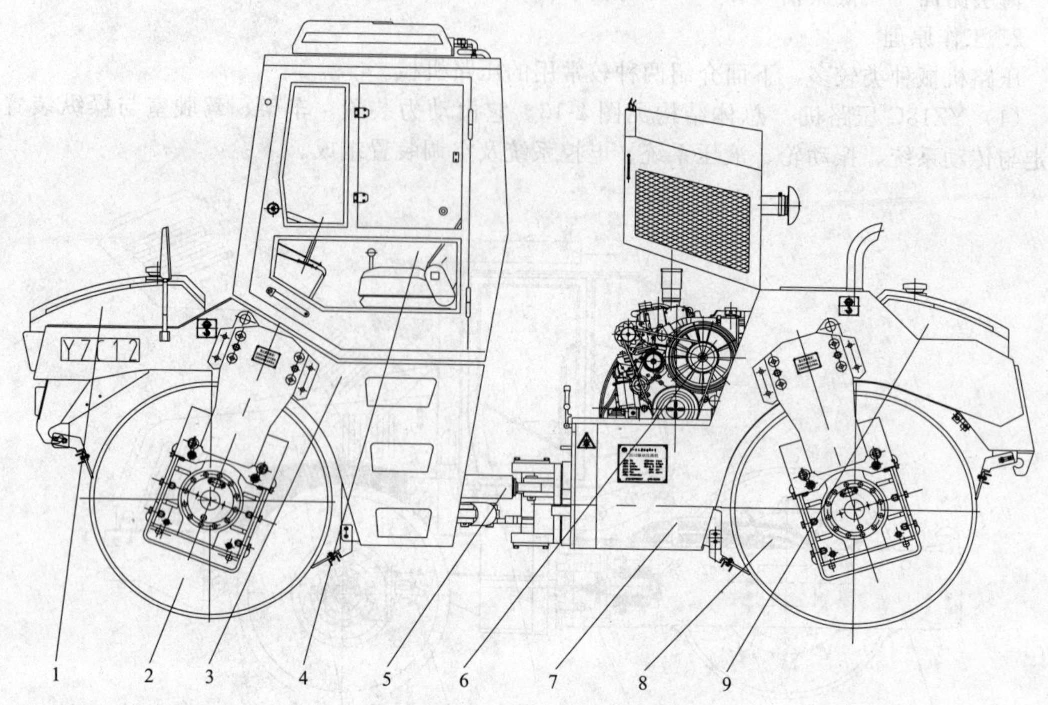


图 2-14 YZC12 型双钢轮压路机

1—前水箱；2—前振动轮；3—前车架；4—驾驶室；5—中心铰接架；6—柴油机；7—后车架；8—后振动轮；9—后水箱

车架是机器的骨架，它把机器的所有部件连成一个整体。采用铰接机架使机器转向灵活、转弯半径小，操纵方便，并具有一定的隔振性能。

动力装置是机器的心脏，向行走及振动等提供动力，由柴油机及其附件组成。

驾驶室与操纵装置是机器的神经中枢，是操作人员工作的地方。要求有舒适的工作条件及保证驾驶员能够正确方便的操纵机器。

行走与传动系统的作用是最终用来驱动机器前进与后退。采用油泵与油发动机液压传动，前后轮驱动，前、后轮均由液压发动机经减速器减速后直接驱动前、后振动轮。

振动轮是压路机的压实工作装置，前、后振动轮能利用振动装置产生可以调节振幅与频率的振动，利用自身的重量或加上振动的激振力对作业对象进行压实。

洒水系统用来向前、后钢轮均匀洒水，防止钢轮黏结沥青。该系统前、后钢轮独立。该系统当压力喷水失效时可采用重力喷水的方式。

液压系统是操控机器的臂膀，它包括行驶液压、转向液压、振动液压、制动液压等子系统。

电控系统则是机器的神经，可以对压路机工作状态进行实时监控，驾驶员也可通过电控面板来完成对压路机的部分操纵。

空调装置用来给驾驶员提供一个舒适的工作环境，减轻驾驶员的劳动强度，提高驾驶员的工作效率。

振动产生的激振力可大大地提高压路机的性能与工作效率，但对驾驶员的工作条件带来极为不利的影响。为此，在前车架与振动轮之间、驾驶室与后车架之间装有起减振作用的减振块。驾驶员座椅是减振式座椅。

## 第三节　路面施工放样

路面施工是公路施工的最后一个环节，也是最重要、最关键的一个环节。因此，对路面施工放样的精度要求要比路基施工阶段放样的精度高。为了保证精度、便于测量，通常在路面施工之前，将线路两侧的导线点和水准点引测到路基上，一般设置在桥梁、通道的桥台上或涵洞的压顶石上，不易被破坏。引测的导线点和水准点，要和高一级的导线点和水准点进行附合或闭合，精度应满足一、二级导线和五等水准测量的要求。

路面施工阶段的测量放样工作仍然包括恢复中线、放样高程和测量边线。

路面施工是在路基土石方施工完成以后进行的。在路面底基层（或者垫层）施工前，首先应进行路槽放样。路槽放样包括两方面的内容：中线施工控制桩恢复放样和中平测量；路槽横坡放样。除面层外，各结构层横坡按直线形式进行放样。

### 一、路槽放样

如图 2-15 所示，在粗平的路基顶面上恢复中线，每隔 10m 加密中桩，再沿各中桩的横断面方向向两侧量出路槽宽度的一半得到路槽的边桩、量出 $b/2$ 得到路肩边桩（曲线段设置加宽时，要在加宽的一侧增加加宽值 $W$），然后用放样已知点高程的方法使中桩、路槽边桩、路肩边桩的桩顶面高程等于路面施工完成后的路面标高（要考虑路面和路肩的横坡以及超高）。在上述这些边桩的旁边挖一个小坑，在坑中钉桩，然后用放样已知点高程的方法使桩顶高程符合于考虑过路槽横向坡度后的槽底的高程（要考虑因压实而加入一定的虚方厚度），以指导路槽的开挖和整修。低等级公路一般采用挖路槽的路面施工方式，路槽修整完毕后，便可进行培路肩和路面施工。高等级公路一般采用培路肩的路面施工方式，所以路槽开挖整修要进行到路肩的边缘。

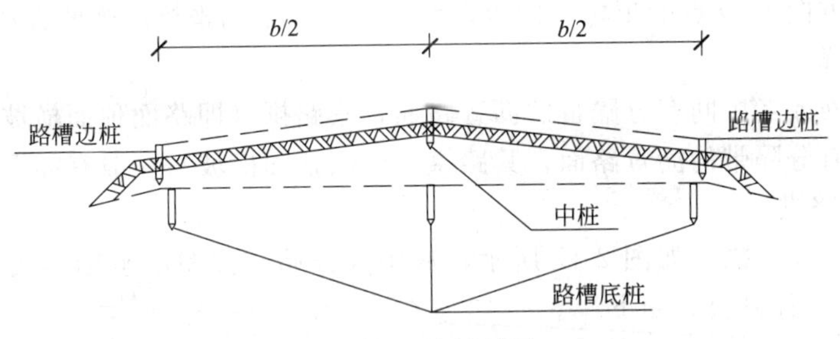


图 2-15　路槽放样

机械施工时，木桩不易保存，因此路中心和路槽边的路面高程可不放样，而在路槽整修完成后，在路槽底面上放置相当于路面加虚方厚度的木块作为路面施工的标准。

路拱（面层顶面横坡）类型有抛物线型、屋顶线型和折线型三种。下面介绍这三种路拱形式的放样数据计算方法。

### 二、路面放样

路面各结构层的放样方法仍然是先恢复中线，然后由中线控制边线，再放样高程控制各结构层的标高。除面层外，各结构层横坡按直线形式放样，要注意的是路面的加宽和超高。

### 三、路面边桩放样

路面边桩的放样可以先放出中线，再根据中线的位置和横断面方向用钢尺丈量放出边桩。

在高等级公路路面施工中，有时不放中桩而直接根据边桩的坐标放样边桩。

1. 边桩坐标的计算

如图 2-16 所示，路线中线上任一点 $P$（桩号为 $l_P$），其坐标为（$x_P$，$y_P$），切线坐标方位角为 $\alpha_{切}$。

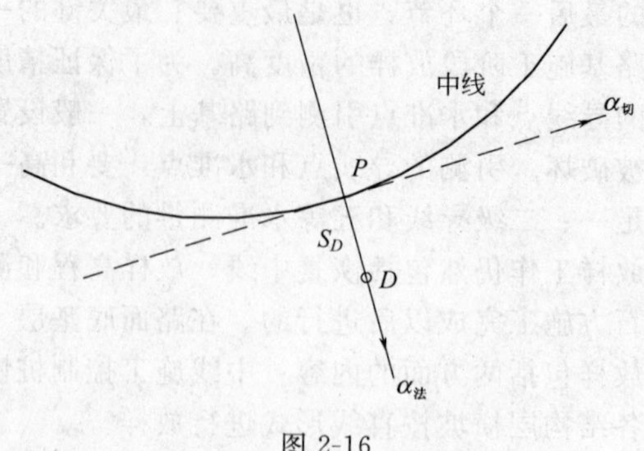


图 2-16

图 2-16 中过 $P$ 点的法线坐标方位角 $\alpha_{法}$ 按下式计算求得：

$$\alpha_{法}=\alpha_{切}+90^\circ$$

为计算方便，规定 $\alpha_{法}$ 方向总是指向中线右侧，左右两侧是相对于路线前进方向而言的。横断面方向（即法线方向）上任一点 $D$，距离中线的距离（即横支距）为 $S_D$，规定：中线左侧横支距为负，中线右侧横支距为正。

则横断面方向上 $D$ 点的坐标由下式计算：

$$x_D=x_i+S_D\cos\alpha_{法}$$

$$y_D=y_i+S_D\sin\alpha_{法}$$

2. 边桩放样

已知横断面方向上 $D$ 点的坐标，便可以利用导线点采用坐标放样的方法放出边桩。

**四、路拱放样**

对于水泥路面或者中间有分隔带的沥青路面，其路拱（即路面顶面横坡）按直线形式放样。对于中间没有分隔带的沥青路面，其路拱（面层顶面横坡）一般有如下几种形式。

1. 抛物线型路拱

(1) 二次抛物线路拱　如图 2-17 所示，从中线开始，按图示坐标形式放样，一般把路幅宽分为 10 等分。计算公式如下：

$$y=\frac{4h}{B^2}\cdot x^2$$

图 2-17 中，$B'=\dfrac{B}{10}$，$h_1=h=\dfrac{B}{2}\cdot i$，$h_2=0.96h_1$，$h_3=0.84h_1$，$h_4=0.64h_1$，$h_5=0.36h_1$。

式中　$x$——离中线横向距离；

$y$——相应于 $x$ 各点的竖向距离；

$B$——车道宽度（即路面宽）；

$h$——路拱高；

$i$——平均横坡度，%。

(2) 改进的二次抛物线路拱　参见图 2-17。计算公式如下：

$$y=\frac{2h}{B}x^2+\frac{h}{B}x$$

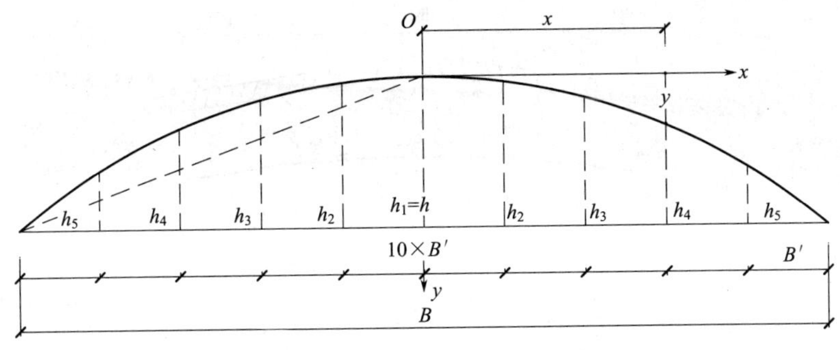


图 2-17

$$B'=\frac{B}{10},\ h_1=h=\frac{B}{2}i,\ h_2=0.88h_1,\ h_3=0.72h_1,\ h_4=0.52h_1,\ h_5=0.28h_1$$

(3) 半立方次（一次半）抛物线路拱　参见图 2-17。计算公式如下：

$$y=h\left(\frac{2x}{B}\right)^{3/2}$$

$$B'=\frac{B}{10},\ h_1=h=\frac{B}{2}i,\ h_2=0.91h_1,\ h_3=0.75h_1,\ h_4=0.54h_1,\ h_5=0.29h_1$$

(4) 改进的三次抛物线路拱　参见图 2-17，计算公式如下：

$$y=\frac{4y}{B^3}x^3+\frac{h}{B}x$$

$$B'=\frac{B}{10},\ h_1=h=\frac{B}{2}i,\ h_2=0.90h_1,\ h_3=0.77h_1,\ h_4=0.59h_1,\ h_5=0.34h_1$$

2. 屋顶线型路拱

(1) 倾斜直线型路拱　如图 2-18 所示。

① 当路面横坡采用 1.5%时，在路拱中心插入一对横坡度为 0.8%～1.0%的对称连接线。

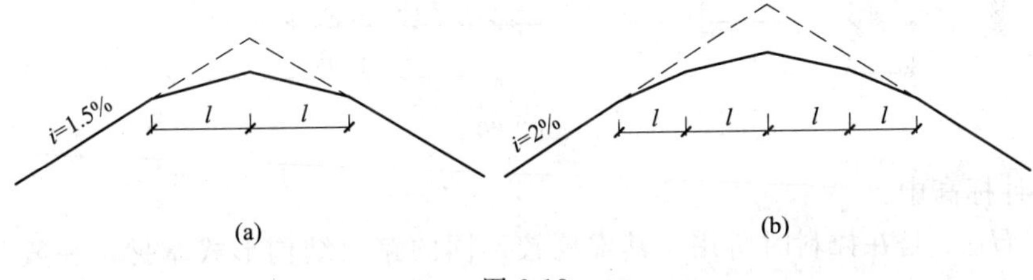


图 2-18

② 当路拱横坡采用 2%时，在路拱中心插入两对对称的连接线，其横坡度分别为 1.5%和 0.8%～1.0%。

③ 图 2-18 中的 $l$ 值一般取路面宽度的 1/2 或 1/4。

(2) 圆顶直线型路拱　如图 2-19 所示。中间的圆顶部分用圆曲线或者抛物线连接，所用圆曲线长度一般不小于路面宽度的 1/10，半径不小于 50m。拱高 $h$ 可采用下式计算：

$$h=\left(\frac{b}{2}-\frac{l_1}{4}\right)i$$

式中，$l_1$ 为曲线段的水平距离，一般以 2m 计。

中间没有分隔带的沥青路面，其路面路拱的放样一般采用路拱样板进行，在施工过程中逐段检查。

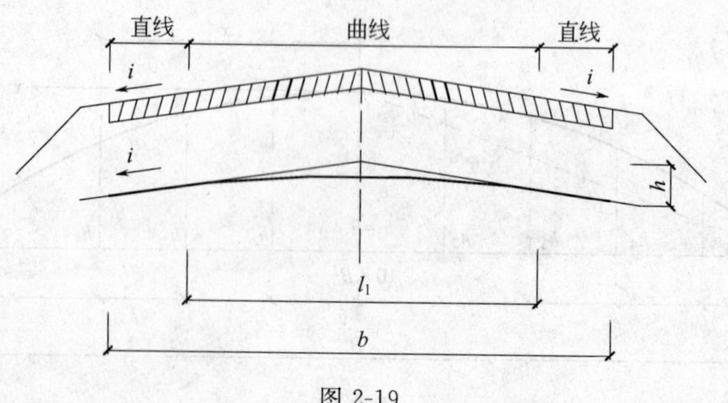


图 2-19

【例 2-1】 如图 2-20 所示，水泥混凝土路面的横断面形式，其中：中间带宽度为 4.50m，半幅行车道宽度为 8.50m，基层厚度为 18cm，面层厚度为 25cm。

1. 基层施工测量

设基层设计标高为 $H=h+0.18\text{m}$（$h$ 为底基层中心设计标高）；

则距中心 1.82m、11.18m、11.43m 处的基层设计标高为：

$$H_{1.82}=H-1.82i$$
$$H_{11.82}=H-11.18i$$
$$H_{11.43}=H-11.43i$$

$i$ 为路拱横坡，为 1.5%。

将以上计算的设计标高放样到实地，便可指导基层施工。

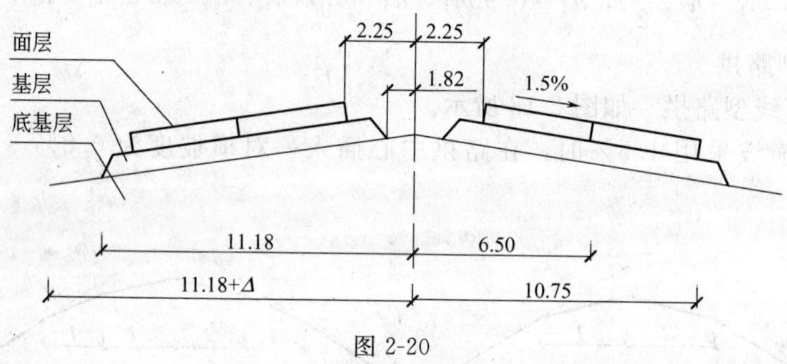


图 2-20

以上设计标高中：

$H_{1.82}$、$H_{11.18}$是在摊料时所用，其虚厚按不同的路面结构形式掌握，一般灰土基层虚厚为 6cm；

$H$、$H_{11.43}$是在推土机初步压实后为找平时所用，其虚厚按不同的路面结构形式掌握，一般灰土基层虚厚为 2.5cm；

基层施工误差主要来自测量误差、施工误差、虚厚误差三个方面。

施工误差主要指：当某一区域摊料过多，摊料人员为了省力，将料摊铺得过实，甚至将施工挂线提一提；当堆料过少时，又会将料摊铺得虚，或者将施工桩向下钉一钉。因而要求施工员要有高度的责任心，保护好施工桩，严格控制摊铺质量。

虚厚误差主要包括：黏土的密实度差别，摊铺有的被压实，有的松散，路槽标高的误差引起底基层的厚度不一。主要的消除方法是人工摊铺，机械充分拌和，用推土机初步压实后再次找平。

2. 水泥混凝土面层施工测量

如图 2-18 所示，由中线控制桩量出 2.25m、6.50m、10.75m 处边线，钉入钢钉，测出桩顶标高，根据水泥混凝土面层的设计标高得出模板顶面标高。当模板支好后，用经纬仪对顺直度，用水准仪对模板标高进行复测，不合格者予以调整，然后开始铺筑混凝土。

水泥混凝土面层标高误差产生的原因主要是由于测量误差和施工误差两方面的原因造成。施工误差主要包括以下几种。

挂线误差：用钢尺所量的高度不准，施工挂线没有系牢、拉紧，出现中间凹的现象。

模板误差：模板支得不坚固，振捣梁上去振捣时引起模板下沉；模板上的残余混凝土没有清除干净；模板变形，引起顺直度达不到标准。

其他误差：施工桩被车辆压弯；桩号错误等。

3. 折线型路拱

折线型路拱一般也分成 10 等份进行放样。

## 五、路面放样的精度要求

路面放样的精度要求，应按照对不同路面的相应规定执行。具体可按《公路工程质量检验评定标准》的相关条款执行。现列举部分，参见表 2-2～表 2-4。

**表 2-2　路面面层放样精度要求**

<table>
<tr><th rowspan="2">序号</th><th rowspan="2" colspan="2">检查项目</th><th colspan="2">水泥混凝土面层</th><th colspan="2">沥青混凝土面层</th><th rowspan="2">沥青贯入式路面</th><th rowspan="2">沥青表面处治面层</th></tr>
<tr><th>高速或一级路</th><th>其他公路</th><th>高速或一级路</th><th>其他公路</th></tr>
<tr><td>1</td><td colspan="2">中线平面偏位/mm</td><td colspan="2">±20</td><td colspan="2">±20</td><td>±30</td><td>±20</td></tr>
<tr><td>2</td><td colspan="2">纵断高程/mm</td><td>±10</td><td>±15</td><td>±15</td><td>±20</td><td>±20</td><td>±20</td></tr>
<tr><td rowspan="2">3</td><td rowspan="2">宽度/mm</td><td>有侧石</td><td rowspan="2" colspan="2">±20</td><td>±20</td><td>±30</td><td>±30</td><td>±30</td></tr>
<tr><td>无侧石</td><td colspan="2">不小于设计值</td><td>不小于设计值</td><td>不小于设计值</td></tr>
<tr><td>4</td><td colspan="2">横坡/%</td><td>±0.15</td><td>±0.25</td><td>±0.3</td><td>±0.5</td><td>±0.5</td><td>±0.5</td></tr>
</table>

**表 2-3　水泥稳定粒料基层和底基层放样精度要求**

<table>
<tr><th rowspan="2">序号</th><th rowspan="2">检查项目</th><th colspan="2">基层</th><th colspan="2">底基层</th></tr>
<tr><th>高速或一级路</th><th>其他公路</th><th>高速或一级路</th><th>其他公路</th></tr>
<tr><td>1</td><td>中线平面偏位/mm</td><td colspan="2">±50</td><td colspan="2">±50</td></tr>
<tr><td>2</td><td>纵断高程/mm</td><td>+5，−10</td><td>+5，−10</td><td>+5，−15</td><td>+5，−20</td></tr>
<tr><td>3</td><td>宽度/mm</td><td colspan="2">不小于设计值</td><td colspan="2">不小于设计值</td></tr>
<tr><td>4</td><td>横坡/%</td><td>±0.3</td><td>±0.5</td><td>±0.3</td><td>±0.5</td></tr>
</table>

**表 2-4　石灰土基层和底基层放样精度要求**

<table>
<tr><th rowspan="2">序号</th><th rowspan="2">检查项目</th><th colspan="2">基层</th><th colspan="2">底基层</th></tr>
<tr><th>高速或一级路</th><th>其他公路</th><th>高速或一级路</th><th>其他公路</th></tr>
<tr><td>1</td><td>中线平面偏位/mm</td><td colspan="2">±50</td><td colspan="2">±50</td></tr>
<tr><td>2</td><td>纵断高程/mm</td><td>—</td><td>+5，−15</td><td>+5，−15</td><td>+5，−20</td></tr>
<tr><td>3</td><td>宽度/mm</td><td colspan="2">不小于设计值</td><td colspan="2">不小于设计值</td></tr>
<tr><td>4</td><td>横坡/%</td><td>—</td><td>±0.5</td><td>±0.3</td><td>±0.5</td></tr>
</table>

## 第四节　试验段与相关工作

高等级公路在施工前应铺筑试验段，铺筑试验段是不可缺少的步骤，应该成为一种制度。其他等级公路在缺乏施工经验或初次使用重大设备时，也应铺筑试验段。试验段的长度应根据试验目的确定，宜为100～200m，太短了不便施工，得不出稳定的数据。试验段宜在直线段上铺筑。如在其他道路上铺筑时，路面结构等条件应相同。路面各层的试验可安排在不同的试验段。一般包括下列试验内容。

① 根据路面各种施工机械相匹配的原则，确定合理的施工机械、机械数量及组合方式。

② 通过试拌确定拌和机的上料速度、拌和数量与时间、拌和温度等操作工艺。

③ 通过试验段的施工可以确定路面施工时各项控制指标，如透层沥青的标号与用量、喷洒方式、喷洒温度；摊铺机的摊铺温度、摊铺速度、摊铺宽度、自动找平方式等操作工艺；压路机的压实顺序、碾压温度、碾压速度及碾压遍数等压实工艺；确定松铺系数、接缝方法等。

④ 验证材料配合比设计结果，提出生产配合比等技术要点。

⑤ 确定施工产量及作业段的长度，制订施工进度计划。

⑥ 全面检查材料及施工质量。

⑦ 确定施工组织及管理体系、人员、通信联络及指挥方式。

在试验段的铺筑过程中，施工单位应认真做好记录分析，监理工程师或工程质量监督部门应监督、检查试验段的施工质量，及时与施工单位商定有关结果。铺筑结束后，施工单位应就各项试验内容提出试验总结报告，并取得主管部门的批复，作为施工依据。

**【例 2-2】** 水泥稳定级配碎石基层试验路段施工方案

某施工单位拟于2010年6月1日进行水泥稳定级配碎石底基层（水泥含量4.0%）试验路段的铺筑。试验路段选址于主线BKO＋200～BKO＋300段（路线长度100m，属新建路段）。试验路段内基层顶宽13.5m，底宽14m，层厚25cm。

一、试验目的

拟通过此次试验路段确定水泥稳定级配碎石基层的施工组织和施工工艺，并确定以下各项数据：

① 验证水泥稳定级配碎石基层配合比；

② 施工机械设备的配套及合理用量；

③ 一个施工作业班组合适的流水作业分段长度；

④ 混合料的松铺厚度及松铺系数；

⑤ 使混合料有效达到规定压实度（96%）的最佳含水量、压实设备类型和最佳组合方式、碾压遍数、碾压速度、碾压工序。

本方案同样适用于基层（水泥含量5%，压实度98%）试验段。

二、试验方案

1. 基层材料质量要求

水泥宜采用初凝时间3h以上、终凝时间在6h以上的普通硅酸盐水泥。

粗集料采用灰岩轧制成的碎石，形状接近立方体，针片状颗粒含量不大于15%，水洗法＜0.075mm的颗粒含量不大于1%，软弱颗粒含量不大于5%，最大粒径不应超过40mm。

细集料采用机制砂，机制砂中水洗法＜0.075mm的颗粒含量不大于3%，细度模数宜在2.5以上。

基层、底基层碎石压碎值不得大于30%。

2. 材料来源

水泥选定为××厂生产的××水泥，水泥标号为32.5。

粗、细集料在××外购。

施工用水为自来水。

3. 人员、设备组织

计划安排一个作业班组进行本次试验路段施工，拟投入的人员、机械及检验、测量、试验设备分别见附表一“主要施工人员配置表”、附表二“主要施工机械配置表”及附表三“检验、测量、试验设备配置表”。

三、施工及检验方法

1. 材料储备及拌和站设置

由于本工程工期及施工场地原因，经业主、监理及施工方开会确定，水稳层拌合料采用商品水稳层。

2. 施工准备工作

(1) 后场（拌和厂）准备

后场准备工作主要在于拌和厂的设备、人员准备。

拌和站试运转及配料校准：在试验路段开工前提前2天时间将拌和站调试好，并对各仓所出材料（水泥和碎石）进行称量校准。

试验路段开工前由工地试验人员测定集料含水量，以确定施工拌和用水量。机械操作员复查搅拌站的称量、电路及设备各部件并试运行，确保搅拌站运转正常。

(2) 前场（摊铺现场）准备

前场准备主要在于检查下承层、测量放线、机械设备准备和施工人员准备。

① 检查下承层　检查底基层有无损坏，若有则立即清除损坏部位并用相同材料恢复。

提前在底基层上洒水并用18t压路机碾压1～2遍。

② 测量放线　试验路段开工前用全站仪按沿路线长度方向每10m设左、中、右桩，各桩以混凝土钉标识和定位。在进行高程测量后敷设基准线桩，以钢卷尺量高挂线，基准线采用$\phi$2mm钢丝绳。基准线高度＝底基层顶面设计高（m）＋基层材料松铺高（m）＋摊铺机传感线距基层松铺顶面高（m）。

根据以往在其他公路的施工经验，暂定松铺系数初拟值为1.30。即摊铺时的松铺厚度为25cm×1.3＝32.5cm。

③ 机械设备准备　摊铺现场布置摊铺机1台，18t轮胎式压路机1台，水车1台。摊铺机传感器上基准线前后往复行走1～2遍，检查机器平面位置、摊铺高度是否准确。

④ 施工人员准备　摊铺机配操作手2人，压路机配机手2人，水车驾驶员2人。

另配架线工3人，机后找平工6人。

(3) 运输车辆准备

配备6t运料车辆8台，用于混合料的转运。

3. 稳定土拌和

拌和前先启动拌和机空载运转，待运转正常后再按额定转速给料拌和，拌和用水量按略大于最佳含水量1%～2%控制。

4. 混合料运输

采用6t自卸汽车进行混合料装运，混合料装车后直接运往摊铺现场等待卸料。

5. 基层铺筑

(1) 原地面洒水润湿　在开始摊铺前提前0.5h对底基层表面进行洒水，使其充分湿润。

在摊铺机前布置水车1台随时补充洒水，保持底基层湿润，防止其吸收基层材料水分而造成结构层下部溃散。

(2) 卸料　拌和好的混合料用自卸汽车装运到摊铺现场后卸入摊铺机料仓。汽车倒车时应避免碰撞摊铺机，避免震动摊铺机而影响平整度。

(3) 摊铺　混合料入仓后，启动摊铺机送料螺旋，使摊铺机按规定的松铺厚度沿路全宽摊铺成型。摊铺机行走速度按满足机前给料速度和匀速控制，尽量减少行走暂停。

摊铺过程中布置人工紧跟摊铺机后铲除粗骨料窝，换填新鲜混合料并找平。

(4) 碾压　用1台徐工SR18M振动压路机（工作重量18.0t，振动轮分配重量9.0t，振动轮几何尺寸为直径×宽度×轮壳厚＝1600mm×2130mm×36mm，振频30Hz；强振时振幅1.87mm、激振力336kN，弱振时振幅1.00mm、激振力180kN；静压线压力420N/cm，振动线压力1592N/cm；Ⅰ挡行驶速度2.52km/h，Ⅱ挡行驶速度5.90km/h；最小离地间隙430mm）按“直线段和曲线无超高段由边缘向中间、曲线有超高段由弯道内侧向弯道外侧；由静压到振动压，由慢压到快压”的原则以及试验路段的碾压工序（拟定为以下2种）进行碾压。每次碾压的轮迹重叠宽度不小于20cm，以防止漏压。

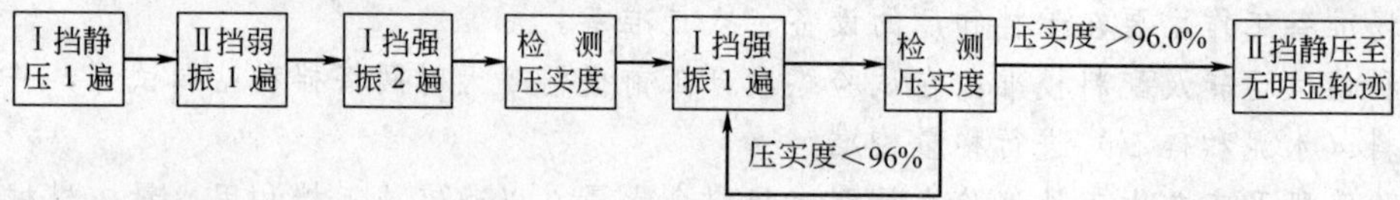


由此确定使混合料能在最短时间内达到规定压实度（96%）的碾压工序和碾压遍数。

碾压中严禁压路机在已完成的或正在碾压的基层上调头或急刹车。

碾压完成后先自检，自检合格后再申请监理工程师抽检。若压实度不能达到规范和设计要求则按招标文件和现行的《公路路面基层施工技术规范》进行处理，合格则进行下道工序。

(5) 接头处理　横向接缝（施工缝）处理。在摊铺机当天施工完成后，在摊铺末端设置横向接缝。其方法和步骤为：① 摊铺机驶离混合料末端后用人工将含水量合适的混合料弄整齐，紧靠混合料放置方木（其高度与混合料压实厚度相同）；②人工整平紧靠方木的混合料后在方木的另一侧用砾石回填约3m长，回填后的砾石应高出方木几厘米；③将混合料碾压密实，在下次摊铺前，将砾石和方木除去，并将下承层顶面清理干净；④ 摊铺机返回已压实层末端，重新开始摊铺混合料。

(6) 混合料松铺系数$\delta$的确定　对混合料松铺系数采用多桩定点测量法确定，即卸料前在填层底部不同桩号选10点测定高程$H$，摊铺后及碾压后均在相同的平面桩位处测定高程$H_{摊}$、$H_{压}$。则混合料松铺系数$\delta=[\sum(H_{摊}-H)/(H_{压}-H)]/10$。

(7) 养护和交通管制　每一段碾压完成并经压实度检查合格后，用洒水车进行洒水养护，以基层表面开始出现花白时进行洒水，保持基层湿润。

同时封闭交通，养生期和交通管制一般不少于7天。

四、试验路段施工进度计划

该试验段计划在6月1日施工并完成。

五、质量检测

在试验路段施工期间除检验水泥剂量和压实度外，还需及时检测填方基底和填层中是否存在有粗集料窝或弹簧土，若有则及时清除、换填至使其满足要求。对基层按表1规定值检测。

表 1　水泥稳定级配碎石底基层实测项目

| 序号 | 检查项目 | | 规定值和允许偏差 | 检查方法和频率 |
|---|---|---|---|---|
| 1 | 压实度/% | 代表值 | 96 | 按《公路工程质量检验评定标准》(JTG F80/1—2004)附录 B 检查每 200m 每车道 2 处 |
| | | 极　值 | 92 | |
| 2 | 平整度/mm | | 12 | 三米直尺：每 200m 测 2 处×10 尺 |
| 3 | 纵断高程/mm | | +5，-15 | 水准仪：每 200m 测 4 个断面 |
| 4 | 宽度/mm | | 符合设计要求 | 尺量：每 200m 测 4 处 |
| 5 | 厚度/mm | 代表值 | -10 | 按《公路工程质量检验评定标准》(JTG F80/1—2004)附录 H 检查每 200m 每车道 1 点 |
| | | 合格值 | -25 | |
| 6 | 横坡/% | | ±0.3 | 水准仪：每 200m 测 4 个断面 |
| 7 | 强度 | | 符合设计要求 | 按《公路工程质量检验评定标准》(JTG F80/1—2004)附录 G 检查 |

六、施工总结

试验段铺筑完成后，召集所有施工人员对各项试验数据进行总结，并及时提交试验段施工总结报告（包括绘制碾压遍数和含水量关系曲线），以指导大面积填筑施工。

附件：附表一“主要施工人员配置表”；附表二“主要施工机械配置表”；附表三“检验、测量、试验设备配置表”；附图 1“水泥稳定砂砾基层试验路段施工工艺框图”。(附表略)

2010 年 3 月 12 日

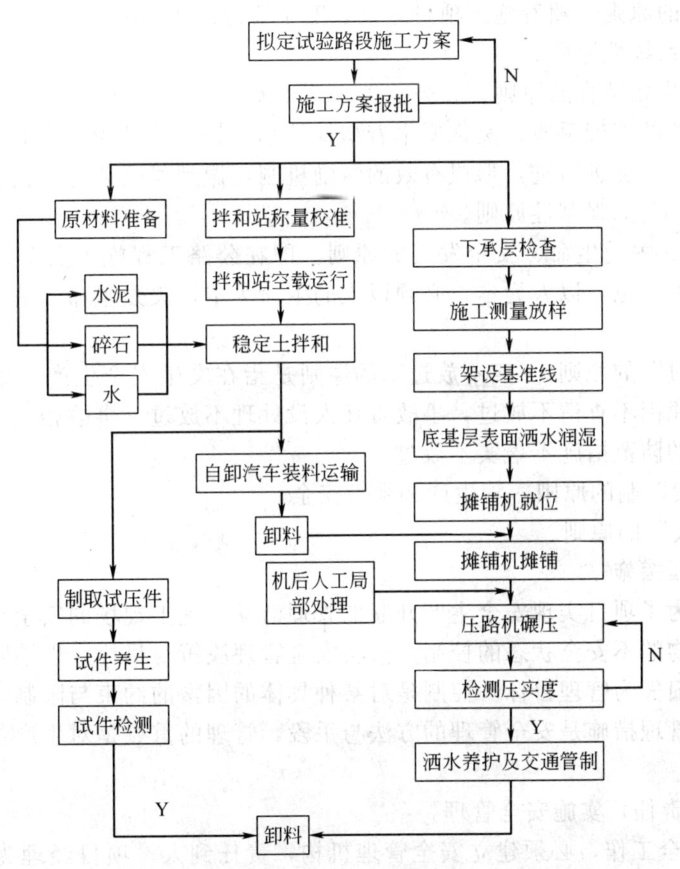

附图 1　水泥稳定砂砾基层试验路段施工工艺框图

## 第五节 安全与环保措施

施工安全管理，就是施工项目在实施过程中，组织安全生产管理活动，通过对安全生产因素具体的动态控制，使生产因素不安全的行为和状态减少或消除，不引发事故，特别是不引发人身伤害事故。一旦发生伤亡事故必须及时正确处理。使施工项目效益目标的实现得到充分保证。

### 一、安全管理的原则

我国目前实行“企业负责、行业管理、国家监察、群众监督、劳动者遵章守纪”的安全生产管理体制。这个管理体制把“企业负责”放在第一位，表明企业在安全生产中所占的重要位置。

企业作为自主经营、自负盈亏、自我发展、自我约束的生产经营实体，对安全生产负责的关键是要做到“三个到位”，即责任到位，投入到位，措施到位。

公路工程施工安全管理的原则主要有：

① 管生产必须管安全的原则。

② 谁主管谁负责、一把手负总责的原则。“谁主管谁负责、一把手负总责”作为企业安全生产的原则，首先明确了企业法定代表人是安全生产第一责任人，对本企业安全生产应负全面责任。

③ 预防为主的原则。

④ 动态管理的原则。随着施工项目进展，安全管理的内容和重点也在发生着变化。

⑤ 计划性、系统性原则。

⑥ 奖优和罚劣相结合的原则。在公路工程施工安全管理当中既要采用奖励的管理手段，同时也要采用惩罚的管理手段。奖优要本着精神鼓励与物质鼓励相结合的原则，充分体现奖优罚劣。表扬先进，促进后进，形成有效的激励机制，做到奖励和惩罚相结合。

⑦“安全第一”的强制性原则。

⑧ 以人为本、关爱生命、安全发展的原则。即在公路工程施工安全管理中，要处处做到把人的安全放到首位，以人为本，必须以人的生命为本，关爱生命、关注安全，从而做到安全发展。

⑨“四不放过”的原则。“四不放过”的原则是指在发生安全生产事故时必须坚持的处理原则，即事故原因不查清不放过，事故责任人没处理不放过，事故相关者没得到应有的教育不放过，事故的防范措施不落实不放过。

⑩“一岗双责”制的原则。管生产必须管安全。

⑪“一票否决”的原则。

### 二、安全管理措施

安全管理是为了项目实现安全生产开展的管理活动。施工现场的安全管理重点是进行人的不安全行为和物的不安全状态的控制，落实安全管理决策与目标。以消除一切事故，避免伤害，减小事故损失为管理目标。控制是对某种具体的因素的约束与限制，是管理范围内的重要部分。安全管理措施是安全管理的方法与手段，管理的重点是对生产各因素状态的约束与控制。

1. 落实安全责任，实施安全管理

① 为抓好安全工作，必须建立安全管理机构，责任到人。项目经理为第一责任人、各职能部门在各自业务范围内，负责生产过程的安全工作。做到从上到下、从纵向到底一环不

漏。各职能部门、人员的安全生产责任做到横向到边，认人负责。

② 施工项目应通过监察部门的安全生产资质审查，并得到认可。一切从事生产管理与操作的人员，依照其从事的生产内容，分别通过企业、施工项目的安全审查，取得安全操作认可证，持证上岗。

特种作业人员，除经企业的安全审查，还需按规定参加安全操作考核；取得监察部门核发的《安全操作合格证》，坚持“持证上岗”。施工现场出现特种作业无证操作现象时，施工项目必须承担管理责任。

③ 施工项目负责施工生产中物的状态审验与认可，承担物的状态漏验、失控的管理责任，接受由此而出现的经济损失。

④ 一切管理、操作人员均需与施工项目签订安全协议，向施工项目做出安全保证。

⑤ 安全生产责任落实情况的检查，应认真、详细记录，作为分配、补偿的原始资料之一。

2. 安全教育与训练

进行安全教育与训练，能增强人的安全生产意识，提高安全生产知识，有效地防止人的不安全行为，减少人为失误。安全教育、训练是进行人的行为控制的重要方法和手段。因此，进行安全教育、训练要适时、宜人，内容合理、方式多样，形成制度。组织安全教育、训练做到严肃、严格、严密、严谨，讲求实效。

（1）一切管理、操作人员应具有基本条件与较高的素质　具有合法的劳动手续。临时性人员必须正式签订劳动合同，接受入场教育后，才可进入施工现场和劳动岗位；有良好的接受、处理、反馈信息的能力；具有适于不同层次操作所必需的文化；输入的劳务，必须具有基本的安全操作素质。经过正规训练、考核，输入手续完善。

（2）安全教育、训练的目的与方式　安全教育、训练包括知识、技能、意识三个阶段的教育。进行安全教育、训练，不仅要使操作者掌握安全生产知识，而且能正确、认真地在作业过程中表现出安全的行为。

通过安全知识教育，使操作者了解、掌握生产操作过程中，潜在的危险因素及防范措施。通过安全技能训练，使操作者逐渐掌握安全生产技能，获得完善化、自动化的行为方式，减少操作中的失误现象。

安全意识教育，在于激励操作者自觉坚持实行安全技能。

（3）安全教育的内容随实际需要而确定　工人入场前应完成三级安全教育。对学徒工、实习生的入场三级安全教育，重点偏重一般安全知识，生产组织原则，生产环境，生产纪律等，强调操作的非独立性。对季节工、农民工三级安全教育，以生产组织原则、环境、纪律、操作标准为主。两个月内安全技能不能达到熟练的，应及时解除劳动合同，废止劳动资格。

结合施工生产的变化、适时进行安全知识教育，一般每 10 天组织一次较合适。结合生产组织安全技能训练，干什么训练什么，反复训练、分步验收。以达到出现完善化、自动化的行为方式，划为一个训练阶段。

安全意识教育的内容不易确定，应随安全生产的形势变化，确定阶段教育内容。可结合发生的事故，增强安全意识，坚定掌握安全知识与技能的信心，接受事故教训教育。

受季节、自然变化影响时，针对由于这种变化而出现的生产环境、作业条件的变化进行的教育，其目的在于增强安全意识，控制人的行为，尽快地适应变化，减少人为失误。

采用新技术，使用新设备、新材料，推行新工艺之前，应对有关人员进行安全知识、技能、意识的全面安全教育，激励操作者实行安全技能的自觉性。

(4) 加强教育管理，增强安全教育效果　教育内容全面，重点突出，系统性强，抓住关键反复教育；反复实践。养成自觉采用安全的操作方法的习惯；使每个受教育的人，了解自己的学习成果。鼓励受教育者树立坚持安全操作方法的信心，养成安全操作的良好习惯；告诉受教者怎样做才能保证安全，而不是不应该做什么；奖励促进，巩固学习成果。

(5) 记录清晰

进行各种形式、不同内容的安全教育，都应把教育的时间、内容等，清楚地记录在安全教育记录本或记录卡上。

3. 安全检查

安全检查是发现不安全行为和不安全状态的重要途径，是消除事故隐患，落实整改措施，防止事故伤害，改善劳动条件的重要方法。

安全检查的形式有普遍检查，专业检查和季节性检查。

(1) 安全检查的内容主要是查思想、查管理、查制度、查现场、查隐患、查事故处理　施工项目的安全检查以自检形式为主，是对项目经理至操作，生产全部过程、各个方位的全面安全状况的检查。检查的重点以劳动条件、生产设备、现场管理、安全卫生设施以及生产人员的行为为主。发现危及人的安全因素时，必须果断消除。

各级生产组织者，应在全面安全检查中，透过作业环境状态和隐患，对照安全生产方针、政策，检查对安全生产认识的差距。

对安全管理的检查，主要是：安全生产是否提到议事日程上，各级安全责任人是否坚持“五同时”。

业务职能部门、人员，是否在各自业务范围内，落实了安全生产责任。专职安全人员是否在位、在岗。安全教育是否落实，教育是否到位。工程技术、安全技术是否结合为统一体。作业标准化实施情况。安全控制措施是否有力，控制是否到位，有哪些消除管理差距的措施。事故处理是否符合规则，是否坚持“三不放过”的原则。

(2) 安全检查的组织　建立安全检查制度，按制度要求的规模、时间、原则、处理、报偿全面落实。成立由第一责任人为首，业务部门人员参加的安全检查组织。安全检查必须做到有计划、有目的、有准备、有整改、有总结、有处理。

(3) 安全检查的准备

① 思想准备　发动全员开展自检，自检与制度检查结合，形成自检自改，边检边改的局面。使全员在发现危险因素方面得到提高，在消除危险因素中受到教育，从安全检查中得到锻炼。

② 业务准备　确定安全检查目的、步骤、方法。成立检查组，安排检查日程。分析事故资料，确定检查重点，把精力侧重于事故多发部位和工种的检查。规范检查记录用表，使安全检查逐步纳入科学化、规范化轨道。

(4) 安全检查方法

常用的有一般检查方法和安全检查表法。

① 一般检查方法　常采用看、听、嗅、问、查、测、验、析等方法。

看：看现场环境和作业条件，看实物和实际操作，看记录和资料等。

听：听汇报、听介绍、听反映、听意见或批评，听机械设备的运转响声或承重物发出的微弱声等。

嗅：对挥发物、腐蚀物、有毒气体进行辨别。

问：对影响安全问题，详细询问，寻根究底。

查：查明问题、查对数据、查清原因，追查责任。

测：测量、测试、监测。

验：进行必要的试验或化验。

析：分析安全事故的隐患、原因。

② 安全检查表法 是一种原始的、初步的定性分析方法，它通过事先拟定的安全检查明细表或清单，对安全生产进行初步的诊断和控制。

安全检查表通常包括检查项目、内容、回答问题、存在问题、改进措施、检查措施、检查人等内容。

(5) 安全检查的形式

① 定期安全检查 指列入安全管理活动计划，有较一致时间间隔的安全检查。

定期安全检查的周期，施工项目自检宜控制在10～15天。班组必须坚持日检。季节性、专业性安全检查，按规定要求确定日程。

② 突击性安全检查 指无固定检查周期，对特别部门、特殊设备、小区域的安全检查属于突击性安全检查。

③ 特殊安全检查 对预料中可能会带来新的危险因素的新安装的设备、新采用的工艺、新建或改建的工程项目，投入使用前，以"发现"危险因素为专题的安全检查，叫特殊安全检查。

特殊安全检查还包括，对有特殊安全要求的手持电动工具，电气、照明设备，通风设备，有毒有害物的储运设备进行的安全检查。

(6) 消除危险因素的关键 安全检查的目的是发现、处理、消除危险因素，避免事故伤害，实现安全生产。消除危险因素的关键环节，在于认真的整改，真正、确确实实的消除危险因素。对于一些由于种种原因而一时不能消除的危险因素，应逐项分析，寻求解决办法，安排整改计划，尽快予以消除。

安全检查后的整改，必须坚持"三定"和"不推不拖"，不使危险因素长期存在而危及人的安全。

"三定"指的是对检查后发现的危险因素的消除态度，即定具体整改责任人；定解决与改正的具体措施，限定消除危险因素的整改时间。在解决具体的危险因素时，凡借用自己的力量能够解决的，不推不拖、不等不靠，坚决组织整改。自己解决有困难时，应积极主动寻找解决的办法，争取外界支援以尽快整改。不把整改的责任推给上级，也不拖延整改时间，以尽量快的速度，把危险因素消除。

4. 作业标准化

在操作者产生的不安全行为中，由于不知正确的操作方法，为了干得快些而省略了必要的操作步骤，坚持自己的操作习惯等原因所占比例很大。按科学的作业标准规范人的行为，有利于控制人的不安全行为，减少人为失误。

(1) 制定作业标准，是实施作业标准化的首要条件。采取技术人员、管理人员、操作者三结合的方式，根据操作的具体条件制定作业标准。坚持反复实践、反复修订后加以确定的原则。

作业标准要明确规定操作程序、步骤。怎样操作、操作质量标准、操作的阶段目的、完成操作后物的状态等，都要做出具体规定。

尽量使操作简单化、专业化，尽量减少使用工具、夹具次数，以降低对操作者技能熟练度或注意力的要求，使作业标准尽量减轻操作者的精神负担。

作业标准必须符合生产和作业环境的实际情况，不能把作业标准通用化。不同作业条件的作业标准应有所区别。

(2) 作业标准必须考虑到人的身体运动特点和规律，作业场地布置、使用工具设备、操作幅度等，应符合人机学的要求。人的身体运动时，尽量避开不自然的姿势和重心的经常移动，动作要有连贯性、自然节奏强。如不出现运动方向的急剧变化；动作不受限制；尽量减少用手和眼的操作次数；肢体动作尽量小。

作业场地布置必须考虑行进道路、照明、通风的合理分配，机、料具位置固定，作业方便。要求：人力移动物体，尽量限于水平移动；把机械的操作部分，安排在正常操作范围之内，防止增加操作者的精神和体力负担；尽量利用重力作用移动物体；操作台、座椅的高度与操作要求、人的身体条件匹配。

使用工具与设备尽可能使用专用工具代替徒手操作；操纵操作杆或手把时，尽量使人身体不必过大移动，与手的接触面积，以适合手握时的自然状态为宜。

(3) 反复训练，达标报偿。训练要讲求方法和程序，宜以讲解示范为先，符合重点突出、交代透彻的要求；边训练边作业，巡检纠正偏向；先达标、先评价、先报偿，不强求一致。多次纠正偏向，仍不能克服习惯操作、操作不标准的，应得到负报偿。

5. 生产技术与安全技术的统一

生产技术工作是通过完善生产工艺过程、完备生产设备、规范工艺操作，发挥技术的作用，保证生产顺利进行。包含了安全技术在保证生产顺利进行的全部职能和作用。两者的实施目标虽各有侧重，但工作目的完全统一在保证生产顺利进行、实现效益这一共同的基点上。生产技术、安全技术统一，体现了安全生产责任制的落实、具体落实“管生产同时管安全”的管理原则。具体表现在：

① 施工生产进行之前，考虑产品的特点、规模、质量，生产环境，自然条件等。摸清生产人员流动规律，能源供给状况，机械设备的配置条件，需要的临时设施规模，以及物料供应、储放、运输等条件。完成生产因素的合理匹配计算，完成施工设计和现场布置。

施工设计和现场布置，经过审查、批准，即成为施工现场中生产因素流动与动态控制的唯一依据。

② 施工项目中的分部、分项工程，在施工进行之前，针对工程具体情况与生产因素的流动特点，完成作业或操作方案。这将为分部、分项工程的实施，提供具体的作业或操作规范。方案完成后，为使操作人员充分理解方案的全部内容，减少实际操作中的失误，避免操作时的事故伤害，要把方案的设计思想、内容与要求，向作业人员进行充分的交底。

交底既是安全知识教育的过程，同时也确定了安全技能训练的时机和目标。

③ 从控制人的不安全行为、物的不安全状态，预防伤害事故，保证生产工艺过程顺利实施去认识，生产技术工作中应纳入如下的安全管理职责：进行安全知识、安全技能的教育，规范人的行为，使操作者获得完善的、自动化的操作行为，减少操作中的人为失误；参加安全检查和事故调查，从中充分了解生产过程中物的不安全状态存在的环节和部位、发生与发展、危害性质与程度。摸索控制物的不安全状态的规律和方法。提高对物的不安全状态的控制能力；严把设备、设施用前验收关，不让有危险状态的设备、设施盲目投入运行，预防人、机运动轨迹交叉而发生的伤害事故。

6. 正确对待事故的调查与处理

事故是违背人们意愿，且又不希望发生的事件。一旦发生事故，不能以违背人们意愿为理由，予以否定。关键在于对事故的发生要有正确认识，并用严肃、认真、科学、积极的态度，处理好已发生的事故，尽量减少损失。采取有效措施，避免同类事故重复发生。

① 发生事故后，以严肃、科学的态度去认识事故、实事求是地按照规定、要求报告。不隐瞒、不虚报，不避重就轻是对待事故科学、严肃态度的表现。

② 积极抢救负伤人员的同时，保护好事故现场，以利于调查清楚事故原因，从事故中找到生产因素控制的差距。

③ 分析事故，弄清发生过程，找出造成事故的人、物、环境状态方面的原因。分清造成事故的安全责任，总结生产因素管理方面的教训。

④ 以事故为例，召开事故分析会进行安全教育。让所有生产部位、过程中的操作人员，从事故中看到危害，激励他们的安全生产动机，从而在操作中自觉地实行安全行为，主动地消除物的不安全状态。

⑤ 采取预防类似事故重复发生的措施，并组织彻底的整改；使采取的预防措施，完全落实。经过验收，证明危险因素已完全消除时，再恢复施工作业。

⑥ 未造成伤害的事故，习惯上称为未遂事故。未遂事故就是已发生的，违背人们意愿的事件，只是未造成人员伤害或经济损失。然而其危险后果是隐藏在人们心理上的严重创伤，其影响作用时间更长久。

未遂事故同样暴露安全管理的缺陷、生产因素状态控制的薄弱。因此，未遂事故要如同已经发生的事故一样对待，调查、分析、处理妥当。

**三、环境保护措施**

（1）粉尘控制措施

① 设专人清运现场建筑垃圾，清扫前应洒水润湿后再将垃圾铲入特制加盖的斗车内，集中运至地面后及时处理，防止扬尘。

② 总平面范围内及工地周边场地派人每天2～3次巡视、清扫。

③ 松散颗粒材料砌筑砖墙围挡堆放，表面用竹席遮盖防止刮风粉尘弥漫，影响环境卫生。

（2）废气控制措施

① 沥青材料生产应做好废气处理。

② 加强对职工的卫生知识教育，并形成制度。搞好临时住所的卫生，定期打药消毒。职工宿舍要求做到主气流通，生活用品摆放整齐。

（3）污水处理措施　施工产生的污水必须经沉淀后方可排入下水道。

（4）噪声控制措施

① 结合施工现场平面特点，尽量将施工机具和加工房设在远离生活区和办公区的地方，减少噪声影响。

② 施工中尽量减轻扰民噪声，严格控制机械和人为噪声，夜间施工尽量采取降低噪声措施。

（5）弃土弃料在指定位置堆放，并堆放整齐，必要时进行植被保护和采取措施以防水土流失造成环境和农田污染。

（6）临时工程用地在征用完土地后进行恢复，达到与出租人签订的合同要求并让出租人满意。

（7）工程完工后，清除所有占用场地的杂物。施工遗留的材料或弃料应清除。对噪声较大的机械设备的安放，尽量远离人口密集区。

（8）材料运输时，自卸汽车车厢应完整、密封以免掉落。运输过程中，为防尘土扬起，配备一定数量的洒水车，经常洒水，保护周围居民的生活环境。

（9）沥青拌和站的安设位置选在离居民点或其他环境敏感区较远的地方，并设在常年主风的下方。

（10）遵守国家的有关法规，按要求做好环境保护工作。

## 本章小结

路面施工前的准备工作是施工正式开始时的一项重要工作，决定施工工作能否顺利按质按量完成。新工艺新技术的采用，使得准备工作尤为重要。

1. 组织机构的成立、技术工作的开展、设备材料的检修检验，为施工工作的开展打好基础。

2. 路面机械根据其结构、性能、用途可以有多种分类方法。如果根据路面结构层，按照机械用途，路面机械可分成面层施工机械、基层施工机械、沥青材料加工处理设备、石材集料加工处理设备等。

3. 路面施工阶段的测量放样工作包括恢复中线、放样高程和测量边线。施工前，首先应进行路槽放样。路槽放样包括两方面的内容：中线施工控制桩恢复放样和中平测量；路槽横坡放样。除面层外，各结构层横坡按直线形式进行放样。

4. 高等级公路或其他等级公路在缺乏施工经验或初次使用重大设备时，应铺筑试验段。

5. 为确保工程顺利施工，必须树立安全管理的观念，必须做好安全管理；环境的保护意识越来越被人们所重视，也是文明施工的一个体现。

## 课后训练

1. 路面施工准备工作包括哪些内容？
2. 常见路面施工机械有哪些？稳定土厂拌设备的技术特点是什么？
3. 路面施工放样的内容有哪些？路拱放样有哪些分类？
4. 如何保障安全施工？
5. 常采用的环保措施有哪些？

# 第三章　基层和垫层施工

**知识目标**

1. 了解基层与底基层的定义，了解垫层的作用；
2. 了解沥青路面结构基层应具备的基本特性；
3. 熟悉无机结合料稳定类结构层的分类、特性；
4. 熟悉砂石类结构层的分类、特性；
5. 掌握水泥稳定类结构层的适用性、施工工艺流程；
6. 掌握水泥稳定类结构层的施工技术要点；
7. 掌握石灰稳定类结构层的适用性、施工工艺流程；
8. 掌握石灰稳定类结构层的施工技术要点；
9. 掌握石灰工业废渣类结构层的适用性、施工工艺流程；
10. 掌握石灰工业废渣类结构层的施工技术要点；
11. 掌握级配碎（砾）石结构层的适用性、施工工艺流程；
12. 掌握级配碎（砾）石结构层的施工技术要点；
13. 掌握填隙碎石结构层的施工流程与施工技术要点。

**技能目标**

1. 能在施工中对结构层各质量环节进行控制；
2. 能按施工规程规定的检测项目和检测方法对结构层施工质量进行检测；
3. 能及时发现常见的问题．分析原因并采取相应的处理措施；
4. 能完成第六章中写本章内容相应的检测实训任务。

## 第一节　常用的路面基层和垫层结构

直接位于沥青面层下，用高质量材料铺筑的主要承重层或直接位于水泥混凝土面板下、用高质量材料铺筑的层次称为基层，基层可以是一层或两层，可以是一种或两种材料。

在沥青路面基层下、用质量较次材料铺筑的次要承重层或在水泥混凝土路面基层下、用质量较次材料铺筑的辅助层称为底基层。底基层可以是一层或两层以上，可以是一种或两种材料。

垫层是介于土基与基层之间的结构层次，它的功能是改善土基的湿度和温度状况，以保证面层和基层的强度、刚度和稳定性不受土基水温状况变化所造成的不良影响，另一方面将基层传下的车辆荷载应力加以扩散，以减小土基所产生的应力和变形。

实践证明，无论是对于沥青路面还是水泥混凝土路面，影响其使用性能和使用寿命的最关键因素是基层的材料和质量。新建高速公路和其他公路产生的一些早期破坏常与基层质量不好有关。

我国路面所用的基层材料已走向规格化和定型化，同时路面基层的设计施工也更具有科学性。作为沥青路面和水泥混凝土路面的基层材料，还应该具有以下几个特点：

① 在路面使用过程中比较稳定，形变在允许范围内。从这点出发，应该采用密实类型的材料，比如各种稳定类材料、级配碎石、级配砾石和填隙碎石，而不宜采用多空隙的材料，比如“干压碎石”及手摆片石等。

② 材料的透水性小、孔隙率小，从而在材料层内所能积存的自由水也少，以保护基层本身、底基层以及土基的强度稳定。

③ 基层和底基层都应适应机械化施工。

我国公路路面符合上述要求的基层材料可分为三大类：

① 柔性基层材料，包括级配类集料、嵌锁类集料、沥青碎石混合料、沥青贯入式等；

② 半刚性基层材料，主要是各类无机结合料稳定类材料；

③ 刚性基层材料，指水泥混凝土、强度高的贫水泥混凝土、碾压式水泥混凝土等。

其中沥青碎石混合料和沥青贯入式碎石做基层时，技术要求、施工方法、质量管理参见本书沥青路面施工部分，贫水泥混凝土施工参看《水泥混凝土路面滑模施工技术规程》，本章不再赘述。

修筑垫层的材料，强度要求不一定高，但水稳定性和隔温性能要好。常用的垫层材料分为两类：一类是松散粒料，如砂、砾石等透水性垫层；另一类是用水泥或石灰稳定土等修筑的稳定类垫层。

本章主要介绍半刚性材料和砂石类材料结构层的施工工艺。

### 一、半刚性结构层

1. 半刚性结构层的分类与基本特性

在集料或粉碎的（或原来松散的）土中掺入一定量的无机结合料（包括水泥、石灰或粉煤灰等）和水，经拌和得到的混合料经压实与养生后，其抗压强度符合规定的要求时，称为无机结合料稳定类材料，以此修筑的路面结构层称为无机结合料稳定类材料结构层。

无机结合料稳定类材料结构层的刚度介于柔性路面材料（如沥青类路面材料、砂石类路面材料）和刚性路面材料（如水泥混凝土）之间。因此，采用无机结合料稳定集料或土类材料铺筑的基层称为半刚性基层，以此修筑的底基层称为半刚性底基层。

（1）半刚性结构层的分类

① 根据所稳定的材料类型分类　根据无机结合料所稳定的材料类型分为两大类。

a. 无机结合料稳定集料　无机结合料稳定集料中的集料包括级配碎石、未筛分碎石、级配砂砾、天然砂砾等。

b. 无机结合料稳定土　无机结合料稳定土中所用的土，按照土中单个颗粒（指碎石、砾石和砂颗粒）的粒径大小和组成，将其分为下列三种：细粒土、中粒土、粗粒土。

② 根据无机胶结材料的种类分类　按无机胶结材料的种类可分为以下三大类：水泥稳定类材料、石灰稳定类材料、石灰工业废渣稳定类材料。

（2）半刚性结构层的基本特性　半刚性结构层具有强度随龄期的增长而不断提高、稳定性好、结构本身自成板体、抗冻性能较好等特点，但其容易产生干缩和温缩裂缝。

半刚性基层、底基层应具有足够的强度和稳定性、较小的收缩（温缩及干缩）变形和较强的抗冲刷能力，在中冰冻、重冰冻区应检验其抗冻性。

半刚性基层产生的收缩裂缝会反射到沥青面层上，导致沥青面层开裂，应当采取措施予以防治。

2. 水泥稳定类结构层

水泥稳定类材料的强度主要由硬凝反应、离子交换作用、碳酸化作用、化学激发作用四个方面的化学与物理作用形成。其早期强度主要由硬凝反应、离子交换作用形成，后期强度主要由碳酸化作用、化学激发作用形成。影响水泥稳定类结构层强度的因素主要包括土质（集料）、水泥的品种和剂量、含水率、施工工艺过程等。

3. 石灰稳定类结构层

石灰适宜于稳定各类土。石灰稳定土的强度主要由离子交换作用、结晶作用、碳酸化作用和火山灰作用（化学激发作用）四个方面的物理与化学作用形成。其早期强度主要由离子交换作用、结晶作用形成，后期强度主要由碳酸化作用、化学激发作用形成。影响石灰稳定类结构层强度的因素主要包括土质、石灰质量、石灰剂量、含水率、压实度、龄期、养生条件等。

石灰稳定类材料的收缩裂缝较多、抗冲刷能力较差。

4. 二灰稳定类结构层

二灰（石灰、粉煤灰）稳定类材料的强度主要由离子交换作用、结晶作用、化学激发作用、碳酸化作用四个方面的物理与化学作用形成。其早期强度主要由离子交换作用、结晶作用形成，后期强度主要由化学激发作用、碳酸化作用形成。影响二灰稳定类材料强度的主要因素有石灰质量与用量，粉煤灰质量与用量，土质（集料）质量、含水率、工艺过程和养生条件等。

**二、砂石类结构层**

砂石类结构层是用粗、细碎石或砾石、砂、黏土（或不含黏土）按照级配原则或嵌挤原则铺筑而成的结构层。

级配型的碎石或砾石结构层包括级配碎石，级配砾石，级配碎砾石（碎石和砂砾的混合料，也常将砾石中的超尺寸颗粒砸碎后与砂砾一起组成碎砾石）以及符合级配，塑性指数等技术要求的天然砂砾（或称级配砂砾）等。

几种粒径不同的碎石和石屑各占一定比例的混合料，当其颗粒组成符合规定的密实级配要求时，称为级配碎石。级配碎石结构分为骨架密实型和连续级配型两种。

粗、细砾石集料和砂各占一定比例的混合料，当其颗粒组成符合规定的密实级配要求时，称为级配砾石。

嵌锁型的碎石结构层包括填隙碎石、泥结碎石、泥灰结碎石等。泥结碎石、泥灰结碎石目前已很少使用。

用单一尺寸的粗碎石做主骨料，形成嵌锁作用，用石屑填满碎石间的空隙，增加密实度和稳定性，这种结构称为填隙碎石。

碎石、砾石类结构层既可做面层，也可做基层或底基层。由于碎石、砾石类结构层的平整度较差，晴天易扬尘，雨天易泥泞，它只适用于四级公路的面层。

碎石、砾石类结构层做面层时通常称之为砂石类路面；做基层、底基层时亦属于柔性基层、底基层。

## 第二节　水泥稳定类结构层施工

**一、概述**

① 水泥稳定集料类材料适用于各级公路的基层和底基层，水泥稳定细粒土用于各级公路的底基层以及三、四级公路的基层。

② 高速公路、一级公路的基层或上基层宜选用骨架密实型混合料。二级及二级以下公路的基层和各级公路的底基层可采用悬浮密实型混合料。均匀密实型混合料适用于高速公

路、一级公路的底基层，二级及二级以下公路的基层。骨架空隙型混合料具有较高的空隙率，适用于需要考虑路面内部排水要求的基层。

③ 半刚性基层混合料配合比设计按无侧限抗压强度试验方法确定满足设计要求的配合比。

④ 水泥稳定类材料的压实度、7 天龄期无侧限抗压强度代表值应符合表 3-1 规定范围的要求，且不宜超过高限。混合料试件成型宜采用振动成型方法。缺乏试验条件时对悬浮密实和均匀密实型混合料可采用静压成型方法。

**表 3-1　水泥稳定类材料的压实度及 7 天无侧限抗压强度**

| 层位 | 类别 | 特重交通 | | 重、中交通 | | 轻交通 | |
|---|---|---|---|---|---|---|---|
| | | 压实度/% | 抗压强度/MPa | 压实度/% | 抗压强度/MPa | 压实度/% | 抗压强度/MPa |
| 基层 | 集料 | ≥98 | 3.5～4.5 | ≥98 | 3～4 | ≥97 | 2.5～3.5 |
| | 细粒土 | — | — | — | — | ≥96 | |
| 底基层 | 集料 | ≥97 | ≥2.5 | ≥97 | ≥2.0 | ≥96 | ≥1.5 |
| | 细粒土 | ≥96 | | ≥96 | | ≥95 | |

⑤ 水泥稳定集料的水泥剂量一般为 3%～5.5%。水泥稳定中粒土和粗粒土的水泥剂量不宜超过 6%。必要时应首先改善集料的级配，然后用水泥稳定。在只能使用水泥稳定细粒土做基层或水泥稳定集料的强度要求明显大于规定时，水泥剂量不受此限制。

⑥ 水泥稳定类结构层宜在春末和气温较高季节组织施工。施工期的日最低气温应在 5℃以上，在有冰冻的地区，应在第一次重冰冻（－3～－5℃）到来之前半个月到一个月完成。

⑦ 在雨季施工水泥稳定类结构层，特别是水泥土结构层时，应特别注意气候变化，切勿使水泥和混合料遭受雨淋。降雨时应停止施工，但已经摊铺的水泥混合料应尽快碾压密实。路拌法施工时，应采取措施排除下承层表面的水，切勿使运到路上的集料过于潮湿。

⑧ 水泥稳定类结构层施工时，应遵循以下基本规定：

a. 土块尽可能粉碎，土块最大尺寸不应大于 15mm；

b. 配料应准确；

c. 路拌法施工时水泥应摊铺均匀；

d. 洒水、拌和应均匀；

e. 应严格控制基层厚度和高程，路拱横坡与面层一致；

f. 应在混合料处于最佳含水率或略大于最佳含水率（气候炎热干燥时，基层混合料可大于最佳含水率 1%～2%）时进行碾压，直至达到要求的压实度。

⑨ 水泥稳定类混合料碾压时，压实机械与压实厚度应遵循以下规定：

a. 水泥稳定类结构层应采用 12t 以上的压路机进行碾压；

b. 采用 12～15t 三轮压路机碾压时，每层的压实厚度不应超过 15cm；

c. 用 18～20t 三轮压路机和振动压路机碾压时，每层的压实厚度不应超过 20cm；

d. 对于水泥稳定中粒土和粗粒土，采用能量大的振动压路机碾压时，或对于水泥稳定细粒土，采用振动羊足碾与三轮压路机配合碾压时，每层的压实厚度可以根据试验适当增加；

e. 压实厚度超过上述规定时，应分层铺筑，每层的最小压实厚度为 10cm，下层宜稍厚；

f. 对于稳定细粒土 以及用摊铺机摊铺的混合料，都应采用先轻型、后重型压路机碾压。

## 二、水泥稳定类结构层施工原材料选择

1. 水泥稳定类结构层使用的水泥

水泥稳定类结构层使用的水泥应符合国家技术标准的要求。普通硅酸盐水泥、矿渣硅酸盐水泥和火山灰质硅酸盐水泥都可用于稳定集料和土。应选用初凝时间大于 4h，终凝时间在 6h 以上的水泥，不应使用快硬水泥、早强水泥以及已受潮变质的水泥。宜采用 32.5 级或 42.5 级的水泥。

2. 水泥稳定类结构层使用的集料

水泥稳定集料基层、底基层集料的压碎值，对于高速公路、一级公路不大于 30%，二级及二级以下公路不大于 35%。

悬浮密实型水泥稳定类基层集料的最大粒径不大于 31.5mm，底基层集料的最大粒径不大于 37.5mm；骨架密实型水泥稳定类基层集料的最大粒径不大于 31.5mm。悬浮密实型集料的级配范围宜符合表 3-2 的要求；骨架密实型集料的级配范围宜符合表 3-3 的要求。

**表 3-2 悬浮密实型水泥稳定类集料级配**

| 层位 | 通过下列方筛孔质量分数/% | | | | | | | |
|---|---|---|---|---|---|---|---|---|
| | 37.5mm | 31.5mm | 19.0mm | 9.50mm | 4.75mm | 2.36mm | 0.6mm | 0.075mm |
| 基层 | | 100 | 90～100 | 60～80 | 29～49 | 15～32 | 6～20 | 0～5 |
| 底基层 | 100 | 93～100 | 75～90 | 50～70 | 29～50 | 15～35 | 6～20 | 0～5 |

**表 3-3 骨架密实型水泥稳定类集料级配**

| 层位 | 通过下列方筛孔质量分数/% | | | | | | |
|---|---|---|---|---|---|---|---|
| | 31.5mm | 19.0mm | 9.8mm | 4.75mm | 2.36mm | 0.6mm | 0.075mm |
| 基层 | 100 | 68～86 | 38～58 | 22～32 | 16～28 | 8～15 | 0～3 |

3. 水泥稳定类结构层使用的土

对于二级和二级以下的公路，水泥稳定土所用的粗粒土、中粒土、细粒土应满足如下要求：

① 水泥稳定土用作底基层时，单个颗粒的最大粒径不应超过 53mm（指方孔筛，如为圆孔筛，则最大粒径可为所列数值的 1.2～1.25 倍，下同），水泥稳定土的颗粒组成应在表 3-4 所列范围内，土的均匀系数应大于 5。细粒土的液限不应超过 40%，塑性指数不应超过 17。对于中粒土和粗粒土，如土中小于 0.6mm 的颗粒含量在 30%以下，塑性指数可稍大。

实际工作中，宜选用均匀系数大于 10、塑性指数小于 12 的土。塑性指数大于 17 的土，宜采用石灰稳定，或用水泥和石灰综合稳定。

**表 3-4 用作底基层时水泥稳定土的颗粒组成范围**

| 筛孔尺寸/mm | 53 | 4.75 | 0.6 | 0.075 | 0.002 |
|---|---|---|---|---|---|
| 通过质量分数/% | 100 | 50～100 | 17～100 | 0～50 | 0～30 |

② 水泥稳定土用作基层时，单个颗粒的最大粒径不应超过 37.5mm。水泥稳定土的颗粒组成应在表 3-5 范围内。集料中不宜含有塑性指数的土。对于二级公路宜按接近级配范围的下限组配混合料或采用表 3-6 中的 2 号级配。

表 3-5 用作基层时水泥稳定土的颗粒组成范围

| 筛孔尺寸/mm | 通过质量分数/% | 筛孔尺寸/mm | 通过质量分数/% |
|---|---|---|---|
| 37.5 | 90～100 | 2.36 | 20～70 |
| 26.5 | 66～100 | 1.18 | 14～57 |
| 19 | 54～100 | 0.6 | 8～47 |
| 9.5 | 39～100 | 0.075 | 0～30 |
| 4.75 | 28～84 | | |

③ 级配碎石、未筛分碎石、砂砾、碎石土、砂砾土、煤矸石和各种粒状矿渣均适宜用水泥稳定。碎石包括岩石碎石、矿渣碎石、破碎砾石等。

对于高速公路和一级公路，水泥稳定土所用的粗粒土和中粒土应满足如下要求：

① 水泥稳定土用作底基层时，单个颗粒的最大粒径不应超过 37.5mm。水泥稳定土的颗粒组成应在表 3-6 所列 1 号级配范围内，土的均匀系数应大于 5。细粒土的液限不应超过 40%，塑性指数不应超过 17。对于中粒土和粗粒土，如土中小于 0.6mm 的颗粒含量在 30%以下，塑性指数可稍大。

实际工作中，宜选用均匀系数大于 10、塑性指数小于 12 的土。塑性指数大于 17 的土，宜采用石灰稳定，或用水泥和石灰综合稳定。对于中粒土和粗粒土，宜采用表 3-6 中 2 号级配，但小于 0.075mm 的颗粒含量和塑性指数可不受限制。

② 水泥稳定土用作基层时，单个颗粒的最大粒径不应超过 31.5mm。水泥稳定土的颗粒组成应在表 3-6 所列 3 号级配范围内。

表 3-6 水泥稳定土的颗粒组成范围

| 项目 | | 编号 / 通过质量分数/% 1 | 2 | 3 |
|---|---|---|---|---|
| 筛孔尺寸/mm | 37.5 | 100 | 100 | — |
| | 31.5 | — | 90～100 | 100 |
| | 26.5 | — | — | 90～100 |
| | 19 | — | 67～90 | 72～89 |
| | 9.5 | — | 45～68 | 47～67 |
| | 4.75 | 50～100 | 29～50 | 29～49 |
| | 2.36 | — | 18～38 | 17～35 |
| | 0.6 | 17～100 | 8～22 | 8～22 |
| | 0.075 | 0～30 | 0～7 | 0～7 |
| 液限/% | | — | — | <28 |
| 塑性指数 | | — | — | <9 |

水泥稳定土中碎石或砾石的压碎值应符合现行《公路路面基层施工技术规范》（JTJ 034—2000）规定的要求。有机质含量超过 2%的土，必须先用石灰进行处理，闷料一夜后再用水泥稳定。硫酸盐含量超过 0.25%的土，不应用水泥稳定。综合稳定土中用的石灰应是消石灰粉或生石灰粉。

4. 水泥稳定类结构层使用的水

凡是饮用水（含牲畜饮用水）均可用于水泥稳定类结构层施工。

5. 施工过程中对原材料的检查与要求

水泥稳定类结构层施工前，应取所定料场中有代表性的材料试样按现行《公路工程集料试验规程》(JTG E42—2005)、《公路土工试验规程》(JTG E40—2007）等试验规程进行以下试验：集料或土的级配组成；土的液限和塑性指数；原材料相对密度；混合料击实试验；碎石或砾石的压碎值；土中有机质含量及硫酸盐含量（必要时做）；水泥的强度等级和终凝时间等。

施工过程中，可参照表 3-7 的所列检查项目与频度，对各种原材料进行抽样试验，质量应符合现行施工技术规范规定的技术要求，每个检查项目的平行试验次数或一次试验的试样数必须按相关试验规程的规定进行，并以平均值评价是否合格。

**表 3-7　施工过程中材料质量检查项目与频度**

| 材料 | 检查项目 | 检查频度 | | 试验方法或试验规程 | 试验规程规定的平行试验数或一次试验的试样数 |
|---|---|---|---|---|---|
| | | 高速、一级公路 | 其他等级公路 | | |
| 集料 | 含水率 | 必要时 | 必要时 | T0305 烘干法、T0306 酒精燃烧法 | 每天使用前 2 个样品 |
| | 颗粒分析 | 随时 | 随时 | T0302、T0303 筛分法 | 每天使用前 2 个样品，使用过程中每 2000m³ 2 个样品 |
| | 液限、塑限 | 必要时 | 必要时 | T0118 液塑限联合测定法、T0119 滚搓法 | 每天使用前 2 个样品，使用过程中每 2000m³ 2 个样品 |
| | 相对毛体积密度、吸水率 | 必要时 | 必要时 | T0304 网篮法、T0308 容量瓶法、T0330 坍落筒法 | 每天使用前 2 个样品，砂砾使用过程中每 2000m³ 2 个样品，碎石种类变化重做 2 个样品 |
| | 压碎值 | 必要时 | 必要时 | T0316 | 每天使用前 2 个样品，砂砾使用过程中每 2000m³ 2 个样品，碎石种类变化重做 2 个样品 |
| 水泥 | 水泥等级强度 | 随时 | 随时 | T0506　ISO 法 | 材料组成设计时 1 个样品，料源或等级有变化时重测 |
| | 水泥终凝时间 | 随时 | 随时 | T0505 | 材料组成设计时 1 个样品，料源或等级有变化时重测 |
| 土 | 含水率 | 必要时 | 必要时 | T0305 烘干法、T0306 酒精燃烧法 | 每天使用前 2 个样品 |
| | 液限、塑限 | 随时 | 随时 | T0118 液塑限联合测定法、T0119 滚搓法 | 每天使用前 2 个样品，使用过程中每 2000m³ 2 个样品 |
| | 有机质和硫酸盐含量 | 对土有怀疑时 | 对土有怀疑时 | T0151、T0158 等 | 2 个样品 |

## 三、水泥稳定类结构层施工的工艺流程

水泥稳定类结构层施工的方法主要分为路拌法施工和中心站（厂）集中厂拌法施工两种。用作高速公路、一级公路底基层和二级及二级以下公路基层的水泥稳定类结构层一般采用路拌法施工；用作高速公路、一级公路基层的水泥稳定集料一般采用厂拌法施工。

1. 路拌法施工的工艺流程

路拌法施工的工艺流程通常按图 3-1 的顺序进行。

2. 厂拌法施工的工艺流程

厂拌法施工的工艺流程通常按图 3-2 的顺序进行（以水泥稳定碎石为例）。

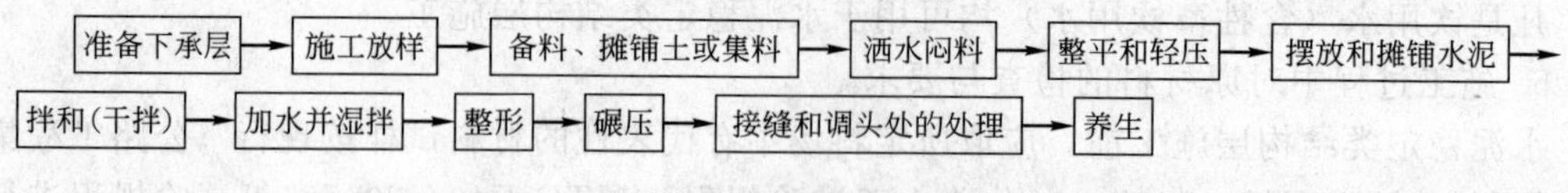


图 3-1　路拌法水泥稳定土施工工艺流程

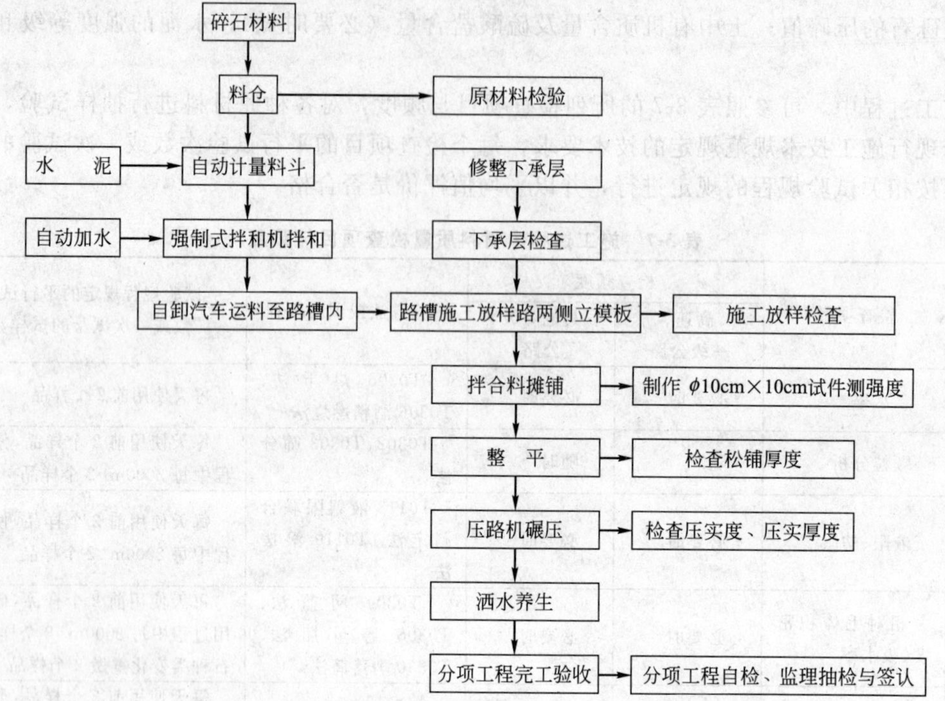


图 3-2　厂拌法水泥稳定集料施工工艺流程

## 四、水泥稳定类结构层施工技术要点

1. 路拌法施工技术要点

(1) 准备下承层

① 下承层表面应平整、坚实，具有规定的路拱。下承层的平整度和压实度应符合检查验收规定要求。

② 当水泥稳定土做基层时，要准备底基层；做老路面的加强层时，要准备老路面；做底基层时，要准备土基。所有准备工作均应达到相应的规定要求。

③ 对槽式断面的路段，两侧路肩上每隔一定距离（约 5～10m）交错开挖泄水沟（或做盲沟）。

(2) 施工放样

① 在底基层或老路面或土基上恢复中线，直线段每 15～20m 设一桩，平曲线段每 10～15m 设一桩，并在两侧路肩边缘外设指示桩。

② 在两侧指示桩上用明显标记标出水泥稳定类结构层边缘的设计高。

(3) 备料　根据实际需要利用老路面或土基上部材料，也可以利用料场的土或集料。

① 利用老路面或土基上部材料

a. 清除干净老路面或土基表面的石块等杂物。

b. 每隔 10～20m 挖一小洞，使洞底高程与预定的水泥稳定土层的底面高程相同，并在洞底做一标记，以控制翻松及粉碎的深度。

c. 用犁、松土机或装有强固齿的平地机或推土机将老路面或土基的上部翻松到预定的深度，土块应粉碎并达到要求。

d. 应经常用犁将土向路中心翻松，使预定处置层的边部成一个垂直面，防止处治宽度超过规定。

e. 用专用机械粉碎黏性土。当无专用机械时，也可用旋转耕作机、圆盘耙粉碎塑性指数不大的土。

② 利用料场的土（包括细、中、粗粒土）或集料

a. 在采集土之前，应先将树木、草皮、树根和杂土清除干净。

b. 筛除土中超尺寸的颗粒。

c. 应在预定的深度范围内采集土，不应分层采集，不应将不合格的土采集到一起。

d. 对于塑性指数大于 12 的黏性土，可视土质和机械性能确定土是否需要过筛。

③ 计算材料用量　根据各路段水泥稳定类结构层的宽度、厚度及预定的干密度，计算各路段需要的干燥土或集料的数量。

根据料场土或集料的含水率和所用运料车辆的吨位，计算每车料的堆放距离。

根据水泥稳定类结构层的厚度和预定的干密度及水泥剂量，计算每平方米（$m^2$）水泥稳定类结构层需要的水泥用量，并计算每袋水泥的摊铺面积。

根据水泥稳定类结构层的宽度，确定摆放水泥的行数，计算每行水泥的横向间距。

根据每包水泥的摊铺面积和每行水泥的间距，计算每袋水泥的纵向间距。

④ 土或集料的运输与堆放

a. 在预定堆料的下承层上，在堆料前应先洒水湿润表面，但不应过分潮湿而造成泥泞。

b. 土或集料装车时，应控制每车料的数量基本相等。

c. 在同一料场供料的路段内，由远到近将料按上述计算距离卸置于下承层表面的中间或上侧。卸料距离应严格掌握，避免有的路段料不够或过多。

d. 料堆每隔一定距离应留一缺口。

e. 土在下承层上的堆置时间不宜过长，运送土只宜比摊铺土工序提前 1～2 天。

f. 当路肩用料与稳定土层用料不同时，应采取培肩措施，先将两侧路肩培好。路肩料层的压实厚度应与稳定土层的压实厚度相同。在路肩上，每隔 5～10m 应交错开挖临时泄水沟。

（4）摊铺土或集料　摊铺土或集料前应先通过试验确定土或集料的松铺系数。松铺系数是指材料的松铺厚度达到规定压实度的压实厚度之比值，亦即材料达到规定压实度的干密度与松铺材料干密度的比值。人工摊铺混合料时，其松铺系数可参照表 3-8 选用。

**表 3-8　混合料松铺系数参考表**

| 材料名称 | 松铺系数 | 备　注 |
| --- | --- | --- |
| 水泥稳定砂砾 | 1.30～1.35 | |
| 水泥土 | 1.53～1.58 | 现场人工摊铺土和水泥，机械拌和，人工整平 |

土或集料的松铺厚度＝压实厚度×松铺系数。摊铺土或集料应在摊铺水泥的前一天进行，摊料过程中应将土块、超尺寸颗粒及其他杂物拣出，如土中有较多土块，应进行粉碎；摊铺长度按日进度的需要量控制，满足次日完成掺加水泥、拌和、碾压成型即可。应将土或集料均匀摊铺在预定的宽度上，表面应力求平整，并有规定的路拱。完成摊料后应检验松铺层的厚度，应符合预计要求。

雨季施工，如第二天有雨，不宜提前摊铺土。除洒水车外，严禁其他车辆在土层上通行。

(5) 洒水闷料　对于水泥稳定土所使用的土（含粉碎的老路面），如含水量过小，应在土层上洒水闷料。预湿过程中，应使土的含水率约为最佳含水率的70%。

洒水应均匀，防止出现局部水分过多或水分不足现象，并严禁洒水车在洒水段内停留和掉头。细粒土应经一夜闷料，中粒土、粗粒土视其中细土含量的多少，可缩短闷料时间。如为综合稳定土，应先将石灰与土拌和后一起闷料。

如果隔天预湿素土可能遭受夜雨而变得过分潮湿，则可考虑在当天清晨进行预湿工作。

洒水闷料的主要作用有：①在撒铺水泥时，大部分需要的水量已经加到土里，撒铺水泥后的拌和可以减少很多洒水工作量；②预湿土（特别是中、粗粒土）可以使拌和时水泥与土颗粒迅速黏结，不至于漏到处置层的底部；③实践证明，经过预湿的土（包括中、粗粒土），更容易压实。

(6) 整平和轻压　对人工摊铺的土层整平后，再用6～8t两轮压路机碾压1～2遍，使土表面平整并有一定的压实度。

(7) 摆放和摊铺水泥　按“备料”中所述方法计算出的每袋水泥的纵横间距，在土或集料层上安放好标记。大的施工工地，有条件时可用散装水泥撒布车撒铺水泥，效果比人工摊铺水泥要好。

① 将水泥当日直接运送到摊铺路段，卸于做标记的地点，并检查有无遗漏或多余。运水泥的车应有防雨设备。

② 用刮板将水泥均匀摊开，并注意使每袋水泥的摊铺面积相等。水泥铺完后，表面应无空白，也无水泥过分集中情况。

如果预湿的土被水泥撒布机械压实了，应该在水泥撒布完毕后，立即耙松被压实的土，并开始拌和，通常可以采用平地机的齿耙松土。

(8) 拌和（干拌）　这里所谓的干拌，实际上是拌和“洒水闷料”过程中已经预湿的土和水泥，并不是真正意义上的“干”。拌和的目的是使水泥分布到土中。

① 对二级及二级以上公路，应采用专用稳定土拌和机进行拌和，并设专人跟随拌和机，随时检查拌和深度、配合拌和机操作员调整拌和深度。

拌和深度应达到稳定层底并宜侵入下承层5～10mm，以利于上下层黏结。严禁在拌和层底部留有素土夹层。通常应拌和2遍以上，在最后一遍拌和之前，必要时可先用多铧犁紧贴底面翻拌1遍。直接铺在土基上的拌和层也应避免素土夹层。

② 对于三、四级公路，在没有专用拌和机械的情况下，可用农用旋转耕作机与多铧犁或平地机相配合进行拌和，但应注意拌和效果，拌和时间不能过长。

先用平地机或多铧犁（四铧犁或五铧犁）将铺好水泥的土翻拌2遍，使水泥分布到土中，但不应翻犁到底，防止水泥落到底部。第一遍由路中心开始，将混合料向中间翻，机械应慢速前进；第二遍应相反，从两边开始，将混合料向外侧翻。

接着用旋转耕作机拌和2遍，再用多铧犁或平地机将底部料翻起。随时检查调整翻犁的深度，使稳定土层全部翻透。严禁在稳定土层与下承层之间残留素土夹层，也应防止翻犁过深或过多破坏下承层的表面，通常应翻犁2遍。接着，再用旋转耕作机拌和2遍，用多铧犁或平地机再翻犁2遍。

③ 对于三、四级公路，在没有专用拌和机械的情况下，也可以用缺口圆盘耙与多铧犁或平地机相配合，拌和水泥稳定细粒土和中粒土，但应注意拌和效果，拌和时间不可过长。

用平地机或多铧犁在前面翻拌，用圆盘耙跟在后面拌和。圆盘耙的速度应尽量快，使水泥与土拌和均匀。应翻拌4遍，开始的2遍不应翻犁到底，以防水泥落到底部；后面的2遍应翻犁到底，随时检查调整翻犁的深度，要求同前述。

（9）加水并湿拌　在“干拌”结束时，如果混合料的含水量不足，应用喷管式洒水车补充洒水。常用的洒水车两侧仅各有一个喷嘴，喷出的水量不均匀，不适宜用于路面喷洒作业，应在后面改接一根$\phi$50mm，长约2m的横向水平钢管，管壁钻三排$\phi$4mm孔眼，改造后的洒水车利于进行喷洒作业。

① 补充洒水时，水车起洒处和另一端调头处都应超出拌和段2m以上。洒水车不应在正进行拌和以及当天计划拌和的路段上调头和停留，以防局部水量过大。

② 洒水后，应再次进行拌和，使水分在混合料中分布均匀。拌和机械应紧跟在洒水车后面进行拌和，以减少水分流失。

③ 洒水及拌和过程中，应及时检查混合料的含水率。含水率宜略大于最佳值。对于稳定粗粒土和中粒土，宜较最佳含水率大0.5%～1.0%；对于稳定细粒土，宜较最佳含水率大1%～2%。

④ 洒水拌和过程中，应配合人工拣出超尺寸颗粒，消除粗细颗粒“窝”以及局部过分潮湿或过分干燥之处。

⑤ 混合料拌和均匀后应色泽一致，没有灰条、灰团和花面，即无明显粗细集料离析现象，且水分合适和均匀。

（10）整形　混合料拌和均匀后，应立即用平地机初步整形。在直线段，平地机由两侧向路中心进行刮平；在平曲线段，平地机由内侧向外侧进行刮平。必要时，再返回刮1遍。

用拖拉机、平地机或轮胎压路机立即在初平的路段上快速碾压1遍，以暴露潜在的不平整；再用平地机如前要求进行整形，必要时用新拌的混合料进行找补，然后再用平地机整平1次。

① 对于局部低洼处，应用齿耙将其表层5cm以上耙松，并用新拌的混合料进行找平。

② 再用平地机整形1次。应将高处料直接刮出路外，不应形成薄层贴补现象。

③ 每次整形都应达到规定的坡度和路拱，并应特别注意接缝必须顺适平整。

④ 当用人工整形时，应用锹和耙先将混合料摊平，用路拱板进行初步整形。用拖拉机初压1～2遍后，根据实测的松铺系数，确定纵横断面的标高，并设置标记和挂线。利用锹耙按线整形，再用路拱板校正成型。如为水泥土，在拖拉机初压之后，可用重型框式路拱板（拖拉机牵引）进行整形。

⑤ 在整形过程中，严禁任何车辆通行，并保持无明显的粗细集料离析现象。

（11）碾压　经过拌和、整形的水泥稳定类混合料宜在水泥初凝前，并应在试验确定的延迟时间内完成碾压，并达到要求的密实度，同时没有明显的轮迹。

施工中根据路宽、压路机的轮宽和轮距的不同，制订碾压方案，应使各部分碾压到的次数尽量相同，路面的两侧应多压2～3遍。整形完成后，当混合料的含水率为最佳含水率（+1%～+2%）时，应立即用轻型压路机并配合12t以上压路机在结构层全宽内进行碾压。

① 碾压组织应遵循的基本要求

a. 直线和不设超高的平曲线段，由两侧路肩向路中心碾压。

b. 设超高的平曲线段，由内侧路肩向外侧路肩进行碾压。

c. 碾压时，应重叠1/2轮宽。后轮必须超过两段的接缝处，后轮压完路面全宽时即为1遍。一般需碾压6～8遍。

d. 头2遍碾压速度以采用1.5～1.7km/h为宜，其后宜采用2.0～2.5km/h。

e. 采用人工摊铺和整形的稳定土层，宜先用拖拉机或6～8t两轮压路机或轮胎压路机碾压 1～2 遍，然后再用重型压路机碾压。

② 碾压过程的控制

a. 严禁压路机在已完成的或正在碾压的路段上掉头或急制动，保证稳定土表层不受破坏。

b. 碾压过程中，水泥稳定土或集料的表面应始终保持湿润，如水分蒸发过快，应及时均匀补洒少量的水，但严禁洒大水碾压。

c. 碾压过程中，如有“弹簧”、松散、起皮等现象，应及时翻开重新拌和（加适量的水泥）或用其他处置方法，使其达到质量要求。

d. 在碾压结束之前，用平地机再终平 1 次，使其纵向顺适，路拱和超高符合设计要求。对局部低洼处，可不再进行找补，留待铺筑沥青面层时处理。

(12) 接缝和“调头”处的处理

① 同日施工的两工作段的衔接处，应采用搭接。前一段拌和整形后，留 5～8m 不进行碾压，后一段施工时，前段留下未压部分应再加部分水泥重新拌和，并与后一段一起碾压。

② 应注意每天最后一段末端缝（即工作缝）的处理。工作缝和“调头”处可按下述方法处理：

a. 在已碾压完成的水泥稳定土或集料层末端，沿稳定土挖一条横贯铺筑层全宽的宽约 30cm 的槽，直挖到下承层顶面。此槽应与路的中心线垂直，靠稳定土的一面应切成垂直面，并放两根与压实厚度等厚、长为全宽一半的方木紧贴其垂直面，如图 3-3 所示。

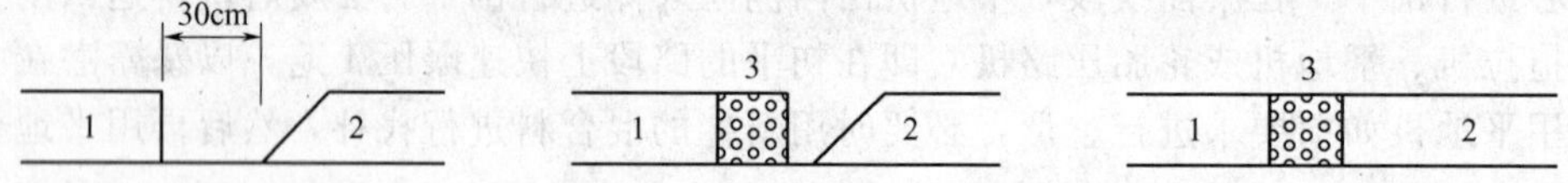


图 3-3　横向接缝处理示意图

1—已压实稳定土层；2—素土层；3—方木

b. 用原挖出的素土回填槽内其余部分。

c. 如拌和机械或其他机械必须到已压成的水泥稳定类结构层上“调头”，应采取措施保护“调头”作业段。一般可在准备用于“调头”的约 8～10m 长的稳定类结构层上，先覆盖一张厚塑料布或油毡纸，然后铺上约 10cm 厚的土、砂或砂砾。

d. 第二天，邻接作业段拌和后，除去方木，用混合料回填。靠近方木未能拌和的一小段，应人工进行补充拌和。整平时，接缝处的水泥稳定材料应较已完成断面高出约 5cm，以利形成一个平顺的接缝。

e. 整平后，用平地机将塑料布上大部分土除去（注意勿刮破塑料布），然后人工除去余下的土，并收起塑料布。

在新混合料碾压过程中，应将接缝修整平顺。

③ 纵缝的处理　水泥稳定土或集料层的施工应该避免纵向接缝，必须分两幅施工时，纵缝必须垂直相接，不应斜接。纵缝应按下述方法处理。

a. 在前一幅施工时，靠中央一侧用方木或钢模板做支撑，方木或钢模板的高度与稳定材料层的压实厚度相同；

b. 混合料拌和结束后，靠近支撑木（或板）的一部分，应人工进行补充拌和，然后整形和碾压；

c. 养生结束后，在铺筑另一幅之前，拆除支撑木（或板）；

d. 第二幅混合料拌和结束后，靠近第一幅的部分，应人工进行补充拌和，然后进行整形和碾压。

（13）养生与交通管制　水泥稳定土或集料经过拌和、压实后必须有一段养生时间，使稳定类结构层表面保持湿润，防止混合料中的水分蒸发，这是十分重要的步骤。

水泥稳定土或集料每一段碾压完成并经压实度检查合格后，应立即开始养生。养生的方法有湿砂养生、沥青乳液养生、洒水车洒水养生等方法。

在养生期间未采用覆盖措施的水泥稳定土或集料层上，除洒水车外，应进行交通管制。在采用覆盖措施的水泥稳定土或集料层上，不能封闭交通时，应限制重车通行，其他车辆的车速不应超过 30km/h。

养生期结束后，如其上层为沥青面层，应先清扫基层，并立即喷洒透层沥青。在喷洒透层沥青后，宜在上均匀撒布 5～10mm 的小碎（砾）石，用量约为全铺一层用量的 60%～70%。如喷洒的透层沥青能透入基层，且运料车辆和面层混合料摊铺机在其上行驶不会破坏沥青膜时，可以不撒小碎（砾）石。在撒小碎（砾）石的情况下，应尽早铺筑沥青面层的下面层。

在清扫干净的基层上，也可先做下封层，以防止基层干缩开裂，同时保护基层免遭施工车辆破坏。宜在铺设下封层后的 10～30 天内开始铺筑沥青面层的下面层。如为水泥混凝土面层，不宜让基层长期暴晒，以免开裂。

① 水泥稳定土底基层分层施工时，下层水泥稳定土碾压完后，在采用重型振动压路机碾压时，宜养生 7 天后铺筑上层水泥稳定土。在铺筑上层稳定土之前，应始终保持下层表面湿润，在铺筑上层稳定土时，宜在下层表面撒少量水泥或水泥浆。底基层养生 7 天后，方可铺筑基层。

水泥稳定级配碎石（或砾石）基层分两层用摊铺机铺筑时，下层分段摊铺和碾压密实后，在不采用重型振动压路机碾压时，宜立即摊铺上层，否则在下层顶面应撒少量水泥或水泥浆。

② 宜采用湿砂进行养生，砂层厚宜为 7～10cm。砂铺匀后，应立即洒水，并在整个养生期间保持砂的潮湿状态。不得用湿黏性土覆盖。养生结束后，必须将覆盖物清除干净。

③ 对于基层，也可用沥青乳液进行养生。沥青乳液的用量按 0.8～1.0kg/$m^2$（指沥青用量）选用，宜分两次喷洒。第一次喷洒沥青含量约 35% 的慢裂沥青乳液，使其能稍透入基层表层。第二次喷洒浓度较大的沥青乳液。如不能避免施工车辆在养生层上通行，应在乳液分裂后撒布 3～8mm 的小碎（砾）石，做成下封层。

④ 无上述条件时，也可用洒水车经常洒水进行养生。每天洒水的次数应视气候而定。整个养生期间应始终保持稳定土或集料层表面潮湿，必要时，用两轮压路机压实。

⑤ 对于高速公路和一级公路，基层的养生期不宜少于 7 天。对于二级和二级以下的公路，如养生期少于 7 天即铺筑沥青面层则应限制重型车辆通行。

⑥ 对于二级和二级以下公路，如基层上为水泥混凝土面板，且面板是用小型机械施工的，则基层完成后可较早铺筑混凝土面层。

2. 厂拌法施工技术要点

对于高速公路、一级公路以及在居民区修筑道路，水泥稳定土或集料混合料应当在中心站（厂）采用专用稳定土拌和机械拌制，然后再运输到施工现场进行摊铺的施工方法，以保证拌和质量和消除“素土”夹层的危险，并可减轻对施工现场的环境污染。

（1）下承层准备、施工放样　参照路拌法施工相关叙述。

（2）备料　原材料选择要求与路拌法相同。

① 各种不同材料（水泥、土、外掺剂等）及不同规格集料（碎石、砾石、石屑、砂）

应隔离，禁止混合堆放。

② 潮湿多雨地区或其他地区多雨季节施工时，应采取措施，防止集料（特别是石屑和砂等细集料）遭受雨淋。

③ 重视水泥防潮工作。

④ 土块应予以粉碎，最大尺寸不得超过 15mm。

(3) 拌和

① 当采用连续式的稳定土厂拌设备拌和时，应保证集料的最大粒径和级配符合要求。

② 在正式拌制混合料之前，必须先调试所用的设备，使混合料的颗粒组成和含水率都达到规定的要求。原集料的颗粒组成发生变化时，应重新调试设备。

③ 配料应准确，拌和应均匀。

④ 拌和出厂的混合料含水率宜略大于最佳值，使混合料运到现场摊铺后碾压时的含水率不小于最佳值；在拌和过程中应根据集料和混合料含水量的大小，及时调整加水量。

(4) 运输　将拌制好的混合料从拌和机直接卸入自卸卡车，应尽快送到铺筑现场。车上的混合料应该覆盖，减少水分损失。一般运输时间宜限制在 30min 内。

(5) 摊铺　拌和机与摊铺机的生产能力应互相匹配。对于高速公路和一级公路，摊铺机宜连续摊铺，拌和机的产量宜大于 400t/h。

① 高速公路和一级公路应采用沥青混凝土摊铺机或专用的稳定粒料摊铺机进行摊铺作业。对于其他公路，有条件时宜采用摊铺机作业，至少采用平地机进行摊铺作业。个别面积较小的路段可以采用人工摊铺。

② 最好采用两台摊铺机同时作业，两台摊铺机可以前后（相距 5～10m）错列前进；若只有一台小型摊铺机工作时，可以在两条线或几个工作道上交替摊铺，但要注意任何一条工作道都不能比邻接的工作道摊铺得太前，要保证相邻工作道上任一地点摊铺混合料间隔时间不超过 25min。摊铺均匀后立即碾压。

使用摊铺机铺筑水泥稳定土混合料，必须严格遵守操作技术规范，才能达到较好的平整度，为了得到一个平整的基层顶面，可以采取以下措施：

a. 保持整平板前的混合料的高度不变；

b. 保持螺旋分料器有 80％的时间在工作状态；

c. 减少停机/开动的次数，避免运料卡车碰撞摊铺机；

d. 一次铺筑厚度不超过 25cm，分层摊铺时，上层厚度取 10cm；

e. 工程计划要减少横向接缝；

f. 做好横向接缝，立即用直尺检验；

g. 经常检验控高钢丝和调整传感器；

h. 经常用直尺检验表面；

i. 保持摊铺机在良好工作状态运转。

③ 要特别注意避免摊铺时混合料的离析，在摊铺机后面应设专人消除粗细集料离析现象，应该铲除局部粗集料“窝”，并用新拌混合料填补。

④ 在二、三、四级公路上，没有摊铺机时，可采用摊铺箱摊铺混合料，也可以用自动平地机按以下步骤摊铺混合料：

a. 根据铺筑层的厚度和要求达到的压实干密度，计算每车混合料的摊铺面积；

b. 将混合料均匀地卸在路幅中央，路幅宽时，也可将混合料卸成两行；

c. 用平地机将混合料按松铺厚度摊铺均匀；

d. 设一个 3～5 人的小组，携带一辆装有新拌混合料的小车，跟在平地机后面，及时铲除粗集料“窝”和粗集料“带”，补以新拌的均匀混合料，或补撒拌和均匀的细混合料，并与粗集料拌和均匀。

【注意事项】

① 如拌和机的生产能力较小，在用摊铺机摊铺混合料时，应采用最低速度摊铺，减少摊铺机停机待料的情况。

② 若摊铺后平整度不好，只要粒料的最大粒径不超过37.5mm和时间不太迟，就可以用平地机轻轻刮平，丢弃刮出的废料。平地机刮平后，需用轮胎压路机将表面碾压紧密。

(6) 整形与碾压　摊铺机摊铺混合料后，宜先用轻型两轮压路机跟在摊铺机后及时进行碾压，后用重型振动压路机、三轮压路机或轮胎压路机继续碾压密实。

用平地机摊铺混合料后的整形和碾压均与路拌法相同。

(7) 接缝处理

① 横向接缝的设置要求

a. 用摊铺机摊铺混合料时，不宜中断，如因故中断时间超过2h，应设置横向接缝，摊铺机应驶离混合料末端。

b. 人工将末端含水量合适的混合料修整整齐，紧靠混合料放两根方木，方木的高度应与混合料的压实厚度相同；整平紧靠方木的混合料。

c. 方木的另一侧用砂砾或碎石回填约3m长，其高度应高出方木几厘米。

d. 将混合料碾压密实。

e. 在重新开始摊铺混合料之前，将砂砾或碎石和方木除去，并将下承层顶面清扫干净。

f. 摊铺机返回到已压实层的末端，重新开始摊铺混合料。

g. 如摊铺中断后，未按上述方法处理横向接缝，而中断时间已超过2h，则应将摊铺机附近及其下面未经压实的混合料铲除，并将已碾压密实且高程和平整度符合要求的末端挖成与路中心线垂直并垂直向下的断面，然后再摊铺新的混合料。

② 纵向接缝的设置要求　应避免纵向接缝。在不能避免纵向接缝的情况下，纵缝必须垂直相接，并符合下列规定：

a. 在前一幅摊铺时，在靠中央的一侧用方木或钢模板做支撑，方木或钢模板的高度应与稳定土层的压实厚度相同；

b. 养生结束后，在摊铺另一幅之前，拆除支撑木（或板）。

用平地机摊铺混合料时，横向接缝和纵向接缝的处理方法与路拌法相同。

(8) 养生与交通管制　与路拌法相同。

## 五、水泥稳定类结构层施工过程中的质量控制

水泥稳定类结构层在铺筑过程中必须随时对铺筑质量进行检查、评定，质量检查的内容、频度、允许偏差可参照表3-9的要求。

## 六、水泥稳定类结构层交工验收阶段质量检验

水泥稳定类结构层工程完工后，施工单位、工程监理单位和建设单位应按相同的工程项目划分进行工程质量的监控和管理。

施工单位应将全线以1～3km作为一个评定路段，按规定频度，随机选取测点，对水泥稳定类结构层进行全线自检，并应在规定时间内提交全线检测结果及施工总结报告，申请交工验收。

下面结合《公路工程质量检验评定标准》(JTG F80/1—2004) 介绍水泥稳定类结构层工程质量检验评定时的基本要求和检查项目、检查频度、质量要求或允许偏差等内容。

表 3-9　水泥稳定类结构层施工过程中工程质量的控制要求

| 项目 | | 检查频度及单点检验评价方法 | 质量要求或允许偏差 | | 试验方法或试验规程 |
|---|---|---|---|---|---|
| | | | 高速、一级公路 | 其他等级公路 | |
| 级配 | | 每 $2000m^2$ 1 次 | 在规定范围内 | | T0302、T0303 筛分法 |
| 水泥剂量 | | 每 $2000m^2$ 1 次，至少 6 个样品 | 不小于设计值 1% | | T0809EDTA 滴定法或 T08010 直读式测钙仪法 |
| 含水率 | | 据观察，随时 | 在规范规定范围内 | | T0801 烘干法、T0803 酒精燃烧法 |
| 压实度 | 稳定细粒土 | 每一作业段或不超过 $2000m^2$ 检查 6 次以上 | ≥95% | ≥93% | T0921 挖坑灌砂法 |
| | 稳定中粒土和粗粒土 | | 基层 98%，底基层 96% | 基层 97%，底基层 95% | |
| 拌和均匀性 | | 随时观察 | 无灰条、灰团，色泽均匀，无离析现象 | | 表层观察、挖坑观察 |
| 无侧限抗压强度 | | 稳定细粒土，每一作业段或每 $2000m^2$ 6 个试件；稳定中粒土和粗粒土，每一作业段或每 $2000m^2$ 6 个或 9 个试件 | 符合规定要求 | | T0805 抗压强度试验 |

1. 基本要求

① 土质应符合设计要求，土块应粉碎。

② 粒料应符合设计和施工规范要求，并应根据当地料源选择质坚干净的粒料，矿渣应分解稳定，未分解渣块应予剔除。

③ 矿料级配应按设计控制准确。

④ 水泥用量应按设计要求控制准确。

⑤ 路拌法拌和深度应达到层底。

⑥ 摊铺时要注意消除离析现象。

⑦ 混合料应处于最佳含水率状况下，用重型压路机碾压至要求的压实度。从加水拌和到碾压终了的时间不应超过 3～4h，并应短于水泥的终凝时间。

⑧ 碾压检查合格后应立即覆盖或洒水养生，养生期应符合规范要求。

2. 质量检验评定标准

水泥稳定类结构层交工验收阶段质量检验评定的实测项目、检查频度、质量要求或允许偏差等见表 3-10、表 3-11。

表 3-10　水泥土基层和底基层实测项目

| 项次 | 检查项目 | | 规定值或允许偏差 | | | | 检查方法和频率 | 权值 |
|---|---|---|---|---|---|---|---|---|
| | | | 基层 | | 底基层 | | | |
| | | | 高速、一级公路 | 其他公路 | 高速、一级公路 | 其他公路 | | |
| 1 | 压实度/% | 代表值 | — | 95 | 95 | 93 | 按有关规定方法进行检查，每 200m 每车道 2 处 | 3 |
| | | 极值 | — | 91 | 91 | 89 | | |
| 2 | 平整度/mm | | — | 12 | 12 | 15 | 三米直尺：每 200m 测 2 处×10尺 | 2 |
| 3 | 纵断高程/mm | | — | +5，−15 | +5，−15 | +5，−20 | 水准仪：每 200m 测 4 个断面 | 1 |

续表

| 项次 | 检查项目 | | 规定值或允许偏差 | | | | 检查方法和频率 | 权值 |
|---|---|---|---|---|---|---|---|---|
| | | | 基层 | | 底基层 | | | |
| | | | 高速、一级公路 | 其他公路 | 高速、一级公路 | 其他公路 | | |
| 4 | 宽度/mm | | 符合设计要求 | | 符合设计要求 | | 尺量：每 200m 测 4 处 | 1 |
| 5 | 厚度/mm | 代表值 | — | −10 | −10 | −12 | 按有关规定进行检查，每 200m 每车道 1 点 | 2 |
| | | 合格值 | — | −20 | −25 | −30 | | |
| 6 | 横坡/% | | — | ±0.5 | ±0.3 | ±0.5 | 水准仪：每 200m 测 4 个断面 | 1 |
| 7 | 强度/MPa | | 符合设计要求 | | 符合设计要求 | | 按有关规定进行检查 | 3 |

**表 3-11　水泥稳定粒料基层和底基层实测项目**

| 项次 | 检查项目 | | 规定值或允许偏差 | | | | 检查方法和频率 | 权值 |
|---|---|---|---|---|---|---|---|---|
| | | | 基层 | | 底基层 | | | |
| | | | 高速、一级公路 | 其他公路 | 高速、一级公路 | 其他公路 | | |
| 1 | 压实度/% | 代表值 | 98 | 97 | 96 | 95 | 按有关规定方法进行检查，每 200m 每车道 2 处 | 3 |
| | | 极值 | 94 | 93 | 92 | 91 | | |
| 2 | 平整度/mm | | 8 | 12 | 12 | 15 | 三米直尺：每 200m 测 2 处×10 尺 | 2 |
| 3 | 纵断高程/mm | | +5，−10 | +5，−15 | +5，−15 | +5，−20 | 水准仪：每 200m 测 4 个断面 | 1 |
| 4 | 宽度/mm | | 符合设计要求 | | 符合设计要求 | | 尺量：每 200m 测 4 处 | 1 |
| 5 | 厚度/mm | 代表值 | −8 | −10 | −10 | −12 | 按有关规定进行检查，每 200m 每车道 1 点 | 3 |
| | | 合格值 | −15 | −20 | −25 | −30 | | |
| 6 | 横坡/% | | ±0.3 | ±0.5 | ±0.3 | ±0.5 | 水准仪：每 200m 测 4 个断面 | 1 |
| 7 | 强度/MPa | | 符合设计要求 | | 符合设计要求 | | 按有关规定进行检查 | 3 |

3. 外观鉴定

① 表面平整密实、无坑洼、无明显离析。不符合要求时，每处减 1～2 分。

② 施工接茬平整、稳定。不符合要求时，每处减 1～2 分。

## 第三节　二灰稳定类结构层施工

### 一、概述

石灰粉煤灰稳定集料类材料适用于各级公路的基层和底基层，二灰、二灰土、二灰砂用于各级公路的底基层以及三、四级公路的基层。

冰冻地区、多雨潮湿地区，石灰粉煤灰稳定集料类材料宜用于高速公路、一级公路的下基层或底基层。

高速公路、一级公路的基层或上基层宜选用骨架密实型混合料。二级及二级以下公路的基层和各级公路的底基层可采用悬浮密实型混合料。均匀密实型混合料适用于高速公路、一级公路的底基层，二级及二级以下公路的基层。骨架空隙型混合料具有较高的空隙率，适用于需要考虑路面内部排水要求的基层。

半刚性基层混合料配合比设计按无侧限抗压强度试验方法确定满足设计要求的配合比。材料的压实度、7 天龄期无侧限抗压强度代表值应符合表 3-12 规定范围的要求。

**表 3-12 石灰粉煤灰稳定类材料的压实度及 7 天无侧限抗压强度**

| 层位 | 稳定类型 | 特重、重、中交通 | | 轻交通 | |
|---|---|---|---|---|---|
| | | 压实度/% | 抗压强度/MPa | 压实度/% | 抗压强度/MPa |
| 基层 | 集料 | ≥98 | ≥0.8 | ≥97 | ≥0.6 |
| | 细粒土 | | | ≥96 | |
| 底基层 | 集料 | ≥97 | ≥0.6 | ≥96 | ≥0.5 |
| | 细粒土 | ≥96 | | ≥95 | |

二灰稳定类混合料采用质量配合比计算，以石灰∶粉煤灰∶集料（或土）的质量比表示。

二灰稳定类结构层宜在春末和气温较高季节组织施工。施工期的日最低气温应在 5℃以上，在有冰冻的地区，应在第一次重冰冻（−3～−5℃）到来之前一个月到一个半月完成。

二灰稳定类结构层施工时，应遵循以下基本规定：

① 配料要准确；

② 石灰应摊铺均匀；

③ 洒水、拌和要均匀；

④ 应严格控制基层厚度和高程，其路拱横坡应与面层一致；

⑤ 应在混合料处于最佳含水率或略大于最佳含水率时进行碾压，直至达到按重型击实试验确定的要求压实度。

二灰稳定类混合料碾压时，压实机械与压实厚度应遵循以下规定：

① 二灰稳定类结构层应采用 12t 以上的压路机进行碾压；

② 采用 12～15t 三轮压路机碾压时，每层的压实厚度不应超过 15cm；

③ 用 18～20t 三轮压路机和振动压路机碾压时，每层的压实厚度不应超过 20cm；

④ 对于二灰级配集料，采用能量大的振动压路机碾压时，或对于二灰土，采用振动羊足碾与三轮压路机配合碾压时，每层的压实厚度可以根据试验适当增加；

⑤ 压实厚度超过上述规定时，应分层铺筑，每层的最小压实厚度为 10cm，下层宜稍厚；

⑥ 对于稳定细粒土以及用摊铺机摊铺的混合料，都应采用先轻型、后重型压路机碾压。

## 二、二灰稳定类结构层施工原材料选择

1. 二灰稳定类结构层使用的石灰

石灰的质量应符合Ⅲ级消石灰或Ⅲ级生石灰的技术规定。施工中应尽量缩短石灰的存放时间。如存放时间较长，应采取覆盖封存措施，妥善保管。

有效钙含量在 20%以上的等外石灰、贝壳石灰、珊瑚石灰、电石渣等，当其混合料的强度通过试验符合标准时，可以采用。

2. 二灰稳定类结构层使用的粉煤灰

粉煤灰中 $SiO_2$、$Al_2O_3$ 和 $Fe_2O_3$ 的总含量应大于 70%，粉煤灰的烧失量不应超过 20%；粉煤灰的比表面积宜大于 2500$cm^2/g$（或 90%通过 0.3mm 筛孔，70%通过 0.075mm 筛孔）。

干粉煤灰和湿粉煤灰都可以应用。湿粉煤灰的含水率不宜超过35%。

3. 二灰稳定类结构层使用的集料

二灰稳定集料基层、底基层集料的压碎值，对于高速公路、一级公路不大于30%，二级及二级以下公路不大于35%。

骨架密实型二灰稳定类基层集料的最大粒径不大于31.5mm；悬浮密实型二灰稳定类基层集料的最大粒径不大于31.5mm，底基层集料的最大粒径不大于37.5mm。骨架密实型集料的级配范围宜符合表3-13的要求；悬浮密实型集料的级配范围宜符合表3-14、表3-15的要求。

**表3-13　骨架密实型石灰粉煤灰稳定类集料级配**

| 层位 | 通过下列方筛孔质量分数/% | | | | | | | | |
|---|---|---|---|---|---|---|---|---|---|
| | 31.5mm | 26.5mm | 19.0mm | 9.50mm | 4.75mm | 2.36mm | 1.18mm | 0.6mm | 0.075mm |
| 基层 | 100 | 95～100 | 48～68 | 24～34 | 11～21 | 6～16 | 2～12 | 0～6 | 0～3 |

**表3-14　悬浮密实型石灰粉煤灰稳定碎石的集料级配**

| 层位 | 通过下列方筛孔质量分数/% | | | | | | | | |
|---|---|---|---|---|---|---|---|---|---|
| | 37.5mm | 31.5mm | 19.0mm | 9.50mm | 4.75mm | 2.36mm | 1.18mm | 0.6mm | 0.075mm |
| 基层 | | 100 | 88～98 | 55～75 | 30～50 | 16～36 | 10～25 | 4～18 | 0～5 |
| 底基层 | 100 | 94～100 | 79～92 | 51～72 | 30～50 | 16～36 | 10～25 | 4～18 | 0～5 |

**表3-15　悬浮密实型石灰粉煤灰稳定砂砾的集料级配**

| 层位 | 通过下列方筛孔质量分数/% | | | | | | | | |
|---|---|---|---|---|---|---|---|---|---|
| | 37.5mm | 31.5mm | 19.0mm | 9.50mm | 4.75mm | 2.36mm | 1.18mm | 0.6mm | 0.075mm |
| 基层 | | 100 | 85～98 | 55～75 | 39～59 | 27～47 | 17～35 | 10～25 | 0～10 |
| 底基层 | 100 | 85～100 | 65～89 | 50～72 | 35～55 | 25～45 | 17～35 | 10～27 | 0～15 |

4. 二灰稳定类结构层使用的土

① 宜采用塑性指数12～20的黏性土（亚黏土），土块的最大粒径不应大于15mm。有机质含量超过10%的土不宜选用。

② 二灰稳定的中粒土和粗粒土不宜含有塑性指数的土。

③ 用于二级及二级以下公路的二灰稳定土应符合下列要求：

a. 二灰稳定土用作底基层时，石料颗粒的最大粒径不应超过53mm。

b. 二灰稳定土用作基层时，石料颗粒的最大粒径不应超过37.5mm。

④ 二灰稳定土用作高速公路和一级公路的底基层时，土中碎石、砾石颗粒的最大粒径不应超过37.5mm。各种细粒土、中粒土和粗粒土都可用二灰稳定后用作底基层。

5. 二灰稳定类结构层使用的水

凡是饮用水（含牲畜饮用水）均可用于水泥稳定类结构层施工。

6. 施工过程中对原材料的检查与要求

施工过程中，可参照表3-16的所列检查项目与频度，对各种原材料进行抽样试验，质量应符合现行施工技术规范规定的技术要求，每个检查项目的平行试验次数或一次试验的试样数必须按相关试验规程的规定进行，并以平均值评价是否合格。

表 3-16 施工过程中材料质量检查项目与频度

| 材料 | 检查项目 | 检查频度 | | 试验方法或试验规程 | 试验规程规定的平行试验数或一次试验的试样数 |
|---|---|---|---|---|---|
| | | 高速、一级公路 | 其他等级公路 | | |
| 集料 | 同表 3-7 | 同表 3-7 | 同表 3-7 | 同表 3-7 | 同表 3-7 |
| 石灰 | 有效钙、氧化镁 | 随时 | 随时 | T08011、T08012 化学分析法 | 做材料组成设计和生产使用时分别测 2 个样品，以后每月测 2 个样品 |
| 粉煤灰 | 烧失量 | 必要时 | 必要时 | 高温燃烧法 | 做材料组成设计前测 2 个样品 |
| | 活性化学成分含量 | 必要时 | 必要时 | 化学分析法 | |
| 土 | 同表 3-7 | 同表 3-7 | 同表 3-7 | 同表 3-7 | 同表 3-7 |

## 三、二灰稳定类结构层施工的工艺流程

二灰稳定类结构层施工的方法主要分为路拌法施工和中心站（厂）集中厂拌法施工两种。用作高速公路、一级公路底基层和二级及二级以下公路基层的二灰稳定类结构层一般采用路拌法施工；用作高速公路、一级公路基层的二灰稳定集料一般采用厂拌法施工。

1. 路拌法施工的工艺流程

路拌法施工的工艺流程通常按图 3-4 的顺序进行。

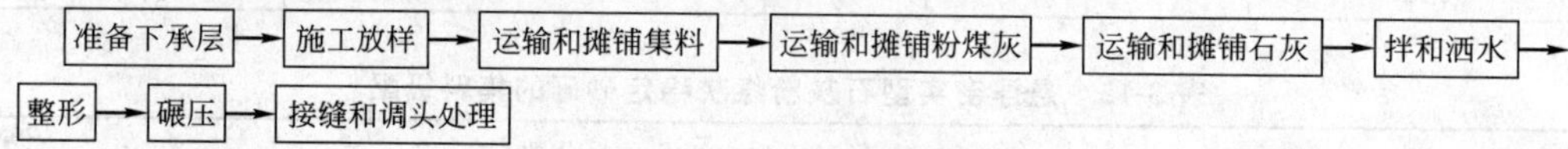


图 3-4 二灰土路拌法施工工艺流程图

2. 厂拌法施工的工艺流程

厂拌法施工的工艺流程通常按图 3-5 的顺序进行。

## 四、二灰稳定类结构层施工技术要点

1. 路拌法施工技术要点

(1) 准备下承层

与水泥稳定类结构层施工要求相同。

(2) 施工放样

与水泥稳定类结构层施工要求相同。

(3) 备料

除符合水泥稳定类结构层路拌法施工“备料”的要求外，还应符合下列要求：

① 当需分层采集土时，应将土先分层堆放在一场地上，然后从前到后将上下层土一起装车运送到现场。

② 对于塑性指数小于 15 的黏性土，机械拌和时，可视土质和机械性能确定是否需要过筛。人工拌和时，应筛除 15mm 以上的土块。

③ 运到现场的粉煤灰应含有足够的水分，防止扬尘。在干燥和多风季节，应使料堆表面保持湿润或者覆盖。如在堆放过程中部分粉煤灰出现结块，使用时应将其打碎。

场地集中堆放的粉煤灰应予以覆盖，避免雨淋过分潮湿。

④ 石灰应选择公路两侧宽敞、临近水源且地势较高的场地集中堆放。当堆放时间较长

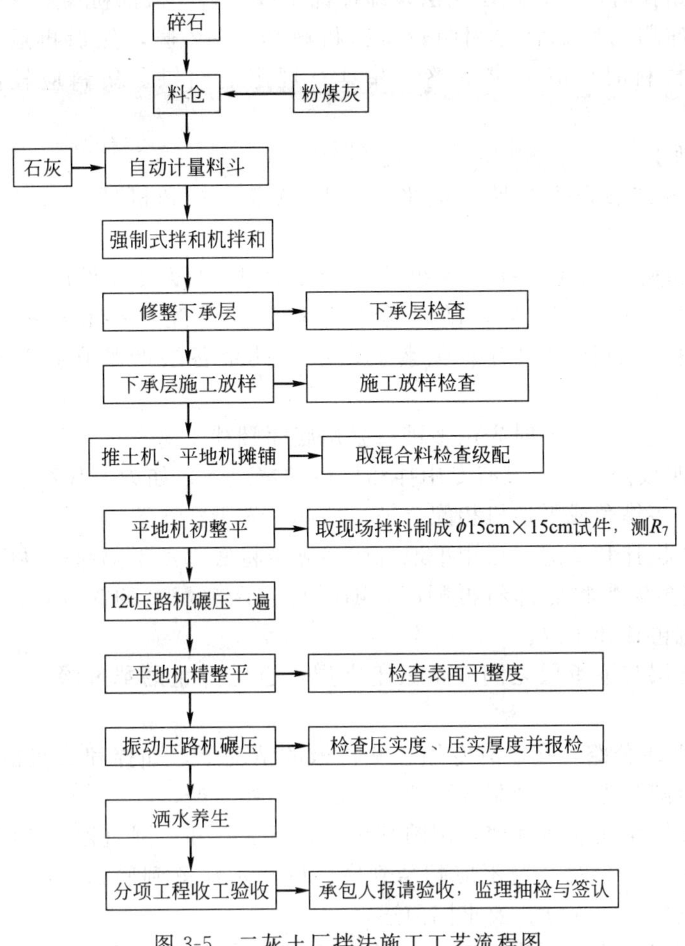


图 3-5　二灰土厂拌法施工工艺流程图

时，应覆盖封存。石灰堆放在集中拌和场地时间较长时，也应覆盖封存。

⑤ 生石灰块应在使用前 7～10 天充分消解。消解后的石灰应保持一定的湿度，不得产生扬尘，也不可过湿成团。

⑥ 消石灰宜过孔径 10mm 的筛，并尽快使用。

⑦ 计算材料用量　根据各路段二灰稳定类结构层的宽度、厚度及预定的干密度，计算各路段需要的干混合料质量；根据混合料的配合比，材料的含水率以及所用运料车辆的吨位，计算各种材料每车料的堆放距离。

⑧ 如路肩用料与二灰稳定类结构层用料不同，应采取培肩措施，先将两侧路肩培好。路肩料层的压实厚度应与稳定土层的压实厚度相同。

（4）运输和摊铺

① 材料装车时，应控制每车装料量基本相等。

② 采用二灰时，应先将粉煤灰运到现场；采用二灰稳定土或集料时，应先将土或集料运到现场。

在同一料场供料的路段内，由远到近按计算的距离卸置材料于下承层上，卸料距离应均匀。

③ 料堆每隔一定距离应留一缺口。材料在下承层上堆置时间不应过长。

④ 应通过试验确定各种材料及混合料的松铺系数。

⑤ 采用机械路拌时，应采用层铺法，即摊铺土或集料→摊铺粉煤灰→摊铺石灰。

每种材料摊铺均匀后，宜先用两轮压路机碾压1～2遍，然后再运送并摊铺下一种材料。摊铺每层材料时，应力求平整，并具有规定的路拱。集料应较湿润，必要时先洒少量水。

(5) 拌和及洒水

① 对于二级和二级以上公路，应采用专用稳定土拌和机械进行拌和，并应先干拌2遍。

用稳定土拌和机拌和时，拌和深度应直至层底并宜侵入下承层5～10mm（不应过深）。应设专人跟随在拌和机后，随时检查拌和深度并配合拌和机操作员调整拌和深度。直接铺于土基上的拌和层宜避免素土夹层，其余各层严禁在拌和层底部留有素土夹层。

最后1遍拌和之前，必要时先用多铧犁紧贴底面翻拌1遍。

② 对于三、四级公路，在没有专用拌和机械的情况下，如为二灰稳定细粒土和中粒土，可用旋转耕作机与多铧犁或平地机相配合进行拌和，先干拌4遍。

先用旋转耕作机拌和2遍，后用平地机或多铧犁将底部素土翻起；再用旋转耕作机拌和1遍，用平地机或多铧犁将底部料再翻起，随时检查调整翻犁的深度，使稳定土层全部翻透；用旋转耕作机再拌和1遍。

严禁在稳定土层与下承层之间残留素土夹层，也应防止翻犁过深或过多破坏下承层的表面。

③ 对于三、四级公路，在没有专用拌和机械的情况下，如拌和二灰稳定中粒土和粗粒土，也可以用缺口圆盘耙与多铧犁或平地机相配合干拌4遍。

用平地机或多铧犁在前面翻拌，用圆盘耙跟在后面拌和。圆盘耙的速度应尽量快，使二灰与集料拌和均匀。开始的2遍不应翻犁到底，以防水泥落到底部；后面的2遍应翻犁到底，随时检查调整翻犁的深度，要求同前述。

④ 用喷管式洒水车将水均匀地喷洒在干拌后的混合料上，洒水距离应长些，水车起洒处和另一头掉头处均应超出拌和段2m以上。

洒水车不应在正在进行拌和以及当天计划拌和的路段上掉头或停留，并防止局部水量过大。

⑤ 拌和机应紧跟在洒水车后面进行拌和，尤其在纵坡大的路段上应配合紧密，以减少水分流失或造成水分分布不匀。

在洒水拌和过程中，应及时检查混合料的含水率，并宜大于最佳含水率1%左右。检查拌和深度和均匀性。拌和完成的标志是：混合料色泽一致、无灰条、灰团和花面，无粗细颗粒“窝”或“带”，且水分合适、均匀。

⑥ 对二灰级配集料，应先将石灰和粉煤灰拌和均匀，然后均匀摊铺在集料层上，再一起进行拌和。

(6) 整形

① 平地机整形　混合料拌和均匀后，先用平地机初步整平和整形。

在直线段及不设超高的平曲线段，平地机由两侧向路中心进地刮平，在设超高的平曲线段，由内侧向外侧进行刮平。必要时再返回刮1遍。

之后用拖拉机、平地机或轮胎压路机快速碾压1～2遍，以暴露潜在的不平整。

再用平地机按上述方法进行整形，并用上述机械再碾压1遍。整形过程中应及时消除粗细集料离析现象。

对局部低洼处，应用齿耙将其表层 5cm 以上耙松，并用新拌的二灰级配料找补平整，再用平地机整形一次。

② 人工整形　人工用锹和耙先将混合料摊平，用路拱板进行初步整形。用拖拉机初压 1～2 遍后，根据试验确定的松铺系数，确定纵横断面的高程，并钉桩、挂线。利用锹、耙按线型整形，再用路拱板校正成型。

初步整形后，检查混合料的松铺厚度。

二灰土的松铺系数约为 1.5～1.7；二灰集料的松铺系数约为 1.3～1.5。用机械拌和及机械整形时，集料松铺系数约为 1.2～1.3。每次整形都要按照规定的坡度和路拱进行，并应注意接缝顺适平整。在整形过程中，必须禁止任何车辆通行。

(7) 碾压　与水泥稳定类结构层路拌法施工"碾压"要求相同。

(8) 接缝和调头处的处理　与水泥稳定类结构层施工要求相同。

(9) 养生及交通管制

① 二灰稳定类结构层碾压完成后的第二天或第三天开始养生。

通常采用洒水养生法，每天洒水次数视天气而定，应始终保持表面潮湿，养生期不宜少于 7 天。也可采用泡水养生法，养生期应为 14 天。对于二灰稳定粗、中粒土的基层，也可用沥青乳液和沥青下封层进行养生，养生期一般为 7 天。

② 在养生期间，除洒水车外，应封闭交通。

③ 对于二灰集料基层，养生结束后，宜先让施工车辆慢速通行 7～10 天，磨去表面的二灰薄层，或用带钢丝刷的机械扫去表面的二灰薄层。清扫和冲洗干净后再喷洒透层沥青。其后宜撒布 5～10mm 的小碎（砾）石，均匀撒布约 60%～70%的面积（如喷洒的透层沥青能透入基层，当运料车辆和面层混合料摊铺机在上行驶不会破坏沥青膜时，可以不撒小碎、砾石）。

在清扫干净的基层上，也可先做下封层，防止基层干缩开裂，同时保护基层免受施工车辆破坏。宜在铺设下封层后的 10～30 天内开始铺筑沥青面层的下面层。

④ 二灰稳定类底基层分层施工时，下层碾压完毕后，可以立即铺筑上一层，不需专门的养生期。也可养生 7 天后铺筑上一层。

2. 厂拌法施工技术要点

二灰稳定类混合料可以在中心站用多种机械进行集中拌和，也可用路拌机械或人工在现场进行分批集中拌和。

对于高速公路、一级公路，应当在中心站（厂）采用专用稳定土拌和机械拌制，然后再运输到施工现场进行摊铺的施工方法施工。

中心站集中拌和时，应符合以下要求：

① 土块最大尺寸不应大于 15mm；粉煤灰块不应大于 12mm，且 9.5mm 和 2.36mm 筛孔的通过量应分别大于 95%和 75%。

② 各种粒级的集料应分开堆放。

③ 石灰、粉煤灰和细集料都应有覆盖，防止雨淋过湿。

④ 配料准确，拌和均匀。

⑤ 混合料含水率应略大于最佳含水率，使其运到现场碾压时的含水率能接近最佳值。

二灰稳定类混合料厂拌法施工技术要求，除以下两点外，其他要求与水泥稳定类混合料厂拌法施工相同。

① 拌成混合料的堆放时间，不宜超过 24h，宜在当天将拌成的混合料运至铺筑现场，不应将拌成的混合料长时间堆放。

② 第一天铺筑的压实层如末端未用方木做支撑处理，在碾压后末端成一斜坡，则在第二天开始摊铺新混合料之前，应将末端斜坡挖除，并挖成一横向（与路中线垂直）垂直向下的断面。挖出的混合料加水到最佳含水率拌均匀后仍可使用。

## 五、二灰稳定类结构层施工过程中的质量控制

二灰稳定类结构层在铺筑过程中必须随时对铺筑质量进行检查、评定，质量检查的内容、频度、允许偏差可参照表 3-17 的要求。

表 3-17　二灰稳定类结构层施工过程中工程质量的控制要求

| 项目 | | 检查频度及单点检验评价方法 | 质量要求或允许偏差 | | 试验方法 |
|---|---|---|---|---|---|
| | | | 高速、一级公路 | 其他等级公路 | |
| 级配 | | 2000m² 1次 | 在规定范围内 | | T0302、T0303 筛分法 |
| 配合比 | | 2000m² 1次 | 满足设计要求 | | 重量法或体积法 |
| 含水率 | | 据观察，随时 | 最佳含水量±1%（二灰土为±2%） | | T0801 烘干法、T0803 酒精燃烧法 |
| 压实度 | 二灰土 | 每一作业段或不超过 2000m² 检查 6 次以上 | ≥95% | ≥93% | T0921 挖坑灌砂法 |
| | 其他含粒料的石灰工业废渣 | | 基层≥98%，底基层 97%或 95% | 基层≥97%，底基层 95%或 93% | |
| 拌和均匀性 | | 随时观察 | 无灰条、灰团，色泽均匀，无离析现象 | | 表层观察、挖坑观察 |
| 无侧限抗压强度 | | 同表 3-9 | 符合规定要求 | | 同表 3-9 |

## 六、二灰稳定类结构层交工验收阶段质量检验

二灰稳定类结构层工程完工后，施工单位、工程监理单位和建设单位应按相同的工程项目划分进行工程质量的监控和管理。

按照《公路工程质量检验评定标准》（JTG F80/1—2004）的规定，二灰稳定类结构层工程质量检验评定时的基本要求、质量检验评定标准和外观鉴定等内容分述如下。

1. 基本要求

① 粒料应符合设计和施工规范要求，并应根据当地料源选择质坚干净的粒料。

② 土质应符合设计要求，土块应粉碎。

③ 石灰和粉煤灰质量应符合设计要求，石灰须经充分消解才能使用。

④ 混合料配合比应准确，不得含有灰团和生石灰块。

⑤ 路拌法拌和深度应达到层底。

⑥ 摊铺时要注意消除离析现象。

⑦ 碾压时应先用轻型压路机稳压，后用重型压路机碾压至要求的压实度。

⑧ 保湿养生，养生期应符合规范要求。

2. 质量检验评定标准

二灰稳定类结构层交工验收阶段质量检验评定的实测项目、检查频度、质量要求或允许偏差等见表 3-18、表 3-19。

3. 外观鉴定

① 表面平整密实、无坑洼。不符合要求时，每处减 1～2 分。

② 施工接茬平整、稳定。不符合要求时，每处减 1～2 分。

**表 3-18　石灰、粉煤灰土基层和底基层实测项目**

| 项次 | 检查项目 | | 规定值或允许偏差 | | | | 检查方法和频率 | 权值 |
|---|---|---|---|---|---|---|---|---|
| | | | 基层 | | 底基层 | | | |
| | | | 高速、一级公路 | 其他公路 | 高速、一级公路 | 其他公路 | | |
| 1 | 压实度/% | 代表值 | — | 95 | 95 | 93 | 按有关规定方法进行检查，每 200m 每车道 2 处 | 3 |
| | | 极值 | — | 91 | 91 | 89 | | |
| 2 | 平整度/mm | | — | 12 | 12 | 15 | 三米直尺：每 200m 测 2 处×10尺 | 2 |
| 3 | 纵断高程/mm | | — | +5，-15 | +5，-15 | +5，-20 | 水准仪：每 200m 测 4 个断面 | 1 |
| 4 | 宽度/mm | | 符合设计要求 | | 符合设计要求 | | 尺量：每 200m 测 4 处 | 1 |
| 5 | 厚度/mm | 代表值 | — | -10 | -10 | -12 | 按有关规定进行检查，每 200m 每车道 1 点 | 2 |
| | | 合格值 | — | -20 | -25 | -30 | | |
| 6 | 横坡/% | | — | ±0.5 | ±0.3 | ±0.5 | 水准仪：每 200m 测 4 个断面 | 1 |
| 7 | 强度/MPa | | 符合设计要求 | | 符合设计要求 | | 按有关规定进行检查 | 3 |

**表 3-19　石灰、粉煤灰稳定粒料基层和底基层实测项目与要求**

| 项次 | 检查项目 | | 规定值或允许偏差 | | | | 检查方法和频率 | 权值 |
|---|---|---|---|---|---|---|---|---|
| | | | 基层 | | 底基层 | | | |
| | | | 高速、一级公路 | 其他公路 | 高速、一级公路 | 其他公路 | | |
| 1 | 压实度/% | 代表值 | 98 | 97 | 96 | 95 | 按有关规定方法进行检查，每 200m 每车道 2 处 | 3 |
| | | 极值 | 94 | 93 | 92 | 91 | | |
| 2 | 平整度/mm | | 8 | 12 | 12 | 15 | 三米直尺：每 200m 测 2 处×10 尺 | 2 |
| 3 | 纵断高程/mm | | +5，-10 | +5，-15 | +5，-15 | +5，-20 | 水准仪：每 200m 测 4 个断面 | 1 |
| 4 | 宽度/mm | | 符合设计要求 | | 符合设计要求 | | 尺量：每 200m 测 4 处 | 1 |
| 5 | 厚度/mm | 代表值 | -8 | -10 | -10 | -12 | 按有关规定进行检查，每 200m 每车道 1 点 | 3 |
| | | 合格值 | -15 | -20 | -25 | -30 | | |
| 6 | 横坡/% | | ±0.3 | ±0.5 | ±0.3 | ±0.5 | 水准仪：每 200m 测 4 个断面 | 1 |
| 7 | 强度/MPa | | 符合设计要求 | | 符合设计要求 | | 按有关规定进行检查 | 3 |

# 第四节　石灰稳定类结构层施工

## 一、概述

石灰稳定类材料适用于各级公路的底基层以及三、四级公路的基层。

在冰冻地区的潮湿路段以及其他地区的过湿路段不宜采用石灰土作为基层。

石灰稳定类材料的压实度、7 天龄期无侧限抗压强度代表值应符合表 3-20 规定范围的要求。

表 3-20 石灰稳定类材料的压实度及 7 天无侧限抗压强度

<table>
<tr><th rowspan="2">层位</th><th rowspan="2">类别</th><th colspan="2">重、中交通</th><th colspan="2">轻交通</th></tr>
<tr><th>压实度/%</th><th>抗压强度/MPa</th><th>压实度/%</th><th>抗压强度/MPa</th></tr>
<tr><td rowspan="2">基层</td><td>集料</td><td></td><td></td><td>≥97</td><td rowspan="2">≥0.8①</td></tr>
<tr><td>细粒土</td><td></td><td></td><td>≥95③</td></tr>
<tr><td rowspan="2">底基层</td><td>集料</td><td>≥97</td><td rowspan="2">≥0.8</td><td>≥96</td><td rowspan="2">≥0.7②</td></tr>
<tr><td>细粒土</td><td>≥95</td><td>≥95</td></tr>
</table>

① 在低塑性土（塑性指数小于 10）地区，石灰稳定砂砾土和碎石土的 7 天抗压强度应大于 0.5MPa。

② 低限用于塑性指数小于 10 的土，高限用于塑性指数大于 10 的土。

③ 三、四级公路，使用压实机具有困难时压实度可降低 1%。

石灰稳定土结构层宜在春末和气温较高季节组织施工。施工期的日最低气温应在 5℃以上，在有冰冻的地区，应在第一次重冰冻（−3～−5℃）到来之前一个月到一个半月完成。

稳定土结构层宜经历半月以上温暖和热的气候养生。多雨地区，应避免在雨季进行石灰土结构层的施工。

雨季施工石灰稳定中粒土和粗粒土时，应采用排除表面水的措施，防止运到路上的集料过分潮湿，并应采取措施保护石灰免遭雨淋。

石灰稳定类结构层施工时，应遵循以下基本规定：

① 细粒土应尽可能粉碎，土块最大尺寸不应大于 15mm；

② 配料要准确；

③ 路拌法施工时，石灰应摊铺均匀；

④ 洒水、拌和要均匀；

⑤ 应严格控制基层厚度和高程，其路拱横坡应与面层一致；

⑥ 应在混合料处于最佳含水率或略小于最佳含水率（1%～2%）时进行碾压，直至达到按重型击实试验确定的要求压实度。

石灰稳定类混合料碾压时，压实机械与压实厚度应遵循以下规定：

① 石灰稳定类结构层应采用 12t 以上的压路机进行碾压；

② 采用 12～15t 三轮压路机碾压时，每层的压实厚度不应超过 15cm；

③ 用 18～20t 三轮压路机和振动压路机碾压时，每层的压实厚度不应超过 20cm；

④ 对于石灰稳定中粒土和粗粒土，采用能量大的振动压路机碾压时，或对于石灰土，采用振动羊足碾与三轮压路机配合碾压时，每层的压实厚度可以根据试验适当增加；

⑤ 压实厚度超过上述规定时，应分层铺筑，每层的最小压实厚度为 10cm，下层宜稍厚；

⑥ 对于石灰土以及用摊铺机摊铺的混合料，都应采用先轻型、后重型压路机碾压。

## 二、石灰稳定类结构层施工原材料选择

1. 石灰稳定类结构层使用的石灰

石灰的质量应符合Ⅰ、Ⅱ、Ⅲ级消石灰或生石灰的技术规定。施工中应尽量缩短石灰的存放时间。如在野外堆放时间较长，应采取覆盖封存措施。

使用等外石灰、贝壳石灰、珊瑚石灰等，应进行试验，当其混合料的强度符合标准时，可以采用。

对于高速公路、一级公路，宜采用磨细生石灰粉。

2. 石灰稳定类结构层使用的土

① 塑性指数为 15～20 的黏性土以及含有一定数量黏性土的中粒土和粗粒土均适宜于用

石灰稳定。

用石灰稳定无塑性指数的级配砂砾、级配碎石和未筛分碎石时，应添加15%左右的黏性土。塑性指数在15以上的黏性土更适宜于用石灰和水泥综合稳定。

塑性指数在10以下的亚砂土和砂土用石灰稳定时，应采取适当的措施或采用水泥稳定。

塑性指数偏大的黏性土，应加强粉碎，粉碎后土块的最大尺寸不应大于15mm。可以采用两次拌和法，第一次加部分石灰拌和后，闷放1～2天，再加入其余石灰，进行第二次拌和。

② 使用石灰稳定土时，应遵守下列规定：

a. 石灰稳定土用作高速公路和一级公路的底基层时，颗粒的最大粒径不应超过37.5mm，用作其他等级公路的底基层时，颗粒的最大粒径不应超过53mm。

b. 石灰稳定土用作基层时，颗粒的最大粒径不应超过37.5mm。

③ 级配碎石、未筛分碎石、砂砾、碎石土、砂砾土、煤矸石和各种粒状矿渣等均适宜用作石灰稳定土的材料。石灰稳定土中碎石、砂砾或其他粒状材料的含量应在80%以上，并应具有良好的级配。

④ 硫酸盐含量超过0.8%的土和有机质含量超过10%的土，不宜用石灰稳定。

⑤ 土中碎石或砾石的压碎值，用作高速公路、一级公路的底基层时不大于35%，用作二、三、四级公路的底基层时不大于40%，用作三、四级公路的基层时不大于35%。

3. 石灰稳定类结构层使用的水

凡是饮用水（含牲畜饮用水）均可用于水泥稳定类结构层施工。

4. 施工过程中对原材料的检查与要求

施工过程中，可参照表3-21的所列检查项目与频度，对各种原材料进行抽样试验，质量应符合现行施工技术规范规定的技术要求，每个检查项目的平行试验次数或一次试验的试样数必须按相关试验规程的规定进行，并以平均值评价是否合格。

**表3-21　施工过程中材料质量检查项目与频度**

| 材料 | 检查项目 | 检查频度 | | 试验方法或试验规程 | 试验规程规定的平行试验数或一次试验的试样数 |
|---|---|---|---|---|---|
| | | 高速、一级公路 | 其他等级公路 | | |
| 石灰 | 有效钙、氧化镁 | 随时 | 随时 | T08011、T08012 化学分析法 | 做材料组成设计和生产使用时分别测2个样品，以后每月测2个样品 |
| 土 | 同表3-7 | 同表3-7 | 同表3-7 | 同表3-7 | 同表3-7 |

## 三、石灰稳定类结构层施工的工艺流程

石灰稳定类结构层施工的方法主要分为路拌法施工和中心站（厂）集中厂拌法施工及人工沿路拌和法施工三种。

用作高速公路、一级公路底基层的石灰稳定类结构层宜采用厂拌法施工，对于二、三、四级公路一般采用路拌法施工；对于三、四级公路，在无路拌机械的情况下，也可采用人工沿路拌和法施工。

路拌法施工的工艺流程通常按图3-6的顺序进行。

## 四、石灰稳定类结构层施工技术要点

1. 路拌法施工技术要点

(1) 准备下承层　与水泥稳定类结构层施工要求相同。

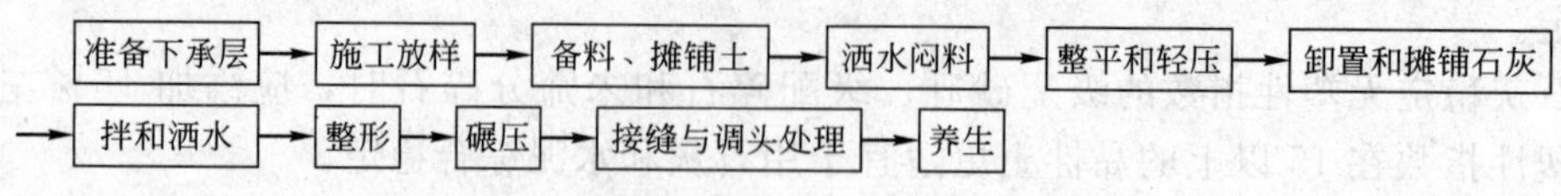


图 3-6 石灰稳定土路拌法施工工艺流程图

(2) 施工放样 与水泥稳定类结构层施工要求相同。

(3) 备料 与二灰稳定类结构层路拌法施工的要求基本相同。

(4) 摊铺土 应事先通过试验确定土的松铺系数。人工摊铺混合料时，其松铺系数可按表 3-22 选用。其他要求与水泥稳定类结构层路拌法施工要求相同。

表 3-22 人工摊铺混合料松铺系数表

| 材料名称 | 松铺系数 | 备注 |
| --- | --- | --- |
| 石灰土 | 1.53～1.58 | 现场人工摊铺土和石灰,机械拌和,人工整平 |
|  | 1.65～1.70 | 路外集中拌和,运到现场人工摊铺 |
| 石灰土砂砾 | 1.52～1.56 | 路外集中拌和,运到现场人工摊铺 |

(5) 洒水闷料 与水泥稳定类结构层路拌法施工要求相同。

(6) 整平和轻压 与水泥稳定类结构层路拌法施工要求相同。

(7) 卸置和摊铺石灰

① 按计算所得的每车石灰的纵横间距，用石灰在土层上做标记，同时画出摊铺石灰的边线。

② 用刮板将石灰均匀摊开，石灰摊铺完成后，表面应没有空白位置。量测石灰的松铺厚度，根据石灰的含水率和松密度，校核石灰用量是否合适。

(8) 拌和与洒水

① 对二级及二级以上公路，参照水泥稳定类结构层路拌法施工“拌和”相关要求。只是当使用生石灰粉时，宜先用平地机或多铧犁将石灰翻到土层中间，但不能翻到底部。

② 对于三、四级公路的石灰稳定细粒土和中粒土，在没有专用拌和机械的情况下，可用农用旋转耕作机与多铧犁或平地机相配合拌和 4 遍。

先用旋转耕作机拌和 2 遍，后用多铧犁或平地机将底部素土翻起，再用旋转耕作机拌和 2 遍，多铧犁或平地机将底部料再翻起，并随时检查调整翻犁的深度，使稳定土层全部翻透。

严禁在稳定土层与下承层之间残留一层素土，但也应防止翻犁过深，过多破坏下承层的表面。也可以用缺口圆盘耙与多铧犁或平地机相配合，拌和石灰稳定细粒土、中粒土和粗粒土。参照水泥稳定类结构层路拌法施工“拌和”相关要求。

③ 拌和过程中混合料的含水率及检查应符合水泥稳定类结构层路拌法施工“加水并湿拌”的规定。

④ 用石灰稳定塑性指数大的黏性土时，应采用两次拌和。第一次加 70%～100%预定剂量的石灰进行拌和，闷放 1～2 天。此后补足需用的石灰，再进行第二次拌和。

(9) 整形和碾压 与水泥稳定类结构层路拌法施工要求相同。

(10) 接缝和“调头”处的处理

① 同日施工的两工作段的衔接处，应采用搭接形式。前一段拌和整形后，留 5～8m 不进行碾压，后一段施工时，应与前段留下未压部分一起再进行拌和，并与后一段一起碾压。

② 拌和机械或其他机械不宜在已压成的石灰稳定类结构层上“调头”，如必须“调头”，

应采取措施保护“调头”部分，使石灰稳定类结构层不受破坏。

③ 纵缝的处理与水泥稳定类结构层施工纵缝处理的要求相同。

（11）养生与交通管制

① 石灰土结构层需要保湿养生，养生期要符合规范要求。

② 在采用石灰土做基层时，必须采取措施防止表面水透入基层，同时应经历一个月以上的温暖和热的气候养生。作为三、四级公路沥青路面的基层时，还应采取措施加强基层与面层的联结。

③ 石灰稳定土在养生期间应保持一定的湿度，不应过湿或忽干忽湿。养生期不宜少于7天。每次洒水后，应用两轮压路机将表层压实。石灰稳定土基层碾压结束后1～2天，当其表层较干燥（石灰土的含水率不大于10%，石灰粒料土的含水率为5%～6%）时，可以立即喷洒透层沥青，然后做下封层或铺筑面层，但初期应禁止重型车辆通行。

④ 在养生期间未采用覆盖措施的石灰稳定土层上，除洒水车外，应封闭交通。在采用覆盖措施的石灰稳定土层上不能封闭交通时，应限制车速不得超过30km/h，禁止重型卡车通行。

⑤ 养生期结束后，在铺筑沥青面层前，应清扫基层并喷洒透层沥青或做下封层。如面层是沥青混凝土，在喷洒透层沥青后，应撒布5～10mm的小碎（砾）石，小碎（砾）石应均匀撒布约60%的面积。如喷洒的透层沥青能透入基层，其上作业车辆不会破坏沥青膜时，可以不撒小碎（砾）石。在喷洒沥青时，石灰稳定土层的上层应比较湿润。

⑥ 石灰稳定土分层施工时，下层石灰稳定土碾压完成后，可以立即铺筑上一层石灰稳定土，不需专门的养生期。

2. 厂拌法施工技术要点

与水泥稳定类结构层厂拌法施工要求相同。

3. 人工沿路拌和法施工技术要点

对于二级以下公路的小工程可以采用人工沿路拌和法施工，其主要程序、要点如下。

（1）备料　将需稳定的土料按事先计算的数量运到路上分堆堆放，应每隔一定距离留一缺口。再将消石灰按事先计算的数量运到路上并直接卸在土堆上或土堆旁。

（2）拌和

① 筛拌法　将土和石灰混合或交替过孔径15mm的筛，筛余土块应随时打碎随时过筛。过筛后，适当加水，拌和到均匀为止。

② 翻拌法　将过筛的土和石灰先干拌1～2遍，然后加水拌和，应不小于3遍，直到均匀为止。

为了使混合料的水分充分渗透均匀，可在当天拌和后堆放闷料，第二天再摊铺使用。

（3）摊铺　将拌好的灰土按松铺厚度在路段上摊铺。

（4）整形与碾压　与水泥稳定土路拌法施工中的相应工序要求相同。

**五、石灰稳定类结构层施工过程中的质量控制**

石灰稳定类结构层在铺筑过程中必须随时对铺筑质量进行检查、评定，质量检查的内容、频度、允许偏差参照表3-23的要求。

**六、石灰稳定类结构层交工验收阶段质量检验**

石灰稳定类结构层工程完工后，施工单位、工程监理单位和建设单位应按相同的工程项目划分进行工程质量的监控和管理。

按照《公路工程质量检验评定标准》（JTG F80/1—2004）的规定，石灰稳定类结构层工程质量检验评定时的基本要求、质量检验评定标准和外观鉴定等内容分述如下。

**表 3-23 石灰稳定类结构层施工过程中工程质量的控制要求**

| 项目 | | 检查频度及单点检验评价方法 | 质量要求或允许偏差 | | 试验方法 |
|---|---|---|---|---|---|
| | | | 高速、一级公路 | 其他等级公路 | |
| 级配 | | 2000m² 1 次 | 在规定范围内 | | T0302、T0303 筛分法 |
| 石灰剂量 | | 每 2000m² 1 次，至少 6 个样品 | 不小于设计值 1% | | T0809EDTA 滴定法或 T08010 直读式测钙仪法 |
| 含水率 | | 据观察，随时 | 在规范规定范围内 | | T0801 烘干法、T0803 酒精燃烧法 |
| 压实度 | 稳定细粒土 | 每一作业段或不超过 2000m² 检查 6 次以上 | ≥95% | ≥93% | T0921 挖坑灌砂法 |
| | 稳定中粒土和粗粒土 | | 基层 98%，底基层 96% | 基层 97%，底基层 95% | |
| 拌和均匀性 | | 随时观察 | 无灰条、灰团，色泽均匀，无离析现象 | | 表层观察、挖坑观察 |
| 无侧限抗压强度 | | 同表 3-9 | 符合规定要求 | | 同表 3-9 |

1. 基本要求

① 粒料应符合设计和施工规范要求。

② 土质应符合设计要求，土块应粉碎。

③ 石灰质量应符合设计要求，块状石灰须经充分消解才能使用。

④ 石灰和土的用量应按设计要求控制准确，未消解的生石灰块必须剔除。

⑤ 路拌法拌和深度应达到层底。

⑥ 混合料应处于最佳含水率状况下，应先用轻型压路机稳压，后用重型压路机碾压至要求的压实度。摊铺时要注意消除离析现象。

⑦ 保湿养生，养生期应符合规范要求。

2. 质量检验评定标准

石灰稳定类结构层交工验收阶段质量检验评定的实测项目、检查频度、质量要求或允许偏差等见表 3-24、表 3-25。

**表 3-24 石灰土基层和底基层实测项目与要求**

| 项次 | 检查项目 | | 规定值或允许偏差 | | | | 检查方法和频率 | 权值 |
|---|---|---|---|---|---|---|---|---|
| | | | 基层 | | 底基层 | | | |
| | | | 高速公路一级公路 | 其他公路 | 高速公路一级公路 | 其他公路 | | |
| 1 | 压实度/% | 代表值 | — | 95 | 95 | 93 | 按有关规定方法进行检查，每 200m 每车道 2 处 | 3 |
| | | 极值 | — | 91 | 91 | 89 | | |
| 2 | 平整度/mm | | — | 12 | 12 | 15 | 三米直尺：每 200m 测 2 处×10 尺 | 2 |
| 3 | 纵断高程/mm | | — | +5，−15 | +5，−15 | +5，−20 | 水准仪：每 200m 测 4 个断面 | 1 |
| 4 | 宽度/mm | | 符合设计要求 | | 符合设计要求 | | 尺量：每 200m 测 4 处 | 1 |
| 5 | 厚度/mm | 代表值 | — | −10 | −10 | −12 | 按有关规定进行检查，每 200m 每车道 1 点 | 3 |
| | | 合格值 | — | −20 | −25 | −30 | | |
| 6 | 横坡/% | | — | ±0.5 | ±0.3 | ±0.5 | 水准仪：每 200m 测 4 个断面 | 1 |
| 7 | 强度/MPa | | 符合设计要求 | | 符合设计要求 | | 按有关规定进行检查 | 3 |

表 3-25　石灰稳定粒料（碎石、砂砾或矿渣等）基层和底基层实测项目

| 项次 | 检查项目 | | 规定值或允许偏差 | | | | 检查方法和频率 | 权值 |
|---|---|---|---|---|---|---|---|---|
| | | | 基层 | | 底基层 | | | |
| | | | 高速公路一级公路 | 其他公路 | 高速公路一级公路 | 其他公路 | | |
| 1 | 压实度/% | 代表值 | — | 97 | 96 | 95 | 按有关规定方法进行检查，每200m每车道2处 | 3 |
| | | 极值 | — | 93 | 92 | 91 | | |
| 2 | 平整度/mm | | — | 12 | 12 | 15 | 三米直尺：每200m测2处×10尺 | 2 |
| 3 | 纵断高程/mm | | — | +5，−15 | +5，−15 | +5，−20 | 水准仪：每200m测4个断面 | 1 |
| 4 | 宽度/mm | | 符合设计要求 | | 符合设计要求 | | 尺量：每200m测4处 | 1 |
| 5 | 厚度/mm | 代表值 | — | −10 | −10 | −12 | 按有关规定进行检查，每200m每车道1点 | 3 |
| | | 合格值 | — | −20 | −25 | −30 | | |
| 6 | 横坡/% | | — | ±0.5 | ±0.3 | ±0.5 | 水准仪：每200m测4个断面 | 1 |
| 7 | 强度/MPa | | 符合设计要求 | | 符合设计要求 | | 按有关规定进行检查 | 3 |

3. 外观鉴定

① 表面平整密实、无坑洼。不符合要求时，每处减1～2分。

② 施工接茬平整、稳定。不符合要求时，每处减1～2分。

## 第五节　级配碎（砾）石结构层施工

### 一、概述

级配碎石可以用于各级公路的基层和底基层。级配砾石、级配碎砾石以及符合级配、塑性指数在6或9以下的天然砂砾，可用于轻交通的二级和二级以下公路的基层以及各级公路的底基层。

级配碎石、级配砾石也可用于四级公路的面层。

级配碎石可用作较薄沥青面层与半刚性基层之间的中间层。

用于二级及二级以上公路基层和底基层的级配碎石，应由预先筛分的几组不同粒径的碎石及石屑组配组成；其他等级公路上，级配碎石可采用未筛分碎石和石屑组配。

级配碎石施工中缺乏石屑时，可以添加细砂砾或粗砂。也可以用颗粒组成合适的含细集料较多的砂砾与未筛分碎石组配成级配碎砾石。

可在天然砂砾中掺加部分碎石或轧碎砾石，以提高材料的强度和稳定性。

级配碎石施工中应遵循以下基本规定：

① 颗粒级配应符合规定。

② 配料必须准确。

③ 塑性指数应符合规定。

④ 混合料必须拌和均匀，没有粗细颗粒离析现象。

⑤ 在最佳含水率时进行碾压，当采用重型击实标准设计时，基层压实度应大于98%，CBR值不应小于100%；底基层压实度应大于96%，CBR值不应小于80%。

级配砾石施工中应遵循以下基本规定：

表 3-26　级配碎石混合料的级配组成

| 层位 | 通过下列筛孔质量分数/% | | | | | | | | | | | | | | 液限/% | 塑指/% | 备注 |
|---|---|---|---|---|---|---|---|---|---|---|---|---|---|---|---|---|---|
| | 37.5mm | 31.5mm | 26.5mm | 19mm | 16mm | 13.2mm | 9.5mm | 4.75mm | 2.36mm | 1.18mm | 0.6mm | 0.3mm | 0.15mm | 0.075mm | | | |
| 上基层 | | | 100 | | 85～100 | | 60～80 | 30～50 | | 15～30 | 10～20 | | | 0～5 | <25 | <8 | 防治反射裂缝过渡层 |
| 基层 | 100 | 90～100 | 79～95 | 60～85 | 53～80 | 48～74 | 40～65 | 25～50 | 18～40 | 13～32 | 9～25 | 6～20 | 3～13 | 0～7 | | | 连续型 |
| | | 100 | 90～100 | 75～95 | 66～88 | 59～82 | 46～71 | 30～55 | 18～40 | 13～32 | 9～25 | 6～20 | 3～13 | 0～7 | | | |
| | | 100 | 85～95 | 66～80 | 44～56 | 37～48 | 31～41 | 28～38 | 18～28 | 12～20 | 8～14 | 5～11 | 3～9 | 0～6 | | | 骨架密实型 |
| 底基层与垫层 | 95～100 | 85～95 | 75～90 | 60～82 | 53～78 | 48～74 | 40～65 | 25～50 | 18～40 | 13～32 | 9～25 | 6～20 | 3～13 | 0～7 | | | 连续型 |
| | 100 | 85～100 | 65～85 | | 42～67 | | 20～40 | 10～27 | | 8～20 | 5～18 | | | 0～10 | | | 骨架型 |
| | | 100 | 80～100 | | 56～87 | | 30～60 | 18～46 | | 10～33 | 5～20 | | | 0～10 | | | 连续型 |

注：1. 上基层是指沥青面层下与半刚性基层之间设置级配碎石，该层的级配宜符合此规定。

2. 潮湿多雨地区的基层塑性指数不大于 4%。

3. 为排水与防冻垫层时，其 0.075mm 通过率不超过 5%。

① 颗粒级配应符合规定。

② 配料必须准确。

③ 塑性指数应符合规定。

④ 混合料必须拌和均匀，没有粗细颗粒离析现象。

⑤ 在最佳含水率时进行碾压，当采用重型击实标准设计时，基层压实度应大于98%，CBR值不应小于80%；底基层压实度应大于96%，CBR值对于轻交通的公路不应小于40%，对于中等交通的公路不应小于60%。

级配碎石、级配砾石应使用12t以上的三轮压路机进行碾压，每层的压实厚度不应超过15～18cm。用重型振动压路机和轮胎压路机碾压时，每层的压实厚度可达20cm。

级配碎石、级配砾石基层未洒透层沥青或铺封层时，禁止开放交通，以保护表层不受破坏。

级配碎石用作半刚性路面的中间层以及用作二级以上公路的基层时，应采用集中厂拌法拌制混合料，并用摊铺机摊铺的混合料。

## 二、级配碎（砾）石结构层施工原材料选择

1. 级配碎石结构层使用的材料

① 各种类型的岩石（软质岩石除外）、圆石或矿渣均可作为轧制碎石的材料。圆石的粒径应是碎石最大粒径的3倍以上，矿渣应是已崩解稳定的，其干密度不小于960kg/m$^3$，且干密度和质量比较均匀。

碎石中针片状颗粒的总含量应不超过20%，且不含黏土块、植物等不利物质。

② 石屑或其他细集料可以使用一般碎石场的细筛余料，也可以利用轧制沥青表面处治和贯入式用石料时的细筛余料，或专门轧制的细碎石集料。亦可用天然砂砾或粗砂代替石屑，其颗粒尺寸应合适，必要时应筛除其中的超尺寸颗粒。天然砂砾或粗砂应有较好的级配。

③ 级配碎石分为骨架密实型和连续级配型，其集料的级配组成可参照表3-26确定。

④ 级配碎石所用石料的压碎值应符合表3-27的要求。

**表3-27　级配碎石基层、底基层的集料压碎值**

| 层位 \ 公路等级 | 高速、一级公路 | 二级公路 | 三、四级公路 |
|---|---|---|---|
| 基层 | ≤26% | ≤30% | ≤35% |
| 底基层 | ≤30% | ≤35% | ≤40% |

2. 级配砾石结构层使用的材料

① 级配砾石做基层时，砾石的最大粒径不应超过37.5mm；用作底基层时，砾石的最大粒径不应超过53mm。砾石颗粒中细长及扁平颗粒的含量不应超过20%。

② 级配砾石的级配组成应符合表3-28的要求，且级配宜接近圆滑曲线。

③ 级配砾石所用石料的压碎值应符合表3-29的要求。

3. 施工过程中对原材料的检查与要求

施工过程中，可参照表3-30的所列检查项目与频度，对各种原材料进行抽样试验，质量应符合现行施工技术规范规定的技术要求，每个检查项目的平行试验次数或一次试验的试样数必须按相关试验规程的规定进行，并以平均值评价是否合格。

**表 3-28　级配砾石结构层的级配组成**

| 层位 | 编号 | 通过下列筛孔质量分数/% | | | | | | | | | | 液限/% | 塑指/% |
|---|---|---|---|---|---|---|---|---|---|---|---|---|---|
| | | 53mm | 37.5mm | 31.5mm | 26.5mm | 19mm | 9.5mm | 4.75mm | 1.18mm | 0.6mm | 0.075mm | | |
| 砂石路面面层 | 1 | | 100 | 90～100 | | 65～85 | 45～70 | 30～55 | 20～37 | 15～25 | 7～12 | <43 | 12～21 |
| | 2 | | | 100 | 85～100 | 70～90 | 50～70 | 40～60 | 25～40 | 20～32 | 8～15 | <43 | 12～21 |
| | 3 | | | 100 | | 85～100 | 60～80 | 45～65 | 30～50 | 20～32 | 8～15 | <43 | 12～18 |
| 基层与底基层 | 1 | | 100 | 90～100 | | 65～85 | 45～70 | 30～55 | 15～35 | 10～20 | 4～10 | <28 | <9 |
| | 2 | | | 100 | 90～100 | 75～90 | 50～70 | 30～55 | 15～35 | 10～20 | 4～10 | <28 | <9 |
| | 3 | | | | 100 | 85～100 | 60～80 | 30～50 | 15～30 | 10～20 | 2～8 | <28 | <9 |
| 垫层 | 1 | 100 | | 90～100 | | 65～85 | | 30～50 | | 8～25 | 0～5 | <28 | <9 |

注：1. 面层上可不设磨耗层，若加铺磨耗层，0.5mm 以下细料含量和塑性指数宜用低限。

2. 潮湿多雨地区的基层塑性指数不大于 6%。

**表 3-29　级配砾石或天然砂砾基层、底基层的集料压碎值**

| 层位＼公路等级 | 高速、一级公路 | 二级公路 | 三、四级公路 |
|---|---|---|---|
| 基层 | — | | ≤35% |
| 底基层 | ≤30% | ≤35% | ≤40% |

**表 3-30　施工过程中材料质量检查项目与频度**

| 材料 | 检查项目 | 检查频度 | | 试验方法或试验规程 | 试验规程规定的平行试验数或一次试验的试样数 |
|---|---|---|---|---|---|
| | | 高速、一级公路 | 其他等级公路 | | |
| 碎石砾石 | 含水率 | 必要时 | 必要时 | T0305 烘干法、T0306 酒精燃烧法 | 每天使用前 2 个样品 |
| | 级配 | 随时 | 随时 | T0302、T0303 筛分法 | 每天使用前 2 个样品，使用过程中每 2000m³ 2 个样品 |
| | 压碎值 | 必要时 | 必要时 | T0316 | 每天使用前 2 个样品，砂砾使用过程中每 2000m³ 2 个样品，碎石种类变化重做 2 个样品 |
| | 针片状颗粒含量 | 随时 | 随时 | T0311 规准仪法 | 2～3 个样品 |
| 土 | 含水率 | 随时 | 随时 | T0305 烘干法、T0306 酒精燃烧法 | 每天使用前 2 个样品 |
| | 液限、塑限 | 必要时 | 必要时 | T0118 液塑限联合测定法、T0119 滚搓法 | 每天使用前 2 个样品，使用过程中每 2000m³ 2 个样品 |

## 三、级配碎（砾）石结构层施工的工艺流程

级配碎石结构层施工的方法分为路拌法施工和中心站（厂）集中厂拌法施工。用作高速公路、一级公路的基层时，级配碎石结构层宜采用厂拌法施工。级配砾石一般采用路拌法施工。

级配碎石路拌法施工的工艺流程通常按图 3-7 的顺序进行。

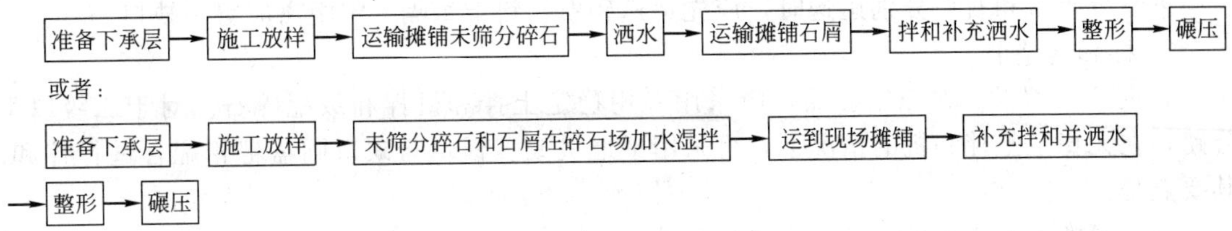


图 3-7　级配碎石路拌法施工工艺流程

级配砾石路拌法施工的工艺流程通常按图 3-8 的顺序进行。

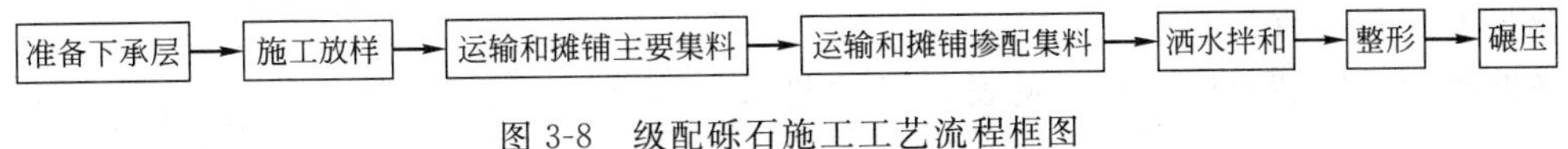


图 3-8　级配砾石施工工艺流程框图

**四、级配碎（砾）石结构层施工技术要点**

1. 级配碎石结构层施工技术要点

（1）路拌法施工

① 准备下承层

a. 下承层不宜做成槽式断面。

b. 其他规定与水泥稳定类结构层施工“准备下承层”相同。

② 施工放样　与水泥稳定类结构层施工“施工放样”相同。

③ 备料

a. 计算材料用量

（a）按照级配碎石规定的级配组成计算不同粒级碎石和石屑的配合比。

（b）根据各路段基层或底基层的宽度、厚度及规定的压实干密度，并按确定的配合比分别计算各段需要的未筛分碎石和石屑的数量或不同粒级碎石和石屑的数量，并计算每车料的堆放距离。

b. 未筛分碎石的含水率较最佳含水率宜大 1%左右。

c. 未筛分碎石和石屑可按预定比例在料场混合，同时洒水加湿，使混合料的含水率超过最佳含水率约 1%。

④ 运输和摊铺集料

a. 集料装车时，应控制每车料的数量基本相等。

b. 在同一料场供料的路段内，宜由远到近卸置集料。卸料距离应严格控制，避免料不够或过多。未筛分碎石和石屑分别运送时，应先运送碎石。

c. 料堆每隔一定距离应留一缺口。集料在下承层上的堆置时间不应过长。运送集料较摊铺集料工序宜只提前数天。

d. 应事先通过试验确定集料的松铺系数和松铺厚度。人工摊铺混合料时，其松铺系数约为 1.40～1.50；平地机摊铺混合料时，约为 1.25～1.35。

e. 用平地机或其他合适的机具将集料均匀地摊铺在预定的宽度上，表面应力求平整，并具有规定的路拱。应同时摊铺路肩用料。

f. 检查松铺材料层厚度，必要时应进行减料或补料工作。

g. 未筛分碎石摊铺平整后，在其较潮湿的情况下，将石屑按计算堆放的距离丈量好并卸下石屑。用平地机并辅以人工将石屑均匀摊铺在碎石层上。

h. 采用不同粒级的碎石和石屑时，应将大碎石铺于下层，中碎石铺于中层，小碎石铺于上层。洒水使碎石湿润后，再摊铺石屑。

未筛分碎石和石屑分别运送时，应先运送碎石。料堆每隔一定距离应留一缺口。

⑤ 拌和与整形

a. 对于二级及二级以上公路，应采用专用稳定土拌和机拌和级配碎石。对于二级以下公路，在无稳定土拌和机的情况下，可采用平地机或多铧犁与缺口圆盘耙相配合进行拌和。其要点是：

(a) 用稳定土拌和机时，应拌和 2 遍以上。拌和深度应直到级配碎石层底。在进行最后 1 遍拌和之前，必要时先用多铧犁紧贴底面翻拌 1 遍。

(b) 用平地机进行拌和时，宜翻拌 5～6 遍，使石屑均匀分布于碎石料中。平地机拌和的作业长度，每段宜为 300～500m。

平地机刀片安装角度与位置见表 3-31 和图 3-9。

**表 3-31　平地机刀片安装角度**

| 拌和条件 | 平面角 $\alpha$/(°) | 倾角 $\beta$/(°) | 切角 $\gamma$/(°) |
|---|---|---|---|
| 干　拌 | 30～50 | 45 | 3 |
| 湿　拌 | 35～40 | 45 | 2 |

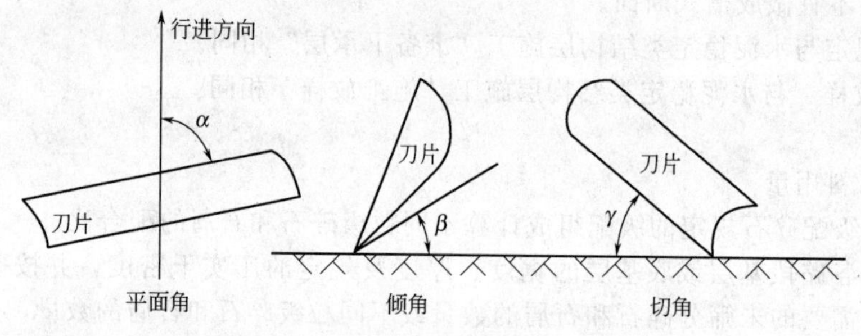


图 3-9　平地机刀片安装示意图

(c) 用缺口圆盘耙与多铧犁相配合拌和时，用多铧犁在前翻拌，圆盘耙紧跟在后面拌和，即采用边翻边耙的方法，共翻耙 4～6 遍。应随时检查调整翻耙的深度。用多铧犁翻拌时，第 1 遍由路中心开始，将混合料向中间翻，且机械应慢速前进。第 2 遍从两边开始，将混合料向外翻。

拌和结束时，混合料的含水量应均匀，并较最佳含水率大 1%左右，同时应没有粗细集料离析现象。

b. 使用在料场已拌和均匀的级配碎石混合料时，摊铺后混合料如有离析现象，应用平地机进行补充拌和。

c. 用平地机将拌和均匀的混合料按规定的路拱进行整平和整形，并注意消除粗细集料离析现象。

d. 用拖拉机、平地机或轮胎压路机在已初平的路段上快速碾压 1 遍，以暴露潜在的不平整。

e. 再用平地机进行整平和整形。

⑥ 碾压　整形后，当混合料的含水率等于或略大于最佳含水率时，立即用 12t 以上三轮压路机、振动压路机或轮胎压路机进行碾压。

a. 直线和不设超高的平曲线段，由两侧路肩开始向路中心碾压；在设超高的平曲线段，由内侧向外侧路肩进行碾压。

碾压时，后轮应重叠 1/2 轮宽；后轮必须超过两段的接缝处。后轮压完路面全宽时，即为 1 遍。碾压一直进行到要求的密实度为止。一般需压 6～8 遍，应使表面无明显轮迹。

压路机的碾压速度，头两遍以 1.5～1.7km/h 为宜，以后用 2.0～2.5km/h。

b. 路面的两侧应多压 2～3 遍。

c. 严禁压路机在已完成的或正在碾压的路段上掉头或急刹车。

d. 凡含土的级配碎石层，都应进行滚浆碾压，一直压到碎石层中无多余细土泛到表面为止。滚到表面的浆（或事后变干的薄土层）应清除干净。

⑦ 接缝的处理

a. 横缝的处理　两作业段的衔接处，应搭接拌和。第一段拌和后，留 5～8m 不进行碾压，第二段施工时，前段留下未压部分与第二段一起拌和、整平后进行碾压。

b. 纵缝的处理　应尽量避免纵向接缝。在必须分两幅铺筑时，纵缝应搭接拌和。前一幅全宽碾压密实后，在后一幅拌和时，应将相邻的前幅边部约 30cm 搭接拌和，整平后一起碾压密实。

（2）厂拌法施工

级配碎石混合料中心站拌和可采用强制式拌和机、卧式双转轴桨叶式拌和机、普通水泥混凝土拌和机等多种机械进行集中拌和。在正式拌和前，必须先调试所用厂拌设备。

① 混合料拌和

a. 不同粒级的碎石和石屑等细集料应隔离分别堆放。细集料应有覆盖，防止雨淋。

b. 不同粒级的单一尺寸碎石和石屑，应按预定配合比在拌和机内拌制混合料，使混合料的颗粒组成和含水率都能达到规定的要求。

c. 在采用未筛分碎石和石屑时，如未筛分碎石或石屑的颗粒组成发生明显变化，应重新调试设备。

② 混合料摊铺与整形

a. 级配碎石用于高速公路和一级公路时，应用沥青混凝土摊铺机或其他碎石摊铺机摊铺混合料，摊铺机后面应设专人消除粗细料离析现象。

b. 级配碎石用于二级和二级以下公路时，如没有摊铺机，也可用自动平地机（或摊铺箱）摊铺混合料。

（a）根据摊铺层的厚度和要求达到的压实干密度，计算每车混合料的摊铺面积。

（b）将混合料均匀地卸在路幅中央，路幅宽时，亦可卸成两行。

（c）用平地机将混合料按松铺厚度摊铺均匀。

（d）设一个 3 人的小组跟在平地机后面，及时消除粗细集料离析现象。对于粗集料“窝”和粗集料“带”，应添加细集料，并拌和均匀；对于细集料“窝”，应添加粗集料，并拌和均匀。

c. 用平地机摊铺混合料后的整形与级配碎石路拌法施工要求相同。

③ 碾压　采用振动压路机或三轮压路机进行碾压，其碾压方法与级配碎石路拌法施工要求相同。

④ 接缝的处理

a. 横向接缝处理

（a）用摊铺机摊铺混合料时，靠近摊铺机当天未压实的混合料，可与第二天摊铺的混合料一起碾压，但应特别注意对其含水率的检查控制。必要时应人工补充洒水，使其含水率达到规定的要求。

（b）用平地机摊铺混合料时，每天的工作缝与级配碎石路拌法施工要求相同。

b. 纵向接缝处理　应避免纵向接缝。如一台摊铺机摊铺宽度不够时，宜采用两台摊铺机一前一后相隔约 5～8m 同步向前摊铺。如仅有一台摊铺机时，可先在一条摊铺带上摊铺一定长度后，再开到另一条摊铺带上摊铺，然后一起进行碾压。

在不能避免纵向接缝的情况下，纵缝必须垂直相接，不应斜接，其处理方法如下：

(a) 在前一幅摊铺时，在靠后一幅的一侧应用方木或钢模板做支撑，方木或钢模板的高度与级配碎石层的压实厚度相同，并在摊铺后一幅之前，将方木或钢模板除去。

(b) 如在摊铺前一幅时未用方木或钢模板支撑，靠边缘的 30cm 左右难以压实，且形成一个斜坡，则在摊铺后一幅时，应先将未完全压实部分和不符合路拱要求部分挖松并补充洒水，待后一幅混合料摊铺后再一起进行整平和碾压。

**【注意事项】**

① 在施工中，要主要控制颗粒的级配组成，特别是其中粒径 4.75mm 以下及 0.6mm 以下和 0.075mm 以下的颗粒含量以及塑性指数。

② 严格控制级配集料的均匀性（包括级配组成和含水率）和压实度（或密实度）。

③ 级配集料（含未筛分碎石）底基层不宜做成槽式断面，宜做成全铺式断面，以利排除进入路面结构层的水。否则两侧要设置纵向盲沟。

④ 对未筛分碎石，一定要在较潮湿情况下才能往上铺撒石屑，否则一旦开始拌和，石屑就会落到底部。

⑤ 级配碎石基层未洒透层沥青或未铺封层时，禁止开放交通。

2. 级配砾石结构层施工技术要点

① 准备下承层和施工放样有关要求与级配碎石路拌法施工相同。

② 计算材料用量　根据各路段基层或底基层的宽度、厚度和预定的干密度，计算各段需要的集料数量。如级配砾石用两种材料合成时，分别计算两种集料的数量；根据料场集料的含水量以及运料车辆的吨位，计算每车材料的堆放距离。

③ 运输和摊铺集料

a. 集料装车时，每车料的数量应基本相等。

b. 同一料场供料的路段内，由远到近将料按上述计算的距离卸置于下承层上。严格控制卸料距离，避免料不够或过多。采用两种集料时，应先将主要集料运到路上，待主要集料摊铺后，再运另一种集料并摊铺。如两种集料的最大粒径相差很多，则要特别注意应在粗集料潮湿状态下摊铺细集料。料堆每隔一定距离应留一缺口。

c. 集料在下承层上的堆置时间不宜太长。运送集料较摊铺集料工序宜只提前数天。

d. 通过试验确定松铺系数，并确定松铺厚度。人工摊铺时，其松铺系数约为 1.40～1.50，平地机摊铺时，约为 1.25～1.35。

e. 用平地机或其他合适的机具将料均匀摊铺在预定的宽度上，表面应力求平整并有规定路拱。应同时摊铺路肩用料。

f. 检查松铺层厚度。

④ 拌和及整形

a. 用平地机拌和时，每一作业段长度宜为 300～500m。

(a) 拌和时平地机刀片安装的角度与级配碎石路拌法施工的要求相同。一般需拌和 5～6 遍。拌和过程中，用洒水车洒足所需的水分。

(b) 使用符合级配要求的天然砂砾时，如摊铺后有粗细颗粒离析现象，应用平地机进行补充拌和。

(c) 用平地机将拌和均匀的混合料按规定的路拱进行整平和整形。

(d) 用拖拉机、平地机或轮胎压路机在已初平的路段上快速碾压一遍，以暴露潜在的不平整，并再用平地机进行整平和整形。

b. 用拖拉机、牵引四铧犁或五铧犁进行拌和时，每一作业段长度宜为 100～150m。第 1

遍由路中心开始，将料向中间翻，同时机械慢速前进。第 2 遍则应从两边开始，将料向外翻。拌和过程中，用洒水车洒足所需水分。拌和遍数以双数为宜，一般需拌 6 遍，且无离析现象。然后用平地机或其他机具按规定路拱整平和整形。整形过程中，严禁任何车辆通行。

碾压、接缝处理等与级配碎石路拌法施工所述相同。

## 五、级配碎（砾）结构层施工过程中的质量控制

级配碎（砾）石结构层在铺筑过程中必须随时对铺筑质量进行检查、评定，质量检查的内容、频度、允许偏差参照表 3-32 的要求。

**表 3-32　级配碎（砾）结构层施工过程中工程质量的控制要求**

| 项　目 | 检查频度及单点检验评价方法 | 质量要求或允许偏差 | | 试验方法 |
|---|---|---|---|---|
| | | 高速、一级公路 | 其他等级公路 | |
| 级配 | 每 $2000m^2$ 1 次 | 在规定范围内 | | T0302、T0303 筛分法 |
| 含水率 | 据观察，随时 | 在规范规定范围内 | | T0801 烘干法、T0803 酒精燃烧法等 |
| 压实度 | 每一作业段或不超过 $2000m^2$ 检查 6 次以上 | 底基层 96%以上，基层 98%，中间层 100% | | T0304 网篮法或 T0308 容量瓶法 |
| 拌和均匀性 | 随时观察 | 无粗细集料离析现象 | | 表层观察、挖坑观察 |
| 承载比 | 每 $3000m^2$ 1 次，根据观察随时增加试验 | 不小于规定要求 | | 室内承载比试验 |
| 弯沉值检验 | 每一评定段（不超过 1km）每车道 40～50 个测点 | 97.7%概率的上波动界限不大于计算得到的容许值 | 95%概率的上波动界限不大于计算得到的容许值 | T0951 贝克曼梁弯沉仪法 |

## 六、级配碎（砾）结构层交工验收阶段质量检验

级配碎（砾）石结构层工程完工后，施工单位、工程监理单位和建设单位应按相同的工程项目划分进行工程质量的监控和管理。

按照《公路工程质量检验评定标准》（JTG F80/1—2004）的规定，级配碎（砾）石结构层工程质量检验评定时的基本要求、质量检验评定标准和外观鉴定等内容分述如下。

1. 基本要求

① 应选用质地坚韧、无杂质的碎石、砂砾、石屑或砂，级配应符合要求。

② 配料必须准确，塑性指数必须符合规定。

③ 混合料应拌和均匀，无明显离析现象。

④ 碾压应遵循先轻后重的原则，洒水碾压至要求的压实度。

2. 质量检验评定标准

级配碎（砾）石结构层交工验收阶段质量检验评定的实测项目、检查频度、质量要求或允许偏差等见表 3-33。

**表 3-33　级配碎（砾）石基层和底基层实测项目**

| 项次 | 检查项目 | | 规定值或允许偏差 | | | | 检查方法和频率 | 权值 |
|---|---|---|---|---|---|---|---|---|
| | | | 基层 | | 底基层 | | | |
| | | | 高速公路一级公路 | 其他公路 | 高速公路一级公路 | 其他公路 | | |
| 1 | 压实度/% | 代表值 | 98 | 98 | 96 | 96 | 按有关规定方法进行检查，每 200m 每车道 2 处 | 3 |
| | | 极值 | 94 | 94 | 92 | 92 | | |

续表

<table>
<tr><th rowspan="3">项次</th><th rowspan="3" colspan="2">检查项目</th><th colspan="4">规定值或允许偏差</th><th rowspan="3">检查方法和频率</th><th rowspan="3">权值</th></tr>
<tr><th colspan="2">基层</th><th colspan="2">底基层</th></tr>
<tr><th>高速公路<br>一级公路</th><th>其他公路</th><th>高速公路<br>一级公路</th><th>其他公路</th></tr>
<tr><td>2</td><td colspan="2">弯沉值/0.01mm</td><td colspan="2">符合设计要求</td><td colspan="2">符合设计要求</td><td>按有关规定进行检查</td><td>3</td></tr>
<tr><td>3</td><td colspan="2">平整度/mm</td><td>8</td><td>12</td><td>12</td><td>15</td><td>3m 直尺：每 200m 测 2 处×10 尺</td><td>2</td></tr>
<tr><td>4</td><td colspan="2">纵断高程/mm</td><td>+5，−10</td><td>+5，−15</td><td>+5，−15</td><td>+5，−20</td><td>水准仪：每 200m 测 4 个断面</td><td>1</td></tr>
<tr><td>5</td><td colspan="2">宽度/mm</td><td colspan="2">符合设计要求</td><td colspan="2">符合设计要求</td><td>尺量：每 200m 测 4 处</td><td>1</td></tr>
<tr><td rowspan="2">6</td><td rowspan="2">厚度/mm</td><td>代表值</td><td>−8</td><td>−10</td><td>−10</td><td>−12</td><td rowspan="2">按有关规定进行检查，每 200m 每车道 1 点</td><td rowspan="2">2</td></tr>
<tr><td>合格值</td><td>−15</td><td>−20</td><td>−25</td><td>−30</td></tr>
<tr><td>7</td><td colspan="2">横坡/%</td><td>±0.3</td><td>±0.5</td><td>±0.3</td><td>±0.5</td><td>水准仪：每 200m 测 4 个断面</td><td>1</td></tr>
</table>

3. 外观鉴定

表面平整密实，边线整齐，无松散。不符合要求时，每处减 1～2 分。

## 第六节　填隙碎石结构层施工

### 一、概述

填隙碎石适用于三、四级公路的基层和各级公路的底基层。

用单一粒径的粗碎石和石屑组成的填隙碎石可用干法施工，也可用湿法施工。干法施工的填隙碎石特别适宜于干旱缺水地区。

缺乏石屑时，可以添加细砾砂或粗砂等细集料，但其技术性能不如石屑。

填隙碎石的一层压实厚度，可取碎石最大粒径的 1.5～2.0 倍。

填隙碎石施工时应遵守下列规定：

① 细集料应干燥。

② 应采用振动轮每米宽质量不小于 1.8t 的振动压路机进行碾压。填隙料应填满粗碎石层内部的全部孔隙。碾压后，表面粗碎石间的孔隙既要填满，又不得使填隙料覆盖粗碎石集料而自成一层，表面应看得见粗碎石。

碾压后基层的固体体积率应不小于 85%，底基层的固体体积率应不小于 83%。

③ 填隙碎石基层未洒透层沥青或未铺封层时，禁止开放交通。

### 二、填隙碎石结构层施工原材料选择

① 填隙碎石用作基层时，碎石的最大粒径不应超过 53mm；用作底基层时，不应超过 63mm。

② 填隙碎石中的粗碎石可用具一定强度的各种岩石或漂石轧制（宜用石灰岩），但漂石的粒径应为粗碎石最大粒径的 3 倍以上；也可以用稳定的矿渣轧制，但其干密度和质量应比较均匀，且干密度不小于 960kg/m³。材料中的扁平、长条和软弱颗粒的含量不应超过 15%。

③ 填隙碎石使用的粗碎石，其颗粒组成应符合表 3-34 规定。

④ 粗碎石的压碎值，用作基层时不大于 26%；用作底基层时不大于 30%。

⑤ 填隙碎石中的填隙料宜具有表 3-35 所列的颗粒组成。采用表 3-34 中 1 号粗集料时，填隙料的标称最大粒径可为 9.5mm。

表 3-34　填隙碎石用粗碎石的颗粒组成

| 编号 | 通过质量分数/% 标称尺寸/mm | 筛孔尺寸/mm | | | | | | | |
|---|---|---|---|---|---|---|---|---|---|
| | | 63 | 53 | 37.5 | 31.5 | 26.5 | 19 | 16 | 9.5 |
| 1 | 30～60 | 100 | 25～60 | | 0～15 | | 0～15 | | |
| 2 | 25～50 | | 100 | | 25～50 | 0～15 | | 0～15 | |
| 3 | 20～40 | | | 100 | 35～70 | | 0～15 | | 0～5 |

表 3-35　填隙料的颗粒组成

| 筛孔尺寸/mm | 9.5 | 4.75 | 2.36 | 0.6 | 0.075 | 塑性指数 |
|---|---|---|---|---|---|---|
| 通过质量分数/% | 100 | 85～100 | 50～70 | 30～50 | 0～10 | <6 |

⑥ 凡是饮用水（含牲畜饮用水）均可用于施工。

施工过程中，可参照表 3-36 的所列检查项目与频度，对各种原材料进行抽样试验，质量应符合现行施工技术规范规定的技术要求，每个检查项目的平行试验次数或一次试验的试样数必须按相关试验规程的规定进行，并以平均值评价是否合格。

表 3-36　施工过程中材料质量检查项目与频度

| 材料 | 检查项目 | 检查频度 | | 试验方法或试验规程 | 试验规程规定的平行试验数或一次试验的试样数 |
|---|---|---|---|---|---|
| | | 高速、一级公路 | 其他等级公路 | | |
| 粗、细集料 | 含水率 | 必要时 | 必要时 | T0305 烘干法、T0306 酒精燃烧法 | 每天使用前 2 个样品 |
| | 颗粒组成 | 随时 | 随时 | T0302、T0303 筛分法 | 每天使用前 2 个样品，使用过程中每 $2000m^3$ 2 个样品 |
| | 压碎值 | 必要时 | 必要时 | T0316 | 每天使用前 2 个样品，砂砾使用过程中每 $2000m^3$ 2 个样品，碎石种类变化重做 2 个样品 |
| | 针片状颗粒含量 | 随时 | 随时 | T0311 规准仪法 | 2～3 个样品 |

## 三、填隙碎石结构层施工的工艺流程

填隙碎石结构层施工的方法为层铺法施工，又可分为干法施工和湿法施工两种方案。其施工工艺流程宜按图 3-10 的顺序进行。

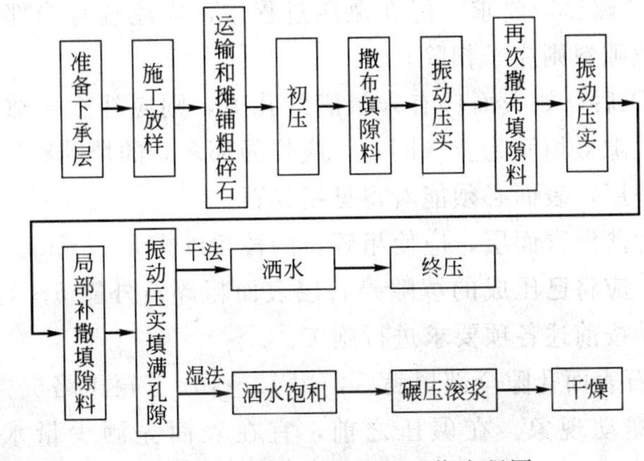


图 3-10　填隙碎石施工工艺流程图

## 四、填隙碎石结构层施工技术要点

1. 准备下承层和施工放样

与水泥稳定类结构层施工相同。

2. 备料

根据各路段基层或底基层的宽度、厚度及松铺系数，计算各段需要的粗碎石数量；根据运料车辆的车厢体积，计算每车料的堆放距离。

松铺系数一般为1.20～1.30，碎石最大粒径与压实厚度之比为0.5左右时，松铺系数为1.3，比值较大时，松铺系数接近1.2。

填隙料的用量约为粗碎石质量的30%～40%。

3. 运输和摊铺粗碎石

① 碎石装车时应控制每车装料的数量基本相等。

② 在同一料场供料的路段内，由远到近将粗碎石按“备料”中所计算的距离卸于下承层上。

卸料时要严格控制料堆的距离，防止出现有的路段料不够或料过多的现象。料堆每隔一定距离应留一缺口。

③ 用平地机或其他合适的机具将粗碎石均匀地摊铺在预定的宽度上，表面应力求平整，并有规定的路拱。应同时摊铺路肩用料。

④ 认真检查松铺材料层的厚度是否符合要求，必要时，应进行减料或补料。

4. 撒铺填隙料和碾压

(1) 干法施工

① 初压　用8t两轮压路机碾压3～4遍，使粗碎石稳定就位。在直线和不设超高的平曲线段上，碾压从两侧路肩开始，逐渐错轮向路中心进行；在设超高的平曲线段上，碾压从内侧路肩开始，逐渐错轮向外侧路肩进行。错轮时，每次重叠1/3轮宽。在第1遍碾压后，应再次找平；初压终了时，表面应平整，并具有要求的路拱和纵坡。

② 撒铺填隙料　采用石屑撒布机或类似的设备将干填隙料均匀地撒铺在已压稳的粗碎石层上，松铺厚度约2.5～3.0cm。必要时，用人工或机械扫匀。

③ 碾压　用振动压路机慢速碾压，将全部填隙料振入粗碎石间的孔隙中。如无振动压路机，可采用重型振动板。碾压方法与“初压”相同，但路面两侧应多压2～3遍。

④ 再次撒布填隙料　同“撒铺填隙料”要求，但松铺厚度约为2.0～2.5cm。

⑤ 再次碾压　同“碾压”要求，但在碾压过程中，应注意对局部填隙料的不足处用人工进行找补，多余的填隙料则应予扫除。

⑥ 整修　再次碾压后，如表面仍有未填满的孔隙，则应补撒填隙料，并用振动压路机继续碾压，直至全部孔隙被填满为止。同时，应将局部多余的填隙料铲除或扫除。填隙料不应在粗碎石表面自成一层，表面必须能看得见粗碎石。

如填隙碎石层上为薄沥青面层，应使粗碎石的棱角外露3～5mm。

当需分层铺筑时，应将已压成的填隙碎石层表面粗碎石外露5～10mm，然后再在其上摊铺第二层粗碎石，并按前述各项要求进行施工。

⑦ 终压　填隙碎石表面孔隙全部填满后，用12～15t三轮压路机再压1～2遍。在碾压过程中，不应有任何蠕动现象。在碾压之前，宜在表面先洒少量水，其量宜为3kg/m$^2$以上。

（2）湿法施工

① 开始工序与干法施工中①～⑥项要求相同。

② 粗碎石层表面孔隙填满后，应立即用洒水车洒水，直至饱和，但应注意避免多余水浸泡下承层。

③ 用12～15t三轮压路机跟在洒水车后进行碾压。在碾压过程中，将湿填隙料继续扫入所出现的孔隙中。需要时应添加新料。

洒水和碾压应一直进行到填隙料和水形成石粉浆为止。石粉浆应填塞全部孔隙，并在压路机轮前形成纹状微波。

④ 碾压完成的路段应让水分蒸发一段时间。结构层变干后，表面多余的细料或细料覆盖层均应扫除干净。

当需分层铺筑时，应待结构层变干后，将已压成的填隙碎石层表面的填隙料扫去一些，使表面粗碎石外露5～10mm，然后在其上摊铺第二层粗碎石，继续进行后续工序。

## 五、填隙碎石结构层施工过程中的质量控制

填隙碎石结构层在铺筑过程中必须随时对铺筑质量进行检查、评定，质量检查的内容、频度、允许偏差参照表3-37的要求。

**表3-37 填隙碎石结构层施工过程中工程质量的控制标准**

| 项 目 | 检查频度及单点检验评价方法 | 质量要求或允许偏差 | | 试验方法 |
|---|---|---|---|---|
| | | 高速、一级公路 | 其他等级公路 | |
| 颗粒组成 | 每2000m$^2$ 1次 | 在规定范围内 | | T0302、T0303筛分法 |
| 含水率 | 据观察，随时 | 在规范规定范围内 | | T0801烘干法、T0803酒精燃烧法等 |
| 压实度 | 每一作业段或不超过2000m$^2$检查6次以上 | 基层固体体积率85%，底基层固体体积率不小于83% | | T0304网篮法或T0308容量瓶法 |
| 承载比 | 每3000m$^2$1次，根据观察随时增加试验 | 不小于规定要求 | | 室内承载比试验 |
| 弯沉值检验 | 每一评定段(不超过1km)每车道40～50个测点 | 97.7%概率的上波动界限不大于计算得到的容许值 | 95%概率的上波动界限不大于计算得到的容许值 | T0951贝克曼梁弯沉仪法 |

## 六、填隙碎石结构层交工验收阶段质量检验

填隙碎石结构层工程完工后，施工单位、工程监理单位和建设单位应按相同的工程项目划分进行工程质量的监控和管理。

按照《公路工程质量检验评定标准》（JTG F80/1—2004）的规定，填隙碎石结构层工程质量检验评定时的基本要求、质量检验评定标准和外观鉴定等内容分述如下。

1. 基本要求

① 粗粒料应为质地坚韧、无杂质的轧制碎石，填缝料应为4.75mm以下的轧制细料或粗砂。

② 应用振动压路机碾压，使填缝料填满粗粒料空隙。

2. 质量检验评定标准

填隙碎石结构层交工验收阶段质量检验评定的实测项目、检查频度、质量要求或允许偏差等见表3-38。

表 3-38　填隙碎石（矿渣）基层和底基层实测项目

<table>
<tr><th rowspan="3">项次</th><th rowspan="3" colspan="2">检查项目</th><th colspan="4">规定值或允许偏差</th><th rowspan="3">检查方法<br>和频率</th><th rowspan="3">权值</th></tr>
<tr><th colspan="2">基层</th><th colspan="2">底基层</th></tr>
<tr><th>高速、一级公路</th><th>其他公路</th><th>高速、一级公路</th><th>其他公路</th></tr>
<tr><td rowspan="2">1</td><td rowspan="2">固体体积率/%</td><td>代表值</td><td>—</td><td>85</td><td>85</td><td>83</td><td rowspan="2">按有关规定方法进行检查，每 200m 每车道 2 处</td><td rowspan="2">3</td></tr>
<tr><td>极值</td><td>—</td><td>82</td><td>82</td><td>80</td></tr>
<tr><td>2</td><td colspan="2">弯沉值/0.01mm</td><td colspan="2">符合设计要求</td><td colspan="2">符合设计要求</td><td>按有关规定进行检查</td><td>2</td></tr>
<tr><td>3</td><td colspan="2">平整度/mm</td><td>—</td><td>12</td><td>12</td><td>15</td><td>三米直尺：每 200m 测 2 处×10 尺</td><td>2</td></tr>
<tr><td>4</td><td colspan="2">纵断高程/mm</td><td>—</td><td>+5，−15</td><td>+5，−15</td><td>+5，−20</td><td>水准仪：每 200m 测 4 个断面</td><td>1</td></tr>
<tr><td>5</td><td colspan="2">宽度/mm</td><td colspan="2">符合设计要求</td><td colspan="2">符合设计要求</td><td>尺量：每 200m 测 4 处</td><td>1</td></tr>
<tr><td rowspan="2">6</td><td rowspan="2">厚度/mm</td><td>代表值</td><td>—</td><td>−10</td><td>−10</td><td>−12</td><td rowspan="2">按有关规定进行检查，每 200m 每车道 1 点</td><td rowspan="2">2</td></tr>
<tr><td>合格值</td><td>—</td><td>−20</td><td>−25</td><td>−30</td></tr>
<tr><td>7</td><td colspan="2">横坡/%</td><td>—</td><td>±0.5</td><td>±0.3</td><td>±0.5</td><td>水准仪：每 200m 测 4 个断面</td><td>1</td></tr>
</table>

3. 外观鉴定

表面平整密实，边线整齐，无松散现象。不符合要求时，每处减 1～2 分。

## 第七节　水泥稳定碎石底基层施工方案示例

**【例 3-1】**

一、工程概况

某国道××改建工程 GDTJ.2 标起点桩号为 K2＋000，终点桩号为 K7＋000，全长 5km，主要工程内容包括：路基、雨水管线、桥梁、涵洞、水泥稳定碎石底基层、基层、防护及排水等工程。主要技术指标如下。公路等级：双向十车道一级公路。主线行车速度：100km/h。路基结构型式：路基全宽 60m，路基横断面自左向右为，边花坛 6m＋路缘带 0.75m＋快车道 18.75m＋路缘带 0.5m＋中央花坛 8m＋路缘带 0.5m＋快车道 18.75m＋路缘带 0.75m＋边花坛 6m。路面结构层：18cm 水泥稳定碎石底基层、36cm 水泥稳定碎石基层。路面横坡：路面为 1.5%，中花坛为 0%，边花坛为 1.5%。

二、试验路段的意义（略）

三、试验目的和要求及原材料管理

1. 试验目的

① 检验施工组织设计的合理性和可操作性。

② 证实拌和、摊铺和压实设备的效率和施工方法，施工组织的适应性。

③ 检验管理机构和劳动力组合的可靠性并适时调整优化。

④ 验证实验室理论配合比的科学性并确定不同情况下的施工配合比，同时证实混合料的稳定性。

⑤ 重点掌握基层施工工艺中各工序在不同环境条件下的最佳操作时间及工序间最佳衔接时间。

⑥ 收集现场第一手资料，总结经验，以便优化施工方案，确保大规模正式施工的顺利进行。

⑦ 保证各项技术指标达到设计要求。

2. 要求

通过在试验路段进行路面基层试验，确定正确的压实方法和为达到规定的压实度所需要的压实设备类型及其结合工序，同时确定各类压实设备在最佳组合下的各自压实遍数以及能被有效压实的压实层厚度、含水量等参数，以指导全线施工。要求通过试验段确定以下参数。

① 稳拌机的转速、斗门高度，配合比的控制检测（水泥剂量、含水量）；确定生产配合比。

② 运输车辆的数量、吨位。

③ 摊铺机的速度、松铺系数、高程控制方法；碾压机具的吨位、碾压遍数及压实工艺。

3. 原材料质量管理

① 碎石进入施工场地后，堆放在固定的位置。

② 水泥进入施工场地时应登记产地、品种、规格、批次等，并签发材料验收单。

③ 水泥应存放在干燥密闭的储仓中，以防止结块，其中进料或料源发生变化时，应检验是否合格。

④ 对原材料应按一定的数量做检查。

⑤ 对碎石的级配和压碎值的含量进行检验。

四、施工工艺

采用半幅双机联铺的施工方案，施工方法采用混合料厂拌、自卸车运输、摊铺机摊铺、压路机压实的全过程机械化施工。工艺流程为：验收下承层→施工放样→上料拌和→运输→混合料摊铺→碾压→养护。

1. 施工工艺流程图（见图 3-11）

2. 具体施工方法

(1) 施工放样　底基层施工前首先对路基进行验收，表面一定要清扫干净，并严格整形压实，使其符合规范要求。放样采用人工挂钢丝绳控制高程（两机相接处钢钎上不挂钢丝，采用搭放于钢钎上的移动式铝合金尺条代替钢丝线)：每 10m 在中、边线及两台摊铺机相接处各钉一钢钎，进行高程控制，钢丝绳张紧度应以两桩间（10m）挠度不超过 2mm 为准（水准仪进行检测）。

(2) 混合料最佳含水量、水泥剂量、碎石级配控制

① 最佳含水量控制　在正式拌制混合料之前，必须先调试所用的厂拌设备，使混合料的颗粒组成和含水量都达到规定的要求。进行现场调试的过程中确定施工配合比，将此配合比写在标牌上，挂在拌和机旁。本段试验段施工最佳含水量：4.4%；最大干密度：2.442g/cm$^3$；在生产过程中，拌和时含水量略大于最佳含水量 1%～2%，使混合料运到现场摊铺碾压时，接近最佳含水量。同时根据集料的含

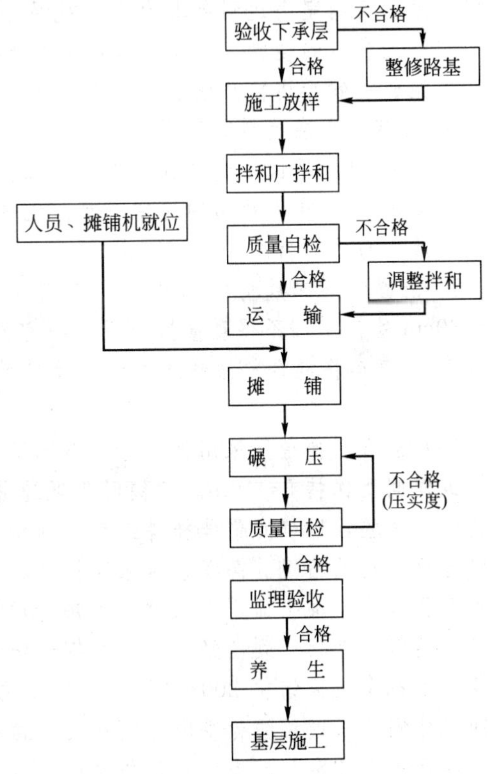

图 3-11　施工工艺流程

水量及时调整拌合料中的加水量，以免出现过干过湿的现象。试验段开工前对碎石用燃烧法快速测定其含水量，然后根据实测含水量和天气情况对混合料的含水量进行调整。

② 水泥剂量控制　按照实验室批复的配合比中的水泥用量进行试拌，开始铺筑前先从拌和机中的混合料取样试验一次，施工中按规范频率每 2000m$^2$ 做一次，不足 2000m$^2$ 也至少做一次，用滴定法试验，并与实际水泥剂量校核，如果小于设计水泥剂量 3.5%，增加水泥用量，再重新对混合料进行滴定试验，直到达到设计要求和满足施工规范要求为止，确保施工质量。

③ 碎石级配的控制　对碎石级配进行混合料筛分，按每 2000m$^2$ 做一次，每次开机时抽样试验，发现超出规范要求时，及时进行调整。原材料粒径发生变化时，必须重新进行筛分试验。

(3) 混合料的拌和

拌和厂设在国道旁，拌和设备采用一台 WCBD-600B 型稳定土拌和机，工地实验室配合拌和厂做好质量控制工作，主要控制混合料的配合比，即通过调整料斗下面的电机转速和斗门高低来控制各种材料的流量。同时还要控制好水泥剂量和拌和时的含水量。拌和厂根据施工情况将拌和设备调整到最佳配置，确保运转连续、拌和均匀，不要出现花白料。设计水泥剂量为 3.5%，根据以往施工经验，现场施工水泥剂量拟控制在 4%。

拌和厂生产过程中，实验室应随时抽检混合料的含水量和水泥剂量，立即通知拌和厂调整配合比，直到完全达到要求为止。对混合料的 7 天无侧限抗压强度进行检测。

(4) 混合料的运输　根据拌和厂的生产能力和作业的要求，项目部组织了足够的运输车辆，水泥稳定砂砾运输及施工时，常常发生粗细料离析现象。

① 自卸汽车在装料时采用前、后、中的装卸料方式，以减少材料离析现象。

② 混合料应尽快运送到铺筑现场，以防运输过程中水分损失过多。

③ 运输车辆在去现场的途中，尽量匀速行驶，避免大的颠簸，防止因车辆的颠簸而造成车内混合料的离析。

④ 配置了足够数量的大吨位自卸汽车，以保证摊铺连续作业。自卸汽车在离摊铺机 20～30cm 处停车，不得碰撞摊铺机，挂空挡，由摊铺机推动前进。

⑤ 当汽车将混合料倾卸入摊铺机受料斗时要像水库泄洪式卸入，而不能让材料滚动式卸入。

(5) 混合料摊铺　采用两台徐工 RP751 型摊铺机形成阶梯状进行底基层试验段的摊铺，两机纵向间距保持 5～10m。摊铺时先低速并匀速行驶，再根据现场摊铺质量慢慢提高摊铺速度进行试验，以确定最佳摊铺速度，摊铺时两台摊铺机前均保持 5 车以上混合料以减少摊铺机停机待料的情况。高程控制采取摊铺机传感器自动找平装置，即在摊铺机两侧挂钢丝，测量高程作为基准平面，采取这种方法时用紧线器拉紧钢丝，减少钢丝挠度而造成的高程不准确。运料车严禁开到已经抄过平的钢钎范围调头，避免碰倒钢钎或碾断钢丝绳，以免影响进度。运料车距摊铺机 200～250m 调头，然后运料车到摊铺机前进行摊铺。具体摊铺时，摊铺机外侧均以钢丝绳为基准控制高程，摊铺机后面应设专人消除粗细集料离析现象，特别是局部粗集料“窝”应该铲除，并且用新拌混合料填补。碾压后质检人员进行检测，用人工将出现的局部“小波浪”消除。

底基层的平整度除与压路机碾压有关外，还与摊铺机的摊铺密切相关。摊铺机停机待料一次，下次起步前行时，就会在熨平板落放的位置出现路线横向的波浪，造成局部不平整。因此施工过程中应尽量减少摊铺机中途停机的次数。每次停机起步时，摊铺速度应从零开始逐渐增加，同时，人工对起步处进行修整，并检测达到平整度的要求。要注意控制好中线和边线，以保证路面宽度。

摊铺过程中，当混合料从摊铺机传送带到螺旋往两侧送料的过程中，容易发生粗细料的离析现象，因此摊铺机后安排专人负责，当发生离析时，人工将粗料铲除，换以新料。同时配一名技术人员根据混合料的松铺系数，检测每个断面的纵横高程，以此及时调整摊铺厚度，使纵横高程符合标准。在摊铺过程中，现场及时取样，做 7 天无侧限抗压强度试验。

为了保证底基层摊铺边线整齐和边缘部位的压实度，在边线位置安装钢模板，模板高度同底基层压实厚度，摊铺时保证边缘填料饱满，碾压时压路机紧靠侧模进行碾压（但不能扰动模板）。

(6) 混合料的碾压　试验路选用两台单钢轮 220 型振动压路机、两台单钢轮 225 型振动压路机和两台 25t 胶轮压路机（XP261 型）进行组合碾压。

**【碾压方案一】** 先用单钢轮 220 型振动压路机静压 1 遍，然后先弱振 1 遍，再强振 1 遍，第 4、5 遍用单钢轮 225 型振动压路机振压 2 遍，最后用胶轮压路机碾压。

**【碾压方案二】** 先用单钢轮 225 型振动压路机静压 1 遍，再弱振 1 遍，然后用单钢轮 220 型振动压路机强振 2 遍，再用单钢轮 225 型振动压路机振压 1 遍，最后用胶轮压路机碾压。

现场试验人员在每碾压 2 遍后及时检测压实度，掌握碾压遍数与压实度之间的关系，并根据现场检测压实度数据确定碾压遍数和碾压机械组合方式。碾压方法：直线段和不设超高的平曲线段，由路肩向路中心碾压。设超高的平曲线段，由内侧向外侧进行碾压。碾压时，重叠 1/2 轮宽；后轮必须超过两段的接缝处，后轮压完路面全宽时，即为一遍。在规定的时间内碾压到要求的密实度。同时没有明显的轮迹。碾压过程中，水泥稳定土的表面应始终保持潮湿，如表层水蒸发得快，应及时补洒少量的水。严禁洒大水碾压，并且头两遍碾压速度要较慢。经现场试验人员检测，压实度、高程等各项技术指标达到技术规范要求后，应及时补充洒水，塑料薄膜覆盖进行养生。

(7) 横缝的处理　若因故中断时间超过 2～3h，则应将摊铺机附近及其下面未经压实的混合料铲除，并将已碾压密实且高程和平整度符合要求的末端挖成一横向（与路中心线垂直）垂直向下的断面，然后再摊铺新的混合料。而且开工前将接头部位用三米直尺测其平整度，将超出范围的部分用人工切除，断面与下承层垂直，杜绝斜接缝。

因为此段为不通车路段，必须半幅全断面施工，所以接缝的处理主要是横向接缝。横向接缝的处理方法为：作业接近完成时，将摊铺机的熨平板提起来，驶离混合料末端，人工将这些料摊开，铺筑厚度要略大于摊铺机摊铺的厚度，紧靠混合料放一根长方木，方木的高度应与混合料的压实厚度相同，在方木的下面挖一道槽，使方木更加固定。在方木的另一侧用砂砾或碎石回填 3～5m 长，高度略高于方木高度。整平方木两端的填料后即开始碾压，碾压成型后洒水养生，在下次摊铺之前，先将砂砾或碎石铲走，并取下方木，将下承层打扫干净后即可开始工作。

外观鉴定表面平整、密实，无坑洼，施工接茬平整、稳定。

(8) 现场压实度检测　采用灌砂法，根据碾压方案分别检测其压实度，分开记录，以确定不同方案的碾压遍数。现场检测压实度，若合格则检验下一段，若不合格继续振动碾压，直至完全满足压实度的要求。

(9) 松铺系数　在 K3＋590～K3＋710（右幅）试验段施工时，拟订松铺系数分别为 1.20、1.21、1.22、1.23、1.24，试验段平均分为五段，分别按拟订松铺系数进行摊铺厚度控制，分别在半幅路基宽左侧 1m、右侧 1m 处布点。每 30m 一段，每段 10m 为一个断面进行底基层高程的检测，记录数据，最后测其压实后的高程。根据所测的高程数据，计算高差，从而确定出合理的松铺系数及各压实设备的最佳碾压遍数。

(10) 养生　压实度检测合格后，立即洒水养生，然后用塑料薄膜覆盖，上面用砂粒压好以免被风吹掉，同时封闭交通。且养生期要在7天以上，养生期内要保持表面的湿润，并且严禁洒水车在养生区段内停留或调头。养生期满后，才可开放交通。

五、质量控制

1. 压实度、厚度

按频率目测压实度薄弱点，在复压结束后，用灌砂法跟踪检测，压实度不合格则继续碾压至检测合格；并在检测压实度的同时进行厚度检测，也可用测量基准线的高差进行厚度的控制。

2. 平整度、宽度

每完成一工作段及时用三米直尺检测平整度和钢尺检测宽度。

3. 高程、横坡度

在每个断面打三个钢钎桩（带托架），一个桩打在中线处，另一个打在边线处，第三个钢钎桩打在两台摊铺机相接处，然后根据底基层设计高程为基准抄平、中线及边线处挂钢丝，每段长度为80m，钢丝两头固定，用紧绳器将钢丝绳绷紧。在第三道钢钎上搭放铝合金尺条（尺条长略大于钢钎间距），前方摊铺机内侧传感器置于尺条上进行高程控制，现场备2～3把尺条交替使用，施工时随着摊铺机的前进设专人移动尺条并拆除后方钢钎桩。后方摊铺机摊铺时一侧传感器直接置于已摊铺工作面，另一侧传感器置于边缘高程控制线上进行高程控制。

4. 无侧限抗压强度

取样两组检测水泥剂量，并制取试样，以检测无侧限抗压强度，同时把水泥剂量的检测结果及时反馈至拌和厂，以便及时调整。

六、人员及设备

1. 人员计划（略）

2. 施工机械计划

| | | | |
|---|---|---|---|
| WCBD-600型稳定土拌和设备 | 1套 | 胶轮压路机(XP261型) | 2台 |
| 徐工RP751型稳定土摊铺机 | 2台 | 15t自卸车 | 10台 |
| 单钢轮振动压路机(220型) | 2台 | 10t洒水车 | 2台 |
| 单钢轮振动压路机(225型) | 2台 | | |

七、注意事项

① 路面底基层施工是技术人员、实验室、拌和厂、运输组、摊铺组、碾压组和质检人员的联合作业。施工时一定要紧密配合，切实搞好机械人员的调配工作。

② 机械是影响施工进度和质量的核心，因此，对各种机械要加强维护和检修，提高机械的使用效率，从而减少对施工的影响。

③ 加强施工现场、实验室与拌和厂的通信联系，混合料出现异常现象应及时反馈到拌和厂。

八、安全生产、文明施工（略）

九、环境保护措施

① 经理部建立环保机械和相应的规章制度，专人专项随时检查和定期组织大检查，环境工作与项目经理部及各作业队效益挂钩，奖优罚劣。

② 施工方案和施工工艺必须顾及环境保护工作，并获得监理工程师和当地环保部门批准认可后，方可进行施工。

③ 防止水土流失：在施工期间应始终保持工地的良好排水状态，修建一些临时排水沟渠，并与永久性排水设施相连接，且不得引起淤积和局部冲刷。

④ 冲刷与淤积：施工人员应采取有效预防措施，防止施工场所占用的或临时使用的土地受到冲刷。

⑤ 废料废方的处理：清理场地的废料等，应按监理工程师的批示运到适当地点并妥善处理。沥青面层废料不应随意丢弃，应运到指定地点掩埋。

⑥ 防止和减轻污染：沥青容易污染环境及其他结构表面，施工时要防止对路上的构造物、砌石、护栏、植被造成污染。同时防止在雨季暴雨时，雨水将废料冲刷排入地表及附近水域造成污染。施工机械应防止严重漏油。

⑦ 控制扬尘：为减少施工作业产生的灰尘，应随时进行洒水或其他抑尘措施，使不出现明显的扬尘。易于引起粉尘的细料或松散料应予覆盖。运输时应用帆布等遮盖物覆盖。施工便道应随时洒水润湿。

⑧ 控制噪声、废气污染。

⑨ 保护绿色植被：施工人员应保护现有绿色植被。若因修建临时工程破坏了现有的绿色植被，应负责在拆除临时工程后予以恢复。

## 本章小结

近年来，随着国民经济持续高速增长，我国公路交通状况出现了明显变化，交通量增长很快，重载车辆数量激增，超载车辆也较普遍，新的交通状况对路面结构，尤其是沥青路面基层提出了更高的技术质量要求。实践证明，沥青路面的使用性能与基层的设计和施工环节密切相关，许多沥青路面的早期破坏都是由于基层施工质量问题导致的，因此本章的内容在路面施工中占有突出的重要地位。

本章结合我国实际情况，阐述了常用的基层、底基层和垫层结构的材料选择、施工工艺、施工技术要点和质量检测方法等方面的内容，读者可以参考知识点分布框图进行学习，并关注相关学科的交叉知识点的内容。

1. 直接位于沥青面层下，用高质量材料铺筑的主要承重层或直接位于水泥混凝土面板下、用高质量材料铺筑的层次称为基层。在沥青路面基层下、用质量较次材料铺筑的次要承重层或在水泥混凝土路面基层下、用质量较次材料铺筑的辅助层称为底基层。垫层是介于土基与基层之间的结构层次，它的功能是改善土基的湿度和温度状况，以保证面层和基层的强度、刚度和稳定性不受土基水温状况变化所造成的不良影响，另一方面将基层传下的车辆荷载应力加以扩散，以减小土基所产生的应力和变形。

2. 我国公路路面符合上述要求的基层材料可分为柔性基层材料、半刚性基层材料、刚性基层材料。

3. 无机结合料稳定土的定义：在粉碎的或原来松散的土中掺入一定量的无机结合料（包括水泥、石灰、石灰与工业废渣）和水，经过拌和得到的混合料再经过摊铺、压实、养生后，抗压强度符合规定的要求时，称为无机结合料稳定土。

4. 无机结合料稳定类材料的刚度介于柔性材料和刚性材料之间，常称为半刚性材料。半刚性材料在使用中体现出的特性有：水稳定性好，板体性好，耐磨性差，易产生干缩和温缩裂缝。

5. 水泥稳定土强度形成主要有四个方面的作用：水泥的硬凝作用，离子交换作用，化学激发作用，碳酸化作用。影响水泥稳定土强度的因素主要有土质、水泥、含水率、施工工艺流程等。石灰稳定土强度形成主要有四个方面作用：离子交换作用，结晶作用，碳酸化作用，火山灰作用。影响石灰稳定土强度的因素主要有土质、灰质、石灰剂量、含水率、压实度、龄期、施工条件等。二灰稳定类材料中活性物质二氧化硅和三氧化二铝等的含量对于材料的性质影响很大，二灰稳定类材料具有水硬性、缓凝性、抗裂性、板体性、抗冻性等良好的工程品质。

6. 半刚性材料可以有选择地用于各级公路的基层、底基层和垫层。

7. 半刚性材料结构层施工的原材料试验项目有含水率测定、颗粒筛分、液限和塑限试验、相对密度、吸水率试验、压碎值试验、有机质和硫酸盐含量试验、石灰有效氧化钙和氧化镁含量测定、水泥强度等级和终凝时间测定、粉煤灰烧失量测定、粉煤灰化学成分及细度测定。

8. 高速公路和一级公路的半刚性基层、底基层应采用施工质量好、进度快的厂拌法施工，其他公路可以采用路拌法施工。

9. 水泥稳定类、石灰稳定类、二灰稳定类基层的施工流程可以简单归纳为：下承层准备与施工放样→备料→拌和与摊铺→碾压→养生和交通管制。每个步骤有相应的施工要点和控制要素。

10. 半刚性基层、底基层施工时要重视以下问题：施工季节与气温变化、混合料组成控制、混合料拌和的均匀性、摊铺与碾压质量、结构层接缝和调头的处理、水泥稳定类材料合理确定作业段长度。

11. 级配碎（砾）石基层路拌法施工流程是：准备下承层→施工放样→运输摊铺主集料→运输和摊铺掺配集料→洒水拌和→整形→碾压→做封层。厂拌法级配碎石混合料采用强制式拌和机、卧式双转轴桨叶式拌和机或普通水泥混凝土拌和机进行集中拌和，用沥青混凝土摊铺机、水泥混凝土摊铺机或稳定土摊铺机摊铺，这样的施工效果远好于路拌法。

12. 填隙碎石基层施工流程是：准备下承层→施工放样→运输和摊铺粗集料→稳压→撒布石屑→振动压实→第二次撒布石屑→振动压实→局部补撒石屑并扫匀→振动压实，填满空隙→洒水饱和（湿法）或洒少量水（干法）→碾压。运输和摊铺粗集料及振动压实是确保施工质量的关键。

13. 基层、底基层施工质量控制的内容包括原材料与混合料技术指标的检验、试验路段铺筑、施工过程中的质量控制与外观控制三大部分。

14. 基层、底基层施工完毕应进行交工检查验收，包括三个方面的内容：原材料与混合料质量、结构层施工质量、交工结构层的外观。

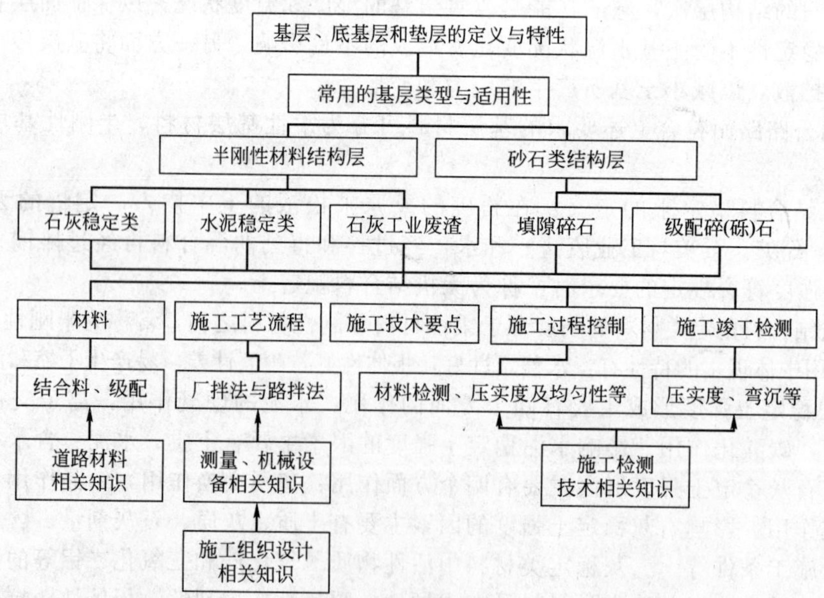

## 课后训练

1. 说明无机结合料稳定类材料的概念。
2. 说明级配碎石、填隙碎石的概念。
3. 水泥稳定土形成强度有哪几个作用?
4. 水泥稳定类材料、石灰稳定类材料、二灰稳定类材料做路面基层、底基层时，它们的适用范围如何?
5. 绘制水泥稳定类、石灰稳定类、二灰稳定类材料结构层中心站厂拌法施工工艺流程图。
6. 绘制水泥稳定类、石灰稳定类、二灰稳定类材料结构层路拌法施工工艺流程图。
7. 半刚性材料结构层施工中原材料检验需要进行哪些试验项目?
8. 半刚性材料结构层施工对气候温度有哪些要求?
9. 水泥稳定土路拌法施工要点有哪些?
10. 简要叙述水泥稳定土中心站集中厂拌法施工技术要点。
11. 水泥稳定土基层接缝和调头处应该进行怎样的处理。
12. 水泥稳定类、石灰稳定土、二灰稳定类材料结构层施工如何进行养生和交通管制?
13. 水泥稳定土路拌法施工，加水湿拌的要点有哪些?
14. 为了达到规定的压实标准，水泥稳定类基层碾压应掌握哪些技术要点?
15. 水泥稳定类基层路拌法施工，为什么要考虑作业段长度的划分? 在确定作业段的合理长度时，需要考虑哪些因素?
16. 说明级配碎石路拌法施工的工艺流程，并分析每个步骤的施工要点。
17. 说明填隙碎石施工的工艺流程。
18. 说明半刚性材料、级配碎石、填隙碎石结构层交工验收阶段的质量检验项目。

# 第四章 沥青路面施工

**知识目标**

1. 了解沥青路面的基本特性及分类方法；
2. 掌握沥青路面结构常用的原材料及沥青混合料的技术要求；
3. 掌握沥青贯入式结构层、沥青表面处治与封层的施工工艺流程；
4. 掌握沥青贯入式结构层、沥青表面处治与封层的施工技术要点；
5. 掌握热拌沥青混合料结构层的施工工艺流程；
6. 掌握热拌沥青混合料结构层的施工技术要点。

**技能目标**

1. 能在施工过程中对沥青类面层进行质量控制；
2. 能按施工规程规定的检测项目与检测方法进行沥青类路面结构施工质量检测；
3. 能准确分析热拌沥青混合料结构层施工中存在的质量问题，并能采取相应的处理措施；
4. 能准确判断各种沥青路面常见问题并分析原因，能采取相应措施予以处理；
5. 能完成第六章的沥青路面检测实训任务。

## 第一节 常用的沥青类路面结构

### 一、沥青路面的基本特性

沥青路面是以沥青材料作为结合料黏结矿料修筑面层与各类基层和垫层组合而成的路面结构。

由于沥青路面使用沥青作为结合料，因而增强了矿料间的黏结力，提高了混合料的强度和稳定性，使路面的使用质量和耐久性都得到大幅度提高。

与我国另一广泛使用的路面类型——水泥混凝土路面相比，沥青路面具有表面平整、无接缝、行车舒适、耐磨、振动小、低噪声、施工期短、养护维修简便、适宜分期修筑等特点。

沥青路面在世界上很多国家得到大范围使用，缘于其良好的基本性能。

① 足够的力学强度，能承受由车辆荷载传递到路面上的各种作用力；

② 具有一定的弹性和塑性变形能力，能承受应变而不破坏；

③ 与汽车轮胎的附着效果好，具备相应的抗滑性能，可保证行车安全；

④ 减振性能好，车辆高速行驶时平稳、低噪声；

⑤ 养护维修工作方便，旧沥青路面可再生利用。

### 二、沥青路面的基本使用性能

沥青路面属柔性路面范畴，其强度与稳定性在很大程度上取决于土基和基层的特性，因而要求土基和基层应具有足够的强度和稳定性。对软弱土基或翻浆路段，必须预先加以处理。

在低温时，沥青路面的抗变形能力很低，在寒冷地区为了防止土基的不均匀冻胀而使沥青路面开裂，需设置防冻层。

对交通量较大的路段，为使沥青路面具有一定的抗弯拉和抗疲劳开裂的能力，宜在沥青面层下设置沥青混合料的基层。

沥青材料的物理、力学性质受气候和时间因素的影响很大，这是沥青路面使用中的一个重要特点，针对这一特点，沥青路面必须满足下列基本要求。

1. 高温稳定性

沥青路面的高温稳定性通常是指高温季节时沥青混合料在车辆荷载作用下抵抗永久变形的能力。

如前述车辙、推移、拥包、搓板、泛油等现象均属于沥青路面高温稳定性不足的表现这种稳定性不足的问题主要出现在高温、低加荷速率以及路面材料抗剪切能力不足时。

对于渠化交通的沥青路面，高温稳定性问题主要表现为车辙的出现。而泛油是由于交通荷载作用使混合料内的集料不断挤紧、空隙减少，最终将沥青挤压到路面表面而令路面溜光，导致抗滑能力下降。

为了提高沥青路面的高温稳定性，通常首选使用稠度较大和黏结力较强的沥青，沥青混合料的抗剪切强度也较高。其次，矿料的级配组成、矿料颗粒形状和表面性质也影响沥青混合料的内摩擦角，矿料的颗粒尺寸增加，针片状颗粒含量减小都可使混合料的内摩擦角增大。因此，使用形状接近立方体、有棱角和表面粗糙的碎石以及增加碎石用量等，都可以提高沥青混合料的高温稳定性。

2. 低温抗裂性

裂缝是沥青路面的主要破坏形式之一。沥青路面在低温时变形能力差，所以在低温时发生的裂缝居多。

对沥青路面低温抗裂性的要求是：在低温状况下，沥青路面应具有较低的劲度和较大的抗变形能力，并且在行车荷载及其他因素反复作用下不致产生疲劳开裂。沥青路面的低温开裂主要有两种形式。

① 由于气温骤降使面层产生温度收缩变形，在有约束的条件下沥青面层内产生的温度拉应力超过沥青混合料的抗拉强度而形成的低温开裂；

② 由于一年四季气候的变化，温度循环导致沥青面层产生温度疲劳裂缝。

以上现象，从内因看与沥青混合料的性质有关，从外因看主要是外界环境温度的频繁变化所诱发，车辆荷载的作用起次要作用。

表观上看：①类裂缝多从路表面发生，自上而下发展，裂缝呈现等间距；②类裂缝主要发生在温度变化频繁的温和地域。

实验证明，使用稠度较低、温度敏感性低的沥青，可以减少或延缓路面的低温开裂；路面所在地区的温度越低，开裂一般越严重；沥青材料的老化，致使混合料变硬、变脆，因此对低温更为敏感，使路面产生开裂的可能性增大。

3. 沥青路面的水稳定性

沥青路面的水稳定性属于沥青路面的耐久性范畴。

沥青路面应具有抵抗温度、日照、空气氧化、水等各种气候因素作用的能力，即在上述因素作用下，沥青路面的性质不致很快失去正常工作能力（如出现丧失弹性、黏性、变脆，在行车荷载作用下碎裂，直至沥青和矿料脱离，路面松散等现象）。

沥青路面的水损坏包括两种过程：首先水浸入沥青中使沥青黏附性下降，导致混合料的强度和劲度下降；其次水进入沥青薄膜和集料之间，阻断沥青和集料的相互黏结，导致沥青从集料表面剥落。

改善沥青混合料水稳定性的措施主要有：使用水泥或消石灰处理集料表面，也可掺加抗剥落剂来提高沥青结合料与矿料之间的黏附性。国内外的经验证明，使用消石灰处理集料表面的效果较好，而且比较经济。

4. 沥青路面的抗疲劳性能

早在 1942 年 O. J. Porter 就注意到路面在车轮荷载重复作用几百万次后会遭到破坏，后来 L. W. Ni jbver 指出沥青路面寿命后期出现的裂缝与行驶车辆产生的弯曲应力超过了材料的抗弯强度有关，强调裂缝是疲劳的结果。

路面材料在承受重复荷载应力作用时，可能在低于静载一次作用下的极限应力值时出现破坏，这种材料强度的降低现象称为疲劳。

路面材料受重复荷载的作用在低于极限抗拉强度下而导致的破坏，称为疲劳破坏，导致疲劳破坏最终的荷载作用次数称为材料的疲劳寿命。

影响沥青路面疲劳特性的因素很多，除了与材料的性质（种类、组成等）、环境因素（温度、湿度等）有关外，还取决于沥青混合料的劲度。沥青混合料的压实度直接决定着沥青混合料的稳定度和劲度，也决定着混合料中的孔隙率。当沥青混合料结构层中的孔隙率较大时会增加沥青的氧化速度，增大与水的接触面积，因而减小其疲劳寿命。

5. 沥青路面的耐老化性能

沥青材料在沥青混合料的拌和、摊铺、碾压以及运营后的使用中，都存在老化问题。老化过程一般分两个阶段，即施工过程中的高温老化和路面使用过程中的长期老化。

沥青路面碾压成型以后，沥青混合料的抗老化能力不仅与沥青材料、日照、空气氧化等因素有关，还与沥青在混合料中的状态密切相关，比如混合料的空隙率变化、沥青用量等。

沥青混合料的老化将导致沥青路面使用性能的下降。

## 三、沥青路面的分类

1. 按强度构成原理分类

按沥青路面强度构成原理可分为密实型、嵌挤密实型、嵌挤型三类。

(1) 密实型沥青　结构层要求集料的级配按最大密实原则设计，颗粒尺寸连续多样，其强度和稳定性主要取决于沥青混合料的黏聚力和内摩阻力。此类路面的主要特点是空隙率较小（小于 10%），沥青混合料致密耐久，但热稳性较差。

(2) 嵌挤密实型沥青　结构层的粗集料嵌挤作用较好，设计空隙率较小（小于 10%），其强度和稳定性主要取决于沥青混合料的内摩阻力和黏聚力。此类路面的主要特点是沥青混合料致密耐久，热稳性也较好。

(3) 嵌挤型沥青　结构层要求采用颗粒尺寸较为均一的集料与沥青分层铺筑或采用开级配（半开级配）沥青碎石混合料铺筑，结构层的强度和稳定性主要依靠集料之间相互嵌挤产生的内摩阻力，而黏聚力则起次要作用。此类路面的主要特点是热稳性较好，但因空隙较大（大于 10%），易渗水，因而耐久性较差。

2. 按施工工艺分类

按施工工艺的不同，沥青路面可分为层铺法、路拌法和厂拌法三类。

(1) 层铺法　是用分层洒布沥青，分层铺撒矿料和碾压的方法修筑。其主要优点是工艺和设备简便、功效较高、施工进度快、造价较低；缺点是路面成型期较长，需要经过炎热季节行车碾压之后路面方能成型。用这种方法修筑的沥青路面有沥青表面处治和沥青贯入式两种。

(2) 路拌法　是在路上用机械将矿料和沥青材料就地拌和摊铺经碾压密实而成的沥青面

层。此类面层所用的矿料为碎（砾）石者称为路拌沥青碎（砾）石；所用的矿料为土者则称为路拌沥青稳定土。路拌沥青面层，通过就地拌和，沥青材料在矿料中分布比层铺法均匀，可以缩短路面的成型期。但因所用的矿料为冷料，需使用黏稠度较低的沥青材料，故沥青混合料的强度较低。

（3）厂拌法　是将规定级配的矿料和沥青材料在工厂用专用设备加热拌和，然后送到工地摊铺碾压而成的沥青路面。厂拌法按沥青混合料铺筑时温度的不同，又可分为热拌热铺和热拌冷铺两种：热拌热铺沥青混合料是在专用设备中加热拌和后立即趁热运到路上摊铺压实。如果沥青混合料加热拌和后储存一段时间再在常温下运到路上摊铺压实，即为热拌冷铺。厂拌法使用较黏稠的沥青材料，且矿料经过精选，因而沥青混合料质量高，使用寿命长，但修建费用也较高。

3. 按沥青路面技术特性分类

按面层的使用品质可分为沥青混凝土（AC）路面、沥青碎石（AM）路面、沥青玛蹄脂碎石（SMA）路面、沥青贯入式、沥青表面处治等类型。此外，近年来采用的新型路面结构有多碎石沥青混凝土（SAC）路面、大粒径沥青混凝土（LSAM）路面、开级配排水式抗滑磨耗层（OGFC）等。

（1）沥青表面处治　沥青表面处治路面是指用沥青和集料按层铺法铺筑而成的厚度不超过 3cm 的沥青面层。采用乳化沥青作为结合料时，称为乳化沥青表面处治路面。沥青表面处治结构层按层铺的次数及厚度可分为：单层式（厚度 1.0～1.5cm）、双层式（厚度 1.5～2.5cm）、三层式（厚度 2.5～3.0cm）。

沥青表面处治结构层按嵌锁原则修筑而成。它的主要作用是抵抗车轮磨耗，增强抗滑和防水能力，提高平整度，改善路面的行车条件。层铺法表面处治在施工完毕后，需经过行车进行补充碾压的作用，使其石料取得最稳定的嵌紧位置，并同沥青黏结牢固，这一过程称为“成型”阶段，由于成型期较长，加之质量不易保证，层铺法表面处治应注意初期养护。

沥青表面处治适用于三级、四级公路面层，旧沥青面层上加铺罩面、各级施工便道面层或磨耗层、抗滑层。

（2）沥青贯入式路面　沥青贯入式路面是在初步压实的碎石层上，分层浇洒沥青、撒布嵌缝料，或再在上部铺筑热拌沥青混合料封层，经压实而成的沥青路面。

沥青贯入式结构层是一种多孔结构，它的强度主要依靠碎石之间的嵌挤锁结作用，沥青只起黏结碎石的作用。该结构层厚度宜为 4～8cm。

沥青贯入式结构是一种多孔隙结构，尤以下部粗碎石之间的孔隙为大，为了防止路表水的浸入，沥青贯入式路面应设置封层（封层可分为上封层和下封层，厚度约 1cm，封层材料可选用单层式沥青表面处治或沥青砂）。

沥青贯入式路面施工较简便，不需要复杂的机具，但对碎石材料的要求较高，沥青用量也不易控制，并且施工质量同操作者的技术水平和经验有很大关系。

下部采用层铺法施工，上部铺筑热拌沥青混合料封层形成的沥青路面也叫做上拌下贯沥青路面。其总厚度宜为 7～10cm，其中拌和层的厚度宜为 2.5～4.0cm。它属于贯入式结构层，但综合了贯入式和热拌沥青混合料的施工特点，具有成型快、质量易控制、平整度较好等优点。

沥青贯入式路面适用于三级、四级公路。沥青贯入式结构层还适宜作为中、重等交通公路沥青混凝土路面的基层、底基层和改建工程的调平层。

（3）沥青稳定碎石混合料路面　沥青稳定碎石混合料路面简称沥青碎石路面，是由矿料和沥青组成具有一定级配要求的混合料修筑成的路面结构。按空隙率、集料最大粒径、添加矿粉数量的多少，分为密级配沥青稳定碎石（ATB）、开级配沥青碎石（OGFC 表面层及 ATPB 基层）、半开级配沥青碎石（AM）。

其中比较常见的半开级配沥青碎石路面（AM）的空隙率较大（大于 10%），且混合料中仅有少量的矿粉或没有矿粉，其强度以石料间的嵌挤为主，黏结为辅。沥青碎石（AM）与沥青混凝土（AC）的主要区别仅在于是否加矿粉填料及矿料级配比例是否严格，其实质是混合料的空隙率不同。

半开级配沥青碎石路面（AM）的热稳性较好，但因其空隙较大，易渗水，因而耐久性较差。

半开级配沥青碎石路面（AM）适用于三级、四级公路。

（4）沥青玛蹄脂碎石路面　沥青玛蹄脂碎石路面是指用沥青玛蹄脂碎石混合料（stone mastic asphalt，SMA）作为面层或抗滑层的沥青路面。

沥青玛蹄脂碎石混合料是一种以沥青结合料与少量的纤维稳定剂、细集料以及较多的填料（矿粉）组成的沥青玛蹄脂填充于间断级配的粗集料骨架的间隙，组成一体的沥青混合料，简称 SMA。

SMA 的结构组成可概括为“三多一少”，即粗集料多、矿粉多、沥青多、细集料少。

由于粗集料良好的嵌挤作用，混合料有非常好的高温抗车辙能力，同时由于沥青玛蹄脂良好的黏结作用，混合料的低温变形性能和水稳定性也有较多的改善。添加纤维稳定剂，使沥青结合料保持高黏度，其摊铺和压实效果较好。间断级配在表面形成大孔隙，构造深度大，抗滑性能好。同时混合料的空隙率又很小，耐老化性能及耐久性都很好，从而全面提高了沥青混合料的路面性能。

（5）沥青混凝土路面　沥青混凝土路面是指按级配原理选配的矿料与适量的沥青在严格控制条件下均匀拌和，经摊铺压实而成型的沥青路面。

沥青混凝土是按密级配原理严格配制的混合料。它含有较多的细料，特别是一定数量的矿粉，使矿料同沥青相互作用的表面积大大增加，因而混合料的黏聚力在强度构成上占有主导地位。但黏聚力受温度影响大，如配料不当，特别是沥青用量过多，热稳性就较差，抗滑性能也不好。沥青混凝土由于本身的结构强度高，若基层坚实，路面结构合理，可以承受繁重交通；又因空隙率小，受水和空气等的侵蚀作用小，故耐久性好，使用寿命长。

沥青混凝土路面适用于各级公路，设计时可按不同等级的公路来选用不同厚度的沥青面层。

（6）多碎石沥青混凝土　多碎石沥青混凝土（SAC）是粗集料间断级配沥青混凝土中的一种。它是采用较多的粗碎石形成骨架，沥青砂胶填充骨架中的空隙并使骨架胶合在一起而形成的沥青混合料形式。具体组成为：粗集料含量 69%～78%，矿粉 6%～10%，油石比 5%左右。

实践证明，多碎石沥青混凝土面层既能提供较深的表面构造，又具有较小空隙及较小透水性，同时还具有较好的抗形变能力和表面构造深度。

自 1988 年沙庆林院士首次提出了多碎石沥青混凝土的理论以来，多碎石沥青混凝土路面已在我国 1000 多千米的高速公路上得到应用。

（7）大粒径沥青混凝土　通常所说的大粒径沥青混合料（large-stone asphalt mixes，LSAM）一般是指含有最大粒径为 25～53mm 的矿料的热拌热铺沥青混合料。

该混合料具有以下优点：①具有抵抗较大的塑性、剪切变形和较好的抗车辙能力，能够承受重载交通的作用，提高了沥青路面的高温稳定性；②大粒径集料的增多和矿粉用量的减小，使得在不减小沥青膜厚度的前提下，减小了沥青总用量，从而降低工程造价；③可一次性摊铺较大的厚度，缩短工期；④沥青层内部储温能力高，热量不易散失，利于寒冷季节施工，延长施工期。

该混合料是为重交通荷载而开发的，粗集料嵌锁成骨架，细集料填充空隙而构成密实型或骨架空隙型结构，以抵抗较大的永久变形。LSAM适用于作为柔性基层，其上的细集料表面层在保证必需的铺筑厚度和压实性的前提下，应当尽可能减薄其厚度，以便最大限度地发挥LSAM的能力。LSAM的铺筑厚度一般为矿料粒径的2.5倍，或者为最大公称粒径的3倍。当LSAM集料的最大粒径为38mm时，路面厚度通常为9.6～10cm，LSAM集料的最大粒径为53mm时，路面厚度通常为11～13cm。

（8）大孔隙开级配抗滑磨耗层　开级配抗滑磨耗层（open-graded friction courses，OGFC）属于沥青稳定碎石混合料结构层的一种，是指用大孔隙的沥青混合料铺筑，能迅速从其内部排走路表雨水，具有抗滑、抗车辙及降低噪声的沥青路面。设计空隙率大于18%，具有较强的结构排水能力，适用于多雨地区修筑沥青路面的表层或磨耗层。

## 四、沥青路面结构层的适用性

选择合理的沥青类路面形式，应考虑公路的位置和功能、工程期限等要求，同时还应充分考察当地工程材料的供应情况、施工条件等因素。

我国《公路沥青路面施工技术规范》（JTG F40—2004）规定：高速公路及一级公路的表面层、中面层、下面层应采用沥青混凝土，二级公路的表面层应采用沥青混凝土。

工程实践中可参照表4-1和以下原则选定。

**表4-1　沥青路面的适用范围**

| 路面类型 | 适用范围 |
| --- | --- |
| 沥青混凝土(AC) | 各级公路面层 |
| 沥青表面处治 | 三级及以下公路面层、养护罩面、磨耗层 |
| 沥青贯入式 | 三级及以下公路面层、沥青面层连接层、基层 |
| 沥青玛蹄脂碎石(SMA) | 高速、一级公路表面层 |
| 半开级配沥青碎石(AM) | 三级及以下公路面层、改建工程的调平层 |
| 设计空隙率3%～6%粗粒式及特粗式的密级配沥青稳定碎石混合料(ATB) | 基层 |
| 设计空隙率大于18%的粗粒式及特粗排水式沥青稳定碎石混合料(ATPB) | 排水基层 |
| 设计空隙率大于18%的细粒排水式沥青碎石混合料(OGFC) | 高速行车、多雨潮湿、不易被尘土污染、非冰冻地区铺筑排水式沥青路面磨耗层和排水路面的表面层 |

① 我国参照国际上近来的发展，对沥青混合料进行多种分类，按公称最大粒径分为砂粒式、细粒式、中粒式、粗粒式、特粗式，按空隙率分为密级配（3%～6%）、半开级配（6%～12%）、开级配（排水式、18%以上）。

a. 特粗式沥青混合料适用于基层，粗粒式沥青混合料适用于下面层或基层，中粒式沥青混合料适用于中面层和表面层，细粒式沥青混合料适用于表面层和薄层罩面，砂粒式沥青混合料适用于非机动车道或行人道路。对高速公路及一级公路，除沥青稳定碎石基层外，通常宜选用公称最大粒径为13.2～26.5mm的沥青混合料。

b. 对沥青层较厚的高速公路及一级公路：

(a) 潮湿区和湿润区的路面上面层应符合潮湿条件下的抗滑要求，抗滑性能不符合要求时，宜铺筑抗滑磨耗层。在寒冷地区，表面层应考虑低温抗裂性能的要求。

(b) 三层式面层的中面层或双层式面层的下面层应重点满足混合料的高温抗车辙性能。下面层应在满足高温抗车辙性能的基础上，重点考虑抗疲劳性能及抗裂性能的要求。

(c) 除排水式沥青混合料外，每一层都应该考虑密水性，当上层属渗水性结构层时，层间或下层应采取防渗水或排水措施。高速公路的紧急停车带（硬路肩）沥青面层宜采用与车行道相同的结构，但表面层宜采用密级配沥青混凝土混合料铺筑。

② 沥青类路面一般不宜铺筑在纵坡大于6%的路段上。在纵坡大于3%的路段，考虑抗滑的宜采用粗粒式的沥青碎石或粗粒式沥青混凝土做面层。

**五、沥青路面的功能性结构层**

沥青路面的功能性结构层包括透层和黏层。

1. 透层

为使沥青面层与非沥青材料基层结合良好，在基层上喷洒液体石油沥青或乳化沥青或煤沥青而形成的透入基层表面一定深度的薄层，称为透层，也称为透层沥青或透层油。

沥青类面层下的级配砂砾、级配碎石基层及水泥、石灰、粉煤灰等无机结合料稳定土或粒料的半刚性基层上必须浇洒透层沥青。

2. 黏层

为加强路面沥青层与沥青层之间、沥青层与水泥混凝土路面之间的黏结而洒布的沥青材料薄层，称为黏层，也称为黏层沥青或黏层油。

黏层是加强面层间结合的一种措施。符合下列情况之一时，必须喷洒黏层油。

① 双层式或三层式热拌热铺沥青混合料路面的沥青层之间。

② 水泥混凝土路面、沥青稳定碎石基层或旧沥青路面上加铺沥青层。

③ 路缘石、雨水口、检查井等构造物与新铺沥青混合料接触的侧面。

## 第二节 沥青路面的原材料

**一、概述**

沥青路面结构层施工用到的原材料主要包括各种沥青、粗集料、细集料、填料、纤维稳定剂等。

在沥青路面建设过程中，材料起着至关重要的作用，有些新建的高速公路沥青路面出现早期损坏，材料问题是其中主要原因之一。因此，在施工中一定要把好材料关，以试验为依据，严格控制材料质量，坚决杜绝使用不符合要求的材料而造成损失的情况发生。

施工时，对经招标程序购进的沥青、集料等重要材料，供货单位必须提交最新检测的正式试验报告。从国外进口的材料应提供该批材料的船运单。对首次使用的集料，应检查生产单位的生产条件、加工机械、覆盖层的清理情况。所有材料都应按有关规定取样检测，经质量认可后方可订货。

各种材料都必须在施工前或施工过程中以“批”为单位进行质量检验，经评定合格后方可使用，不得以供应商提供的检测报告或商检报告代替现场检测。不符合现行的《公路沥青路面施工技术规范》(JTG F40—2004) 技术要求的材料不得进场。

对各种矿料是以同一料源、同一次购入并运至生产现场的相同规格材料为一“批”；对沥青是指从同一来源、同一次购入且储入同一沥青罐的同一规格的沥青为一“批”。材料试样的取样数量与频度按现行试验规程的规定进行。

除长期不使用的沥青可放在自然温度下存储外，沥青在储罐中的储存温度不宜低于130℃，并不得高于170℃。桶装沥青应直立堆放，加盖苫布。

使用成品改性沥青的工程，应要求供应商提供所使用的改性剂型号、基质沥青的质量检测报告。使用现场改性沥青的工程，应对试生产的改性沥青进行检测。质量不合格的不可使用。

沥青路面集料的选择必须经过认真的料源调查，确定料源应尽可能就地取材。质量符合使用要求，石料开采必须注意环境保护，防止破坏生态平衡。集料粒径规格以方孔筛为准。不同料源、品种、规格的集料不得混杂堆放。

## 二、沥青材料

沥青路面使用的沥青包括道路石油沥青、乳化沥青、液体石油沥青、煤沥青、改性沥青、改性乳化沥青等。

沥青路面施工中使用最为广泛的是道路石油沥青。

道路石油沥青分为 160 号、130 号、110 号、90 号、70 号、50 号、30 号共 7 个标号，每个标号分为 A、B、C 三个等级，适用范围见表 4-2。

**表 4-2 道路石油沥青的适用范围**

| 沥青等级 | 适用范围 |
|---|---|
| A 级沥青 | 各个等级公路，适用于任何场合和层次 |
| B 级沥青 | 1. 高速公路、一级公路沥青下面层及以下的层次，二级及二级以下公路的各个层次；<br>2. 用作改性沥青、乳化沥青、改性乳化沥青、稀释沥青的基质沥青 |
| C 级沥青 | 三级及三级以下公路的各个层次 |

在进行道路石油沥青质量检测评定时需注意以下事项。

① 试验方法按照现行《公路工程沥青及沥青混合料试验规程》（JTJ 052—2000）规定的方法执行。用于仲裁试验求取针入度指数 PI 时的 5 个温度的针入度关系的相关系数不得小于 0.997。

② 经建设单位同意，沥青的 PI 值、60℃动力黏度、10℃延度可作为选择性指标，也可不作为施工质量检验指标。

③ 70 号沥青可根据需要要求供应商提供针入度范围为 60～70 或 70～80 的沥青，50 号沥青可要求提供针入度范围为 40～50 或 50～60 的沥青。

④ 30 号沥青仅适用于沥青稳定基层。130 号和 160 号沥青除寒冷地区可直接在中、低级公路上应用外，通常用作乳化沥青、稀释沥青、改性沥青的基质沥青。

各种沥青的技术要求请参照现行的《公路沥青路面施工技术规范》（JTG F40—2004）的相关规定。

## 三、粗集料

沥青层用粗集料包括碎石、破碎砾石、筛选砾石、钢渣、矿渣等。高速公路和一级公路沥青路面必须采用碎石或破碎砾石，不得使用筛选砾石和矿渣。粗集料必须由具有生产许可证的采石场生产或施工单位自行加工。

粗集料应该洁净、干燥、表面粗糙，形状接近立方体，且无风化、无杂质，并具有足够的强度和耐磨耗性能。其质量应符合《公路沥青路面施工技术规范》（JTG F40—2004）的相关规定。

当单一规格集料的质量指标达不到有关规定要求，而按照集料配合比计算的质量指标符合要求时，工程上允许使用。

对受热易变质的集料，宜采用经拌和机烘干后的集料进行检验。

在进行沥青层用粗集料质量技术评定时需注意以下事项。

① 坚固性试验可根据需要进行。

② 用于高速公路、一级公路时，多孔玄武岩的视密度可放宽至 2.45t/m³，吸水率可放宽至 3%，但必须得到建设单位的批准，且不得用于 SMA 路面。

③ 对 S14 即公称粒径 3～5mm 规格的粗集料，针片状颗粒含量可不予要求，<0.075mm 含量可放宽到 3%。

高速公路、一级公路沥青路面表面层（或磨耗层）粗集料的磨光值应符合《公路沥青路面施工技术规范》(JTG F40—2004) 的有关要求。除 SMA、OGFC 路面外，允许在硬质粗集料中掺加部分较小粒径的磨光值达不到要求的粗集料，其最大掺加比例由磨光值试验确定。

粗集料与沥青的黏附性应符合《公路沥青路面施工技术规范》(JTG F40—2004) 的有关要求。当使用不符合要求的粗集料时，宜掺加消石灰、水泥或用饱和石灰水处理后使用，必要时可同时在沥青中掺加耐热、耐水、长期性能好的抗剥落剂，也可采用改性沥青的措施，使沥青混合料的水稳定性检验达到要求。掺加外加剂的剂量由沥青混合料的水稳定性检验确定。

筛选砾石仅适用于三级及三级以下公路的沥青表面处治路面。

经过破碎且存放期超过 6 个月以上的钢渣可作为粗集料使用。除了吸水率允许适当放宽外，各项质量指标应符合《公路沥青路面施工技术规范》(JTG F40—2004) 的有关要求。钢渣在使用前应进行活性检验，要求钢渣中的游离氧化钙含量不大于 3%，浸水膨胀率不大于 2%。

**四、细集料**

沥青路面的细集料包括天然砂、机制砂、石屑。

细集料必须由具有生产许可证的采石场、采砂场生产。

细集料应洁净、干燥、无风化、无杂质，并有适当的颗粒级配，其质量应符合《公路沥青路面施工技术规范》(JTG F40—2004) 的规定。

细集料的洁净程度，天然砂以小于 0.075mm 含量的百分数表示，石屑和机制砂以砂当量（适用于 0～4.75mm）或亚甲蓝值（适用于 0～2.36mm 或 0～0.15mm）表示。

天然砂可采用河砂或海砂，通常宜采用粗、中砂，规格应符合《公路沥青路面施工技术规范》(JTG F40—2004) 的规定。砂的含泥量超过规定时应水洗后使用，海砂中的贝壳类材料必须筛除。热拌密级配沥青混合料中天然砂的用量不宜超过集料总量的 20%，SMA 和 OGFC 混合料不宜使用天然砂。

石屑是指采石场破碎石料时通过 4.75mm 或 2.36mm 的筛下部分，其规格应符合《公路沥青路面施工技术规范》(JTG F40—2004) 的要求。高速公路和一级公路的沥青混合料，宜将 S14（公称粒径 3～5mm）与 S16（公称粒径 0～3mm）组合使用，S15（公称粒径 0～5mm）可在沥青稳定碎石基层或其他等级公路中使用。

机制砂宜采用专用的制砂机制造，并选用优质石料生产，其级配应符合 S16 的要求。

**五、填料**

沥青混合料的矿粉必须采用石灰岩或岩浆岩中的强基性岩石等憎水性石料经磨细得到的矿粉，原石料中的泥土杂质应除净。

矿粉应干燥、洁净，能自由地从矿粉仓流出，其质量应符合《公路沥青路面施工技术规范》(JTG F40—2004) 的规定。

拌和机的粉尘可作为矿粉的一部分回收使用，但每盘用量不得超过填料总量的 25%，掺有粉尘填料的塑性指数不得大于 4%。

粉煤灰作为填料使用时，用量不得超过填料总量的 50%，粉煤灰的烧失量应小于 12%。与矿粉混合后的塑性指数应小于 4%，其余质量要求与矿粉相同。高速公路、一级公路的沥青面层不宜采用粉煤灰做填料。

## 六、纤维稳定剂

在沥青混合料中掺加的纤维稳定剂宜选用木质素纤维、矿物纤维等。

木质素纤维的质量应符合《公路沥青路面施工技术规范》(JTG F40—2004) 的规定。

纤维应在 250℃的干拌温度不变质、不发脆，使用纤维必须符合环保要求，不危害身体健康。矿物纤维宜采用玄武岩等矿石制造，易影响环境及造成人体伤害的石棉纤维不宜直接使用。纤维必须在混合料拌和过程中能充分分散均匀。

纤维应存放在室内或有棚盖的地方，松散纤维在运输及使用过程中应避免受潮，不结团。

纤维稳定剂的掺加比例以沥青混合料总量的质量分数计算，通常情况下用于 SMA 路面的木质素纤维不宜低于 0.3%，矿物纤维不宜低于 0.4%，必要时可适当增加纤维用量。纤维掺加量的允许误差宜不超过±5%。

## 七、施工过程中对原材料的检验

沥青路面结构施工过程中，应按照表 4-3 所列的检查项目与频度，对各种原材料进行抽样试验，质量应符合现行施工技术规范规定的技术要求，检验过程、平行试验次数或一次试验的试样数必须按试验规程进行。

**表 4-3　施工过程中材料质量检查项目与频度**

| 材料 | 检查项目 | 检查频度 | | 试验方法或试验规程 | 试验规程规定的平行试验数或一次试验的试样数 |
|---|---|---|---|---|---|
| | | 高速公路、一级公路 | 其他等级公路 | | |
| 粗集料 | 外观(石料品种、含泥量等) | 随时 | 随时 | — | — |
| | 针片状颗粒含量 | 随时 | 随时 | T0312 | 2～3 |
| | 颗粒组成(筛分) | 随时 | 必要时 | T0302 | 2 |
| | 压碎值 | 必要时 | 必要时 | T0316 | 2 |
| | 磨光值 | 必要时 | 必要时 | T0321 | 4 |
| | 洛杉矶磨耗值 | 必要时 | 必要时 | T0317 | 2 |
| | <0.075mm 颗粒含量 | 必要时 | 必要时 | T0303 | 2 |
| | 与沥青的黏附性 | 必要时 | 必要时 | T0616 | 同一试样 5 个集料颗粒 |
| | 表观相对密度 | 必要时 | 必要时 | T0304 | 2 |
| | 坚固性 | 必要时 | 必要时 | T0314 | 不同粒级的试样各 1 |
| | 含水率 | 必要时 | 必要时 | T0305 | 2 |
| 细集料 | 颗粒组成(筛分) | 随时 | 必要时 | T0327 | 2 |
| | 含泥量(<0.075mm 颗粒含量) | 必要时 | 必要时 | T0333 | 2 |
| | 砂当量或亚甲蓝值 | 必要时 | 必要时 | T0334/T0349 | 2 |
| | 表观相对密度 | 必要时 | 必要时 | T0328 | 2 |
| | 坚固性 | 必要时 | 必要时 | T0340 | 不同粒级的试样各 1 |
| | 含水率 | 必要时 | 必要时 | T0332 | 2 |

续表

| 材料 | 检查项目 | 检查频度 | | 试验方法或试验规程 | 试验规程规定的平行试验数或一次试验的试样数 |
|---|---|---|---|---|---|
| | | 高速公路、一级公路 | 其他等级公路 | | |
| 矿粉 | 外观 | 随时 | 随时 | — | |
| | 表观密度 | 必要时 | 必要时 | T0352 | 2 |
| | 塑性指数 | 必要时 | 必要时 | T0354 | 2 |
| | 粒度范围(<0.075mm 含量) | 必要时 | 必要时 | T0351 | 2 |
| | 含水率 | 必要时 | 必要时 | T0103 | 2 |
| 道路石油沥青 | 针入度 | 每 2～3 天 1 次 | 每周 1 次 | T0604 | 3 |
| | 软化点 | 每 2～3 天 1 次 | 每周 1 次 | T0606 | 2 |
| | 延度 | 每 2～3 天 1 次 | 每周 1 次 | T0605 | 3 |
| | 针入度指数、TF0T(或 RTF0T)后 | 必要时 | 必要时 | T0609/T0610 | 2 |
| | 溶解度 | 必要时 | 必要时 | T0607 | 2 |
| | 密度 | 必要时 | 必要时 | T0603 | 2 |
| | 含蜡量 | 必要时 | 必要时 | T0615 | 2～3 |
| 改性沥青 | 针入度 | 每天 1 次 | 每天 1 次 | T0604 | 3 |
| | 软化点 | 每天 1 次 | 每天 1 次 | T0606 | 2 |
| | 离析试验(对成品改性沥青) | 每周 1 次 | 每周 1 次 | T0661 | 2 |
| | 低温延度 | 必要时 | 必要时 | T0605 | 3 |
| | 弹性恢复 | 必要时 | 必要时 | T0662 | 3 |
| | 显微镜观察(对现场改性沥青) | 随时 | 随时 | — | — |
| 乳化沥青 | 蒸发残留物含量 | 每 2～3 天 1 次 | 每周 1 次 | T0651 | 2 |
| | 蒸发残留物针入度 | 每 2～3 天 1 次 | 每周 1 次 | T0604 | 2 |
| 改性乳化沥青 | 蒸发残留物含量 | 每 2～3 天 1 次 | 每周 1 次 | T0651 | 2 |
| | 蒸发残留物针入度 | 每 2～3 天 1 次 | 每周 1 次 | T0604 | 3 |
| | 蒸发残留物软化点 | 每 2～3 天 1 次 | 每周 1 次 | T0606 | 2 |
| | 蒸发残留物延度 | 必要时 | 必要时 | T0605 | 3 |

# 第三节　沥青表面处治与功能性层次施工

## 一、概述

沥青表面处治是用沥青和细粒矿料铺筑的一种薄层面层，其厚度不超过 3cm。处治层很薄，不起到提高强度的作用，其重要作用是抵抗行车的磨耗，增强防水性，提高平整度，改善路面行车环境。

沥青表面处治适用于三级及三级以下公路、城市道路的支路、县镇道路和各级公路的施工便道以及在旧沥青面层上加铺的罩面层或磨耗层。

一般认为影响表面处治性能的因素有：

① 交通量　每条道路每天货运汽车的数量对石屑嵌入道路表面有一定的影响。较低轴载的车辆对石屑埋入影响不大。

② 现有道路表面 石屑陷入原有道路表面的程度与它的表面硬度以及车道上面行驶的货运车辆数量有关。

③ 石屑的粒径和种类 石屑不应过小，否则不久就会埋入表面下层；要是太大，车辆会把它们挤脱。石屑应该具有一定的强度和抗磨光能力。

④ 黏结料 它主要是为了填充裂隙并把石屑同下层表面结合起来。

⑤ 黏结料的撒布率 撒布足够的黏结料才能在施工后将石屑充分粘住，并且表面处治在使用期内应有足够的表面纹理深度，所以撒布也不应该过量。

⑥ 环境条件 环境条件可能与施工位置、气候状况、交通通行情况有关。表面处治的黏结料凝结速度与铺筑过程发生在空旷地域或有遮盖场所有关；施工的季节和使用初期的气候对表面处治的性能有重要的影响；车辆在交叉口、环道、停车场等处由于制动、加速和转弯等动作而增加的应力会提高石屑的脱落概率。

封层实际上属于表面处治范畴，功能上也差不多。各类封层适用于加铺薄层罩面、磨耗层、水泥混凝土路面上的应力缓冲层、各种防水和密水层、预防性养护罩面层。

近年来，封层的使用越来越多，形式也五花八门。封层根据用途、位置不同分为上封层和下封层。

上封层是铺设在沥青层上面，起封闭水分及抵抗车轮磨耗作用的层次，实际上也是表面处治的一种。上封层的类型可根据使用目的、路面破损程度选用。

① 裂缝较细、较密的可采用涂洒类密封剂、软化再生剂等涂刷罩面。

② 对二级及二级以下公路的旧沥青路面可以采用普通的乳化沥青稀浆封层，也可在喷洒道路石油沥青后撒布石屑（砂）后碾压作为封层。

③ 对高速公路、一级公路有轻微损坏的宜铺筑微表处。

④ 对用于改善抗滑性能的上封层可采用稀浆封层、微表处或改性沥青集料封层。

多雨潮湿地区的高速公路、一级公路的沥青面层空隙率较大，有严重渗水可能，或铺筑基层不能及时铺筑沥青面层而需要通行车辆时，宜在喷洒透层油后铺筑下封层。

沥青表面处治与封层宜选择在干燥和较热的季节施工，并在最高温度低于 15℃ 到来以前半个月及雨季前结束。

## 二、层铺法沥青表面处治施工

1. 材料

(1) 集料 表面处治的材料设计指导原则是要确保道路所选择的石屑粒径，应预测石屑埋入现有磨耗层的情况而定。规定集料粒径时，应考虑道路的硬度、交通量密度和载重，必要时还要考虑速度。集料纹理和磨光性能影响道路的抗滑能力，集料宜选用抗磨耗性和抗风化性强的石料。

为了保证集料与沥青之间的良好黏结力，使用洁净干燥的石屑会使表面处治路面损坏的风险大大降低，同时，受潮的集料也会降低沥青与集料的黏结。

沥青表面处治的集料最大粒径应与处治层的厚度相等，其规格和用量宜按表 4-4 选用；沥青表面处治施工后，应在路侧另备 S12（5～10mm）碎石或 S14（3～5mm）石屑、粗砂或小砾石 2～3$m^3$/1000$m^2$ 作为初期养护用料。

(2) 沥青 沥青表面处治可采用道路石油沥青、乳化沥青、煤沥青铺筑，并应符合施工技术规范相关规定。在施工气温较低的寒冷地区，当沥青针入度较小、基层空隙较大时，沥青用量宜采用高限。在清扫干净的碎（砾）石路面上铺筑沥青表面处治层时，应喷洒透层油。在旧沥青路面、水泥混凝土路面、块石路面上铺筑沥青表面处治层时，可在第一层中增加 10%～20%的沥青用量，不再另洒透层油或黏层油。

**表 4-4　沥青表面处治材料规格和用量**

| 沥青种类 | 类型 | 厚度/mm | 集料/($m^3$/1000$m^2$) | | | | | | 沥青或乳液用量/(kg/$m^2$) | | | |
|---|---|---|---|---|---|---|---|---|---|---|---|---|
| | | | 第一层 | | 第二层 | | 第三层 | | 第一次 | 第二次 | 第三次 | 合计用量 |
| | | | 规格 | 用量 | 规格 | 用量 | 规格 | 用量 | | | | |
| 石油沥青 | 单层 | 1.0 | S12 | 7～9 | | | | | 1.0～1.2 | | | 1.0～1.2 |
| | | 1.5 | S10 | 12～14 | | | | | 1.4～1.6 | | | 1.4～1.6 |
| | 双层 | 1.5 | S10 | 12～14 | S12 | 7～8 | | | 1.4～1.6 | 1.0～1.2 | | 2.4～2.8 |
| | | 2.0 | S9 | 16～18 | S12 | 7～8 | | | 1.6～1.8 | 1.0～1.2 | | 2.6～3.0 |
| | | 2.5 | S8 | 18～20 | S12 | 7～8 | | | 1.8～2.0 | 1.0～1.2 | | 2.8～3.2 |
| | 三层 | 2.5 | S8 | 18～20 | S12 | 12～14 | S12 | 7～8 | 1.6～1.8 | 1.2～1.4 | 1.0～1.2 | 3.8～4.4 |
| | | 3.0 | S6 | 20～22 | S12 | 12～14 | S12 | 7～8 | 1.8～2.0 | 1.2～1.4 | 1.0～1.2 | 4.0～4.6 |
| 乳化沥青 | 单层 | 0.5 | S14 | 7～9 | | | | | 0.9～1.0 | | | 0.9～1.0 |
| | 双层 | 1.0 | S12 | 9～11 | S14 | 4～6 | | | 1.8～2.0 | 1.0～1.2 | | 2.8～3.2 |
| | 三层 | 3.0 | S6 | 20～22 | S10 | 9～11 | S12<br>S14 | 4～6<br>3.5～4.5 | 2.0～2.2 | 1.8～2.0 | 1.0～1.2 | 4.8～5.4 |

注：1. 煤沥青表面处治的沥青用量可比石油沥青用量增加 15%～20%。

2. 表中的乳液用量按乳化沥青的蒸发残留物含量 60%计算，如沥青含量不同应予折算。

3. 在高寒地区及干旱风沙大的地区，可超出高限 5%～10%。

2. 施工工艺与技术要点

沥青表面处治通常采用层铺法施工。按照洒布沥青及铺撒集料的层次多少，沥青表面处治可分为单层式、双层式和三层式，以三层式为例，其施工流程见图 4-1。

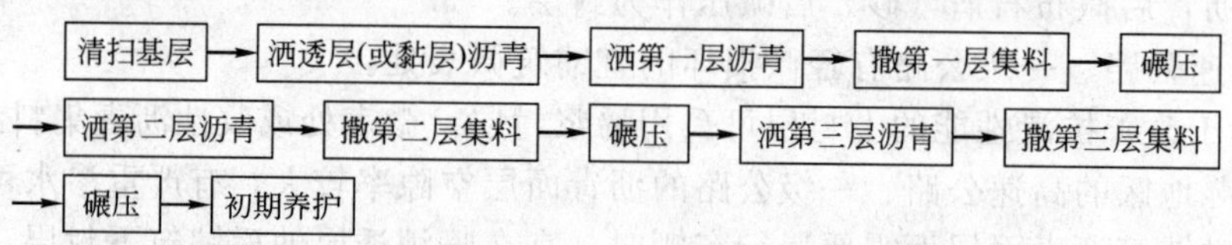


图 4-1　三层式沥青表面处治的施工流程

层铺法沥青表面处治的施工工艺及技术要点如下。

(1) 清扫基层、撒布第一层沥青　层铺法沥青表面处治宜采用沥青撒布车及集料撒布机联合作业。

沥青撒布车喷撒沥青时应保持稳定速度和喷撒量，并保持整个撒布宽度喷撒均匀。

小规模工程可采用机动或手摇的手工沥青洒布机洒布沥青。沥青要洒布均匀，当发现洒布沥青后有空白、缺边时，应立即用人工补撒，有积聚时应立即刮除。撒布设备的喷嘴应适用于沥青的稠度，确保能成雾状，与撒油管成 15°～25°的夹角，撒油管的高度应使同一地点接受 2～3 个喷油嘴喷撒的沥青，不得出现花白条。

沥青撒布温度应根据施工气温以及沥青标号来选择，石油沥青宜为 130～170℃，煤沥青宜为 80～120℃，乳化沥青宜在常温下撒布。当气温偏低，破乳及成型过慢时，可提高撒布的乳液温度，但不得超过 60℃。

前后两车喷撒的接茬处应搭接良好，可在接茬处用铁板或建筑纸铺 1～1.5m，需要分幅浇撒时，纵向搭接宽度宜为 10～15cm。浇撒第二、三层沥青的搭接缝应错开。

(2) 铺撒第一层主集料　撒布第一层主集料应在撒布主层沥青后立即进行，按规定用量一次撒足。

撒布集料后应及时扫匀，达到全面覆盖、厚度一致、集料不重叠、也不露出沥青的要求。局部有缺料时适当找补，积料过多的将多余集料扫出。

前幅路面浇撒沥青后，应在两幅搭接处暂留10～15cm宽度不撒集料，待后幅浇撒沥青后再一起撒布。

（3）碾压 撒布一段集料后，应立即用6～8t钢筒双轮压路机从路边向路中心碾压3～4遍，每次轮迹重叠约30cm。碾压速度开始不宜超过2km/h，以后可适当增加。

（4）第二、三层的施工方法和要求 应与第一层相同，但可以采用8t以上的压路机碾压。

（5）初期养护 沥青表面处治施工后，应进行初期养护。当发现有泛油时，应在泛油部位补撒嵌缝料，嵌缝料应与最后一层石料规格相同，并应扫匀。当有过多的浮动集料时，应扫出路面，并不得搓动已经粘到位的集料。

## 三、封层施工

1. 层铺法沥青表面处治封层的施工流程（见图4-2）

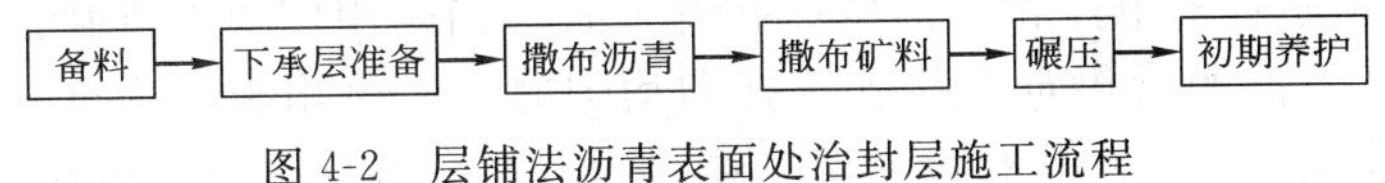


图4-2 层铺法沥青表面处治封层施工流程

2. 施工要求

① 封层施工工艺和技术要点参见层铺法沥青表面处治相关内容。

② 各工序必须紧密衔接，不得脱节。每个作业段长度应根据压路机数量、洒油设备等来确定。当天施工的路段应当天完成，以免产生因沥青冷却而不能裹覆矿料和尘土污染矿料等不良后果。

③ 除了阳离子乳化沥青外，不得在潮湿的矿料或基层上洒油。

④ 对于道路上各种井盖座、侧、平石等外露部分以及人行道等，洒油时应加覆盖，防止污染，影响路容路貌。

⑤ 下封层宜采用层铺法表面处治或稀浆封层法施工。稀浆封层可采用乳化沥青或改性乳化沥青作为结合料。下封层的厚度不宜小于6mm，且做到完全密水。

⑥ 以层铺法沥青表面处治铺筑下封层时，通常采用单层式，表4-4中的矿料用量宜为5～8$m^3/1000m^2$，沥青用量可采用要求范围的中高限。

## 四、稀浆封层与微表处施工技术要点

1. 概述

稀浆封层是用适当级配的石屑或砂、填料（水泥、石灰、粉煤灰、石粉等）与乳化沥青、外掺剂和水，按一定比例拌和而成的流动状态的沥青混合料，将其均匀地摊铺在路面上形成的沥青封层。

微表处是采用适当级配的石屑或砂、填料（水泥、石灰、粉煤灰、石粉等）与聚合物改性乳化沥青、外掺剂和水按一定比例拌和而成的流动状态的沥青混合料，将其均匀地摊铺在路面上形成的沥青封层。

稀浆封层一般用于二级及二级以下公路的预防性养护，也适用于新建公路的下封层。微表处主要用于高速公路及一级公路的预防性养护以及填补轻度车辙，也适用于新建公路的抗滑磨耗层。

2. 材料

（1）沥青 微表处必须采用改性乳化沥青，稀浆封层可采用普通乳化沥青或改性乳化沥青，其品种和质量应符合《公路沥青路面施工技术规范》（JTG F40—2004）的要求。

（2）集料 稀浆封层和微表处应选择坚硬、粗糙、耐磨、洁净的集料。各项性能应符合《公路沥青路面施工技术规范》（JTG F40—2004）的要求。其中微表处用通过4.75mm筛的合成矿料的砂当量不得低于65%，稀浆封层用通过4.75mm筛的合成矿料的砂当量不得低于50%。当用于抗滑表层时，还应符合现行施工技术规范有关磨光值的要求。细集料宜采用碱性石料生产的机制砂或洁净的石屑。对集料中的超粒径颗粒必须筛除。

（3）矿料级配　根据铺筑厚度、处治目的、公路等级等条件，参照现行施工技术规范的规定选用合适的矿料级配。

（4）混合料　稀浆封层和微表处的混合料中乳化沥青及改性乳化沥青的用量应通过配合比设计确定。混合料的质量应符合现行施工技术规范的技术要求。

3. 施工要求

① 稀浆封层和微表处施工前，应彻底清除原路面的泥土、杂物，修补坑槽、凹陷，较宽的裂缝宜清理灌缝。在水泥混凝土路面上铺筑微表处时宜撒布黏层油，过于光滑的表面需拉毛处理。

② 混合料的拌制宜采用拌和厂机械拌和的方式。当采用阳离子乳化沥青拌和时，宜先用水使集料湿润，若湿润后仍难以与乳液拌和均匀时，应改用破乳速度更慢的乳液，或用1%～3%浓度的氯化钙水溶液代替水润湿集料表面。混合料适宜的拌和时间应根据实际情况调节并通过试拌确定，矿料中加进乳液后的机械拌和时间不宜超过30s，人工拌和时间不宜超过60s。

③ 稀浆封层和微表处必须使用专用的摊铺机进行摊铺。单层微表处适用于旧路面车辙深度不大于1.5cm的情况，超过1.5cm的必须分两层铺筑，或先用V形车辙摊铺箱摊铺，深度大于4cm时不适宜微表处处理。

④ 稀浆封层和微表处两幅纵缝搭接的宽度不宜超过8cm，横向接缝宜做成对接缝。分两层摊铺时，第一层摊铺后至少应开放交通24h后方可进行第二层摊铺。

⑤ 稀浆封层和微表处的最低施工温度不得低于10℃，严禁在雨天施工，摊铺后尚未成型混合料遇雨时应予铲除。

⑥ 稀浆封层和微表处铺筑后的表面不得有超粒径料拖拉的严重划痕，横向接缝和纵向接缝处不得出现余料堆积或缺料现象，用三米直尺测量接缝处的不平整度不得大于6mm。对微表处不得有横向波浪和深度超过6mm的纵向条纹。经养生和初期交通碾压稳定的稀浆封层和微表处，在行车作用下应不飞散且完全密水。

**五、透层、黏层施工**

1. 概述

透层和黏层均属于沥青路面施工中用于加强层间结合的功能性层次。

透层是为了使沥青面层与非沥青材料基层结合良好，在基层上喷洒液体石油沥青、乳化沥青、煤沥青而形成的透入基层表面一定深度的薄层。

黏层是为了加强路面沥青层与沥青层之间、沥青层与水泥混凝土路面之间的黏结而洒布的沥青材料薄层。

沥青类面层下的级配砂砾、级配碎石基层及水泥、石灰、粉煤灰等无机结合料稳定土或粒料的半刚性基层上必须浇洒透层沥青。

符合下列情况之一时，必须喷撒黏层油。

① 双层式或三层式热拌热铺沥青混合料路面的沥青层之间。

② 水泥混凝土路面、沥青稳定碎石基层或旧沥青路面上加铺沥青层。

③ 路缘石、雨水口、检查井等构造物与新铺沥青混合料接触的侧面。

2. 透层的施工

（1）材料　根据基层类型选择渗透性好的液体沥青、乳化沥青、煤沥青。通过调节稀释剂的用量或乳化沥青的浓度得到适宜的透层油黏度，基质沥青的针入度通常宜不小于100。

透层用乳化沥青的蒸发残留物含量允许根据渗透情况适当调整，当使用成品乳化沥青时可通过稀释得到要求的黏度。

透层用液体石油沥青的黏度通过调节煤油或轻柴油等稀释剂的品种和掺量经试验确定。

透层油的用量应通过试洒确定，不宜超出表4-5要求的范围。

**表4-5　沥青路面透层材料的规格和用量表**

| 用途 | 液体沥青 | | 乳化沥青 | | 煤沥青 | |
|---|---|---|---|---|---|---|
| | 规格 | 用量/(L/m²) | 规格 | 用量/(L/m²) | 规格 | 用量/(L/m²) |
| 无结合料粒料基层 | AL(M)-1、2或3<br>AL(S)-1、2或3 | 1.0～2.3 | PC-2<br>PA-2 | 1.0～2.0 | T-1<br>T-2 | 1.0～1.5 |
| 半刚性基层 | AL(M)-1或2<br>AL(S)-1或2 | 0.6～1.5 | PC-2<br>PA-2 | 0.7～1.5 | T-1<br>T-2 | 0.7～1.0 |

注：表中用量是指包括稀释剂和水分等在内的液体沥青、乳化沥青的总量。乳化沥青中的残留物含量以50%为基准。

(2) 施工要求

① 气温低于10℃或大风、即将降雨时不得喷洒透层油。

② 在无结合料粒料基层上洒布透层油时，宜在铺筑沥青层前1～2天撒布。而用于半刚性基层的透层油宜紧接在基层碾压成型后表面稍变干燥、但尚未硬化的情况下喷洒。

③ 喷洒透层油前应清扫路面，遮挡防护路缘石及人工构造物避免污染。

④ 透层油宜采用沥青洒布车一次喷洒均匀，使用的喷嘴宜根据透层油的种类和黏度选择并保证均匀喷撒，沥青撒布车喷洒不均匀时宜改用手工沥青撒布机喷洒。透层油撒布不均匀，有花白遗漏的应人工补撒，喷洒过量的立即撒布石屑或砂吸油，必要时做适当碾压。透层油撒布后不得在表面形成能被运料车和摊铺机粘起的油皮，透层油达不到渗透深度要求时，应更换透层油稠度或品种。

⑤ 透层油撒布后的养生时间随透层油的品种和气候条件由试验确定，确保液体沥青中的稀释剂全部挥发，乳化沥青渗透且水分蒸发，然后尽早铺筑沥青面层，防止工程车辆损坏透层。

⑥ 喷撒后通过钻孔或挖掘确认透层油渗透入基层的深度宜不小于5（无机结合料稳定集料基层）～10mm（无结合料基层），并能与基层连接成为一体。沥青层必须在透层油完全渗透入基层后方可铺筑。

3. 黏层的施工

(1) 材料　黏层油宜采用快裂或中裂乳化沥青、改性乳化沥青，也可采用快、中凝液体石油沥青，其规格和质量应符合规范的要求，所使用的基质沥青标号宜与主层沥青混合料相同。

黏层油品种和用量，应根据下卧层的类型通过试洒确定，并符合表4-6的要求。

**表4-6　沥青路面黏层材料的规格和用量表**

| 下卧层类型 | 液体沥青 | | 乳化沥青 | |
|---|---|---|---|---|
| | 规格 | 用量/(L/m²) | 规格 | 用量/(L/m²) |
| 新建沥青层或旧沥青路面 | AL(R)-3～AL(R)-6<br>AL(M)-3～AL(M)-6 | 0.3～0.5 | PC-3<br>PA-3 | 0.3～0.6 |
| 水泥混凝土 | AL(M)-3～AL(M)-6<br>AL(S)-3～AL(S)-6 | 0.2～0.4 | PC-3<br>PA-3 | 0.3～0.5 |

注：表中用量是指包括稀释剂和水分等在内的液体沥青、乳化沥青的总量。乳化沥青中的残留物含量以50%为基准。

当黏层油上铺筑薄层大空隙排水路面时，黏层油的用量宜增加到0.6～1.0L/m²。

在沥青层之间兼做封层而喷撒的黏层油宜采用改性沥青或改性乳化沥青，其用量宜不少于1.0L/m²。

(2) 施工要求

① 气温低于10℃时不得喷撒黏层油，寒冷季节施工不得不喷撒时可以分成两次喷撒。路面潮湿时不得喷洒黏层油，用水洗刷后需待表面干燥后喷洒。

② 黏层油宜采用沥青撒布车喷撒，并选择适宜的喷嘴，洒布速度和喷撒量保持稳定。当采用机动或手摇的手工沥青布机喷洒时，必须由熟练的技术工人操作，均匀洒布。

③ 喷撒的黏层油必须呈均匀雾状，在路面全宽度内均匀分布成一薄层，不得有撒花漏空或成条状，也不得有堆积。喷撒不足的要补撒，喷撒过量处应予刮除。

④ 喷撒黏层油后，严禁运料车外的其他车辆和行人通过。

⑤ 黏层油宜在当天撒布，待乳化沥青破乳、水分蒸发完成，或稀释沥青中的稀释剂基本挥发完成后，紧跟着铺筑沥青层，确保黏层不受污染。

## 六、沥青表面处治路面施工过程中的质量控制

沥青表面处治路面施工过程中质量检查的内容、频度、允许偏差应符合表4-7的规定。

**表4-7 沥青表面处治施工过程中工程质量的控制标准**

| 项目 | 检查频度及单点检验评价方法 | 质量要求或允许偏差 | 试验方法或试验规程 |
|---|---|---|---|
| 外观 | 随时 | 集料嵌挤密实，沥青撒布均匀，无花白料，接头无油包 | 目测 |
| 集料及沥青用量 | 每日1次逐日评定 | ±10% | 每日施工长度的实际用量与计划用量比较，T0982 |
| 沥青撒布温度 | 每车1次评定 | 符合规范规定 | 温度计测量 |
| 厚度(路中及路侧各1点) | 不少于每2000m² 1点，逐点评定 | −5mm | T0912 |
| 平整度(最大间隙) | 随时，以连续10尺的平均值评定 | 10mm | T0931 |
| 宽度 | 检测每个断面逐个评定 | ±30mm | T0911 |
| 横坡度 | 检测每个断面逐个评定 | ±0.5% | T0911 |

## 七、沥青表面处治路面交工验收阶段质量检验

1. 基本要求

① 在新建或旧路的表层进行表面处治时，应将表面的泥砂及一切杂物清除干净，底层必须坚实、稳定、平整，保持干燥后才可施工。

② 沥青材料的各项指标和石料的质量、规格、用量应符合设计要求和施工规范的规定。

③ 沥青浇撒应均匀，无露白，不得污染其他构筑物。

④ 嵌缝料必须趁热撒铺，扫布均匀，不得有重叠现象，压实平整。

2. 交工检查与验收质量标准

沥青表面处治路面交工验收阶段的检查项目、检查频度、质量要求或允许偏差等见表4-8。

3. 外观鉴定

① 表面平整密实，不应有松散、油包、油丁、波浪、泛油、封面料明显散失等现象，

有上述缺陷的面积之和不超过受检面积的0.2%。不符合要求时，每超过0.2%减2分。

**表4-8　沥青表面处治面层实测项目**

<table>
<tr><th>项次</th><th colspan="2">检查项目</th><th>规定值或允许偏差</th><th>检查方法和频率</th><th>权值</th></tr>
<tr><td rowspan="2">1</td><td rowspan="2">平整度</td><td>σ/mm<br>IRI/(m/km)</td><td>4.5<br>7.5</td><td>平整度仪：全线每车道连续按每100m计算IRI或σ</td><td rowspan="2">2</td></tr>
<tr><td>最大间隙h/mm</td><td>10</td><td>三米直尺：每200m测2处×10尺</td></tr>
<tr><td>2</td><td colspan="2">弯沉值/0.01mm</td><td>符合设计要求</td><td>按评定标准规定方法检查</td><td>2</td></tr>
<tr><td rowspan="2">3</td><td rowspan="2">厚度/mm</td><td>代表值</td><td>−5</td><td rowspan="2">按评定标准规定方法检查，每200m每车道1处</td><td rowspan="2">3</td></tr>
<tr><td>合格值</td><td>−10</td></tr>
<tr><td>4</td><td colspan="2">沥青用量/(kg/m²)</td><td>±0.5%</td><td>每工作日每层撒布查1次</td><td>2</td></tr>
<tr><td>5</td><td colspan="2">中线平面偏位/mm</td><td>30</td><td>经纬仪：每200m测4点</td><td>1</td></tr>
<tr><td>6</td><td colspan="2">纵断高程/mm</td><td>±20</td><td>水准仪：每200m测4个断面</td><td>1</td></tr>
<tr><td rowspan="2">7</td><td rowspan="2">宽度/mm</td><td>有侧石</td><td>±30</td><td rowspan="2">尺量：每200m测4处</td><td rowspan="2">2</td></tr>
<tr><td>无侧石</td><td>不小于设计</td></tr>
<tr><td>8</td><td colspan="2">横坡/%</td><td>±0.5</td><td>水准仪：每200m测4个断面</td><td>1</td></tr>
</table>

② 无明显碾压轮迹。不符合要求时，每处减1～2分。

③ 面层与路缘石及其他构筑物应密贴接顺，不得有积水现象。不符合要求时，每处减1～2分。

# 第四节　沥青贯入式路面结构施工

## 一、概述

沥青贯入式路面在道路上的应用历史较久，其主要指在初步碾压的集料层上撒布沥青，再分层铺撒嵌压，并借行车压实而形成的路面。

沥青贯入式路面在我国的使用越来越少，其优点是当缺乏沥青拌和设备及摊铺设备时，可以施工沥青路面，同时沥青贯入式路面抗车辙能力较强。

沥青贯入式路面适用于三级及三级以下公路，也可以作为沥青路面的联结层或基层使用。

沥青贯入式路面的厚度宜为4～8cm，但乳化沥青贯入式路面的厚度不宜超过5cm。当贯入层上部加铺拌和的沥青混合料面层成为上拌下贯式路面时，拌和层的厚度宜不小于1.5cm。

沥青贯入式路面的最上层应撒布封层料或加铺拌和层。沥青贯入层作为联结层使用时，可不撒表面封层料。

沥青贯入式路面宜选择在干燥和较热的季节施工，并宜在日最高温度降低至15℃以前半个月结束，使贯入式结构层通过开放交通碾压成型。

## 二、材料

### 1. 集料

沥青贯入层的集料应选择有棱角、嵌挤性好的坚硬石料，其规格和用量宜根据贯入层厚度按表 4-9 选用，上拌下贯式路面的材料规格和用量按表 4-10 选用。

**表 4-9　沥青贯入式路面材料规格和用量**

（用量单位：集料 $m^3/1000m^2$；沥青及沥青乳液 $kg/m^2$）

| 沥青品种 | 石油沥青 | | | | | |
|---|---|---|---|---|---|---|
| 厚度/cm | 4 | | 5 | | 6 | |
| 规格和用量 | 规格 | 用量 | 规格 | 用量 | 规格 | 用量 |
| 封层料 | S14 | 3～5 | S14 | 3～5 | S13(S14) | 4～6 |
| 第三遍沥青 | | 1.0～1.2 | | 1.0～1.2 | | 1.0～1.2 |
| 第二遍嵌缝料 | S12 | 6～7 | S11(S10) | 10～12 | S11(S10) | 10～12 |
| 第二遍沥青 | | 1.6～1.8 | | 1.8～2.0 | | 2.0～2.2 |
| 第一遍嵌缝料 | S10(S9) | 12～14 | S8 | 12～14 | S8(S6) | 16～18 |
| 第一遍沥青 | | 1.8～2.1 | | 1.6～1.8 | | 2.8～3.0 |
| 主层石料 | S5 | 45～50 | S4 | 55～60 | S3(S4) | 66～76 |
| 沥青总用量 | 4.4～5.1 | | 4.4～5.0 | | 5.8～6.4 | |

| 沥青品种 | 石油沥青 | | | | 乳化沥青 | | | |
|---|---|---|---|---|---|---|---|---|
| 厚度/cm | 7 | | 8 | | 4 | | 5 | |
| 规格和用量 | 规格 | 用量 | 规格 | 用量 | 规格 | 用量 | 规格 | 用量 |
| 封层料 | S13(S14) | 4～6 | S13(S14) | 4～6 | S13(S14) | 4～6 | S14 | 4～6 |
| 第五遍沥青 | | | | | | | | 0.8～1.0 |
| 第四遍嵌缝料 | | | | | S14 | | | 5～6 |
| 第四遍沥青 | | | | | | 1.2～1.4 | | 0.8～1.0 |
| 第三遍嵌缝料 | | | | | S14 | 5～6 | S12 | 7～9 |
| 第三遍沥青 | | 1.0～1.2 | | 1.0～1.2 | | 1.4～1.6 | | 1.5～1.7 |
| 第二遍嵌缝料 | S10(S11) | 11～13 | S10(S11) | 11～13 | S12 | 7～8 | S10 | 9～11 |
| 第二遍沥青 | | 2.4～2.6 | | 2.6～2.8 | | 1.6～1.8 | | 1.6～1.8 |
| 第一遍嵌缝料 | S6(S8) | 18～20 | S6(S8) | 20～22 | S9 | 12～14 | S8 | 10～12 |
| 第一遍沥青 | | 3.3～3.5 | | 4.4～4.2 | | 2.2～2.4 | | 2.6～2.8 |
| 主层石料 | S3 | 80～90 | S1(S2) | 95～100 | S5 | 40～45 | S9 | 50～55 |
| 沥青总用量 | 6.7～7.3 | | 8.0～8.2 | | 6.4～7.2 | | 7.3～8.3 | |

注：1. 煤沥青贯入式的沥青用量可较石油沥青用量增加 15%～20%。

2. 表中乳化沥青是指乳液的用量，并适用于乳液浓度约为 60% 的情况，如果浓度不同，用量应予换算。

3. 在高寒地区及干旱风沙大的地区，可超出高限，再增加 5%～10%。

当使用破碎砾石时，其破碎面应符合现行的《公路沥青路面施工技术规范》的要求。

沥青贯入层主层集料中大于粒径范围中值的数量不宜少于 50%。表面不加铺拌和层的贯入式路面在施工结束后每 $1000m^2$ 宜另备 $2～3m^3$ 与最后一层嵌缝料规格相同的细集料等供初期养护使用。

沥青贯入式主层集料最大粒径宜与贯入层厚度相当。当采用乳化沥青时，主层集料最大粒径可采用厚度的 0.8～0.85 倍，数量宜按压实系数 1.25～1.30 计算。

2. 沥青

沥青贯入层的结合料可采用道路石油沥青、煤沥青或乳化沥青，用量应按表 4-9、表 4-

10选用，沥青标号按现行施工技术规范要求选用。

**表 4-10 上拌下贯式路面的材料规格和用量**

（用量单位：集料 $m^3/1000m^2$；沥青及沥青乳液 $kg/m^2$）

| 沥青品种 | 石油沥青 | | | | | |
|---|---|---|---|---|---|---|
| 厚度/cm | 4 | | 5 | | 6 | |
| 规格和用量 | 规格 | 用量 | 规格 | 用量 | 规格 | 用量 |
| 第二遍嵌缝料 | S12 | 5～6 | S12(S11) | 7～9 | S12(S11) | 7～9 |
| 第二遍沥青 | | 1.4～1.6 | | 1.6～1.8 | | 1.6～1.8 |
| 第一遍嵌缝料 | S10(S9) | 12～14 | S8 | 16～18 | S8(S7) | 16～18 |
| 第一遍沥青 | | 2.0～2.3 | | 2.6～2.8 | | 3.2～3.4 |
| 主层石料 | S5 | 45～50 | S4 | 55～60 | S3(S2) | 66～76 |
| 沥青总用量 | 3.4～3.9 | | 4.2～4.6 | | 4.8～5.2 | |
| 沥青品种 | 石油沥青 | | 乳化沥青 | | | |
| 厚度/cm | 7 | | 5 | | 6 | |
| 规格和用量 | 规格 | 用量 | 规格 | 用量 | 规格 | 用量 |
| 第四遍嵌缝料 | | | | | S14 | 4～6 |
| 第四遍沥青 | | | | | | 1.3～1.5 |
| 第三遍嵌缝料 | | | S14 | 4～6 | S12 | 8～10 |
| 第三遍沥青 | | | | 1.4～1.6 | | 1.4～1.6 |
| 第二遍嵌缝料 | S10(S11) | 8～10 | S12 | 9～10 | S9 | 8～12 |
| 第二遍沥青 | | 1.7～1.9 | | 1.8～2.0 | | 1.5～1.7 |
| 第一遍嵌缝料 | S6(S8) | 18～20 | S8 | 15～17 | S6 | 24～26 |
| 第一遍沥青 | S2(S3) | 4.0～4.2 | | 2.5～2.7 | | 2.4～2.6 |
| 主层石料 | | 80～90 | S4 | 50～55 | S3 | 50～55 |
| 沥青总用量 | 5.7～6.1 | | 5.7～6.3 | | 6.6～7.4 | |

注：1. 煤沥青贯入式的沥青用量可较石油沥青用量增加15%～20%。

2. 表中乳化沥青是指乳液的用量，并适用于乳液浓度约为60%的情况。

3. 在高寒地区及干旱风沙大的地区，可超出高限，再增加5%～10%。

4. 表面加铺拌和层部分的材料规格及沥青（或乳化沥青）用量按热拌沥青混合料（或乳化沥青碎石混合料路面）的有关规定执行。

贯入式路面各层分次沥青用量应根据施工气温及沥青标号等在规定范围内选用。在寒冷地带或当施工季节气温较低、沥青针入度较小时，沥青用量宜用高限。在低温潮湿气候下用乳化沥青贯入时，应按乳液总用量不变的原则进行调整，上层较正常情况适当增加，下层较正常情况适当减少。

**三、施工工艺**

1. 施工机械

沥青贯入式路面的主层集料可采用碎石摊铺机或人工摊铺。嵌缝料宜采用集料撒布机撒布。沥青撒布车在撒布时要保持稳定的速度和喷撒量，并应在整个宽度内均匀喷撒。

沥青贯入式路面施工的压路机宜采用6～8t及10～12t的机械进行碾压，其主层集料宜采用钢筒压路机完成碾压。

2. 施工流程

沥青贯入式路面宜在干燥和较热的季节施工，并宜在雨季及最高温度降低至15℃之前半个月结束，使贯入式结构层通过开放交通碾压成型。

沥青贯入式路面的施工顺序见图 4-3。

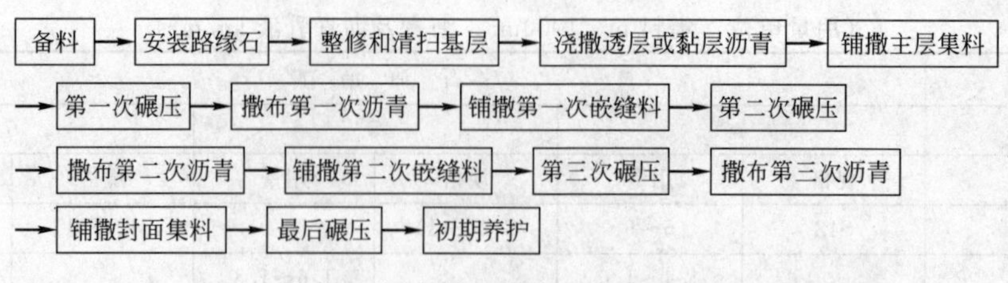


图 4-3 沥青贯入式路面的施工流程

3. 施工技术要求

① 施工前，基层必须清扫干净。当需要安装路缘石时，应在路缘石安装完成后施工。路缘石应予覆盖。

② 采用碎石摊铺机、平地机或人工摊铺主层集料。铺筑后严禁车辆通行。

③ 碾压主层集料　撒布后应采用 6～8t 的轻型钢筒式压路机自路两侧向路中心碾压，碾压速度宜为 2km/h，每次轮迹重叠约 30cm，碾压一遍后检验路拱和纵向坡度，当不符合要求时，应调整找平后再压。然后用重型的钢轮压路机碾压，每次轮迹重叠轮宽的 1/2 左右，宜碾压 4～6 遍，直至主层集料嵌挤稳定，无显著轮迹为止。

④ 浇撒第一层沥青　浇撒方法参看沥青表面处治施工。采用乳化沥青贯入时，为防止乳液下漏过多，可在主层集料碾压稳定后，先撒布一部分上一层嵌缝料，再浇洒主层沥青。

⑤ 撒布第一层嵌缝料　采用集料撒布机或人工撒布，撒布后尽量扫匀，不足处应找补。当使用乳化沥青时，石料撒布必须在乳液破乳前完成。

⑥ 碾压第一层嵌缝料　立即用 8～12t 钢筒式压路机碾压嵌缝料，轮迹重叠轮宽的 1/2 左右，宜碾压 4～6 遍，直至稳定为止。碾压时随压随扫，使嵌缝料均匀嵌入。因气温较高使碾压过程中发生较大推移现象时，应立即停止碾压，待气温稍低时再继续碾压。

⑦ 按上述方法浇撒第二层沥青、撒布第二层嵌缝料，然后碾压，再浇撒第三层沥青。

⑧ 按撒布嵌缝料方法撒布封层料。

⑨ 采用 6～8t 压路机做最后碾压，宜碾压 2～4 遍，然后开放交通。

沥青贯入式路面开放交通后应按现行施工技术规范的要求控制交通，做初期养护。

## 四、沥青贯入式路面施工过程中的质量控制

沥青贯入式路面施工过程中质量检查的内容、频度、允许偏差应符合表 4-11 的规定。

**表 4-11　沥青贯入式路面施工过程中工程质量的控制标准**

| 项　目 | 检查频度及单点检验评价方法 | 质量要求或允许偏差 | 试验方法或试验规程 |
|---|---|---|---|
| 外观 | 随时 | 集料嵌挤密实，沥青撒布均匀，无花白料，接头无油包 | 目测 |
| 集料及沥青用量 | 每日 1 次总量评定 | ±10% | 每日施工长度的实际用量与计划用量比较，T0982 |
| 沥青撒布温度 | 每车 1 次逐点评定 | 符合施工技术规范规定 | 温度计测量 |
| 厚度 | 每 2000m² 1 点逐点评定 | −5mm 或设计厚度的−8% | T0912 |
| 平整度（最大间隙） | 随时，以连续 10 尺的平均值评定 | 8mm | T0931 |
| 宽度 | 检测每个断面 | ±30mm | T0911 |
| 横坡度 | 检测每个断面 | ±0.5% | T0911 |

### 五、沥青贯入式路面交工验收阶段质量检验

1. 基本要求

① 沥青材料的各项指标应符合设计要求和施工规范。

② 各种材料的规格和用量应符合设计要求和施工规范，上拌沥青混凝土混合料每日应做抽提试验和马歇尔稳定度试验。

③ 碎石层必须平整坚实，嵌挤稳定，沥青贯入应深透，浇撒应均匀，不得污染其他构筑物。

④ 嵌缝料必须趁热撒铺，扫料均匀，不应有重叠现象。

⑤ 上层采用拌合料时，混合料应均匀一致，无花白和粗细分离现象，摊铺平整，接茬平顺，及时碾压密实。

⑥ 沥青贯入式面层施工前，应先做好路面结构层与路肩的排水。

2. 质量检验评定标准

沥青贯入式路面交工验收阶段的检查项目、检查频度、质量要求或允许偏差等见表4-12。

**表 4-12 沥青贯入式面层（或上拌下贯式面层）实测项目**

| 项次 | 检查项目 | | 规定值或允许偏差 | 检查方法和频率 | 权值 |
|---|---|---|---|---|---|
| 1 | 平整度 | $\sigma$/mm<br>IRI/(m/km) | 3.5<br>5.8 | 平整度仪：全线每车道连续按每100m计算IRI或$\sigma$ | 3 |
| | | 最大间隙$h$/mm | 8 | 三米直尺：每200m测2处×10尺 | |
| 2 | 弯沉值/0.01mm | | 符合设计要求 | 按有关规定方法检查 | 2 |
| 3 | 厚度/mm | 代表值 | $-8\%H$或$-5$mm | 按有关规定方法检查，每200m每车道1处 | 3 |
| | | 合格值 | $-15\%H$或$-10$mm | | |
| 4 | 沥青用量/(kg/m$^2$) | | ±0.5% | 每工作日每层撒布查1次 | 3 |
| 5 | 中线平面偏位/mm | | 30 | 经纬仪：每200m测4点 | 1 |
| 6 | 纵断高程/mm | | ±20 | 水准仪：每200m测4个断面 | 2 |
| 7 | 宽度/mm | 有侧石 | ±30 | 尺量：每200m测4处 | 2 |
| | | 无侧石 | 不小于设计 | | |
| 8 | 横坡/% | | ±0.5 | 水准仪：每200m测4个断面 | 2 |

注：1. 当设计厚度≥60mm时，按厚度百分率控制；当设计厚度<60mm时，按厚度不足的毫米处控制。$H$为厚度(mm)。

2. 沥青总用量按《公路路基路面现场测试规程》中T0892的方法，每工作日每层撒布沥青检查1次，并计算同一路段的单位面积的总沥青用量。

3. 外观鉴定

① 表面应平整密实，不应有松散、裂缝、油包、油丁、波浪、泛油等现象，有上述缺陷的面积之和不超过受检面积的0.2%。不符合要求时，每超过0.2%减2分。

② 表面无明显碾压轮迹。不符合要求时，每处减1～2分。

③ 面层与路缘石及其他构筑物应密贴接顺，无积水现象。不符合要求时，每一处减1～2分。

## 第五节 热拌沥青混合料路面施工

### 一、概述

沥青混合料是由矿料与沥青结合料拌和而成的混合料的总称。按材料组成及结构分为连

续级配、间断级配混合料。按矿料级配及空隙率大小分为密级配、半开级配、开级配混合料。按公称最大粒径的大小可分为特粗式（公称最大粒径大于 31.5mm）、粗粒式（公称最大粒径等于或大于 26.5mm）、中粒式（公称最大粒径 16mm 或 19mm）、细粒式（公称最大粒径 9.5mm 或 13.2mm）、砂粒式（公称最大粒径小于 9.5mm）沥青混合料。按制造工艺分为热拌沥青混合料、冷拌沥青混合料和再生沥青混合料等。

热拌沥青混合料（HMA）使用广泛，可做各种等级公路的沥青路面。

热拌沥青混合料的种类按集料公称最大粒径、矿料级配、空隙率划分见表 4-13。

**表 4-13　热拌沥青混合料种类**

| 混合料类型 | 密级配 | | | 开级配 | | 半开级配 | 公称最大粒径/mm | 最大粒径/mm |
|---|---|---|---|---|---|---|---|---|
| | 连续级配 | | 间断级配 | 间断级配 | | 沥青稳定碎石 | | |
| | 沥青混凝土 | 沥青稳定碎石 | 沥青玛蹄脂碎石 | 排水式沥青磨耗层 | 排水式沥青碎石基层 | | | |
| 特粗式 | — | ATB-40 | — | — | ATPB-40 | — | 37.5 | 53.0 |
| 粗粒式 | — | ATB-30 | — | — | ATPB-30 | — | 31.5 | 37.5 |
| | AC-25 | ATB-25 | — | — | ATPB-25 | — | 26.5 | 31.5 |
| 中粒式 | AC-20 | — | SMA-20 | — | — | AM-20 | 19.0 | 26.5 |
| | AC-16 | — | SMA-16 | OGFC-16 | — | AM-16 | 16.0 | 19.0 |
| 细粒式 | AC-13 | — | SMA-13 | OGFC-13 | — | AM-13 | 13.2 | 16.0 |
| | AC-10 | — | SMA-10 | OGFC-10 | — | AM-10 | 9.5 | 13.2 |
| 砂粒式 | AC-5 | — | — | — | — | AM-5 | 4.75 | 9.5 |
| 设计空隙率/% | 3～5 | 3～6 | 3～4 | ＞18 | ＞18 | 6～12 | | |

注：设计空隙率可按配合比设计要求适当调整。

各层沥青混合料应满足所在层位的功能性要求，便于施工，不容易离析。各层应连续施工并结合成为一个整体。当发现混合料结构组合及级配类型的设计不合理时应进行修改、调整，以确保沥青路面的使用性能。

沥青面层集料的最大粒径宜从上至下逐渐增大，并应与压实层厚度相匹配。对热拌热铺密级配沥青混合料，沥青层一层的压实厚度不宜小于集料公称最大粒径的 2.5～3 倍，对 SMA 和 OGFC 等嵌挤型混合料不宜小于公称最大粒径的 2～2.5 倍，以减少离析，便于压实。

## 二、热拌沥青混合料路面施工流程

热拌沥青混合料路面通常采用厂拌法施工，施工过程可分为沥青混合料的拌制、运输、铺筑及碾压成型等阶段，施工流程见图 4-4。

## 三、施工准备工作

1. 下承层准备

铺筑沥青层前，应检查基层或下卧沥青层的质量，不符合要求的不得铺筑沥青面层。旧沥青路面或下卧层已被污染时，必须清洗或经铣刨处理后方可铺筑沥青混合料。

2. 加工及施工温度要求

石油沥青加工及沥青混合料施工温度应根据沥青标号及黏度、气候条件、铺装层的厚度确定。

① 普通沥青混合料的施工温度宜通过在 135℃及 175℃条件下测定的黏度-温度曲线按表 4-14 的规定确定。

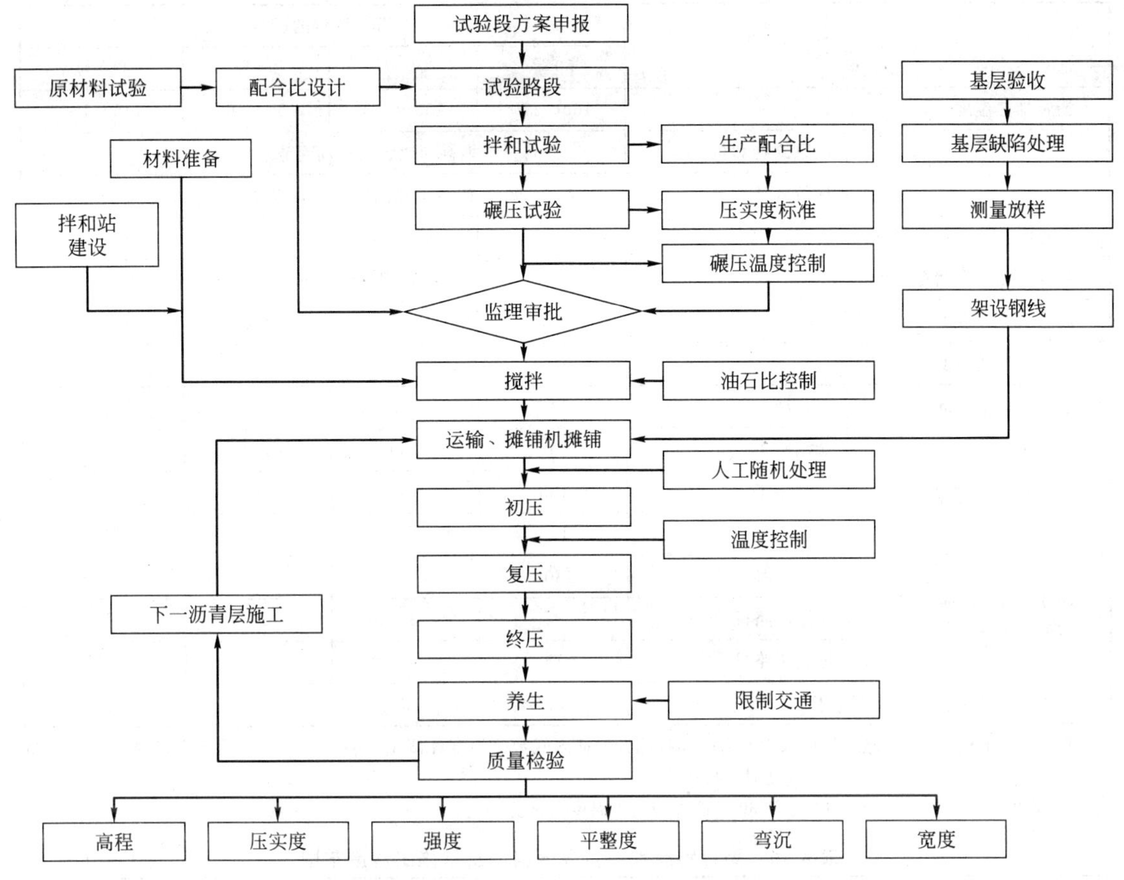


图 4-4　热拌沥青混合料路面施工流程

**表 4-14　确定沥青混合料拌和及压实温度的适宜温度**

| 黏度 | 适宜于拌和的沥青结合料黏度 | 适宜于压实的沥青结合料黏度 | 测定方法 |
|---|---|---|---|
| 表观黏度 | (0.17±0.02)Pa·s | (0.28±0.03)Pa·s | T0625 |
| 运动黏度 | (170±20)$mm^2/s$ | (280±30)$mm^2/s$ | T0619 |
| 赛波特黏度 | (85±10)s | (140±15)s | T0623 |

缺乏黏温曲线数据时，可参照表 4-15 的范围选择，并根据实际情况确定使用高值或低值。当表中温度不符合实际情况时，容许做适当调整。

② 聚合物改性沥青混合料的施工温度根据实践经验并参照表 4-16 选择。通常宜较普通沥青混合料的施工温度提高 10～20℃。对采用冷态胶乳直接喷入法制作的改性沥青混合料，集料烘干温度应进一步提高。

③ SMA 混合料的施工温度应视纤维品种和数量、矿粉用量的不同，在改性沥青混合料的基础上做适当提高。

3. 机械设备准备

施工前应对沥青混合料拌和楼、摊铺机、压路机等各种施工机械和设备进行调试，对机械设备的配套情况、技术性能、传感器计量精度等进行认真检查、标定，并得到监理工程师的认可。

表 4-15　热拌沥青混合料的施工温度　单位：℃

| 施工工序 | | 石油沥青的标号 | | | |
|---|---|---|---|---|---|
| | | 50 号 | 70 号 | 90 号 | 110 号 |
| 沥青加热温度 | | 160～170 | 155～165 | 150～160 | 145～155 |
| 矿料加热温度 | 间歇式拌和机 | 集料加热温度比沥青温度高 10～30 | | | |
| | 连续式拌和机 | 矿料加热温度比沥青温度高 5～10 | | | |
| 沥青混合料出料温度 | | 150～170 | 145～165 | 140～160 | 135～155 |
| 混合料储料仓储存温度 | | 储料过程中温度降低不超过 10 | | | |
| 混合料废弃温度　高于 | | 200 | 195 | 190 | 185 |
| 运输到现场温度　不低于 | | 150 | 145 | 140 | 135 |
| 混合料摊铺温度 不低于 | 正常施工 | 140 | 135 | 130 | 125 |
| | 低温施工 | 160 | 150 | 140 | 135 |
| 开始碾压的混合料内部温度　不低于 | 正常施工 | 135 | 130 | 125 | 120 |
| | 低温施工 | 150 | 145 | 135 | 130 |
| 碾压终了的表面温度 不低于 | 钢轮压路机 | 80 | 70 | 65 | 60 |
| | 轮胎压路机 | 85 | 80 | 75 | 70 |
| | 振动压路机 | 75 | 70 | 60 | 55 |
| 开放交通的路表温度　不高于 | | 50 | 50 | 50 | 45 |

注：1. 沥青混合料的施工温度采用具有金属探测针的插入式数显温度计测量。表面温度可采用表面接触式温度计测定。当采用红外线温度计测量表面温度时，应进行标定。

2. 表中未列入的 130 号、160 号及 30 号沥青的施工温度由试验确定。

表 4-16　聚合物改性沥青混合料的正常施工温度范围　单位：℃

| 工序 | | 聚合物改性沥青品种 | | |
|---|---|---|---|---|
| | | SBS 类 | SBR 胶乳类 | EVA、PE 类 |
| 沥青加热温度 | | 160～165 | | |
| 改性沥青现场制作温度 | | 165～170 | — | 165～170 |
| 成品改性沥青加热温度 | 不大于 | 175 | — | 175 |
| 集料加热温度 | | 190～220 | 200～210 | 185～195 |
| 改性沥青 SMA 混合料出厂温度 | | 170～185 | 160～180 | 165～180 |
| 混合料最高温度(废弃温度) | | 195 | | |
| 混合料储存温度 | | 拌和出料后降低不超过 10 | | |
| 摊铺温度 | 不低于 | 160 | | |
| 初压开始温度 | 不低于 | 150 | | |
| 碾压终了的表面温度 | 不低于 | 90 | | |
| 开放交通时的路表温度 | 不高于 | 50 | | |

注：当采用表列以外的聚合物或天然沥青改性沥青时，施工温度由试验确定。

4. 配合比设计

热拌沥青混合料，必须选用符合要求的材料，充分运用同类道路与同类材料的工程实践经验，经配合比设计确定矿料级配和沥青用量。

混合料应达到下列要求：

① 有足够的沥青含量，以保证路面的耐久性；

② 有足够的稳定性，以满足规定的交通等级行车要求，并且不产生不容许的变形和位移；

③ 经压实的混合料应有适度的空隙率，即使车辆荷载稍有增加，在热季亦不致产生泛油和丧失稳定性，同时，其空隙率亦应按层位作用考虑，使路面水不侵入下承层；

④ 有足够的和易性，以便于施工。

热拌沥青混合料的配合比设计，采用马歇尔试验设计方法。经配合比设计确定的各类沥青混合料应符合现行施工技术规范沥青混合料马歇尔试验技术标准，并具有良好的施工性能。

对用于高速公路和一级公路的公称最大粒径等于或小于 19mm 的密级配沥青混合料（AC）及 SMA、OGFC 混合料，需在配合比设计的基础上，在规定的试验条件下进行车辙试验、浸水马歇尔试验和冻融劈裂试验，并符合现行施工技术规范要求；同时，宜对密级配沥青混合料在温度－10℃、加载速率 50mm/min 的条件下进行弯曲试验，测定破坏强度、破坏应变、破坏劲度模量，并根据应力-应变曲线的形状，综合评价沥青混合料的低温抗裂性能。其中沥青混合料的破坏应变宜不小于现行施工技术规范沥青混合料低温弯曲试验破坏应变 $\mu_\varepsilon$ 技术要求的规定。

宜利用轮碾机成型的车辙试验试件，脱模架起进行渗水试验，并符合技术要求。

具体配合比设计方法与步骤参照道路材料施工技术的相关规定。

经设计确定的标准配合比在施工过程中不得随意变更。生产过程中应加强跟踪检测，严格控制进场材料的质量。生产过程中如遇材料发生变化并经检测沥青混合料的矿料级配、马歇尔技术指标不符合要求时，应及时调整配合比，使沥青混合料的质量符合要求并保持相对稳定，必要时重新进行配合比设计。

**四、沥青混合料的拌制**

1. 搅拌站建设与搅拌设备

热拌沥青混合料在生产过程中会产生粉尘、废气、废油等污染，搅拌站设置必须符合国家有关环境保护、消防、安全等规定。搅拌站与工地现场的距离应充分考虑道路条件，确保不会因运输而导致混合料冷却至规定的施工温度以下，避免混合料因颠簸而产生离析。搅拌站还应有功能完善的防排水设施，各种原材料应分仓堆放，细集料、矿粉等材料应有防雨顶棚，站内道路应做硬化处理，防止泥土污染集料。

热拌沥青混合料可采用间歇式拌和机或连续式拌和机拌制。前者是在每盘拌和时计量混合料各种原材料的重量，后者在计量各种原材料之后连续不断地送料进搅拌器中拌和。

为了保证沥青混合料的质量稳定、沥青用量准确，高速公路和一级公路宜采用间歇式拌和机拌和。当工程材料从多处供料、料源或质量不稳定时，不得采用连续式拌和机。

各类拌和机均应有防止矿粉飞扬散失的密封及除尘设备，并有检测拌和温度的装置。

拌和设备的各种传感器必须定期检定，周期不少于每年一次，以确保各种材料计量准确。冷料供料装置需经标定得出集料供料曲线。

间歇式拌和机总拌和能力应满足施工进度要求；拌和机除尘设备完好，能达到环保要求；冷料仓数量应满足配合比需要，通常不宜少于 5～6 个，并具有添加纤维、消石灰等外掺剂的设备。

高速公路和一级公路施工用的间歇式拌和机必须配备计算机设备，拌和过程中能逐盘采集并打印各传感器测定的材料用量和沥青混合料拌和量、拌和温度等各种参数。每个台班结束时打印出一个台班的统计量并用于施工检查。

2. 沥青混合料拌制流程

我国目前使用的材料品种较杂，变异性大，再加上拌和厂大都是露天料场，材料含水量受天气影响较大，所以主张采用间歇式拌和机，其拌制流程见图 4-5。

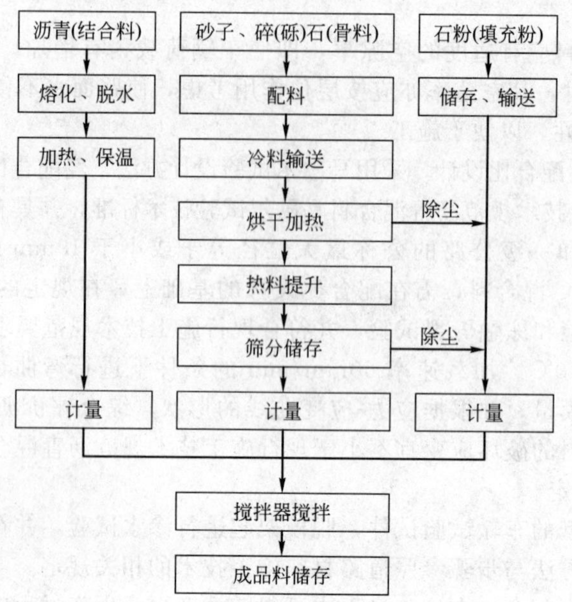


图 4-5　间歇式拌和设备工艺流程

3. 沥青混合料拌制技术要求

集料与沥青混合料取样应符合现行试验规程的要求。从沥青混合料运料车上取样时必须设置取样台分几处采集一定深度下的样品。集料进场宜在料堆顶部平台卸料，经推土机推平后，铲运机从底部按顺序竖直装料，减小集料离析。

在拌制沥青混合料之前，应根据确定的配合比进行试拌。试拌时对所采用的各种矿料及沥青严格计量。通过试拌和抽样检验确定每盘热拌混合料的配合比及总重、适宜的沥青用量、拌和时间、矿料和沥青加热温度以及沥青混合料出厂的温度。

为了保证沥青混合料的质量，需要控制拌制温度、运输温度、摊铺温度及碾压温度，沥青混合料在各阶段的施工温度应符合表 4-15、表 4-16 的要求。尤其要严格控制沥青加热温度，沥青温度过低，混合料拌和不均匀，沥青加热温度过高，可能导致沥青老化。集料烘干后的残余含水量不得大于 1%。每天开始几盘集料应提高加热温度，并干拌几锅集料废弃，再正式加沥青拌和混合料。

沥青混合料拌和时间根据具体情况经试拌确定，以沥青均匀裹覆集料为度。间歇式拌和机每盘的生产周期不宜少于 45s（其中干拌时间不少于 5～10s）。改性沥青和 SMA 混合料的拌和时间应适当延长。

间歇式拌和机宜备有保温性能好的成品储料仓，储存过程中混合料温降不得大于 10℃，且不能有沥青滴漏。普通沥青混合料的储存时间不得超过 72h，改性沥青混合料的储存时间不宜超过 24h，SMA 混合料只限当天使用，OGFC 混合料宜随拌随用。

添加消石灰、水泥等外掺剂时，宜增加粉料仓，也可由专用管线和螺旋升送器直接加入拌和锅，若与矿粉混合使用时应注意二者因密度不同会发生离析。

拌和机二级除尘装置中的粉尘，经一级除尘部分可直接回收使用，二级除尘部分可进入回收粉仓使用（或废弃）。对因除尘造成的粉料损失应补充等量的新矿粉。

生产添加纤维的沥青混合料时，纤维必须在混合料中充分分散，拌和均匀。拌和机应配备同步添加投料装置，松散的絮状纤维可在喷入沥青的同时或稍后采用风送设备喷入拌和锅，拌和时间宜延长 5s 以上。颗粒纤维可在粗集料投入的同时自动加入，经 5～10s 的干拌后，再投入矿粉。工程量很小时也可分装成塑料小包或由人工量取直接投入拌和锅。

4. 沥青混合料生产过程质量控制

沥青混合料出厂时应逐车检测沥青混合料的重量和温度，记录出厂时间，签发运料单。沥青混合料拌和厂（场、站）应按下列步骤对沥青混合料生产过程进行质量控制，并按表 4-17 规定的项目和频度检查沥青混合料产品的质量，如实计算产品的合格率。

**表 4-17　热拌沥青混合料的检查频度和质量要求**

<table>
<tr><th colspan="2" rowspan="2">项 目</th><th rowspan="2">检查频度及单点检验评价方法</th><th colspan="2">质量要求或允许偏差</th><th rowspan="2">试验方法或试验规程</th></tr>
<tr><th>高速、一级公路</th><th>其他等级公路</th></tr>
<tr><td colspan="2">混合料外观</td><td>随时</td><td colspan="2">观察集料粗细、均匀性、离析、油石比、色泽、冒烟、有无花白料、油团等各种现象</td><td>目测</td></tr>
<tr><td rowspan="3">拌和温度</td><td>沥青、集料的加热温度</td><td>逐盘检测评定</td><td colspan="2">符合规范规定</td><td>传感器自动检测、显示并打印</td></tr>
<tr><td rowspan="2">混合料出厂温度</td><td>逐车检测评定</td><td colspan="2">符合规范规定</td><td>传感器自动检测、显示并打印，出厂时逐车按 T0981 人工检测</td></tr>
<tr><td>逐盘测量记录，每天取平均值评定</td><td colspan="2">符合规范规定</td><td>传感器自动检测、显示并打印</td></tr>
<tr><td rowspan="9">矿料级配（筛孔）</td><td>0.075mm</td><td rowspan="3">逐盘在线检测</td><td>±2%(2%)</td><td>—</td><td rowspan="3">计算机采集数据计算</td></tr>
<tr><td>≤2.36mm</td><td>±5%(4%)</td><td>—</td></tr>
<tr><td>≥4.75mm</td><td>±6%(5%)</td><td></td></tr>
<tr><td>0.075mm</td><td rowspan="3">逐盘检查，每天汇总1次取平均值评定</td><td>±1%</td><td>—</td><td rowspan="3">总量检验法</td></tr>
<tr><td>≤2.36mm</td><td>±2%</td><td>—</td></tr>
<tr><td>≥4.75mm</td><td>±2%</td><td>—</td></tr>
<tr><td>0.075mm</td><td rowspan="3">每台拌和机每天1～2次，以2个试样的平均值评定</td><td>±2%(2%)</td><td>±2%</td><td rowspan="3">T0725 抽提筛分与标准级配比较的差</td></tr>
<tr><td>≤2.36mm</td><td>±5%(3%)</td><td>±6%</td></tr>
<tr><td>≥4.75mm</td><td>±6%(4%)</td><td>±7%</td></tr>
<tr><td colspan="2" rowspan="3">沥青用量（油石比）</td><td>逐盘在线检测</td><td>±0.3%</td><td>—</td><td>计算机采集数据计算</td></tr>
<tr><td>逐盘检查，每天汇总1次取平均值评定</td><td>±0.1%</td><td>—</td><td>总量检验法</td></tr>
<tr><td>每台拌和机每天1～2次，以2个试样的平均值评定</td><td>±0.3%</td><td>±0.4%</td><td>抽提 T0722、T0721</td></tr>
<tr><td colspan="2">马歇尔试验：空隙率、稳定度、流值</td><td>每台拌和机每天1～2次，以4～6个试件的平均值评定</td><td colspan="2">符合规范规定</td><td>T0702、T0709 及配合比设计方法</td></tr>
<tr><td colspan="2">浸水马歇尔试验</td><td>必要时（试件数同马歇尔试验）</td><td colspan="2">符合规范规定</td><td>T0702、T0709</td></tr>
<tr><td colspan="2">车辙试验</td><td>必要时（以3个试件的平均值评定）</td><td colspan="2">符合规范规定</td><td>T0719</td></tr>
</table>

注：1. 单点检验是指试验结果以一组试验结果的报告值为一个测点的评价依据，一组试验（如马歇尔试验、车辙试验）有多个试样时，报告值的取用按《公路工程沥青及沥青混合料试验规程》(JTJ 052—2000）的规定执行。

2. 对高速公路和一级公路，矿料级配和油石比必须进行总量检验和抽提筛分的双重检验控制，互相校核，表中括号内的数字是对 SMA 的要求。油石比抽提试验应事先进行空白试验标定，提高测试数据的准确度。

① 观察料堆和皮带输送机各种材料的质量和均匀性，检查泥块及超粒径碎石，检查冷料仓有无窜仓。目测混合料拌和是否均匀、有无花白料、油石比是否合适，检查集料和混合料的离析情况。

② 检查沥青混合料拌和厂（场、站）控制室各项设定参数、显示屏的示值，核对计算机采集和打印记录的数据与显示值是否一致。进行沥青混合料生产过程的在线监测、总量检验，对沥青混合料的生产质量实施动态管理。

③ 检测沥青混合料的材料加热温度、混合料出厂温度，取样抽提、筛分检测混合料的矿料级配、油石比。抽提筛分应至少检查 0.075mm、2.36mm、4.75mm、公称最大粒径及中间粒径 5 个筛孔的通过率。

④ 取样成型沥青混合料试件进行马歇尔试验，测定空隙率、稳定度、流值，计算合格率。对 VMA、VFA 指标可只做记录。同时按规范确定标准密度。

［注］ 沥青混合料的存放时间对体积指标有一定影响，施工质量检验的马歇尔试验以拌和厂取样后立即成型的试件为准，但成型温度和试件高度必须符合试验要求。

## 五、沥青混合料的运输

热拌沥青混合料应采用较大吨位的自卸汽车运输，车厢应清扫干净。为防止沥青与车厢板黏结，车厢侧板和底板可涂一薄层隔离剂或防粘剂，但不得有余液积聚在车厢底部。

混合料运输所需的车辆数可按式（4-1）计算：

$$需要的车辆数=a(t_1+t_2+t_3)/t \tag{4-1}$$

式中 $t_1$——运送沥青混合料到铺筑现场所需的时间，min；

$t_2$——由铺筑现场返回拌和厂所需的时间，min；

$t_3$——在工地卸料和其他等待的时间，min；

$t$——拌制一车沥青混合料所需的时间，$T=60m/Q$，min；

$m$——运输车辆的轴载重量，t；

$Q$——搅拌设备的生产率，t/h；

$a$——储备系数，视交通情况而定，一般取 $a$ 为 1.1～1.2。

热拌沥青混合料宜采用较大吨位的运料车运输，但不得超载运输，或急刹车、急弯掉头，使透层、封层造成损伤。运料车的运力应稍有富余，施工过程中摊铺机前方应有运料车等候。对高速公路、一级公路，宜待等候的运料车多于 5 辆后开始摊铺。

从储料斗向运输车辆卸料时，应多次挪动车辆位置，平衡装料，以减少混合料离析。运输车应有保温、防雨、防污染措施。车辆在施工现场不得超载运输，或急制动、急转弯，使透层、封层受到损伤。车轮不能带入泥土等外物污染摊铺现场。

## 六、沥青混合料摊铺

热拌沥青混合料应采用沥青混合料摊铺机摊铺。

在喷洒有黏层油的路面上铺筑改性沥青混合料或 SMA 时，宜使用履带式摊铺机。摊铺机的受料斗应涂刷薄层隔离剂或防黏剂。

铺筑高速公路、一级公路沥青混合料时，一台摊铺机的铺筑宽度不宜超过 6（双车道）～7.5m（三车道以上），通常宜采用两台或更多台数的摊铺机前后错开 10～20m 成梯队方式同步摊铺，两幅之间应有 3～6cm 左右宽度的搭接，并躲开车道轮迹带，上下层的搭接位置宜错开 20cm 以上。

摊铺机开工前应提前 0.5～1h 预热熨平板不低于 100℃。铺筑过程中应选择熨平板的振捣或夯锤压实装置具有适宜的振动频率和振幅，以提高路面的初始压实度。熨平板加宽连接应仔细调节至摊铺的混合料没有明显的离析痕迹。

摊铺机必须缓慢、均匀、连续不间断的摊铺，不得随意变换速度或中途停顿，以提高平整度，减少混合料的离析。摊铺速度应根据拌和机的产量、施工机械配套情况及摊铺厚度、摊铺宽度按式（4-2）求得，一般宜控制在 2～6m/min 的范围内。对改性沥青混合料及 SMA 混合料宜放慢至 1～3m/min。当发现混合料出现明显的离析、波浪、裂缝、拖痕时，应分析原因，予以消除。

$$v=\frac{100Q}{60bh\gamma} \tag{4-2}$$

式中 $v$——摊铺机摊铺速度，m/min；

$Q$——沥青混合料供给能力，t/h；

$h$——压实后的摊铺厚度，cm；

$b$——摊铺宽度，m；

$\gamma$——沥青混合料压实后的密度（一般取 2.35t/m$^3$）。

摊铺机应采用自动找平方式，下面层或基层宜采用钢丝绳引导的高程控制方式，上面层宜采用平衡梁或雪橇式摊铺厚度控制方式，中面层根据情况选用找平方式。直接接触式平衡梁的轮子不得黏附沥青。铺筑改性沥青或 SMA 路面时宜采用非接触式平衡梁。

沥青路面施工的最低气温应符合现行施工技术规范的要求，寒冷季节遇大风降温，不能保证迅速压实时不得铺筑沥青混合料。

沥青混合料的松铺系数应根据混合料类型由试铺试压确定。摊铺过程中应随时检查摊铺层厚度及路拱、横坡，利用一个评定周期的沥青混合料总生产量、施工总面积、沥青混合料密度按式（4-3）计算。

$$H=\frac{\sum m_i}{Ad}\times 1000 \tag{4-3}$$

式中 $H$——该评定周期沥青路面摊铺层的平均施工压实厚度，mm；

$m_i$——每一盘沥青混合料的质量，下标 $i$ 为依次记录的盘次，$\sum m_i$ 为一个评定周期内沥青混合料的总生产量，t；

$A$——该评定周期沥青路面摊铺层的总面积，当遇有加宽等情况时，铺筑面积应按实际计算，m$^2$；

$d$——评定周期内摊铺层的现场压实密度的平均值，由钻孔试件的干燥密度（即实验室标准密度乘以压实度）测定得到，t/m$^3$。

摊铺机的螺旋布料器应相应于摊铺速度调整到保持一个稳定的速度均衡转动，两侧应保持有不低于送料器 2/3 高度的混合料，以减少在摊铺过程中混合料的离析。

用机械摊铺的混合料，不宜用人工反复修整。当不得不由人工做局部找补或更换混合料时，需仔细进行，特别严重的缺陷应整层铲除。

在雨季铺筑沥青路面时，应加强与气象台（站）联系，已摊铺的沥青层因遇雨未行压实的应予铲除。

在路面狭窄部分、平曲线半径过小的匝道或加宽部分，以及小规模工程不能采用摊铺机铺筑时，可采用人工摊铺混合料，人工摊铺混合料应符合下列要求。

① 半幅施工时，路中一侧宜事先设置挡板。

② 沥青混合料宜卸到铁板上，摊铺时应扣锨布料，不得扬锨远甩，铁锨等工具宜蘸防黏结剂或加热使用。

③ 边摊铺边用刮板刮平。刮平时轻重一致，控制次数，严防集料离析。

④ 摊铺时不得中途停顿，并加快碾压。因故不能及时碾压时，应立即停止摊铺，并对

已卸下的沥青混合料覆盖苫布保温。

⑤ 低温施工时，每次卸下的混合料应覆盖苫布保温。

## 七、沥青路面的压实及成型

沥青路面压实工艺是沥青路面施工的关键工序之一，压实成型的沥青混合料必须满足压实度和平整度要求。

沥青混凝土的压实层最大厚度不宜大于 10cm，沥青稳定碎石混合料的压实层厚度不宜大于 12cm，但当采用大功率压路机且经试验证明能达到压实度时允许增大到 15cm。

压路机应以慢速而均匀的速度碾压。压路机的碾压速度应符合表 4-18 的规定。

**表 4-18　压路机碾压速度**

单位：km/h

| 压路机类型 | 初压 | | 复压 | | 终压 | |
|---|---|---|---|---|---|---|
| | 适宜 | 最大 | 适宜 | 最大 | 适宜 | 最大 |
| 钢筒式压路机 | 2～3 | 4 | 3～5 | 6 | 3～6 | 6 |
| 轮胎压路机 | 2～3 | 4 | 3～5 | 6 | 4～6 | 8 |
| 振动压路机 | 2～3<br>(静压或振动) | 3<br>(静压或振动) | 3～4.5<br>(振动) | 5<br>(振动) | 3～6<br>(静压) | 6<br>(静压) |

沥青混合料的碾压温度应符合表 4-15、表 4-16 的要求，并根据混合料种类、压路机、气温、层厚等情况经试压确定。在不产生严重推移和裂缝的前提下，初压、复压、终压都应在尽可能高的温度下进行。同时不得在低温状况下做反复碾压，使石料棱角磨损、压碎，破坏集料嵌挤。

热拌沥青混合料的压实过程分为初压、复压、终压三道工序。

1. 初压

初压的目的是整平和稳定沥青混合料，同时为复压创造有利条件，因此要注意压实的平整性。

初压应紧跟在摊铺机后碾压，并保持较短的初压区长度，以尽快使表面压实，减少热量散失。通常采用双轮 6～15t 钢筒式压路机（振动压路机关闭振动）静压 1～2 遍。碾压时应将压路机的驱动轮面向摊铺机，从外侧向中心碾压，在超高路段则由低向高碾压，在坡道上应将驱动轮从低处向高处碾压。相邻碾压带应重叠 1/3～1/2 轮宽，压完全幅为一遍。初压折返路线宜采用曲线方式，且减速进行。

初压后应检查平整度、路拱，有严重缺陷时进行修整甚至返工。

2. 复压

复压的目的是使沥青混合料密实、稳定、成型，混合料的密实程度取决于这道碾压工序，因此必须与初压紧密衔接，且不得随意停顿。压路机碾压段的总长度应尽量缩短，通常不超过 60～80m。采用不同型号的压路机组合碾压时宜安排每一台压路机做全幅碾压，防止压实度不均匀。

密级配沥青混凝土的复压优先采用重型的轮胎压路机进行搓揉碾压，以增加密水性，其总质量不宜小于 25t，每一个轮胎的压力不小于 15kN。相邻碾压带应重叠 1/3～1/2 碾压轮宽度，压完全幅为一遍。总的碾压遍数由试压确定，且不宜少于 4～6 遍。碾压至要求的压实度，且无显著轮迹为止。

对粗集料为主的较大粒径的混合料，尤其是大粒径沥青稳定碎石基层，优先采用振动压路机复压。厚度小于 3cm 的薄沥青层不宜采用振动压路机碾压。振动压路机的振动频率宜为 35～50Hz，振幅宜为 0.3～0.8mm。层厚较大时选用较小频率和较大振幅，以产生较大的激振力；层厚较薄时选用高频率和低振幅，以防止集料破碎。相邻碾压带重叠宽度为10～20cm。振动压路机折返时应先停止振动。

当采用三轮钢筒式压路机时，总重量不宜小于12t，相邻碾压带宜重叠后轮的1/2宽度，并应不少于20cm。

对路面边缘、加宽及港湾式停车带等大型压路机难以碾压的部位，宜采用小型振动压路机或振动夯板做补充碾压。

3. 终压

终压的目的是消除轮迹，最后形成平整的压实面，因此，该道工序不宜采用重型压路机在高温下完成。终压应紧接在复压后进行，终压可选用双轮钢筒式压路机或关闭振动的振动压路机碾压1～2遍，至无明显轮迹为止。如经复压后已无明显轮迹时可免去终压。

SMA路面的压实应符合以下要求：

① 除沥青用量较低，经试验证明采用轮胎压路机碾压有良好效果外，不宜采用轮胎压路机碾压，以防将沥青结合料搓揉挤压上浮。

② SMA路面宜采用振动压路机或钢筒式压路机碾压。振动压路机应遵循“紧跟、慢压、高频、低幅”的原则，即紧跟在摊铺机后面，采取高频率、低振幅的方式慢速碾压。一般初压用10t钢筒式压路机紧跟摊铺机后碾压1～2遍，复压再静碾3～4遍或振动碾压2～3遍，最后用较宽的钢筒式压路机终压1遍即可，切忌过碾。如发现SMA混合料高温碾压有推拥现象，应复查其级配是否合适。

OGFC路面宜采用小于12t的钢筒式压路机碾压。

沥青混合料压实的注意事项如下：

① 碾压轮在碾压过程中应保持清洁，有沥青混合料黏附在轮上时应立即清除。对钢轮可涂刷隔离剂或防黏结剂，但严禁刷柴油。当采用向碾压轮喷水（可添加少量表面活性剂）的方式时，必须严格控制喷水量且呈雾状，不得漫流，以防混合料降温过快。轮胎压路机开始碾压阶段，可适当烘烤、涂刷少量隔离剂或防黏结剂，也可少量喷水，并先到高温区碾压使轮胎尽快升温，之后停止洒水。轮胎压路机轮胎外围宜加设围裙保温。

② 在碾压过程中，压路机每次应由两端折回的位置阶梯形地随摊铺机向前推进，使折回处不在同一横断面上。压路机不得在未碾压成型路段上转向、调头、加水或停留。在当天成型的路面上，不得停放各种机械设备或车辆，不得散落矿料、油料等杂物。

**八、接缝处理**

沥青路面的各种施工缝，由于处理不得当易产生病害，施工时必须十分注意。沥青路面的施工必须接缝紧密、连接平顺，不得产生明显的接缝离析。上、下层的纵缝应错开15cm（热接缝）或30～40cm（冷接缝）以上。相邻两幅及上、下层的横向接缝均应错开1m以上。

1. 纵向接缝施工技术要求

① 摊铺时采用梯队作业的纵缝应采用热接缝，将已摊铺部分留下10～20cm宽暂不碾压，作为后续摊铺部分的基准面，待后续摊铺部分碾压时采用跨缝碾压以消除缝迹。

② 当半幅施工或因特殊原因而产生纵向冷接缝时，宜采用加设挡板或加设切刀切齐，也可在沥青混合料尚未冷却前用镐刨除边缘留下毛茬的方式，但不宜在冷却后采用切割机做纵向切缝。加铺另半幅前应在接缝处涂刷少量沥青，摊铺时重叠在已铺层上5～10cm，再铲走铺在前半幅上面的混合料。碾压时由边向中进行碾压，接缝处留下10～15cm，再做跨缝挤紧压实。或者压路机先在已压实路面上行走，碾压新铺层15cm左右，然后碾压新铺部分。

2. 横向接缝施工技术要求

① 横向接缝的形式有斜接缝、阶梯形接缝和平接缝，如图 4-6 所示。

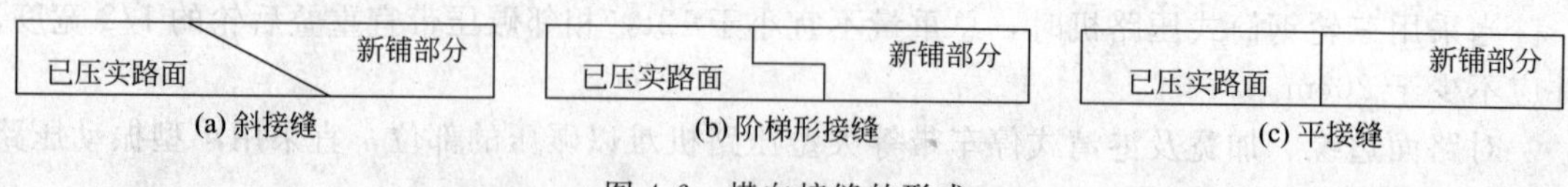


图 4-6　横向接缝的形式

② 横向接缝宜采用垂直的平接缝。高速公路和一级公路的表面层横向接缝应采用垂直的平接缝，以下各层和其他等级公路的各层均可采用自然碾压的斜接缝。沥青层较厚时也可采用阶梯形接缝。

③ 斜接缝的搭接长度与层厚有关，宜为 0.4～0.8m。搭接处应洒少量沥青，混合料中的粗集料颗粒应予剔除，并补上细料，搭接平整，充分压实。阶梯形接缝的台阶经铣刨而成，并洒黏层沥青，搭接长度不宜小于 3m。

④ 平接缝应在沥青混合料尚未冷透时用凿岩机或人工垂直刨除端部层厚不足的部分，使工作缝成直角连接。当采用切割机制作平接缝时，宜在铺设当天混合料冷却但尚未结硬时进行。刨除或切割不得损伤下层路面。切割时留下的泥水必须冲洗干净，待干燥后涂刷黏层油。铺筑新混合料前应加热接茬使其软化，压路机先进行横向碾压，再纵向碾压成一体。

## 九、开放交通

热拌沥青混合料路面应待摊铺层完全自然冷却，混合料表面温度低于 50℃后，方可开放交通。需要提早开放交通时，可洒水冷却降低混合料温度。

## 十、沥青混合料路面铺筑过程中的质量控制

热拌沥青混合料路面在铺筑过程中必须随时对铺筑质量进行检查、评定，质量检查的内容、频度、允许偏差应符合表 4-19 的规定。

1. 施工厚度的控制

施工过程中厚度的检测应按以下方法进行，检测结果应相互校核，当差值较大时通常以总量检验为准。

① 利用摊铺过程在线控制，即不断地用插尺或其他工具插入摊铺层测量松铺厚度。

② 利用拌和厂沥青混合料总生产量与实际铺筑的面积计算平均厚度进行总量检验。

③ 当具有地质雷达等无破损检验设备时，可利用其连续检测路面厚度，但其测试精度需经标定认可。

④ 待路面完全冷却后，在钻孔检测压实度的同时测量沥青层的厚度。

2. 压实度的控制

沥青面层的压实度是指规定方法采取的混合料试件毛体积密度与标准密度百分比。

沥青混合料面层的压实度应采取重点对碾压工艺进行过程控制，适度钻孔抽检压实度的方法。

① 碾压工艺的控制包括压路机的配置（台数、吨位及机型）、排列碾压方式、压路机与摊铺机的距离、碾压温度、碾压速度、压路机洒水（雾化）情况、碾压段长度、调头方式等。

② 碾压过程中宜采用核子密度仪等无破损检测设备进行压实密度过程控制，测点随机选择，一组不少于 13 个点，取平均值，与标定值或试验路段测定值比较评定。测定温度应与试验路段测定时一致，检测精度通过试验路段与钻孔试件标定。

**表 4-19　热拌沥青混合料路面施工过程中工程质量的控制标准**

| 项目 | | 检查频度及单点检验评价方法 | 质量要求或允许偏差 | | 试验方法或试验规程 |
|---|---|---|---|---|---|
| | | | 高速、一级公路 | 其他等级公路 | |
| 外观 | | 随时 | 表面平整密实，不得有明显轮迹、裂缝、推挤、油丁、油包等缺陷，且无明显离析 | | 目测 |
| 接缝 | | 随时 | 紧密平整、顺直、无跳车 | | 目测 |
| | | 逐条缝检测评定 | 3mm | 5mm | T0931 |
| 施工温度 | 摊铺温度 | 逐车检测评定 | 符合规范规定 | | T0981 |
| | 碾压温度 | 随时 | 符合规范规定 | | 插入式温度计实测 |
| 厚度① | 每一层次 | 随时，厚度 50mm 以下<br>厚度 50mm 以上 | 设计值的 5%<br>设计值的 8% | 设计值的 8%<br>设计值的 10% | 施工时插入法量测松铺厚度及压实厚度 |
| | 每一层次 | 1 个台班区段的平均值<br>厚度 50mm 以下<br>厚度 50mm 以上 | −3mm<br>−5mm | — | 总量检验法 |
| | 总厚度 | 每 $2000m^2$ 1 点单点评定 | 设计值的−5% | 设计值的−8% | T0912 |
| | 上面层 | 每 $2000m^2$ 1 点单点评定 | 设计值的−10% | 设计值的−10% | |
| 压实度② | | 每 $2000m^2$ 检查 1 组，逐个试件评定，并计算平均值 | 实验室标准密度的 97%(98%)<br>最大理论密度的 93%(94%)<br>试验段密度的 99%(99%) | | T0924、T0922 及《公路沥青路面施工技术规范》附录 E |
| 平整度④（最大间隙） | 上面层 | 随时，接缝处单杆评定 | 3mm | 5mm | T0931 |
| | 中下面层 | 随时，接缝处单杆评定 | 5mm | 7mm | T0931 |
| 平整度（标准差） | 上面层 | 连续测定 | 1.2mm | 2.5mm | T0932 |
| | 中面层 | 连续测定 | 1.5mm | 2.8mm | |
| | 下面层 | 连续测定 | 1.8mm | 3.0mm | |
| | 基层 | 连续测定 | 2.4mm | 3.5mm | |
| 宽度 | 有侧石 | 检测每个断面 | ±20mm | ±20mm | T0911 |
| | 无侧石 | 检测每个断面 | 不小于设计宽度 | 不小于设计宽度 | |
| 纵断面高程 | | 检测每个断面 | ±10mm | ±15mm | T0911 |
| 横坡度 | | 检测每个断面 | ±0.3% | ±0.5% | T0911 |
| 沥青面层层面上的渗水系数③，不大于 | | 每 1km 不少于 5 点，每点 3 处取平均值 | 300mL/min(普通密级配沥青混合料)<br>200mL/min(SMA 混合料) | | T0971 |

① 表中厚度检测频度指高速公路和一级公路的钻坑频度，其他等级公路可酌情减少状况，且通常采用压实度钻孔试件测定。上面层的允许误差不适用于磨耗层。

② 压实度的检测见实训五。括号中的数值是对 SMA 路面的要求，对马歇尔成型试件采用 50 次或者 35 次击实的混合料，压实度应适当提高要求。

③ 渗水系数适用于公称最大粒径等于或小于 19mm 的沥青混合料，应在铺筑成型后未遭行车污染的情况下测定，且仅适用于要求密水的密级配沥青混合料、SMA 混合料。不适用于 OGFC 混合料，表中渗水系数以平均值评定，计算的合格率不得小于 90%。

④ 三米直尺主要用于接缝检测，对正常生产路段，采用连续式平整度仪测定。

③ 在路面完全冷却后，随机选点钻孔取样，如一次钻孔同时有多层沥青层时需用切割机切割，待试件充分干燥后（在第二天之后），分别测定密度。钻孔后应及时将孔中灰浆淘净，吸净余水，待干燥后以相同的沥青混合料分层填充夯实。为减少钻孔数量，有关施工、监理、监督各方宜合作进行钻孔检测，以避免重复钻孔。

④ 测试压实度的一组数据最少为 3 个钻孔试件，当一组检测的合格率小于 60%，或平

均值 $\overline{x}_3$ 小于要求的压实度时，可增加一倍检测点数。如 6 个测点的合格率小于 60%，或平均值 $\overline{x}_6$ 仍然达不到压实度要求时，允许再增加一倍检测点数，要求其合格率大于 60%，且 $\overline{x}_{12}$ 达到规定的压实度要求（注意记录所有数据不得遗弃）。如仍然不能满足要求，应核查标准密度的准确性，以确定是否需要返工以及返工的范围。当所有钻孔试件检测的压实度持续稳定并符合要求时，钻孔频度可减小至每千米不少于一个孔。施工过程中钻孔的试件宜编号贴上标签予以保存，以备工程交工验收时使用。

3. 渗水性检测

压实成型的沥青路面应随机选点检测渗水情况，渗水系数的平均值宜符合表 4-19 的要求。如需要测定构造深度时，宜在测定渗水的同时在附近选点测定，记录实测结果。

4. 外观评定

施工过程中应随时对沥青路面进行外观评定，尤其特别注意防止粗细集料的离析和沥青混合料温度的不均匀，造成路面局部渗水严重或压实不足，酿成隐患。外观检查的主要项目包括色泽、油膜厚度、表面空隙等。

5. 平整度检测

施工过程中必须随时用三米直尺对接缝及与构造物的连接处进行平整度检测，正常路段的平整度采用连续式平整度仪或颠簸累积仪测定。

6. 实行动态管理

高速公路和一级公路沥青路面的施工，应利用计算机实行动态质量管理，计算平均值、极差、标准差和变异系数以及各项指标的合格率。

公路施工的关键工序或重要部位宜拍摄照片或进行录像，作为实态记录及保存资料的一部分。

## 十一、沥青混合料路面交工验收阶段质量检验

沥青混合料路面工程完工后，施工单位、工程监理单位和建设单位应按相同的工程项目划分进行工程质量的监控和管理。

施工单位应将全线以 1～3km 作为一个评定路段，每一侧车行道按规定频度随机选取测点；对沥青面层进行全线自检，将单个测定值与规定的质量要求或允许偏差进行比较，计算合格率；然后计算一个评定路段的平均值、极差、标准差及变异系数。施工单位应在规定时间内提交全线检测结果及施工总结报告，申请交工验收。

1. 基本要求

① 沥青混合料的矿料质量及矿料级配应符合设计要求和施工规范的规定。

② 严格控制各种矿料和沥青用量，严格控制各种材料和沥青混合料的加热温度，沥青材料及混合料的各项指标应符合设计和施工规范要求。沥青混合料的生产，每日应做抽提试验、马歇尔稳定度试验。矿料级配、沥青含量、马歇尔稳定度等结果的合格率应不小于 90%。

③ 拌和后的沥青混合料应均匀一致，无花白，无粗细料分离和结团成块现象。

④ 基层必须碾压密实，表面干燥、清洁、无浮土，其平整度和路拱度应符合要求。

⑤ 摊铺时应严格控制摊铺厚度和平整度，避免离析，注意控制摊铺和碾压温度，碾压至要求的密实度。

2. 质量检验评定标准

热拌沥青混合料路面交工验收阶段的检查项目、检查频度、质量要求或允许偏差等见表 4-20。

**表 4-20 沥青混凝土面层和沥青碎石面层实测项目**

<table>
<tr><th rowspan="2">项次</th><th rowspan="2" colspan="2">检查项目</th><th colspan="2">规定值或允许偏差</th><th rowspan="2">检查方法和频率</th><th rowspan="2">权值</th></tr>
<tr><th>高速公路、一级公路</th><th>其他公路</th></tr>
<tr><td>1</td><td colspan="2">压实度/%</td><td colspan="2">实验室标准密度的 96%(98%);<br>最大理论密度的 92%(94%);<br>试验段密度的 98%(99%)</td><td>按有关规定方法检查，每 200m 测 1 处</td><td>3</td></tr>
<tr><td rowspan="3">2</td><td rowspan="3">平整度</td><td>σ/mm</td><td>1.2</td><td>2.5</td><td rowspan="2">平整度仪：全线每车道连续按每 100m 计算 IRI 或 σ</td><td rowspan="3">2</td></tr>
<tr><td>IRI/(m/km)</td><td>2.0</td><td>4.2</td></tr>
<tr><td>最大间隙 h/mm</td><td>—</td><td>5</td><td>三米直尺：每 200m 测 2 处×10 尺</td></tr>
<tr><td>3</td><td colspan="2">弯沉值/0.01mm</td><td colspan="2">符合设计要求</td><td>按评定标准规定方法检查</td><td>2</td></tr>
<tr><td>4</td><td colspan="2">渗水系数</td><td>SMA 路面 200mL/min;<br>其他沥青混凝土<br>路面 300ml/min</td><td>—</td><td>渗水试验仪：每 200m 测 1 处</td><td>2</td></tr>
<tr><td rowspan="2">5</td><td rowspan="2">抗滑</td><td>摩擦系数</td><td rowspan="2">符合设计要求</td><td rowspan="2">—</td><td>摆式仪：每 200m 测 1 处；<br>摩擦系数测定车：全线连续</td><td rowspan="2">2</td></tr>
<tr><td>构造深度</td><td>铺砂法：每 200m 测 1 处</td></tr>
<tr><td rowspan="2">6</td><td rowspan="2">厚度/mm</td><td>代表值</td><td>总厚度：设计值的－8%<br>上面层：设计值的－10%</td><td>－8%H</td><td rowspan="2">按评定标准规定方法检查，双车道每 200m 每车道 1 处</td><td rowspan="2">3</td></tr>
<tr><td>合格值</td><td>总厚度：设计值的－10%<br>上面层：设计值的－20%</td><td>－15%H</td></tr>
<tr><td>7</td><td colspan="2">中线平面偏位/mm</td><td>20</td><td>30</td><td>经纬仪：每 200m 测 4 点</td><td>1</td></tr>
<tr><td>8</td><td colspan="2">纵断高程/mm</td><td>±10</td><td>±15</td><td>水准仪：每 200m 测 4 断面</td><td>1</td></tr>
<tr><td rowspan="2">9</td><td rowspan="2">宽度/mm</td><td>有侧石</td><td>±20</td><td>±30</td><td rowspan="2">尺量：每 200m 测 4 断面</td><td rowspan="2">1</td></tr>
<tr><td>无侧石</td><td colspan="2">不小于设计</td></tr>
<tr><td>10</td><td colspan="2">横坡/%</td><td>±0.3</td><td>±0.5</td><td>水准仪：每 200m 测 4 处</td><td>1</td></tr>
</table>

注：1. 表内压实度可选用其中的 1 个或 2 个标准，选用 2 个标准时，以合格率低的作为评定结果。括号内是指 SMA 路面，其他为普通沥青混凝土路面。

2. 表列厚度仅规定负允许偏差。其他公路的厚度代表值和合格值允许偏差按总厚度计，当总厚度≤60mm 时，允许偏差分别为－5mm 和－10mm；总厚度>60mm 时，允许偏差分别为－8%H 和－15%H。H 为总厚度（mm）。

3. 外观鉴定

① 表面应平整密实，不应有泛油、松散、裂缝和明显离析等现象。对于高速公路和一级公路，有上述缺陷的面积（凡属单条的裂缝，则按其实际长度乘以 0.2m 宽度折算成面积）之和不得超过受检面积的 0.03%，其他公路不得超过 0.05%。不符合要求时每超过 0.03%或 0.05%减 2 分。半刚性基层的反射裂缝可不计为施工缺陷，但应及时进行灌缝处理。

② 搭接处应紧密、平顺，熨缝不应枯焦。不符合要求时，累计每 10m 长减 1 分。

③ 面层与路缘石及其他构筑物应密贴接顺，不得有积水或漏水现象。不符合要求时，每一处减 1～2 分。

## 第六节 沥青路面常见问题与处理

### 一、沥青表面处治路面

1. 泛油、光面

泛油和光面现象表现为沥青表面处治层的顶面基本上为一薄层油膜覆盖，看不见集料或很少看到集料，路表面光滑，很容易引起行车滑溜事故。

形成原因主要包括：

① 沥青用量偏多或集料撒布量过少。

② 使用的集料偏软，易为轮胎磨损、磨光。

③ 冬季气温较低时施工，面层成型慢，集料散失过多。

处理措施主要有：

① 沥青表面处治层选用的沥青、集料的规格和用量，应符合表 4-4 的要求。

② 严格按施工规范规定的工艺进行施工，各工序衔接要紧密，当天施工的路段，当天完成。宜选择干燥和较热的季节进行施工。并在冬季低温来临前，日最高温度低于 15℃到来前半个月结束施工。

③ 轻微泛油路段，可撒上 3～5mm 粒径的石屑或粗砂，并用压路机或控制行车碾压。

④ 泛油较重的路段，可先撒 5～10mm 粒径的碎石，用压路机碾压。待稳定后，撒 3～5mm 粒径的石屑或粗砂，并用压路机或控制行车碾压。

⑤ 面层含油量高，且已形成软层的严重泛油路段，可视情况采用下述方法之一进行处理：

a. 先撒一层 10～15mm 粒径（或更大的）碎石，用压路机将其强行压入路面，待基本稳定后，再分次撒上 5～10mm 粒径的碎石，并碾压成型。

b. 将含油量过高的软层铣刨清除后，重做面层。

⑥ 对表面过于光滑，抗滑性能特别差的路段，应做罩面处理：

a. 可以采用拌和法或层铺法施工的单层表面处治，也可以采用乳化沥青稀浆封层。

b. 罩面前，应先处治好原路面上的各种病害，若原路面有沥青含量过多的薄层，将其刮除掉后撒黏层油。

2. 松散、飞子

沥青表面处治层的集料与沥青黏结不好，或失去黏结性而在路表面形成松散颗粒，甚至在横向力的作用下形成飞子。

形成的原因主要包括：

① 用油量偏小，或沥青质量有问题，如沥青含蜡量过高，黏结力差等，导致松散。

② 低温或雨季施工。

③ 沥青油温过高，沥青老化，失去黏结性。

④ 沥青与酸性石料黏附性不好而松散。

⑤ 急弯、陡坡处横向作用力，易造成松散面层飞子。

处理措施主要有：

① 严格按施工规范规定的要求施工，掌握沥青和集料的规格和用量以及施工温度；如采用酸性石料，要采取抗剥落措施。

② 急弯陡坡处要严格掌握沥青的质量确保沥青与集料有足够的黏结力。必要时可在该地段特别采用优质沥青或改性沥青。

③ 喷洒稠度较高的沥青，并洒适当粒径的嵌缝料，应使麻面部分中部的嵌缝料稍厚，周围与原路面接口要稍薄，定型要整齐，并碾压成型。

④ 因沥青用量偏少或因低气温施工造成的沥青面层松散，应采用以下方法处治：

a. 先将路面上已松动了的矿料收集起来。

b. 待气温升至 15℃以上时，按 0.8～1.0kg/$m^2$ 的用量喷洒沥青，再均匀撒上 3～6mm 的石屑或粗砂（5～8$m^3$/1000$m^2$）。

c. 用轻型压路机压实。

⑤ 对松散的路面处理后，再做稀浆封层。

⑥ 对于因油温过高、沥青老化失去黏结性而造成的松散，应将松散部分全部挖除后，重做面层。

⑦ 因沥青与酸性石料间的黏附性不良而造成路面松散，应将松散部分全部挖除后，重做面层。重做面层的矿料不应再使用酸性石料。在缺乏碱性石料的地区，应在沥青中掺入抗剥落剂、增黏剂或使用干燥的生石灰、消石灰、水泥等表面活性物质作为填料的一部分，或采用石灰浆处理粗集料等抗剥落措施，以提高沥青与矿料的黏附力，并增加混合料的水稳定性。

## 二、沥青贯入式路面

### 1. 泛油、光面

贯入式面层的表面基本上被薄层沥青覆盖，未见或很少看到粗集料。路表面光滑，容易引起行车滑溜交通事故。

形成原因主要是：

① 用油量偏多或集料撒布量偏少。

② 沥青标号不当，针入度偏大。

③ 集料质地偏软，磨耗大，易为轮胎磨损、磨光。

④ 主层碎石压稳，嵌缝料撒布后，嵌缝料应该充分碾压，使其嵌锁紧密。嵌缝料稍有压碎，可增加主层石料间的嵌锁，减少主层碎石间的孔隙对面层整体是有利的。但不能过多地压碎嵌缝料，如压碎过多，碎屑（特别是石粉）可能将缝隙堵塞，影响封面沥青下贯，并集中在表面，导致事后泛油。

处理措施有：

① 贯入式面层选用的沥青、集料的规格和用量，应符合表 4-9、表 4-10 的要求。

② 严格按施工规范规定的要求施工。要注意掌握碾压适度，过碾则过分压碎集料，破坏嵌挤且沥青贯入受阻积聚表面。

③ 其他措施参见沥青表面处治③～⑥要求。

### 2. 推移、拥包

推移、拥包表现为沿行车方向或横向出现局部隆起，程度轻微者为推移，隆起严重的为拥包。

拥包的形成原因主要包括以下几方面。

① 采用的沥青针入度偏大，用量过多，集料偏软，嵌缝料被压碎过多，热稳定性不好，夏季高温时，黏结力差，不足以抵抗行车的水平力作用，由泛油、光面引发，以至于产生推移、拥包。

② 急弯、陡坡处，作用的水平力大，且亦积聚沥青和细料，引发推移、拥包。

处理措施主要有以下几方面。

① 选用针入度较低的沥青，并严格控制用量。

② 其他措施可以参考泛油、光面部分。

③ 轻微推移、拥包可用机械铣刨削掉，或人工切除。如果去除拥包后，路表不够平整，应处治平整。

④ 对于严重拥包，但路面基层仍属稳定者，应用机械或人工将拥包全部除去，并低于路表面约 10mm。扫尽碎屑、杂物及粉尘后，重新铺筑面层。

### 3. 松散、麻面

集料与沥青结合料黏结不够或失去黏结性而在路表面形成松散颗粒。同样，因嵌缝料散失，路表面会出现轻微麻面。

形成原因包括：

① 沥青用量偏少，或因低温施工导致松散。

② 沥青油温过高，沥青老化，失去黏性。

③ 沥青与酸性石料间黏附性不良导致松散。

处理措施有：

① 严格按施工规范规定的要求施工，掌握好沥青和集料的规格和用量，严格控制施工温度；如采用酸性石料，要采取抗剥落措施。

② 因嵌缝料散失出现轻微麻面，在沥青面层不贫油时，可在高温季节撒适当的嵌缝料，并用扫帚扫匀，使嵌缝料填充到石料的空隙中。

③ 可参看沥青表面处治③～⑦的规定。

**三、热拌沥青混合料路面**

1. 热拌沥青混合料

(1) 外观质量不好

① 混合料出现“花白料”、离析和团块现象。

② 混合料冒出蓝烟、白烟。

③ 混合料“发亮”、粘车、干散、枯焦。

形成的原因主要是以下几方面。

① 出现“花白料”可能是由于拌和不均匀、拌和时间不够、沥青用量不足、沥青与集料的温度偏低。

② 离析可能是由于沥青用量不足、粗集料的用量和级配有问题或者拌和时间不足。

③ 团块主要是由于沥青和矿粉用量过多，也可能是由于沥青温度过低。

④ 蓝烟表示混合料温度可能偏高；白烟是蒸汽，表明集料烘干不足。

⑤ 油多则“发亮”、粘车，油少则干散，过火则枯焦。

采取的措施包括以下几方面。

① 外观目测检查一般在运输车装料过程中进行。

② 发现问题后应视严重程度确定该批混合料能否使用，同时将信息反馈给有关人员，针对具体情况采取相应对策措施，消除所出现的问题。

③ 严格控制粗集料进厂关，在生产过程中，坚持跟踪检测，随时根据集料的筛分情况，及时调整生产配合比及矿料级配。

④ 严格控制拌和厂的称量、计量系统、拌和的时间以及温度、湿度量测、监控系统。

(2) 混合料出厂温度过高或过低　主要是由于集料烘干、加热的燃料过量，使集料温度过高，或者是温控系统失灵，也可能是检测使用的温度计有问题。

采取的措施有：

① 当运输车装满混合料后，应由有关人员检测混合料的温度。测温位置应距车厢15cm以内。使用的温度计应该有足够的精度和耐久性，一般以半导体点温计为好。每车至少检测一处，每天开始的头几盘料更要加强检查。

② 适当减少燃料，将集料温度控制在允许范围内，校验拌和楼的温控系统和测温用的温度计，使精度符合要求。

(3) 油石比偏小或偏大

① 拌和机方面　主要是由于称量装置精度有问题，可能是沥青称量不准，也可能是矿

料称量不准。

② 试验方面　可能是由于：矿料上的沥青经多次冲洗仍不能完全冲洗干净，使测出的油石比较实际偏小；抽提仪局部密封不严，造成部分矿粉散失或泄漏，使测出的油石比较实际偏大。

采取的措施有：

① 通过抽提试验检验油石比是否符合要求。

② 针对具体情况采取相应措施，使纠正后试验得到的油石比符合要求。

(4) 矿料级配不符合要求　主要是由于矿料称量不准，也可能是由于筛网损坏、热料仓分隔不严或溢料管堵塞等出现“混仓”所致，还可能是由于冷集料的级配和输送比例有问题。

采取的措施有：

① 用抽提后的矿料试样，按规定的试验方法和步骤进行筛分，以其结果与标准配合比确定的矿料级配加减各级筛孔的允许偏差进行比较，并针对性调整。

② 校验矿料的称量装置，使精度符合要求；检修筛网、热料仓隔板和溢料管道，使筛网完好无损，热料仓分隔严密，溢料管畅通无阻。

2. 热拌沥青混合料路面裂缝

(1) 横向裂缝　裂缝基本上横穿路幅，缝宽不一，有横穿整个路幅的，也有仅是局部的。原因分析：

① 施工缝没有处理，缝不紧密、结合不良。

② 沥青没有达到适应本地区的气候条件和使用要求的质量标准，致使沥青面层因温缩而产生裂缝。

③ 半刚性基层尤其是水泥稳定的砂砾、碎石基层开裂反射到沥青面层。

④ 路面下有横穿管道、通道，且防不均沉降措施不到位，引起横向裂缝。

⑤ 冰冻地区因冻胀导致横裂。

采用的措施有：

① 合理组织施工，摊铺作业连续进行，减少横向冷接缝数量，并按操作要求做好冷接缝。

② 按本地区气候条件和道路等级选用适宜的沥青结合料，采用优质沥青则更为有效。

③ 半刚性基层施工时注意防裂措施，如及早、及时养生，减少前期开裂，及时铺筑沥青面层或浇洒透层油以减少半刚性基层裸漏时间，减少干缩开裂。

④ 横穿管道、通道两侧及沟槽回填部分细致碾压、夯压密实，必要时也可考虑该部位适当拓宽、加厚设计的垫层或基层。

⑤ 为防止雨水由裂缝处渗入路面结构，对于细裂缝（2～5mm），可用改性乳化沥青灌缝；对于大于 5mm 的粗裂缝，可用改性沥青灌缝。灌缝后，表面撒上粗砂或 3～5mm 石屑。

(2) 纵向裂缝　裂缝走向基本上和行车方向平行，裂缝长度和宽度不一。

原因分析：

① 前后摊铺幅相接处未按有关规范要求认真处理，结合不紧密而脱开。

② 纵向管线沟槽回填质量不佳而产生不均匀沉陷。

③ 拓宽路段，新老路面交界处沉降差异

采取的措施有：

① 采用全路幅一次摊铺。如分幅摊铺时，前后摊铺应紧跟、梯次前进，避免前幅混合

料冷却后才摊铺后半幅，确保相接的两幅为热接缝。

② 如无条件全路幅摊铺时，热沥青混合料上、下层的纵向施工缝应错开15cm以上。前后幅相接处做冷接缝时，应先将已施工压实的边缘坍斜部分切除，切线须顺直，侧壁要垂直。清除碎料后，宜用热混合料敷贴接缝处，使之软化，然后铲除敷贴料，并对侧壁涂刷0.3～0.6kg/m$^2$ 黏层沥青，再摊铺相接路幅。摊铺时注意控制好松铺系数，使压实后的接缝结合紧密、平整。

③ 沟槽回填部分细致碾压、夯压密实。如回填用土来源有困难或者雨季施工且工期紧，沟槽积水不易排干时，可考虑用黄砂、砾石砂等颗粒材料回填，必要时也可以考虑适当拓宽、加厚设计的垫层或基层。

④ 对于2～5mm宽的裂缝可用改性乳化沥青灌缝，大于5mm的裂缝可用改性沥青。灌缝后，表面撒上粗砂或3～5mm石屑。

(3) 网状裂缝　裂缝纵横交错、不规则，缝距40cm以下，缝网面积1m$^2$ 以上。

原因分析：

① 路面结构中夹有软弱层或尘土层，粒料层松动，水稳定性差。

② 沥青与沥青混合料质量差、延度低、抗裂性差。

③ 沥青层厚度不足，层间黏结差，水分渗入，加速裂缝形成。

④ 下承层湿软，承载力差。

采取的处理措施包括：

① 沥青面层摊铺前，对下卧层应认真检查，及时清除尘土，处理好软弱层、下卧层，保证下承层稳定，喷洒0.3～0.6kg/m$^2$ 黏层沥青，高等级道路可考虑铺筑1cm沥青表处。

② 沥青、集料、矿粉等原材料应保证质量符合规范要求。

③ 沥青面层各层次应满足最小施工操作所需的厚度要求，保证上下层的良好联结，加强路面结构排水的设计和施工，使结构层内不积水。

④ 路面结构设计应做好交通调查和预测工作，使路面结构组合与总体强度满足设计使用期限内的交通荷载要求。

3. 热拌沥青混合料路面的车辙、拥包

(1) 车辙　车辙是高等级公路早期的主要病害之一，其主要表现为路面在车辆荷载作用下轮迹处下陷，轮迹两侧隆起，形成纵向带状凹槽。车辙现象在实施渠化交通路段或停、刹车频率高的路段较易出现。

分析原因如下：

① 沥青混合料热稳定性不足。沥青质量不好，针入度偏大，沥青用量偏高；矿料级配不好，细集料偏多，集料没有形成嵌锁结构。

② 沥青混合料面层施工时没有充分压实，在行车荷载频繁作用下，轮迹处继续进一步压密而出现下陷。

③ 基层或下卧层软弱或未充分压实，在行车荷载频繁作用下继续压密或产生剪切破坏。

采取的措施包括：

① 根据当地气候条件，按规范和地区经验选用合适标号的沥青，针入度不宜过大。

② 粗集料应粗糙且有较大的破裂面。矿料级配符合要求，沥青混合料的稳定度和流值符合要求。高等级道路应进行车辙动稳定度检验，并符合要求。

③ 施工时必须按规范要求进行碾压，基层和沥青混合料面层的压实度符合要求。

④ 对于通行重车比例大的道路或启动、制动频繁的路段，陡坡路段，在必要时可采用改性沥青混合料，提高抗车辙能力。

⑤ 道路路面结构层次组合设计中，对于沥青面层的每层厚度不宜超过混合料集料最大粒径的 4 倍。

⑥ 面层施工前严格检验基层的强度和密实度，若基层湿软、强度不足、密实度不足，应整改合格后，才能进行面层施工。

⑦ 严格控制超载车辆上路行驶。

⑧ 出现车辙，针对情况，铣刨（削）掉面层重新铺筑。若由于基层原因引起，则整治好基层后再重新铺筑。

（2）拥包　拥包也是沥青路面常见的病害现象，其表现为沿行车方向或横向出现局部隆起。拥包较易发生在车辆经常启动、制动的地方，如停车站、交叉口等区域。

原因分析：

① 沥青针入度偏大、用量偏高，集料中细料偏多等情况导致沥青混合料热稳定性不好，在热季气温高时，不足以抵抗行车的水平力作用。

② 面层摊铺时，底层未清扫或未喷洒（涂刷）黏层沥青，致使层间黏结不好，沥青混合料摊铺不匀，局部细料过于集中。

③ 基层或下面层未经充分压实，行车作用下发生变形、位移。

④ 陡坡或平整度较差路段，面层沥青混合料容易在行车作用下向低处积聚形成拥包。

采取的处理措施包括：

① 在混合料配合比设计、混合料拌制时，控制好沥青的质量，尤其是针入度不要偏大；控制好沥青的用量不偏多；控制好细集料的用量不偏多。

② 在摊铺沥青面层前，下层表面清扫干净，均匀洒布黏层沥青，确保上下层层间联结。

③ 人工摊铺时，由于料车卸料容易离析，应注意粗、细料均匀分布，防止细料局部集中现象。

④ 其余措施参看“车辙”处理措施的④～⑧内容。

## 第七节　沥青路面中面层施工工艺示例

**【例 4-1】**

××至××高速公路 No. 23B 合同段，（K154＋700～K177＋261）全长 22. 561km，路面下面层已大部分完成并通过验收，即将进入中面层施工阶段，机械、人员、试验等工作已全部就绪，按技术规范要求和监理工程师意见，首先在 K174＋200～K174＋410 左半幅进行路面下面层试验段施工，通过试验段施工，取得机械设备类型、工力组合、压实遍数及速度，填料松铺系数、材料配比、确定每一作业段的合理长度和一次铺筑厚度，提出标准施工方法，具体施工技术及工艺方案如下。

1. 施工准备

施工前对下面层层面上的杂物、泥土等进行清除和冲洗，达到规范和监理工程师要求，并检查下面层的高程、横坡、平整度、宽度等指标，做出详细记录。

2. 筛分

为了确保碎石料符合设计级配，施工前根据试验得出的生产配合比对所进碎石料进行二次分级筛分。筛分设备将每天 24h 连续工作，以保证工程需要。

3. 拌和

拌和设备为意大利产玛莲尼拌和站一座，由计算机自动控制混合料的配合比、拌和温度等拌和数据，配置杆式温度计（200℃），沥青加热温度控制在 130～160℃，不得超过

170℃，出厂温度控制在140～165℃，集料加热不超过170℃，整个拌和过程避免局部过热且保证拌和均匀，温度过高（大于170℃）或过低（小于80℃）或长时间存放（大于6h）的混合料均废弃至工程师指定地点处理。

拌和厂设拌和质检组，具体负责混合料的拌和质量，在整个拌和期间，按规范要求和工程师要求进行抽样试验，以确保沥青混合料的出厂质量。要求出厂的混合料均匀，无花白料，无离析，无结团、结块，无沥青发焦现象，并用测温计测定温度，各项指标合格后，方允许出厂，不合要求的混合料不得出厂。

玛莲尼拌和设备配有计算机控制的称重系统，能准确地测量出每一盘沥青混凝土的重量，并可以由打印机打印出结果，可以满足规范要求的计量需要。

4. 运输

合格的混合料采用自卸汽车运至施工现场，车槽内涂一层油水混合液以防粘车。每辆车配备覆盖设备，避免尘埃污染和热量过多损失，保证摊铺时混合料的温度不低于130℃。

为保证摊铺工作的连续进行，根据拌和能力和运距的远近确定车辆数量，目前我标段采用20台三菱（17t）、尼桑（17t）、太脱拉自卸汽车，从试验段施工过程来看可以满足需要。

5. 摊铺

摊铺前对工作面进行检查并取得工程师认可。在路缘石的接触面上均匀地涂上一层沥青。

摊铺按试验段确定的松铺系数设置摊铺机熨平板的高度，摊铺机预热10min后，待螺旋输送器储存的混合料达到输送轴的2/3时，开始起步摊铺，并按照确定的摊铺速度（摊铺速度一般为2～3m/min）摊铺。混合料的拌和，运输能力与摊铺速度相匹配，使摊铺连续均匀进行，中间不得停顿、变换速度。

设专人负责指挥运输车辆，运输汽车尽量在桥涵结构物上调头，运输车辆倒车至摊铺机前30cm左右停车，用摊铺机匀速推移运输车前行，以防止运输车辆后倒碰撞摊铺机，使摊铺机匀速运行，确保摊铺质量，为保证拌和、摊铺匹配，用下式确定摊铺能力

$$C=WDv\rho$$

式中，$W$为摊铺宽度；$D$为摊铺厚度；$v$为摊铺速度；$\rho$为混合料密度。

摊铺由摊铺质检组负责质量控制。

在阴天风速大于15km/h时应停止摊铺作业，因为表面温度降低过快。

6. 压实

混合料完成摊铺后，立即进行宽度、厚度、平整度、横坡及温度检查，不合格的立即进行调整，待温度降到初压温度时，按试验段所确定的压实机具、压实程序和方法进行充分、均匀的碾压。压实分初压—复压—终压三步。

碾压温度一般控制在90～130℃，初压温度120～130℃，复压温度90～120℃，碾压终了时的温度不低于85℃。在施工面上用明显的标志标出初压、复压、终压段及可停放压实机械区，一般用不同颜色的小旗。

碾压顺序平行于道路中线从外缘渐次向内进行，如有外侧超高的弯道上由内侧向外侧碾压，压路机横向轮迹至少重叠30～50cm，纵向轮迹重叠1～3m。压路机中途不得停止、急刹车及转向，且不得停放在已压过未冷却的施工面上，压路机完成作业后，退出碾压区域，与路线方向呈45°停在划定的区域内。

初压静碾一遍，采用双钢轮压路机静压，压后即检查平整度和横坡，必要时进行调整，复压紧跟初压，采用双钢轮压路机进行振动碾压四遍。最后采用轮胎压路机进行静压。碾压未冷却前，其他车辆不得在上面行驶、停放。路面碾压质量由路面碾压质检组

控制。压路机的速度静压为 1.5km/h 以内，振动压实为 3～5km/h。碾压工作面长度一般选定 50m 左右。

碾压顺序为双钢轮压路机静压→双钢轮压路机振动压实→轮胎压路机静压。实测结果证明此方案能满足压实度和平整度要求。碾压过程中也可以先上轮胎压路机，使之紧跟在摊铺机的后面进行碾压。较高温度下轮胎压路机在碾压时起到揉挤作用，有利于沥青混合料与基层表面的小坑窝麻面处的接合，还能弥补摊铺机在摊铺时产生的局部离析现象。

7. 接缝处理

铺筑前对每个环节细致检查，及时排除故障和隐患，铺筑过程中统筹指挥，加大协调管理力度，尽量避免中途停工，每天作业面连续长度在 1000m 以上，尽可能减少接缝数量。

在每天作业结束时，可以在摊铺的混合料端部放一个沥青路面等高度的木板，并将混合料向前摊铺超过一个很短的距离并进行碾压。第二天工作开始时，清除多余的混合料；移去木板，露出一个干净而整齐的边，对截面进行加热，并涂刷沥青，使之与要铺的沥青更好的结合。接缝处新铺路面稍高于已成型路面，压路机需横向骑跨着接缝碾压，不挂振动，直至达到要求的平整度。并注意压路机从新铺工作面倒回接缝时，不挂振。也可以在不放木板的情况下采用切割机切割的方法。即在第二天施工前用切割机将前一天施工的沥青混凝土用切割机切一整齐的边。

8. 交通管制

在摊铺后，碾压成型的面层禁行一切车辆，安排专人负责设置隔离和隔断标志，在冷却前不间断监管。施工过程中控制运料车速度，不能在下承层急刹车，猛起步，尽量在桥涵结构面上调头。

9. 取样试验与验收

沥青混凝土施工过程中的取样试验分为拌和站取样和摊铺现场取样。按规范要求进行矿料级配筛分、混合料的马歇尔试验（稳定度、流值）、空隙率、抽提试验等，施工现场主要对压实度、厚度、平整度等进行检测。每一项指标验收合格后，进行下一道工序施工质量的检测。

## 本章小结

沥青路面是指用沥青作为结合料铺筑面层的路面结构总称，在我国现有公路中应用十分广泛。沥青路面种类繁多，近年来施工方法不断发展，施工质量日益提升，对施工者素质要求更加严格。

本章内容较多，是本书的重点章节之一。本章重点阐述了下列问题，建议读者按所给知识点分布框图进行学习，并对相关学科的交叉知识点予以关注。

1. 沥青路面是沥青材料作为结合料黏结矿料修筑面层与各类基层和垫层组合而成的路面结构。由于沥青路面使用沥青作为结合料，因而增强了矿料间的黏结力，提高了混合料的强度和稳定性，使路面的使用质量和耐久性都得到大幅度提高。

2. 沥青路面的基本特性主要指其高温稳定性、低温抗裂性、水稳定性、疲劳特性、老化特性，施工方法与施工控制将直接影响到沥青路面的使用性能。

3. 沥青路面按强度构成原理可分为密实式和嵌挤式两大类；按施工工艺的不同，可分为层铺法、路拌法和厂拌法三类；按技术特性不同，可分为沥青表面处治、沥青贯入式、热拌沥青混合料、新型沥青路面等多个类型。

4. 沥青路面的功能性层次包括透层、黏层、封层，封层一般可以划归沥青表面处治的范畴，当前在施工中越来越重视功能性层次的施工质量。

5. 沥青类路面结构层的原材料包括沥青、粗集料、细集料、填料等。施工前，必须按照规范要求，对原材料进行质量检测。按照规范要求的马歇尔试验配合比设计方法，进行沥青混合料的配合比设计。沥青路面原材料与混合料的质量控制是沥青路面施工的重要环节。

6. 沥青表面处治适用于三级及三级以下公路的沥青面层。各种封层适用于加铺薄层罩面、磨耗层、水泥混凝土路面上的应力缓冲层、各种防水和密水层、预防性养护罩面层。

7. 微表处主要用于高速公路及一级公路的预防性养护以及填补轻度车辙，也适用于新建公路的抗滑磨耗层。稀浆封层一般用于二级及二级以下公路的预防性养护，也适用于新建公路的下封层。

8. 沥青贯入式路面适用于三级及三级以下公路，也可作为沥青路面的联结层或基层。当贯入层上部加铺拌和的沥青混合料面层时称为上拌下贯式路面。

9. 热拌沥青混合料结构层铺筑施工中的质量主要从施工厚度的检测、压实度的质量控制、渗水检测、平整度检测、外观检查等方面进行控制。

10. 沥青混合料拌和中的异常现象包括：每天拌和的第一盘沥青混合料易出现废料、热仓料出现超尺寸颗粒、出现花白料、枯料、没有色泽、矿料颗粒形成明显变化等。沥青混合料运输、摊铺和压实中的异常现象主要有混合料离析、表面异常等。

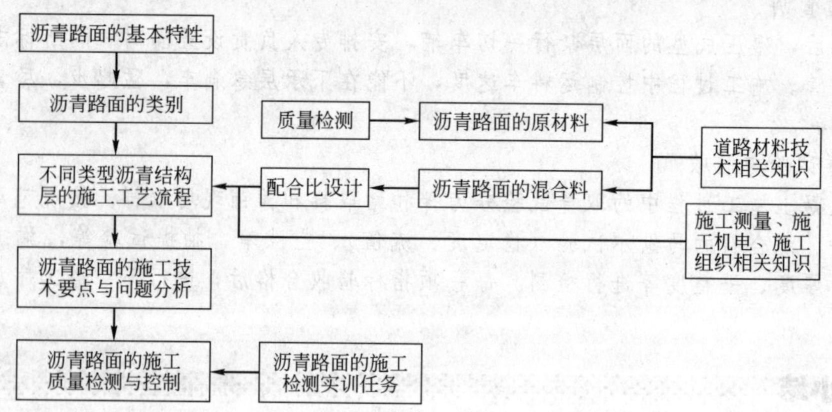


## 课后训练

1. 沥青路面的基本特性有哪些？
2. 沥青路面的类型如何划分？沥青类结构层如何选择应用？
3. 什么是透层、黏层、封层？分别说明它们的工程性能和适用性。
4. 沥青混合料的原材料有哪些？
5. 叙述热拌沥青混合料路面施工工艺流程。
6. 若出厂的混合料出现花白料，请问可能存在什么问题？
7. 沥青混合料拌和中出现枯料的原因有哪些？
8. 沥青混合料拌和中出现混合料没有色泽的原因有哪些？
9. 对沥青混合料成品的储存有何规定？
10. 混合料的运输中应注意的主要问题是什么？
11. 沥青混合料摊铺过程中，摊铺温度是怎样规定的？
12. 沥青混凝土路面施工时，压实分几个阶段？各阶段的作用是什么？
13. 沥青混凝土路面的碾压过程中，应从哪些方面严格控制碾压质量？

14. 沥青混凝土路面施工时横向接缝有几种施工方法？适用性如何？
15. SMA面层施工与沥青混凝土面层施工相比有哪些不同？
16. 沥青混凝土路面施工交工验收时的质量检查项目有哪些？
17. 沥青贯入式面层与沥青表面处治的特点、应用、施工工艺流程以及交工验收时的质量检查项目有何不同？
18. 叙述稀浆封层与微表处的不同点。

# 第五章　水泥混凝土路面施工

## 知识目标

1. 了解水泥混凝土路面的施工方式；
2. 掌握水泥混凝土路面对原材料的技术要求；
3. 掌握普通水泥混凝土路面施工程序与施工技术要点；
4. 掌握水泥混凝土路面接缝、抗滑施工方法；
5. 掌握水泥混凝土路面的检测项目。

## 技能目标

1. 能在施工过程中对水泥混凝土面层进行质量控制；
2. 能准确分析水泥混凝土施工中存在的质量问题，并能采取相应的处理措施；
3. 能准确判断水泥混凝土路面施工过程中遇到的问题的产生原因，能采取相应措施予以处理；
4. 能对水泥混凝土路面施工质量进行检验；
5. 能完成第六章的水泥路面检测实训任务。

## 第一节　水泥混凝土路面施工方式的选择

对于水泥混凝土面层铺筑主要有小型机具、三辊轴、轨道摊铺、碾压混凝土和滑模机械铺筑五种施工方法。根据公路等级的不同，水泥混凝土路面的施工宜符合表5-1中的机械设备要求。

**表5-1　与公路等级相适应的机械设备装备**

| 摊铺机械设备 | 高速公路 | 一级公路 | 二级公路 | 三级公路 | 四级公路 |
|---|---|---|---|---|---|
| 滑模摊铺机 | √ | √ | √ | ▼ | ○ |
| 轨道摊铺机 | ▼ | √ | √ | √ | ○ |
| 三辊轴机组 | ○ | ▼ | √ | √ | √ |
| 小型机具 | × | ○ | ▼ | √ | √ |
| 碾压混凝土机械 | × | ○ | √ | √ | ▼ |

注：√应使用；▼有条件使用；○不宜使用；×不得使用。

无论采用何种施工方式，施工前都要做好准备工作，准备工作是保证施工顺利进行和施工质量的前提，具体工作有以下几个方面。

① 编制好施工组织设计，建立健全全面质量管理体系。

② 现场清理和水电供应、施工道路、拌和站建设、办公生活用房等辅助设施建设。

③ 原材料的准备和性能检验以及混凝土配合比检验调整。

④ 对基层的平整度、压实度、高程、横坡等指标进行检查和处理修整，并洒水湿润。

⑤ 严格按照要求安装模板。

## 一、小型机具施工

由于我国经济水平限制和施工需要，虽然小型机具施工速度慢，人为影响质量较大，但由于小型机具施工操作简易，维修方便，目前仍然得到广泛应用，尤其在二级以下公路建设中，仍占很大比例。

水泥混凝土路面小型机具施工工序流程见图 5-1。

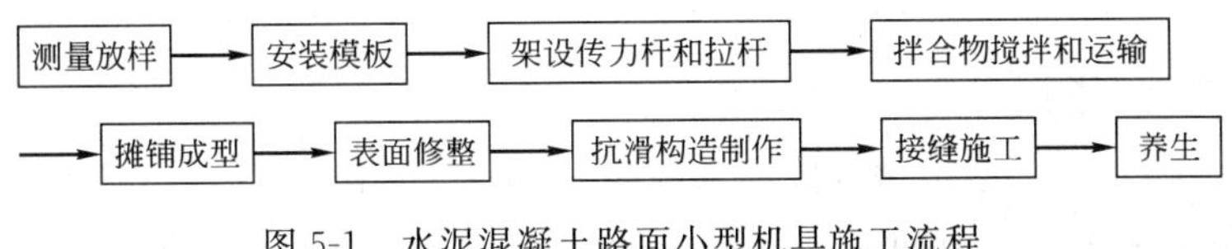


图 5-1　水泥混凝土路面小型机具施工流程

小型机具施工主要机械设备有：配备自动质量计量设备的间歇式搅拌的强制式搅拌机，一般选用双卧轴式；插入式振捣棒、平板振动器和振动梁等振捣工具；提浆滚杆、叶片式或圆盘式抹面机、三米刮尺和抹刀等整平抹面工具；拉毛机、工作桥、硬刻槽机等抗滑构造设备。运输车辆、小型机具选型和配套时应根据工程规模、质量要求和工期等要求进行合理配置。

小型机具铺筑水泥混凝土路面，在摊铺前一定要做好检查准备工作，施工现场应有专人指挥卸料，拌合物应分布成均匀的小堆，以方便摊铺，若拌合物有离析，应用铁锹翻拌均匀，严禁加水，用铁锹送料，应反扣，严禁抛掷和耧耙，面板厚度在 22cm 以下，可一次摊铺，若超过 22cm，应分层摊铺、人工摊铺拌合物的坍落度应控制在 5～20mm，拌合物松铺系数应通过现场试验确定，一般控制在 1.10～1.25，料偏干取较高值，反之取较低值。

拌合物摊铺均匀后，应采用插入式振捣棒、平板振动器和振动梁配合进行振捣成型。这是保证混凝土路面质量的关键。在每个车道上，每 2m 应配备两根振捣棒。振捣时，先用振捣棒按梅花桩位置交错振捣，每次振捣不应少于 30s，以拌合物不再冒气泡和泛出水泥浆，并停止下沉为止，振动棒移动间距应不大于 50cm，离板边缘应不大于 20cm，并避免和模板、钢筋、传力杆、拉杆碰撞，在边角位置应特别注意，仔细加以振捣。插入振捣棒振捣后，用振动板全面振实，每车道配 1 块振动板，纵横交错振捣 2 遍，振动板移位时，应重叠 10～20cm，在每一位置振动时间应以振动板底部和边缘泛浆厚度为 3mm±1mm 为期，时间不少于 15s，注意不能过振。然后，用振动梁进一步振实整平提浆，振动梁应垂直路面中线沿纵向拖行，往返 2～3 遍，使表面泛浆均匀平整，振动梁应具有足够的刚度和质量，底部应焊接或安装深度 4mm 左右的粗集料压实齿，每个车道上应配备一根具有两个振动器的振动梁。在振捣过程中，应随时进行人工找平，找平中所用拌合物应用同一批次的拌合物，严禁使用砂浆，还应随时检查模板、拉杆、传力杆、钢筋网位置，出现问题及时调整。

当采用两次摊铺时，两层摊铺间隔时间应尽量短，上层振捣必须在下层初凝前完成。

振实作业完成后，可通过滚杆、抹面机或大木抹进行整平，整平时先用滚杆提浆整平，每车道配备一根滚杆，整平时第一遍应短距离缓慢一进一退拖滚式推滚，以后要长距离匀速拖滚 2 遍，并将水泥砂浆始终保持在滚杆前方。拖滚后，用三米刮尺纵横各一遍整平饰面或采用抹面机往返 2～3 遍压浆并整平抹面。使用抹面机时，每车道应配备至少一台。抹面机完成作业后，应进行清边整缝，清除黏浆，修补缺边、掉角，清除抹面留下的痕迹，并用三米刮尺，纵横各一遍精平饰面，精平饰面后，平整度要达到规定要求。

## 二、三辊轴机组摊铺施工

三辊轴机组是介于小型机具施工和摊铺机施工之间的一种中型施工设备，比之摊铺机成本低，适应性强，操作简单方便，能达到较高的平整度，自 20 世纪 90 年代以来，在我国得到广泛应用。三辊轴机组施工工艺流程及机械布置如图 5-2 所示。

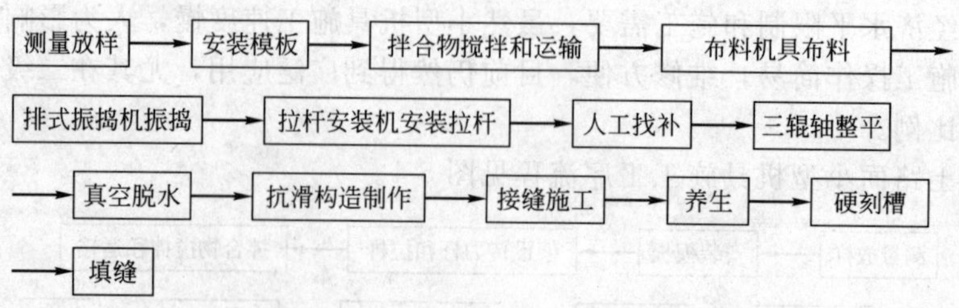


图 5-2　三辊轴机组施工工艺流程

三辊轴机组施工主要机械设备是三辊轴整平机，板厚 200mm 以上宜采用直径 168mm 的辊轴；桥面铺装或厚度较小的路面可采用直径为 219mm 的辊轴。轴长宜比路面宽度长出 600～1200mm。振动轴的转速不宜大于 380r/min。三辊轴整平机的主要技术参数应符合表 5-2 的规定。

**表 5-2　三辊轴整平机的主要技术参数**

| 型号 | 轴直径 /mm | 轴速 /(r/min) | 轴长 /m | 轴质量 /(kg/m) | 行走机构质量/kg | 行走速度 /(r/min) | 整平轴距 /mm | 振动功率 /kW | 驱动功率 /kW |
|---|---|---|---|---|---|---|---|---|---|
| 5001 | 168 | 300 | 1.8～9 | 65.0±0.5 | 340 | 13.5 | 504 | 7.5 | 6 |
| 6001 | 219 | 300 | 5.1～12 | 77.0±0.7 | 568 | 13.5 | 657 | 17 | 9 |

三辊轴机组施工的摊铺能力不是很强，因此要特别注意布料的均匀性、准确控制布料高度，要有专人指挥车辆均匀卸料，布料可用人工也可用装载机或挖掘机布料，人工布料时，应使用排式振捣机前方的螺旋布料器辅助控制松铺厚度，在坍落度为 10～40mm 的拌合物松铺系数应取 1.12～1.25，坍落度大时取低值、小时取高值，超高路段和有横坡路段，摊铺应考虑横坡影响，松铺系数横坡高侧取高值，低侧取低值。

当混凝土摊铺长度超过 10m 时，应立即进行振捣密实。振捣时，每次移动距离不宜超过振捣棒有效半径的 1.5 倍，且不得大于 50cm，振捣时间一般为 15～30s，以拌合物中粗集料停止下沉，表面不再冒泡并泛出水泥浆为准，注意不能过振，振捣中，排式振捣机应均匀缓慢不间断前进。

面板振实后，应立即安装拉杆，单车道施工时，应在侧模预留孔中按设计要求在板厚度中间插入钢筋拉杆，双车道摊铺施工时，除在侧模插入拉杆外，还要使用拉杆插入机在中间纵缝部位按设计要求插入钢筋拉杆，插入拉杆后立即振捣拌合物，以使拌合物充分包裹拉杆。混凝土拌合物振捣后，工作性损失较快，若布料长度较短就开始振动，三辊轴整平机不能立刻跟上施工，两道工序间隔时间较长，会使拌合物工作性损失较高，造成以后施工较困难，因此应在布料达一个作业单位长度才开始振实，并紧跟三辊轴整平机进行整平，两道工序间隔时间不宜大于 10min。

三辊轴整平机作业长度一般在 20～30m，在一个作业长度内，三辊轴机应采用前进振动，后退静滚的方式作业，其作业遍数一般为 2～3 遍，不得超过 3 遍，振动时，调整好振动轴的高度，与模板顶面留 2mm 间隙，振动轴只能打击削平拌合物表面。由于三辊轴机自重较大，施工中要随时注意观察模板情况，出现问题立即纠正。

振动滚压完成后，将振动辊轴抬离模板，用整平轴前后静滚整平，静滚遍数要足够多，一般为 4～8 遍，直到平整度符合要求，表面砂浆厚度和水灰比均匀为止。最终表面砂浆厚度应控制在4mm±1mm。三辊轴整平机前方表面过厚过稀的砂浆必须刮除丢弃，以改善表面的抗滑性及耐磨性。

三辊轴整平机作业期间，恰好处于混凝土向上泌水过程中，表面砂浆水灰比及流动性增大，容易影响路面质量，为增强表面耐磨性，改善平整度，也可采用两台三辊轴整平机联合作业，中间增加真空脱水作业。真空脱水是在经粗平后的混凝土拌合物上覆盖吸垫，通过真空吸水泵将混凝土中的水分抽吸出，这样可缩短整面、锯缝的工艺间隔时间，加快工程进度。真空脱水工艺适用于厚度不大于25cm的混凝土路面施工。

三辊轴整平机基本整平路面后，应立即采用3～5m刮尺进行饰面，刮尺应纵向摆放，横向推拉，速度要均匀，每次推拉要一次完成，不停顿，并调整好刮刀与路面的接触角度。待表面泌水蒸发消失后，再使用刮板或抹刀进行1～2遍收浆饰面抹光，经过抹光处理后，再进行抗滑构造施工，可明显提高表面耐磨性，收浆饰面应在泌水蒸发消失，混凝土表面还能够压实但不留下明显浆印时进行。饰面的最迟时间不得迟于表5-3规定的拌合物铺筑完毕允许的最长时间。

**表5-3 混凝土拌合物出料到运输、铺筑完毕允许最长时间**

| 施工气温①/℃ | 到运输完毕允许最长时间/h | | 到铺筑完毕允许最长时间/h | |
|---|---|---|---|---|
| | 滑模、轨道 | 三轴、小机具 | 滑模、轨道 | 三轴、小机具 |
| 5～9 | 2.0 | 1.5 | 2.5 | 2.0 |
| 10～19 | 1.5 | 1.0 | 2.0 | 1.5 |
| 20～29 | 1.0 | 0.75 | 1.5 | 1.25 |
| 30～35 | 0.75 | 0.5 | 1.25 | 1.0 |

① 指施工时间的日间平均气温，使用缓凝剂延长凝结时间后，本表数值可增加0.25～0.5h。

### 三、轨道摊铺机施工

轨道式施工是指在基层上铺设两条轨道板，作为路面侧向支撑和路型定位模板，顶部作为路面表面基准，施工机械行驶在轨道上进行布料，振动密实，成型、修整和拉毛，养生的混凝土路面施工方法。轨道摊铺机施工的工艺流程及机械布置见图5-3。

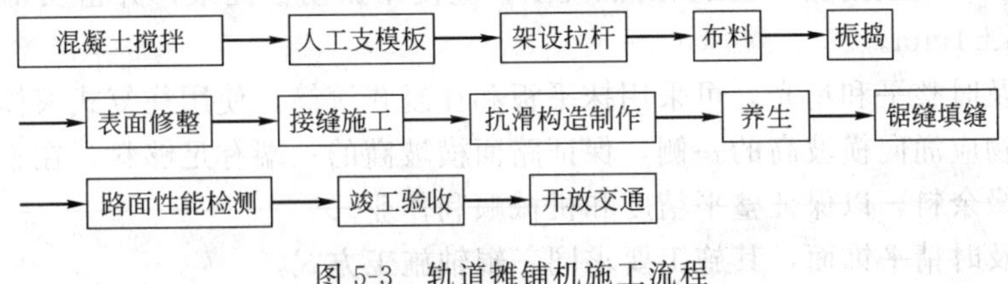


图5-3 轨道摊铺机施工流程

轨道摊铺施工主要机械设备是轨道摊铺机，轨道摊铺机的选型应根据路面车道数或设计宽度按表5-4的技术参数选择。最小摊铺宽度不得小于单车道3.75m。

**表5-4 轨道摊铺机的基本技术参数表**

| 项目 | 发动机功率/kW | 最大摊铺宽度/m | 摊铺厚度/mm | 摊铺速度/(m/min) | 整机重量/t |
|---|---|---|---|---|---|
| 三车道轨道摊铺机 | 33～45 | 11.75～18.3 | 250～600 | 1～3 | 13～38 |
| 双车道轨道摊铺机 | 15～33 | 7.5～9.0 | 250～600 | 1～3 | 7～13 |
| 单车道轨道摊铺机 | 8～22 | 3.5～4.5 | 250～450 | 1～4 | ≤7 |

轨道摊铺机施工是在使用轨道和模板合一的专用机模上行进摊铺，对其模板要求较高，一般其单根长度3m，底面宽度为高度的80%，轨道顶面应高于模板2～4cm，轨道中心至

模板内侧边缘距离一般为 12.5cm。

轨道用螺栓和垫层固定在模板支座上，模板用钢钎固定在基层上，安装后应对照摊铺厚度进行调整检测，并在模板内涂刷脱模剂和隔离剂，接头应粘胶带或塑料薄膜密封。

轨道准备的数量应根据施工进度和施工气温，并满足拆模周期需要而定，一般不少于 3～5 天。

平缝要设置拉杆时，应根据设计要求，预先在轨模上制作拉杆孔，以便施工时插入，也可和传力杆一样，采用门形式固定在基层上。

轨道摊铺机是通过卸料机将混凝土倾卸在基层上或料箱内，然后按摊铺厚度均匀分布在模板内，其布料方式有螺旋布料器布料、刮板布料和料箱布料，布料松铺系数应根据拌合物实测坍落度在 1.15 至 1.30 之间控制，具体见表 5-5。

**表 5-5　松铺系数 $K$ 与坍落度 $S_L$ 的关系**

| 坍落度/mm | 5 | 10 | 20 | 30 | 40 | 50 | 60 |
|---|---|---|---|---|---|---|---|
| 松铺系数 | 1.30 | 1.25 | 1.22 | 1.19 | 1.17 | 1.15 | 1.12 |

使用螺旋布料器和刮板布料时，卸在铺筑宽度中间的拌合物不得过高过大，也不得缺料，螺旋布料器前拌合物应保持在面板以上 10cm 左右。

箱式布料一般应用于摊铺钢筋混凝土路面和有裸露粗集料抗滑表层路面，其装料时应关闭料斗出料口，运到布料位置时，轻轻打开出料口，待拌合物堆成“堤状”，再左右移动料斗布料。

轨道施工振捣一般采用振捣棒组和振动板或振动梁振捣修整，振捣棒组振捣方式有斜插连续拖行和间歇式垂直插入两种。当面板厚度超过 150mm，坍落度小于 30mm 时，必须采用插入振捣；连续拖行振捣时，其作业速度应控制在 0.5～1.0m/min，间歇式振捣时，其移动距离一般不大于 50cm。振捣棒组振捣后，应及时采用振动板或振动梁对混凝土表面进行振捣整平，使用振动梁时，其频率应控制在 50～100Hz，偏心轴转速调至 2500～3000r/min，一般情况下，经振捣棒组振实的混凝土，应使用振动板提浆，并密实饰面，其提浆厚度控制在 4mm±1mm。

振捣后应及时整平和精光，可采用抹平板和往复式滚筒，使用往复式滚筒整平时，其前面混凝土堆积物应涌向横坡高的一侧，保证路面横坡高的一端有足够料，在整平过程中要及时清理路面边缘余料，以保证整平精度和机械顺利作业。

整平后要及时精平饰面，其施工要求同三辊轴施工方式。

路面摊铺后，拆卸轨模应根据不同气温条件、混凝土抗压强度达到 8.0MPa 以上方可进行，缺乏强度实测数据时，边侧模板允许最早拆模时间应符合《公路水泥混凝土路面施工技术规范》(JTG F30—2003) 的规定，拆除的模板应及时清理。

**四、碾压混凝土路面施工**

碾压混凝土施工技术是利用沥青混凝土摊铺机铺筑碾压混凝土的施工方法。碾压混凝土施工一般施工流程见图 5-4。

碾压混凝土施工宜选用预压密实度高的沥青摊铺机，根据路面摊铺宽度可选用 1～2 台。自重 10～12t 振动压路机 1～2 台；15～25t 轮胎压路机 1 台；1～2t 小型振动压路机 1 台。

基准线是碾压混凝土施工的生命线，在施工前要完成基准线的设置，单根基准线一般不超过 450m，基准线设置宽度除应保证摊铺外，还应满足两侧 650～1000mm 横向支距的要求，基准线桩在直线段一般间距为 10m，曲线段要加密设置，但间距不能小于 2.5m。固定

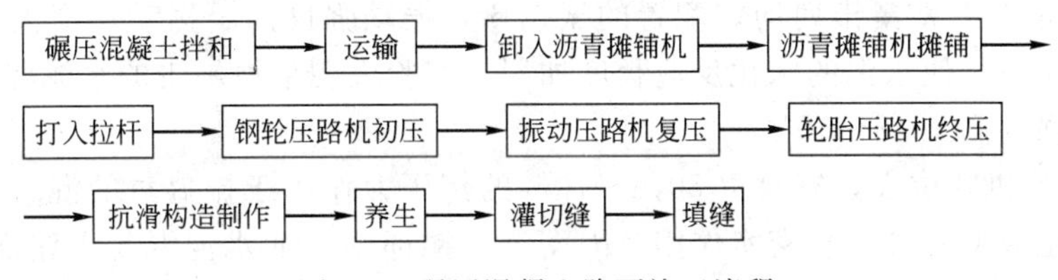


图 5-4　碾压混凝土路面施工流程

线桩时，应保证夹线臂到基层距离为 450～750mm，设置好后应以不小于 1000N 的拉力对基准线进行张拉。

碾压混凝土摊铺前应先洒水湿润基层，摊铺速度要均匀、连续，不要随意变换速度或停顿，速度可按下式计算确定，一般控制在 0.6～1.0m/min 范围内。

$$v=\frac{MK}{60bh} \tag{5-1}$$

式中　$v$——摊铺机速度，m/min；

$M$——搅拌机产量，$m^3/h$；

$b$——摊铺宽度，m；

$H$——摊铺厚度，m；

$K$——效率系数，一般为 0.85～0.95，使用一台搅拌机时选低值，多台时选高值。

碾压混凝土路面摊铺时的松铺系数应根据混凝土配合比，施工机械由试铺决定。摊铺布料时应使螺旋布料器转速和摊铺速度相适应，防止两边缘料不足。在摊铺到弯道时，应及时调整左右两侧分料器的转速，防止两侧供料不均衡。在摊铺中，应同时设置拉杆，设置时通过设醒目的定位标记保证拉杆准确打入。

摊铺完成后，应立即对混凝土表面进行检查，修补缺陷，局部缺料应及时补上，粗集料集中部位采用湿筛砂浆进行弥补。

当摊铺长度超过 30m 即可进行碾压，一般碾压作业段长度在 30～40m。碾压按初压、复压、终压三个阶段进行，碾压时，在直线段应按从外侧向路中心碾压，在平曲线有超高路段，由低侧向高侧，由内向外碾压。初压一般要用钢轮压路机或振动压路机静压，相邻碾压带应重叠 1/3～1/2 碾压宽度。在复压过程中应禁止振动压路机中途急停、急拐、紧急起步和快速倒车，要缓慢柔顺。复压要使混凝土达到规定压实度为止，一般为 2～6 遍。终压采用轮胎压路机静压，终压遍数应以弥合表面微裂纹和消除轮迹为标准，初压、复压、终压作业要紧密相连，环环相扣，一气呵成，中间不停顿，相互间也不得干扰。

碾压混凝土横向施工缝和其他方法相比较为特殊，呈“台阶状”。目的是便于插入传力杆和接头处碾压密实，其制作方式是：在施工终点处设纵向斜坡，碾压结束后将不合格部位切除，第二天摊铺开始时，后退 15～20cm，切割施工缝，深度为 8～10cm，并将切缝外混凝土刨除形成台阶，然后涂刷水泥浆，继续连接摊铺新路面，硬化后切施工缝。

**五、滑模摊铺机施工**

滑模施工是一种采用滑模摊铺机摊铺水泥混凝土路面的机械化施工工艺方式，其特征是不架设边缘固定模板，将布料、松方控制、高频振捣棒组、挤压成型滑动模板、拉杆插入、抹面等机构安装在一台可自行的机械上，通过基准线控制，能够一遍摊铺出密实度高、动态平整度优良、外观几何形状准确的水泥混凝土路面。滑模摊铺机自动化程度高，不但提高摊铺质量和施工效率，节省工程投资，还提升了公路行业技术水平。随着滑模摊铺施工的逐步推广，必能极大提高我国水泥混凝土摊铺效率，提高水泥混凝土路面质量，充分发挥水泥混凝土路面的优势。滑模施工与其他施工方式相比较有以下几个方面的特点。

① 滑模摊铺机有密集排列均匀配置的振捣棒，振动强度高、振动速度大。对水泥的活性有很大激发作用，使水泥的水化反应程度加深。实验表明滑模施工的水泥混凝土路面比人工施工的抗折强度高10%～15%。

② 滑模摊铺机吨位大，有自重50%～70%的挤压力作用于振捣过的混凝土路面，由于具备强大的挤压成型和进一步密实作用，因而滑模摊铺施工的水泥混凝土路面，外观规矩、密实度高、抗折强度的保证率高得多。

③ 节约材料和人工费用，由于滑模摊铺不需架设模板，无模板及其损耗，且因自动化程度高，需辅助生产的劳动力比其他施工方式少得多，其生产率是人工施工的5～10倍。

④ 水泥混凝土配料精度和均匀稳定性极高，由于滑模摊铺混凝土速度快，必须使用数台大型混凝土搅拌楼生产混凝土配合，大型搅拌楼计量精度和自动化程度较高，从而极大提高水泥混凝土拌合物的精度。

⑤ 自动化程度高，滑模摊铺机具有自动防差错系统、自动故障报警系统、自动学习系统、自动设置路线弯道参数等高技术计算机操作系统，是目前筑路机械设备中高新技术应用最充分的先进路面施工装备之一。

高速公路、一级公路主车道滑模摊铺施工时，一般应选配能同时摊铺2～3个车道，宽度在7.5～12.5m的大型或12.5～16m特大型摊铺机，选择特大型摊铺机施工时，其外侧路肩的宽度要大于履带宽度加上基准线间距，二级以下路面的最小摊铺宽度不得小于3.75m。

滑模摊铺机可按表5-6、表5-7所列基本技术参数选择。其应配备螺旋式刮板布料器，松方高度控制板，振动排气仓，足够的振动棒，夯实杆或振动搓平梁，自动抹平板，可提升模板，侧向及中部打拉杆装置，需要时可配备自动传力杆插入装置DBI，需夜间施工时，应配备照明设备。施工单位根据自身条件和工期要求，可选择配备布料机、滑模摊铺机和拉毛养生机三台设备联合施工，也可只配备一台滑模摊铺机，其他由人工辅助施工，滑模连续摊铺规模较大的钢筋混凝土路面、桥面，桥头搭板时，一般应配备侧面上料的布料机或自带侧向上料机构的滑模摊铺机。

目前我国采用滑模摊铺机械主要有以下两种配置方式：

一种是投资较少的轻型机械配置方式，主要工作由机械完成，辅助工作由人和小型机具来完成，只配置大型滑模摊铺机和大型混凝土搅拌楼及运输车辆，其他由人工完成。我国大部分都采用此种配置，实践证明，这种机械配置也能修建出高质量的水泥混凝土路面。其施工速度达到平均日施工8m宽路面1000m左右，最快可达1800m。

另外一种是重型链式机械配置方式，在大型滑模摊铺机前后配置布料机和拉毛养生机，并配置大型支架式多锯缝机，同时配备20～60t大型和超大型混凝土运输车辆，实现施工的全部机械化和快速化。

滑模摊铺机械化程度较高，其施工工艺较为复杂，每一个流程都要求做到充分、精确，整个施工工艺大致可分为：施工前准备，混凝土拌和，混凝土运输，滑模摊铺、整修养护，灌填缝料，验收及开放交通。滑模摊铺水泥混凝土机械施工工艺流程及机械布置见图5-5。

基准线是为滑模摊铺机上的4个水平传感器和2个方向传感器，提供一个精确的与路面平行的水平（横坡）和直线（转弯）方向平面基准参考体系，其精度高低决定着路面摊铺的几何精度和平整度。因此基准线是滑模摊铺施工的“生命线”，是保证摊铺出的面板的标高、横坡、板厚、板宽等技术指标符合规范要求的必要条件。

基准线放线时应注意的事项如下：

① 为保证基准线准确性，设置平面基准线时，必须边测设、边用眼睛贴近拉线观测。在

表 5-6　滑模摊铺机施工主要机械和机具配置表

| 工作内容 | 主要施工机械设备 | |
|---|---|---|
| | 名称 | 机型及规格 |
| 钢筋加工 | 钢筋锯断机、折弯机、电焊机 | 根据需要定规格和数量 |
| 测量基准线 | 水准仪、经纬仪、全站仪 | 根据需要定规格和数量 |
| | 基准线、线桩及紧线器 | 300个桩、5个紧线器、300m基准线 |
| 搅拌 | 强制式搅拌楼 | ≥50$m^3$/h,数量由计算确定 |
| | 装载机 | 2～3$m^3$ |
| | 发电机 | ≥120kW |
| | 供水泵和蓄水池 | ≥250$m^3$ |
| 运输 | 运罐车 | 4～6$m^3$,数量由匹配计算确定 |
| | 自卸车 | 4～24$m^3$,数量由匹配计算确定 |
| 摊铺 | 布料机、挖掘机、吊车等布料设备 | 根据需要定规格和数量 |
| | 滑模摊铺机1台 | 技术参数见表5-4 |
| | 手持振捣棒、整平梁、模板 | 根据人工施工接头需要定 |
| 抗滑 | 拉毛养生机1台 | 与滑模摊铺机同宽 |
| | 人工拉毛齿耙、工作桥 | 根据需要定规格和数量 |
| | 硬刻槽机刻槽宽度≥50cm,功率≥7.5kN | 数量与摊铺进度匹配 |
| 切缝 | 软锯缝机 | 根据需要定规格和数量 |
| | 常规锯缝机或支架锯缝机 | 根据需要定规格和数量 |
| | 移动发电机 | 12～60kW,数量由施工需要定 |
| 磨平 | 水磨石磨机 | 需要处理欠平整部位 |
| 灌缝 | 灌缝机或插胶条机 | 根据需要定规格和数量 |
| 养生 | 压力喷洒机或喷雾器 | 根据需要定规格和数量 |
| | 工地运输车 | 4～6t,按需要定数量 |
| | 洒水车 | 4.5～8t,按需要定数量 |

表 5-7　滑模摊铺机的基本技术参数表

| 项目 | 发动机功率/kW | 摊铺宽度/m | 摊铺厚度/cm | 摊铺速度/(m/min) | 行走速度/(m/min) | 履带数/个 | 整机质量/t |
|---|---|---|---|---|---|---|---|
| 三车道滑模摊铺机 | 200～300 | 12.5～16 | 0～50 | 0～3<br>(0～5) | 0～15 | 4 | 57～135 |
| 双车道滑模摊铺机 | 150～200 | 3.6～9.7 | 0～50 | 0～3<br>(0～5) | 0～18 | 2～4 | 22～50 |
| 多功能单车道滑模摊铺机 | 70～150 | 2.5～6 | 0～40<br>护栏高度<br>80～190 | 0～3<br>(0～9) | 0～15 | 2,3,4 | 12～27 |
| 路缘石滑模摊铺机 | ≤80 | <2.5 | <45 | 0～5<br>(0～9) | 0～10 | 2,3 | ≤10 |

注：括号内数据为滑模摊铺机空载行驶速度。

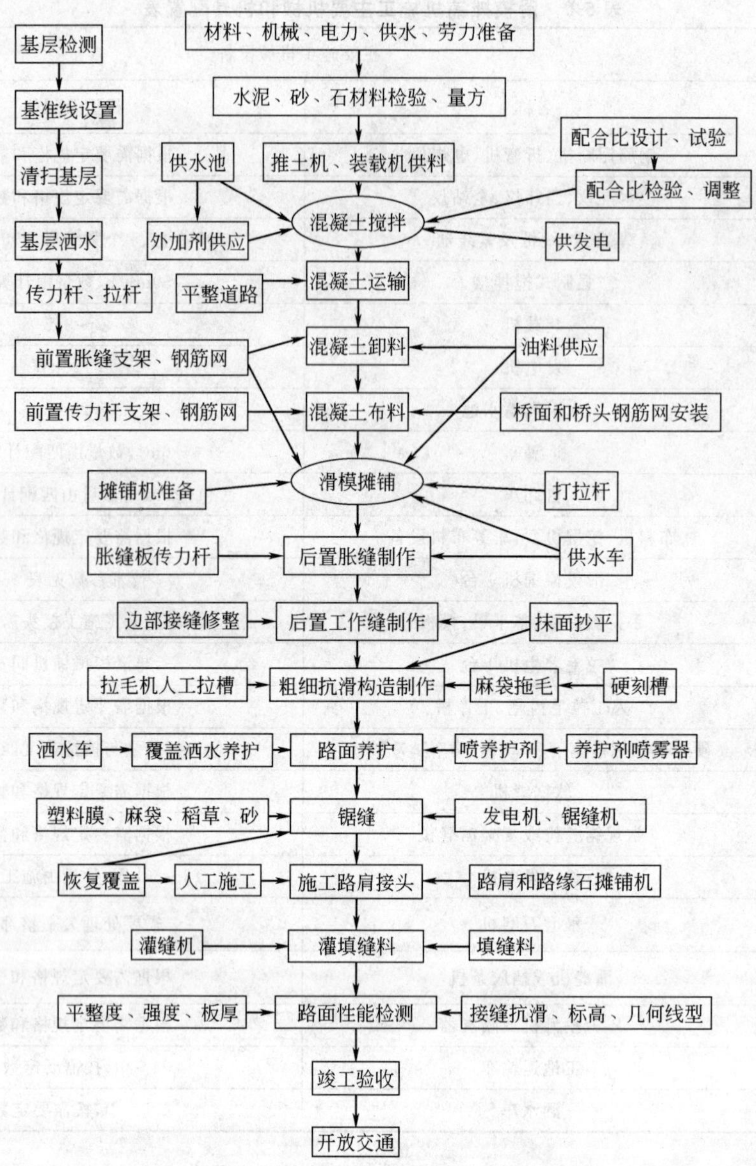

图 5-5　滑模摊铺水泥混凝土施工工艺流程图

有中央路拱的平面圆曲线及缓和曲线段拉线时，除拉线准确外，应在每个放线桩外标出摊铺拱中垂直高度，便于机手调整和渐变路拱的路面横坡。曲线及过渡段基准线设置好以后，在摊铺前必须由另一测工进行校核，防止出现差错。

② 在地形复杂的山区公路施工，测量人员设置拉线时，应确切了解最小可摊铺的弯道半径。一般滑模摊铺机可施工的最小弯道半径≥50m；带加长侧模板的滑模摊铺机可施工的最小弯道半径≥75m。小转角弯道最小半径按侧模长度不同分为50～75m；大转角回头曲线最小半径为75～100m，如不注意，将损坏所铺弯道路面或滑模摊铺机侧面板。

③ 基准线设置好以后，禁止扰动，在摊铺时，严禁碰撞和振动基准线，接头不得大于1cm。风力大于5、6级时，基准线不稳定，振动过大，影响摊铺平整度，应停止施工。

基准线设置宜在施工前一天完成。摊铺前应对基准线进行复测或抽查。

摊铺中应经常检查振捣棒工作情况。发现路面上在横断面某处多次出现麻面或拉裂现象，表示该处振捣棒出现问题，必须停机检查或更换该处振捣棒。摊铺后发现路面上留有发亮的振捣棒拖出的砂浆条带，表明振捣棒位置过深，必须调整正确位置至振捣棒底缘在挤压底板的后缘高度以上。

在摊铺宽度≥8m的双（多）车道路面时，若左右卸了两车稠度不一致的混凝土时，摊铺速度应按偏干一侧设置，并应将偏稀一侧振捣棒频率迅速调小，保证施工路面密实，不塌边溜肩，保持基本相同的表面砂浆厚度。

当混凝土供应不上时，或搅拌楼出现机械故障等情况时，停机等待时间不得超过当时气温下混凝土初凝时间的2/3，超过此时间，应将滑模摊铺机开出摊铺工作面，并做施工缝。当滑模摊铺机出现机械故障时，应紧急通知后方搅拌楼停止生产，在故障停机时间内，滑模摊铺机内混凝土尚未初凝，能够排除故障，允许继续摊铺，否则，应尽快将滑模摊铺机拖出摊铺工作面。故障排除后，重新起步摊铺。

## 第二节 水泥混凝土路面施工材料的选择

水泥混凝土的基本组成材料有水泥、粉煤灰、水、粗集料、细集料、外加剂和矿物掺和料、钢筋、钢纤维、接缝材料等。水泥混凝土质量的好坏，除了配合比和搅拌质量外，与原材料的质量和技术指标有很大关系，因此施工前和施工中，严格科学的选择或生产高质量的原材料是铺筑优质水泥混凝土路面的前提。

### 一、水泥和粉煤灰

水泥是混凝土的胶结材料，混凝土的性能在很大程度上取决于水泥的质量。施工时采用的水泥质量应符合我国现行国家标准《道路硅酸盐水泥》（GB 13693—2005）规定的技术要求。通常应选用强度高、干缩性小、抗磨耗性能及耐久性能好的水泥，施工时根据公路等级、工期要求、浇注方法、路用性能要求、经济性等因素选用合适的水泥。特重、重交通路面宜选用旋窑道路硅酸盐水泥，也可采用旋窑硅酸盐水泥或普通硅酸盐水泥；中、轻交通的路面可采用矿渣硅酸盐水泥，低温条件下施工或有提早开放交通要求的路面，可采用R型水泥，除此之外，宜选用普通型水泥。

各交通等级路面所使用水泥的抗折强度、抗压强度应满足表5-8的规定。

**表5-8 各交通等级路面水泥各龄期的抗折强度、抗压强度**

| 交通等级 | 特重交通 | | 重交通 | | 中、轻交通 | |
|---|---|---|---|---|---|---|
| 龄期/天 | 3 | 28 | 3 | 28 | 3 | 28 |
| 抗压强度/MPa ≥ | 25.5 | 57.5 | 22.0 | 52.5 | 16.0 | 42.5 |
| 抗折强度/MPa ≥ | 4.5 | 7.5 | 4.0 | 7.0 | 3.5 | 6.5 |

除满足表5-8规定的指标要求外还应通过混凝土配合比试验，根据所配制的混凝土抗折强度、耐久性和工作性优选适宜的水泥品种、强度等级。

此外，采用机械化铺筑时，宜选用散装水泥。散装水泥的夏季出厂温度：南方不宜高于65℃，北方不宜高于55℃；混凝土搅拌时的水泥温度：南方不宜高于60℃，北方不宜高于50℃，且不宜低于10℃。

当采用贫混凝土和碾压混凝土作为基层时，可使用各种硅酸盐水泥，不掺入粉煤灰时，宜使用强度等级32.5以下的水泥。掺用粉煤灰时只能使用道路水泥、硅酸盐水泥、普通水泥，水泥的抗压强度、抗折强度、安定性和凝结时间必须检验合格。粉煤灰宜采用散装灰，进货应有等级检验报告并应确切了解所用水泥中已经掺入的掺合料种类和数量。

粉煤灰质量应符合表 5-9 规定的技术要求。

**表 5-9 粉煤灰分级和质量指标**

| 粉煤灰等级 | 细度(45μm 气流筛,筛余量)/% | 烧失量/% | 需水量/% | 含水量/% | $Cl^-$/% | $SO_3$/% | 混合砂浆活性指数 | |
|---|---|---|---|---|---|---|---|---|
| | | | | | | | 7 天 | 28 天 |
| Ⅰ | ≤12 | ≤5 | ≤95 | ≤1.0 | <0.02 | ≤3 | ≥75 | ≥85(75) |
| Ⅱ | ≤20 | ≤8 | ≤105 | ≤1.0 | <0.02 | ≤3 | ≥70 | ≥80(62) |
| Ⅲ | ≤45 | ≤15 | ≤115 | ≤1.5 | — | ≤3 | — | — |

路面和桥面混凝土中可使用硅灰或磨细矿渣，使用前应进行试配试验，确保路面和桥面混凝土弯拉强度、工作性、抗磨性、抗冻性的技术指标合格。

根据路用性能要求，每批购进的水泥应附有化学成分、物理及力学指标合格的检验证明，并符合相关技术要求。进入施工现场备用的水泥应有产品合格证及化验单。若对水泥质量有怀疑、水泥出厂日期超过 3 个月或水泥受潮时，必须做复查试验，并根据试验结果确定是否使用该水泥。不同标号、厂牌、品种、出厂日期的水泥，严禁混合使用。各交通等级路面所使用的水泥化学成分应符合表 5-10 的规定，物理性能应符合表 5-11 的规定。

**表 5-10 各交通等级路面用水泥的化学成分**

| 水泥的化学成分 | 特重、重交通路面 | 中、轻交通路面 |
|---|---|---|
| 铝酸三钙 | 不宜>7.0% | 不宜>9.0% |
| 铁铝酸四钙 | 不宜<15.0% | 不宜<12.0% |
| 游离氧化钙 | 不得>1.0% | 不得>1.5% |
| 氧化镁 | 不得>5.0% | 不得>6.0% |
| 三氧化硫 | 不得>3.5% | 不得>4.0% |
| 碱含量 | $Na_2O+0.658K_2O \leqslant 0.6\%$ | 怀疑有碱活性集料时，≤0.6%；无碱活性集料时，≤1.0% |

**表 5-11 各交通等级路面用水泥的物理指标**

| 水泥的物理指标 | 特重、重交通路面 | 中、轻交通路面 |
|---|---|---|
| 出磨时的安定性 | 雷氏夹或蒸煮法必须合格 | 蒸煮法必须合格 |
| 标准稠度需水量 | 不宜>28% | 不宜>30% |
| 烧失率 | 不得>3.0% | 不得>5.0% |
| 比表面积 | 宜在 300～450$m^2$/kg | 宜在 300～450$m^2$/kg |
| 细度(80μm) | 筛余量不得>10% | 筛余量不得>10% |
| 初凝时间 | 不早于 1.5h | 不早于 1.5h |
| 终凝时间 | 不迟于 10h | 不迟于 10h |
| 28 天干缩率① | 不得>0.09% | 不得>0.10% |
| 耐磨性① | 不得>3.6kg/$m^2$ | 不得>3.6kg/$m^2$ |

① 28 天干缩率和耐磨性试验方法采用《道路硅酸盐水泥》(GB 13693—2005) 规定。

## 二、粗集料

为了保证水泥混凝土具有足够的强度、良好的抗磨耗、抗滑及耐久性能，应选用质地坚硬、洁净、具有良好级配的粗集料，包括碎石、碎卵石及卵石。

为保证混凝土高强度和密度，节约水泥，要求集料组成的矿物质要有良好的级配，级配分为连续级配和间断级配，连续级配的优点是配制的混凝土较密实，具有良好工作性，不易离析；间断级配的优点是同强度混凝土水泥用量小，但易产生离析，需强力振捣。

混凝土的粗集料不得使用不分级配的流料，应按最大粒径分级进行掺配。其级配范围见表 5-12。碎石最大粒径不应大于 31.5mm，砾石不大于 19mm，碎砾石不大于 26.5mm，小于 75μm 的矿粉不大于 1%。

**表 5-12　粗集料级配范围**

| 类型 | 粒径<br>级配 | 方筛孔尺寸/mm | | | | | | | |
|---|---|---|---|---|---|---|---|---|---|
| | | 2.36 | 4.75 | 9.50 | 16.0 | 19.0 | 26.5 | 31.5 | 37.5 |
| | | L 累计筛余(以质量计)/% | | | | | | | |
| 合成级配 | 4.75～16 | 95～100 | 85～100 | 40～60 | 0～10 | | | | |
| | 4.75～19 | 95～100 | 85～95 | 60～75 | 30～45 | 0～5 | 0 | | |
| | 4.75～26.5 | 95～100 | 90～100 | 70～90 | 50～70 | 25～40 | 0～5 | 0 | |
| | 4.75～31.5 | 95～100 | 90～100 | 75～90 | 60～75 | 40～60 | 20～35 | 0～5 | 0 |
| 粒级 | 4.75～9.5 | 95～100 | 80～100 | 0～15 | 0 | | | | |
| | 9.5～16 | | 95～100 | 80～100 | 0～15 | 0 | | | |
| | 9.5～19 | | 95～100 | 85～100 | 40～60 | 0～15 | 0 | | |
| | 16～26.5 | | | 95～100 | 55～70 | 25～40 | 0～10 | 0 | |
| | 16～31.5 | | | 95～100 | 85～100 | 55～70 | 25～40 | 0～10 | 0 |

用作混凝土的粗集料要有足够的坚固性，以抵抗冻融和风化作用，使用前可通过在硫酸钠溶液中浸湿和烘干 5 次循环后检测其质量损失量，小于规定值方可使用。

混凝土中应选用表面粗糙、多棱角、粒状接近正方体，针片状颗粒含量较少的粗集料，否则将显著降低水泥混凝土抗折强度，同时影响其和易性。

为保证混凝土的强度及耐久性，要严格限制粗集料的含泥量，泥块含量及有害杂质含量。此外还应注意“碱集料反应”，防止在集料表面形成碱硅酸凝胶体，因其吸水膨胀，易造成混凝土结构破坏。

粗集料按技术指标分为Ⅰ、Ⅱ、Ⅲ级，具体分级见表 5-13。二级以上公路及有抗（盐）冻要求的其他公路混凝土路面粗集料应不低于Ⅱ级，无抗（盐）冻要求的其他公路混凝土路面，碾压混凝土及贫混凝土基层可用Ⅲ级粗集料，有抗（盐）冻要求时，吸水率方面，Ⅰ级不应大于 1%，Ⅱ级不大于 2.0%，对于要求抗压的混凝土结构，Ⅰ级一般用于强度大于 C60 的混凝土，Ⅱ级用于介于 C30 与 C60 之间以及有抗冻、抗渗或其他要求的混凝土，Ⅲ级用于小于 C30 的混凝土。

**三、细集料**

水泥混凝土中粒径在 0.15～5mm 范围的集料为细集料。细集料应尽可能采用天然砂、机制砂或混合砂。细集料应质地坚硬、耐久、洁净。细集料应符合表 5-14 规定的技术要求。

**四、水**

用于清洗集料、拌和混凝土及养护用的水，不应含有影响混凝土质量的油、酸、碱、盐类及有机物等。饮用水一般均可直接使用。

**五、外加剂**

为了改善水泥混凝土的技术性能，可在混凝土拌和过程中加入适宜的外加剂。

常用的外加剂有流变剂、调凝剂及引气剂三大类。加入流变剂可改善混凝土拌合物的流

**表 5-13　碎石、碎卵石和卵石技术指标**

| 项　目 | 技术要求 | | |
|---|---|---|---|
| | Ⅰ | Ⅱ | Ⅲ |
| 碎石压碎指标/% | <10 | <15 | <20① |
| 卵石压碎指标/% | <12 | <14 | <16 |
| 坚固性(按质量损失计)/% | <5 | <8 | <12 |
| 针片状颗粒含量(按质量计)/% | <5 | <15 | <20② |
| 含泥量(按质量计)/% | <0.5 | <1.0 | <1.5 |
| 泥块含量(按质量计)/% | <0 | <0.2 | <0.5 |
| 有机物含量(比色法) | 合格 | 合格 | 合格 |
| 硫化物及硫酸盐(按 $SO_3$ 质量计)/% | <0.5 | <1.0 | <1.0 |
| 岩石抗压强度 | 火成岩不应小于 100MPa；变质岩不应小于 80MPa；水成岩不应小于 60MPa | | |
| 表观密度 | >2500kg/m$^3$ | | |
| 松散堆积密度 | >1350kg/m$^3$ | | |
| 空隙率 | <47% | | |
| 碱集料反应 | 经碱集料反应试验后，试件无裂缝、酥裂、胶体外溢等现象，在规定试验龄期的膨胀率应小于 0.10% | | |

① Ⅲ级碎石的压碎指标，用作路面时，应小于 20%；用作下面层或基层时，可小于 25%。

② Ⅲ级粗集料的针片状颗粒含量，用作路面时，应小于 20%；用作下面层或基层时，可小于 25%。

**表 5-14　细集料技术指标**

| 项　目 | 技术要求 | | |
|---|---|---|---|
| | Ⅰ | Ⅱ | Ⅲ |
| 机制砂单粒级最大压碎指标/% | <20 | <25 | <30 |
| 氯化物(以氯离子质量计)/% | <0.01 | <0.02 | <0.06 |
| 坚固性(以质量损失计)/% | <6 | <8 | <10 |
| 云母(以质量计)/% | <1.0 | <2.0 | <2.0 |
| 天然砂、机制砂含泥量(以质量计)/% | <1.0 | <2.0 | <3.0 |
| 天然砂、机制砂含泥块量(以质量计)/% | 0 | <1.0 | <2.0 |
| 机制砂 MB 值<1.4 或合格石粉含量(以质量计)/% | <3.0 | <5.0 | <7.0 |
| 机制砂 MB 值≥1.4 或不合格石粉含量(以质量计)/% | <1.0 | <3.0 | <5.0 |
| 有机物含量(比色法) | 合格 | 合格 | 合格 |
| 硫化物及硫酸盐(按 $SO_3$ 质量计)/% | <0.5 | <0.5 | <0.5 |
| 轻物质(以质量计)/% | <1.0 | <1.0 | <1.0 |
| 机制砂母岩抗压强度 | 火成岩不应小于 100MPa；变质岩不应小于 80MPa；水成岩不应小于 60MPa | | |
| 表观密度 | >2500kg/m$^3$ | | |
| 松散堆积密度 | >1350kg/m$^3$ | | |
| 空隙率 | <47% | | |
| 碱集料反应 | 经碱集料反应试验后，由砂配制的试件无裂缝、酥裂、胶体外溢，在规定试验龄期的膨胀率小于 0.10% | | |

变性能，常用的流变剂有塑化剂、减水剂及流化剂等。其中最常用的是减水剂，如木质素系减水剂（简称 M 刺）、萘系减水剂（NF、MF 等）、水溶性树脂类减水剂（SM）等。在混凝土拌合物中加入适量的减水剂后，在保持其工作性不变的情况下可显著降低水灰比；在水灰比不变的条件下，可大大提高混凝土拌合物的工作性，从而提高混凝土的强度及抗冻、抗磨等性能。

加入调凝剂可调节水泥的凝结时间。若需要缩短水泥的凝结时间，可在拌和混凝土时加入适量的促凝剂，如水玻璃、碳酸钠、氯化钙、氟化钠等；若需要延缓水泥的凝结时间，可加适量的缓凝剂，如羟基羧酸盐类（酒石酸等）、无机化合物类等；为了提高混凝土的早期强度，可加入适量的早强剂，常用的早强剂有氯化钙等；在低温季节施工时为了使混凝土迅速凝结、硬化，可加入适量的速凝剂；为了提高混凝土抗冻、抗渗、抗蚀的性能，可在混凝土拌合物中加入引气剂。

## 六、填缝材料

填缝材料用于填塞混凝土路面板的各类接缝，按使用部位的不同，分为填缝板和填缝料两类。

填缝板可采用杉木板、纤维板、泡沫橡胶板、泡沫树脂板等做成。

填缝料分为加热施工型和常温施工型两种。加热施工型包括沥青橡胶类、聚氯乙烯胶泥类、沥青玛蹄脂类等。技术要求见表 5-15。常温施工型包括聚氨酯焦油类、氯丁橡胶类、乳化沥青橡胶类等。填缝料应与混凝土路面板缝壁黏附力强，回弹性好，能适应混凝土路面的胀缩，不溶于水，高温不溢出，低温不脆裂，耐久性好。技术要求见表 5-16。

**表 5-15　加热施工型填缝料技术要求**

| 试验项目 | 低弹性型 | 高弹性型 |
|---|---|---|
| 针入度/0.01mm | <50 | <90 |
| 弹性复原率/% | ≥30 | <2 |
| 流动值/mm | <5 | <50 |
| 拉伸量(-10℃)/mm | ≥10 | ≥15 |

**表 5-16　常温施工型填缝料技术要求**

| 试验项目 | 低弹性型 | 高弹性型 |
|---|---|---|
| 失黏(固化)时间/h | 6～24 | 3～16 |
| 弹性复原率/% | ≥75 | ≥90 |
| 流动值/mm | 0 | 0 |
| 拉伸量(－10℃)/mm | ≥15 | ≥25 |
| 与混凝土黏结强度/MPa | ≥0.2 | ≥0.4 |
| 黏结延伸率/% | ≥200 | ≥400 |

## 七、钢筋

素混凝土路面的各类接缝需要设置钢筋制成的拉杆、传力杆，在板边、板端及角隅需要设置边缘钢筋和角隅钢筋。钢筋混凝土路面和连续配筋混凝土路面则要使用大量的钢筋。

用于混凝土路面的钢筋应符合设计规定的品种和规格要求，钢筋应顺直，无裂缝、断伤、刻痕及表面锈蚀和油污等。

## 八、钢纤维

在水泥混凝土路面中使用的钢纤维要经过防锈处理，有锚固端的，不得使用表面磨损的钢纤维，易成团的钢纤维也不宜使用。单丝钢纤维的抗拉强度不小于 600MPa。

# 第三节　水泥混凝土的搅拌和运输

## 一、模板安装与拆除

1. 模板制作

采用三辊轴机组或小型配套机具施工时，通常应采用具有足够刚度的钢模板，能满足路面施工的要求。用于设置纵缝和施工缝的模板，应根据设计要求预留传力杆或拉杆的置放孔。模板高度应与面板的设计厚度一致。模板的数量应能满足施工周转要求。

2. 模板安装

安装模板前应对基层进行检测，基层的各项技术指标应符合基层施工规范的质量要求。模板的平面位置与高程应符合设计要求。平面位置偏差不大于 5mm，纵向高程偏差不大于 3mm。模板应安装稳固，能承受摊铺、振捣、整平时的冲击和搬动作用。模板间的连接应紧密平顺，不得有错缝、错位和不平顺现象。模板接头处及基层与模板之间应填塞紧密以防止漏浆，模板内侧应涂隔离剂。模板安装就位后，要横向拉线，检查混凝土板中部的厚度，测量值小于设计厚度时，应将高出的基层削平以保证混凝土路面板的厚度。

3. 模板拆除

拆除模板的时间要根据气温和混凝土强度增大的情况确定。当使用道路水泥或普通硅酸盐水泥时拆除模板的时间可按表 5-17 确定。拆除模板时不得损坏混凝土板边、板角及传力杆和拉杆周围的混凝土。模板拆除后应立即清除黏附的砂浆，冲洗干净，有变形或局部损坏时应及时校正和修理，以备下次使用。

**表 5-17　混凝土路面板的允许最早拆模时间**　　单位：s

| 昼夜平均气温/℃ | 硅酸盐水泥 | 道路、普通硅酸盐水泥 |
|---|---|---|
| −5 | 240 | 360 |
| 0 | 120 | 168 |
| 5 | 60 | 72 |
| 10 | 36 | 48 |
| 15 | 34 | 36 |
| 20 | 28 | 30 |
| 25 | 24 | 24 |
| ≥30 | 18 | 18 |

## 二、搅拌设备

目前工程中都使用搅拌楼。混凝土搅拌楼的选配以强制双卧轴或行星立轴为主要机型。这是国际公认搅拌速度最高、搅拌效果最好的机型。每台搅拌楼应配备齐全自动供料、称量、计量、砂石料含水率反馈控制、外加剂加入装置和计算机控制自动配料操作系统设备及打印设备。每台搅拌楼应配齐生产所需的外置设备：3～4 个砂石料仓，1～2 个外加剂池，3～4 个水泥及粉煤灰罐仓。搅拌场应配备适量装载机或推土机供应砂石料。

采用滑模、轨道、碾压、三辊轴机组摊铺时，搅拌场配置的混凝土总拌和生产能力可按下式计算。

$$M=60\mu bhv_t \tag{5-2}$$

式中　$M$——搅拌楼总拌和能力，$m^3/h$；

$b$——摊铺宽度，m；

$v_t$——摊铺速度，m/min（≥1m/min）；

$h$——面板厚度，m；

$\mu$——搅拌楼可靠性系数，1.2～1.5，搅拌楼可靠性高时取小值，反之，取大值，拌和钢纤维混凝土时，取大值，坍落度要求较低时，取大值。

混凝土路面不同摊铺方式的搅拌楼最小配置见表 5-18。

**表 5-18　混凝土路面不同摊铺方式的搅拌楼最小配置**　　单位：$m^3/h$

| 摊铺宽度/m | 滑模摊铺 | 轨道摊铺 | 碾压混凝土 | 三辊轴摊铺 | 小型机具 |
|---|---|---|---|---|---|
| 单车道 3.75～4.5 | ≥100 | ≥75 | ≥75 | ≥50 | ≥25 |
| 双车道 7.5～9.0 | ≥200 | ≥150 | ≥150 | ≥100 | ≥50 |
| 整幅宽≥12.5 | ≥300 | ≥200 | ≥200 | — | — |

## 三、水泥混凝土拌和的技术要求

水泥混凝土拌和的技术要求有以下几个方面。

① 每台搅拌楼在使用前和每使用 3 个月后必须经过国家或省级法定计量单位的标定，施工中应每 15 天校验一次搅拌楼计量精确度。搅拌楼配料计量偏差不得超过表 5-19 的规定。

**表 5-19　搅拌楼的混凝土拌和计量允许偏差**　　单位：%

| 材料名称 | 高速、一级公路每盘 | 高速、一级公路累计每车 | 其他公路 |
|---|---|---|---|
| 水泥 | ±1 | ±1 | ±2 |
| 掺和料 | ±1 | ±1 | ±2 |
| 钢纤维 | ±2 | ±1 | ±2 |
| 砂 | ±2 | ±2 | ±3 |
| 粗集料 | ±2 | ±2 | ±3 |
| 水 | ±1 | ±1 | ±2 |
| 外加剂 | ±1 | ±1 | ±2 |

② 路面用混凝土搅拌不允许手动操作，必须使用自动称量、自动计量的计算机配料操作控制系统搅拌生产混凝土，原因是手动操作称量的原材料无法精确控制，误差大大高于配合比精度的要求。当计算机系统发生故障时，应该停机排除故障，再用自动化控制系统生产。

③ 投料顺序宜先投所有固体料，包括砂、石、水泥、外加剂，后投水，目的是造壳，拌和成水泥裹砂石料混凝土，强化界面，提高抗折强度。

④ 混凝土的搅拌时间，应根据混凝土搅拌均匀时最小搅拌圈数来控制。一般情况下，立轴式搅拌机从进料到搅拌好的时间为 90～180s；双卧轴式的搅拌机总拌和时间为 60～90s。上述两种搅拌机原材料加齐后的搅拌时间分别不得少于 40s 和 25s。最长搅拌时间不得超过高限值 2 倍。

⑤ 稀释外加剂的溶液浓度，根据配合比试验确定的外加剂掺量、间歇搅拌楼上配备的外加剂溶液筒的体积计算得出。连续式搅拌楼按流量比例控制加入外加剂。搅拌加水量应扣除外加剂的稀释水量和砂石料含水量，并增加相应的砂石料的量。加入搅拌锅的外加剂应充分溶解，并防止复合的不同外加剂溶液因密度不同分层富集在某一层中。外加剂溶液宜在施工前一天配制好，施工过程中应连续不断地搅拌均匀。外加剂池有沉淀时，每隔 1～3 天应清除或排弃。

⑥ 要求新拌混凝土均匀、一致，无未搅拌的干料和离析现象。一台搅拌楼的每盘之间和其他搅拌楼之间，新拌混凝土坍落度差别应小于±0.5cm。多台搅拌楼生产时，因测坍落度比较费时，可以使用凯利球来控制拌合物的匀质性，凯利球的沉入深度差别应小于5mm。应特别注意雨天或阵雨后，按砂石料在搅拌时的实际含水率及时微调加水量和砂石料的量。

⑦ 施工过程中，应加强对混凝土混合料的质量监控。施工开始及每200m³混凝土都应抽测坍落度、含气量、温度、砂石料含水量及混凝土密度。按规定标准方法预留抗折强度试件。在低温或高温气候条件下施工，拌合物的出料温度宜控制在10～35℃。并应测混凝土的温度、坍落度损失率和凝结时间等。混凝土拌合物的质量检测项目和频率见表5-20。

**表5-20 混凝土拌合物的质量检测项目和频率**

| 检查项目 | 检查频率 | |
|---|---|---|
| | 高速、一级公路 | 其他公路 |
| 水灰比及稳定性 | 每5000m³抽检1次，有变化随测 | 每5000m³抽检1次，有变化随测 |
| 坍落度及均匀性 | 每工班测3次，有变化随测 | 每工班测3次，有变化随测 |
| 坍落度损失率 | 开工、气温较高和有变化随测 | 开工、气温较高和有变化随测 |
| 振动黏度系数 | 试拌、原材料和配合比有变化随测 | 试拌、原材料和配合比有变化随测 |
| 钢纤维体积率 | 每工班测2次，有变化随测 | 每工班测1次，有变化随测 |
| 含气量 | 每工班测2次，有抗冻要求不少于3次 | 每工班测1次，有抗冻要求不少于3次 |
| 泌水率 | 必要时测 | 必要时测 |
| 视密度 | 每工班测1次 | 每工班测1次 |
| 温度、凝结时间、水化发热量 | 冬、夏季施工，气温最高、最低时，每工班至少测1～2次 | 冬、夏季施工，气温最高、最低时，每工班至少测1次 |
| 离析 | 随时观测 | 随时观测 |
| VC值及稳定性、压实度、松铺系数 | 碾压混凝土做复合式路面底层时，检测频率与其他公路相同 | 每工班至少测3～5次，有变化随测 |

注：混凝土拌合物振动黏度系数试验方法见《公路水泥混凝土路面滑模施工技术规程》(JTJ/T 037.1)附录A。

## 四、水泥混凝土的运输

1. 运输车辆

水泥混凝土的运输可以选配车况良好、载重量5～20t的自卸车，自卸车后挡板应关闭紧密，运输时不能漏浆撒料，车厢板应平整光滑。远距离运输或摊铺桥面时，应选配混凝土罐车。机械摊铺系统配套的运输车数量，可按下式计算：

$$N=2n[1+S\gamma_c m/(v_q g_q)] \tag{5-3}$$

式中 $N$——汽车数量，辆；

$n$——相同产量搅拌楼台数；

$S$——单程运输距，km；

$\gamma_c$——混凝土密度，t/m³；

$m$——一台搅拌楼每小时生产能力，m³/h；

$v_q$——车辆的平均运输速度，km/h；

$g_q$——汽车载重能力，t/辆。

2. 混合料运输技术要求

混合料运输的要求以及运输过程中应注意的问题有以下几个方面。

① 运输到现场的混合物必须具有适宜摊铺的工作性。应根据试验提供的新拌混凝土的

初凝时间和施工时的气温来控制混凝土运输允许的最长时间。混凝土从搅拌机出料到摊铺完毕时间应符合表 5-21 规定。不满足时，应通过试验加大缓凝剂的剂量。

**表 5-21 混凝土拌合物出料到运输、摊铺完毕允许最长时间**

| 施工气温/℃ | 运输允许最长时间/h | | 摊铺完毕允许最长时间/h | | 备注 |
|---|---|---|---|---|---|
| | 滑模、轨道 | 三轴、小机具 | 滑模、轨道 | 三轴、小机具 | |
| 5～19 | 2.0 | 1.5 | 2.5 | 2.0 | 气温为日平均气温 |
| 10～29 | 1.5 | 1.0 | 2.0 | 1.5 | |
| 20～39 | 1.0 | 0.75 | 1.5 | 1.25 | |
| 30～35 | 0.75 | 0.50 | 1.25 | 1.0 | |

② 运送新拌混凝土的车辆，在装料时，应防止混凝土离析，每卸一斗应挪动一下车位。司机必须了解新拌混凝土的初凝时间，超过初凝时间的混凝土不得用于面板摊铺，应移作它用或废弃。新拌混凝土一旦在车内停留超过了初凝时间，应采取紧急措施进行处置，防止混凝土硬化在车厢内或车罐内。

③ 新拌混凝土运输过程中要防止漏浆、漏料和污染路面。

④ 夏天、雨天和冬季施工，应遮盖自卸车上的混凝土。

⑤ 为防止新拌混凝土在运输过程中离析和分层，最大运输距离不应超过 20km，超过此运距，应采用搅拌罐车运输混凝土。实测表明，运距大于 20km，所发生的离析现象会使平整度变差。

⑥ 新拌混凝土应在 1h 内运到摊铺现场；滑模混凝土在热天施工条件下，应在 45min 内运到现场。

## 第四节 水泥混凝土结构层的铺筑与养生

随着施工机械化程度的不断提高，水泥混凝土结构层的施工技术也在不断提高，施工技术直接影响水泥混凝土路面质量，而其关键是路面混凝土的摊铺。本节介绍轨道摊铺机铺筑和路面滑模摊铺的铺筑。

### 一、轨道摊铺机铺筑

轨道摊铺机施工是由支撑在平底型轨道上的摊铺机将混凝土拌合物摊铺在基层上。摊铺机的轨道与模板是连在一起的，安装时同步进行。高速公路混凝土路面施工根据具体条件可使用轨道摊铺机进行施工。一、二、三级公路混凝土路面施工应使用轨道摊铺机进行施工。

轨道摊铺机铺筑路面的准备工作有以下内容：

① 提前做好模板的加工与制作，制作数量应为摊铺机摊铺能力的 1.5～2.0 倍，做好相应的加固固定杆和钢钎。

② 测量放样 恢复定线，直线段每 20m 设一中桩，弯道段每 5～10m 设一中桩。经复核无误后，以恢复的中线为依据，放出混凝土路面浇筑的边线桩，用 3 寸长铁钉直线每 10m 一钉，弯道每 5m 一钉。对每一个放样铁钉位置进行高程测量，并计算出与设计高程的差值，经复核确认后，方可导线架设。

③ 导线架设 在距放样铁钉 2cm 左右处，钉打钢钎（以不扰动铁钉为准）长度约 45cm 左右，打入深度以稳固为宜。进行抄平测量，在钢钎上标出混凝土路面的设计标高位置线（可用白粉笔）应准确为±2mm。然后将设计标高线用线绳拉紧拴系牢固，中间不能产生垂

度，不能扰动钢钎，位置要正确。

④ 模板支立 依导线方向和高度立模板，模板顶面和内侧面应紧贴导线，上下垂直，不能倾斜，确保位置正确。模板支立应牢固，保证混凝土在浇筑、振捣过程中，模板不会位移、下沉和变形。模板的内侧面应均匀涂刷脱模剂，不能污染环境和传力杆钢筋以及其他施工设备。安装拉杆钢筋时，其钢筋间距和位置要符合设计要求，安装牢固，保证混凝土浇筑后拉杆钢筋应垂直中心线与混凝土表面平行。

⑤ 铺设轨道 轨道可选用 12 型工字钢或 12 型槽钢，一般只需配备 4 根标准工字钢长度即可，向前倒换使用，并应将工字钢或槽钢固定在 0.5m×0.15m×0.15m 的小型枕木上，枕木间距为 1m。轨道应与中心线平行，轨道顶面与模板顶面应为一个固定差值，轨道与模板间的距离应保持在一个常数不变。应保证轨道平稳顺直，接头处平滑不突变。

⑥ 摊铺机就位和调试 每天摊铺前，应将摊铺机进行调试，使摊铺机调试为与路面横坡度相同的倾斜度。调整混凝土刮板至模板顶面路面设计标高处，检查振捣装置是否完好和其他装置运行是否正常。

准备工作做好以后，就进行摊铺，轨道摊铺机作业有以下几个方面。

① 布料 按配备的螺旋布料机、布料刮板或箱式布料机三种方式进行。布料的关键是按坍落度的不同控制松铺系数。轨道摊铺时的适宜坍落度按振捣密实情况宜控制在 20～40mm。不同坍落度时的松铺系数 $K$ 参考表 5-22 确定，并按此计算出松铺厚度。

**表 5-22 松铺系数 $K$ 与坍落度 $S_L$ 的关系**

| 坍落度 $S_L$/mm | 5 | 10 | 20 | 30 | 40 | 50 | 60 |
|---|---|---|---|---|---|---|---|
| 松铺系数 $K$ | 1.30 | 1.25 | 1.22 | 1.19 | 1.17 | 1.15 | 1.12 |

② 摊铺 轨模式摊铺机有刮板式、箱式及螺旋式三种类型，摊铺时将卸在基层上或摊铺箱内的混凝土拌合物按摊铺厚度均匀地充满轨模范围内。刮板式摊铺机本身能在轨道上前后自由移动，刮板旋转时将卸在基层上的混凝土拌合物向任意方向摊铺。这种摊铺机重量轻，容易操作，易于掌握，使用较普遍，但摊铺能力较小。箱式摊铺机摊铺时，先将混凝土拌合物通过卸料机一次卸在钢制料箱内，摊铺机向前行驶时料箱内的混合料摊铺于基层上，通过料箱横向移动按松铺厚度准确、均匀地刮平拌合物。螺旋式摊铺机由可以正向和反向旋转的螺旋布料器将拌合物摊平，螺旋布料器的刮板能准确调整高度。螺旋式摊铺机的摊铺质量优于前述两种摊铺机，摊铺能力较大。

③ 振捣 摊铺机摊铺时，振捣机跟在摊铺机后面对拌合物做进一步的整平和捣实。轨道摊铺机的振捣棒组应配备高频振动棒组，振捣方式有斜插连续拖行及间歇垂直插入两种，当面板厚度超过 150mm、坍落度小于 30mm 时，必须插入振捣。振动梁的振捣频率宜控制在 50～100Hz，偏心轴转速调节到 2500～3500r/min。

④ 整平饰面 振捣密实的混凝土表面应进行整平、精光、纹理制作等工序的作业，使竣工后的混凝土路面具有良好的路用性能。

a. 表面整平 振捣密实的混凝土表面用能纵向移动或斜向移动的表面整修机整平。纵向表面整修机工作时，整平梁在混凝土表面纵向往返移动，通过机身的移动将混凝土表面整平。斜向表面整修机通过一对与机械行走轴线成 10°左右的整平梁作相对运动来完成整平作业，其中一根整平梁为振动梁。机械整平的速度决定于混凝土的易整修性和机械特性。机械行走的轨模顶面应保持平顺，以便整修机械能顺畅通行。整平时应使整平机械前保持高度为 10～15cm 的壅料，并使壅料向较高的一侧移动，以保证路面板的平整，防止出现麻面及空洞等缺陷。

b. 精光及纹理制作　精光是对混凝土路面进行最后的精平，使混凝土表面更加致密、平整、美观，此工序是提高混凝土路面外观质量的关键工序之一。混凝土路面整修机配置有完善的精光机械，只要在施工过程中加强质量检查和校核，便可保证精光质量。

在混凝土表面制作纹理，是提高路面抗滑性能的有效措施之一。制作纹理时用纹理制作机在路面上拉毛、压槽或刻纹，纹理深度控制在12mm范围内；在不影响平整度的前提下提高混凝土路面的构造深度，可提高表面的抗滑性能。纹理应与路面前进方向垂直，相邻板的纹理应相互沟通以利排水。纹理制作从混凝土表面无渡纹水迹开始，过早或过晚均会影响纹理质量。

混凝土摊铺过程中应注意以下几方面：

① 摊铺前应对基层表面进行洒水润湿，但不能有积水。

② 混凝土入模前，先检查坍落度，控制在配合比要求坍落度±1cm范围内，制作混凝土检测抗压、抗折强度的试件。

③ 摊铺过程中，间断时间应不大于混凝土的初凝时间。

④ 摊铺现场应设专人指挥卸料，应根据摊铺宽度、厚度，每车混凝土数量均匀卸料，严格掌握不能亏料，可适当略有富余，但又不能太多，防止被刮到模板以外。

⑤ 摊铺过后，对拉杆要进行整理，保证拉杆平行与水平，同时要用铝合金直尺进行平整度初查，确保混凝土表面平整不缺料。

⑥ 每日工作结束，施工缝宜设在胀缝或缩缝处，按胀缝和缩缝要求处治。因机械故障或其他原因中断浇筑时，可设临时工作缝，宜设在缩缝处按缩缝处理。

⑦ 当摊铺到胀缝位置时，应按胀缝设计要求设置胀缝和安装传力杆，传力杆范围内的混凝土可用人工振实和整平。如继续浇筑，摊铺机需跳开一块板的长度开始进行，留下部分待模板拆除并套上胀缝后用人工摊铺振捣成型。

⑧ 摊铺机在摊铺时，两侧应各设1名辅助操作员，保证摊铺机运行安全和摊铺质量。

## 二、滑模摊铺水泥混凝土路面铺筑

滑模摊铺的特点是不需轨模，由四个液压缸支撑腿控制的履带行走机构行走。它可以通过控制机构上下移动，调整摊铺层厚度。在摊铺机两侧安装固定的滑模板。因此不需另设轨模，这种摊铺机一次通过就可以完成摊铺、捣实、整平等多道工序。

### 1. 施工前准备

应对施工前准备工作进行全面细致检查，检查基准线是否符合板厚要求，设备和机具是否全部到位，运转是否正常；基层是否合格，是否清扫和洒水湿润；在横向连接摊铺时，传力杆是否矫正补齐，纵缝是否顺直，沥青是否涂抹等。

### 2. 正确设置滑模摊铺机各项工作初步参数

摊铺前，应对滑模摊铺机进行全面性能检查和各施工部件位置参数设定，参数的正确设定是滑模摊铺操作技术中最关键的技术环节之一，也是摊铺机调试中最重要的内容。这些参数通过试铺固定下来，在正式施工时根据现场情况适当微调。设置时注意振捣棒下缘位置应在挤压板最低点以上，间距不宜大于45cm，并均匀排列；最边缘振捣棒与摊铺边沿不大于25cm；调整挤压板前倾角为3°左右，提浆夯板的位置为挤压板前缘以下5～10mm；设超铺角的滑模摊铺机两边缘超铺高程应根据料的稠度在3～8mm间调整；带振动搓平梁的滑模摊铺机应将搓平梁前沿调整到与挤压板后缘同一高程，搓平梁的后沿比挤压板后缘低1～2mm，并与路面高程相同。

### 3. 摊铺机首次摊铺位置矫正

首次摊铺时，在无纵坡和弯道的摊铺起点位置钉 4 个矩形分布的木桩，其顶面高程分别为挤压底板的 4 角点高程，后两桩为路面高程，前两桩在路面高程上应加挤压底板前倾角高程，有路拱时应增设拱中两个桩，准确测量摊铺机底板高程、横坡度和路拱，将传感器挂到基准线上，调整水平传感器立柱高度，使摊铺机挤压底板正好落在精确测量设置好的木桩上，同时调整摊铺机机架前后左右水平度。让摊铺机挂线自动行走，再返回校正一遍，正确无误后，即可摊铺。

4. 初始摊铺校正

在开始摊铺的前 5m 内，必须对所摊出的路面标高、厚度、宽度、中线、横坡度等技术参数进行复核测量，机手应根据测量结果及时在摊铺中微调传感器、挤压底板、拉杆打入深度及压力、抹平板的压力及边缘位置。严禁停机剧烈调整高程、中线、横坡等，以免影响平整度。调整应在 10m 内完成。摊铺效果达到要求的参数要固定保护起来，严禁非机手更改或撞动。第二天连接摊铺时，应将摊铺机后退至前一天做的侧向收口工作缝（收口每侧 5m，长度与侧模等长或略长）路面内，到挤压底板前缘对齐工作缝端部，开始摊铺。

5. 卸料、布料要求

① 滑模摊铺混凝土路面时，必须有专人指挥车辆卸料。自卸车卸料时，卸料应分布均匀，以减少摊铺机的摊铺负荷。最高料位高度不得高于松方控制板上缘，正常料位高度应在螺旋布料器叶片上缘以下。机前缺料时，可用装载机或挖掘机补充送料，并要求供料和摊铺速度协调。

② 布料要求：采用布料机施工，松铺系数应视坍落度大小由试铺确定，当坍落度在 1～5cm 时，松铺系数宜在 1.08～1.15，坍落度为 3cm 时，松铺系数应控制在 1.1 左右。布料机与滑模摊铺机之间的距离应控制在 5～10m，晴天日照强、风大时取小值，阴天、湿度大、无风时取大值。

6. 摊铺过程中操作要领

(1) 机载布料器控制　滑模摊铺机带的布料器有螺旋布料器和刮板布料器两种型式。刮板布料器优点是布料效率高，摊铺阻力小，刮板磨损少，便于更换。但缺点是对混合料不能进行二次机前搅拌，容易造成混合料离析和两侧混凝土不均匀。螺旋布料器则相反，具有优良的机前二次搅拌效果，离析小，分布的混凝土均匀，布料效率高，效果好。但是摊铺阻力大，螺旋棱磨损快，堆焊加强和更换比较麻烦，一般施工情况下，施工完成 30～50km 左右的高速公路就不得不更换螺旋。

螺旋布料器在机上的固定型式有两种：连续单根和中间分开独立控制的两根。在摊铺宽度较窄的单车道路面时，适合单根型式，可将卸偏的混凝土从一侧分布到另一侧，但两根螺旋布料器的型式因中间支撑的阻隔，就较难做到。在摊铺双车道大宽度路面时，在摊铺宽度内可同时卸两车料，使用独立控制的两根螺旋布料器较适宜。注意布料要均匀，特别注意两侧边角的料要充足。螺旋布料器有很强的机前二次搅拌的功能，如机前料充足，但不均匀时，应连续不断地左右旋转，以达到充分混合搅拌均匀之目的。

(2) 松方高度控制板控制　松方高度控制板或称进料门的控制技术是滑模摊铺施工的第一关，控制得好，施工顺畅，控制不好，不仅是平整度差，而且会损坏滑模摊铺机。摊铺过程中，机手应随时调整松方高度控制板进料位置，开始应略设高些，以高于振捣棒 15cm 左右为宜，以保证进料，正常料位以保持振捣仓内砂浆料位高于振捣棒 10cm 左右较为适宜，以利于振动仓内混凝土中的气泡受振动彻底排放掉。进料门应尽量控制在振捣仓内的混凝土基本维持在一个适宜的恒定高度上，根据我国的施工经验，这个高度一般为振捣棒中心线以上 10cm 左右较适宜。仓内有螺旋的摊铺机，正常料位应保持在螺旋杆中轴位置。

(3) 摊铺行进速度控制　滑模摊铺机应缓慢、匀速、连续不间断摊铺。摊铺速度应根据拌合物稠度和设备性能进行控制，一般为 1m/min 左右，当稠度发生变化时，应先调整振捣频率，再调整速度，一般拌合物偏稀时，应适当降低振捣频率，加快摊铺速度，最快控制在 1.5～2m/min，最低振捣频率不得低于 6000r/min；拌合物偏稠时，应适当提高振捣频率，减缓摊铺速度，最慢控制在 0.5～1m/min，最高振捣频率不得高于 11000r/min。

(4) 监控振捣棒的位置和工作情况　摊铺中要随时检查振捣棒情况，以防止麻面和纵向塑性收缩裂缝，振捣棒的位置应该是其底缘在挤压底板的后缘高度以上。但在不出现塑性收缩裂缝的前提下，允许使用板中位以上的振捣位置。在摊铺通过胀缝和钢筋网时，必须提高振捣棒，使其最低点位置在挤压底板的后缘高度以上，以便于在不推移胀缝板和钢筋网的前提下，顺畅摊铺通过。

(5) 摊铺密实度控制　在滑模摊铺推进过程中，要视混凝土混合料的稠度随时对行进速度和振捣频率进行调整，以控制摊铺密实度。只有这样才能控制混凝土路面始终达到所要求的高密实度，并防止发生塌边、麻面、拉裂和砂浆层过厚等质量病害。

(6) 挤压底板前仰角的调整　滑模摊铺机型号不同，其设定的挤压底板前仰角也各不相同。对于给定的混凝土稠度，每台滑模摊铺机都有一个最佳前仰角设定角度，最佳前仰角需通过施工实践摸索积累。滑模摊铺机的前仰角设定必须在每天开工之前设定，施工进行中不能调整。因此必须在前几次施工中摸索并确定最佳前仰角，固定下来，不可经常调整。

(7) 超铺角控制　滑模摊铺机上设置超铺角是因为混凝土振实脱模后，由于失去支撑，路面一方面会自动胀宽，另一方面两侧边沿即使不塌边也会溜肩，高程自动塌落，必须设法多铺料补偿，才能做出断面几何形状规矩的面板。超铺角设置从进料门开始，增大两边角的进料高度和数量，并令挤压底板两侧模板视稳定的坍落度大小，翘起合适的高度，同时，将两侧边模板向内倾斜一定角度，构成混凝土路面两侧边角适宜的超铺量，待混凝土路面脱模后，自动坍落成 90°边沿，保证路面两边横向平整度。

(8) 纵坡施工　摊铺较大纵坡时，注意调整挤压底板前仰角，上坡时应适当调小，同时调小抹平板压力，下坡时应适当调大，同时调大抹平板压力。

(9) 弯道施工　弯道、渐变段摊铺，若单向横坡，应随时观察和调整抹平板内外侧的抹面距离，防止压垮边缘。中央路拱，若靠手工控制，操作手应根据路拱消失和生成几何位置，在一定路段内分级逐渐消除或生成设计路拱。

7. 摊铺中高程控制和校准

滑模摊铺的路面高程控制主要靠 4 个水平传感器沿基准线控制，为防止因底板没有顶拖力或调整不到位形成高程误差，影响路面厚度和平整度，在开始摊铺路面 3～5m 长度时，应用水准仪进行校核。发现误差超过规定范围时，应在滑模摊铺机行进中对水平传感器垂直伸缩臂缓慢调整到位，调整后做标记，固定位置。通过连续几次调整，确定滑模摊铺底板、传感器等与基准线之间的相对位置并固定下来。除非以后有人动过，否则不再调整，但仍需每天调整。

8. 连接摊铺

连接摊铺时，若摊铺机上前次施工路面，其履带底部必须铺垫橡胶垫或使用挂胶履带。并且前次摊铺路面应养护 7 天，最低不得少于 5 天。

施工结束后应及时做好下面两项工作：

① 及时将滑模摊铺机驶离工作面，先将传感器脱离基准线，解除自动跟踪控制，然后及时对滑模摊铺机进行清理保养。

② 做横向施工缝。施工时应丢弃从摊铺机振动仓内脱出的厚砂浆。设置施工缝模板，

并用水准仪测量和抄平面板高程和横坡。为使下次摊铺能紧接施工缝，侧模需向内收进2～4cm，长度视摊铺机侧模而定。施工缝也可在第二天硬切除全部端部制作。连接施工时，由于混合料相对不饱满，在此位置应用人工辅助振捣，并做好平整度，以防止工作缝接合部低洼跳车。

9. 滑模式摊铺机施工常见问题处置

(1) 溜肩、塌边　解决溜肩和塌边现象，一种方法是采取加长侧向滑模板长度，提高边角混凝土的自稳性；再一种是在滑模后、路面呈坍即用边板支护。此外，还可改善、调整混凝土施工配合比，提高混凝土拌合物在振捣后骨料间的嵌合稳定性；提高混凝土的拌和精度，最大限度地减小混凝土坍落度的波动；滑模施工宜用阴槽模板，提高边角的自稳性，加强边角部分的振捣，但也不能过振；在要求较高的场合，使用跨模施工工艺。

(2) 欠振、气泡未排尽　摊铺机的工作速度一般控制在1m/min左右，因此要求混凝土拌合物在较短时间内振动密实，施工过程中可能会出现欠振和气泡未排尽的现象，影响混凝土路面的耐久性。解决欠振和气泡排不尽的问题，一是可调整混凝土配合比的配制指标，引入振动黏度系数；二是调整振动棒的排列方式。

(3) 混凝土板面沟槽现象　在挤平梁的后端，有时会出现混凝土表面大量欠料或产生沟槽现象。主要是由于：一是混凝土拌合物太干，坍落度过小，造成振动出浆困难，表面振动不密实；二是振动仓内料位太低，造成振动仓内补料不足；三是振动棒位置偏移。

(4) 抹平后表面呈波浪状　经过超级抹平器的作用，有时表面形成波浪状，严重影响了表面平整度。应调整抹平板的挤压力，同时要根据板块的宽度调整抹平板的工作速度。

10. 施工中的注意事项

① 摊铺中应经常检查振捣棒的工作情况和位置。路面出现麻面或拉裂现象时，必须停机检查或更换振捣棒。摊铺后，路面上出现发亮的砂浆条带时，必须调整振捣棒位置，使其底缘在挤压底板的后缘高度以上。

② 摊铺宽度大于7.5m时，若左右两侧拌合物稠度不一致，摊铺速度应按偏干一侧进行设置，并应将偏稀一侧的振捣棒频率迅速调小。

③ 应通过调整拌合物稠度、停机待料时间、挤压底板前仰角、起步及摊铺速度等措施控制和消除横向拉裂现象。

④ 摊铺中的滑模摊铺机停机等料最长时间超过当地气温下混凝土初凝时间的4/5时，应将滑模摊铺机迅速开出摊铺工作面，并做施工缝。

### 三、水泥混凝土路面养生

混凝土路面铺筑完成之后应立即开始养生，养生也是水泥混凝土路面强度形成的关键时刻。机械摊铺的水泥混凝土路面的养生一般采用喷洒养生剂并保湿覆盖的方式进行，在水资源充足的情况下，也可采用覆盖洒水湿养生方式养生，一般情况不宜使用围水养生方式。

当使用喷洒养生剂养生时，应在混凝土表面泌水完毕后进行，用量为0.35kg/m²，喷洒高度控制在0.5～1m。加盖塑料薄膜养生时，加盖时间应以不压坏细观抗滑构造为准。

当采用覆盖养生时，应采用上部为黑色吸热隔水塑料薄膜，其保温、保湿效果较好。

## 第五节　水泥混凝土路面接缝、抗滑构造制作

随着外界温度的变化，具有一定厚度的混凝土面板会产生不同程度的膨胀和收缩，从而引起混凝土板的轴向变形，同时由于面板顶部和面板底部的温差会使板发生翘曲变形。当这一系列的变形受到约束，在板的内部就会产生比较大的应力，当应力超过一定值时就会引起

板的破坏。为了减少这种破坏，通常把混凝土路面板分成许多板块，板块和板块之间留一定的空隙，这些预留出的空隙就是混凝土路面的接缝。垂直于行车方向的接缝称为横向接缝，平行于行车方向的接缝称为纵向接缝。

水泥混凝土路面中接缝的类型有横向接缝和纵向接缝，横向接缝又分为横向缩缝，横向胀缝和横向施工缝。纵缝与横缝一般做成垂直正交，使混凝土板具有90°的角隅，纵缝两旁的横缝一般成一条直线。两条道路正交时，各条道路的直道部分均保持本身纵缝的连贯，而相交路段内各条道路的横缝位置应按相对道路的纵缝间距相应变动，保证两条道路的纵横缝垂直相交，互不错位。两条道路斜交时，主要道路的直道部分保持纵缝的连贯，而相交路段内的横缝位置应按次要道路的纵缝间距相应变动，保证与次要道路的纵缝相连接。相交道路弯道加宽部分的接缝布置，应不出现或少出现错缝和锐角板。在次要道路弯道加宽段起终点断面处的横向接缝，应采用胀缝形式。膨胀量大时，应在直线段连续布置2～3条胀缝。

水泥混凝土路面中横向接缝和纵向接缝的布置如图5-6所示。

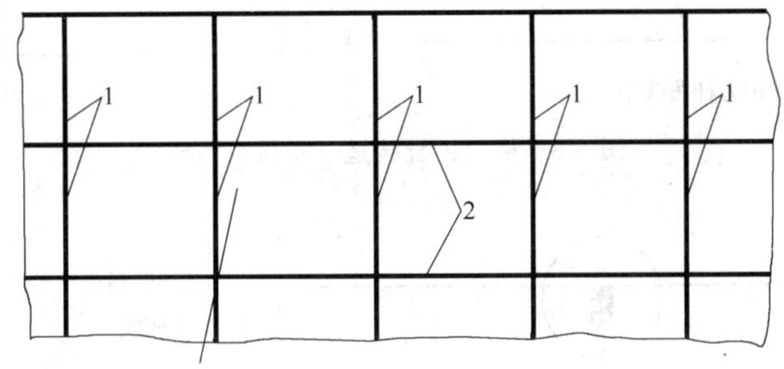


图5-6　路面接缝设置

1—横缝；2—纵缝

## 一、横向接缝

横向接缝的类型有胀缝、缩缝和施工缝三种。

1. 胀缝

胀缝是保证板在温度升高时能部分伸张，从而避免产生路面板在热天的拱胀和折断，同时胀缝也可起到缩缝的作用。

在邻近桥梁或其他固定构造物处或其他道路相交处应设置横向胀缝。设置的胀缝条数，视膨胀量大小而定。低温浇筑混凝土面层或选用膨胀性高的集料时，宜酌情确定是否设置胀缝。胀缝宽20mm，缝内设置填缝板和可滑动的传力杆。胀缝的构造如图5-7所示。

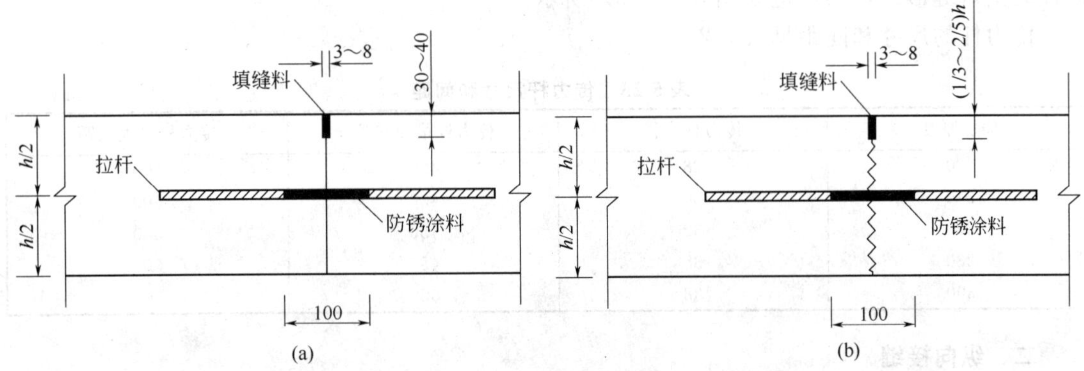


图5-7　胀缝的构造

2. 横向缩缝

横向缩缝可等间距或变间距布置，采用假缝形式。特重和重交通公路、收费广场以及邻近胀缝或自由端部的 3 条缩缝，应采用设传力杆假缝形式，其构造如图 5-8（a）所示，其他情况可采用不设传力杆假缝形式，其构造如图 5-8（b）所示。

横向缩缝顶部应锯切槽口，深度为面层厚度的 1/5～1/4，宽度为 3～8mm，槽内填塞填缝料。高速公路的横向缩缝槽口宜增设深 20mm、宽 6～10mm 的浅槽口，其构造如图 5-9 所示。

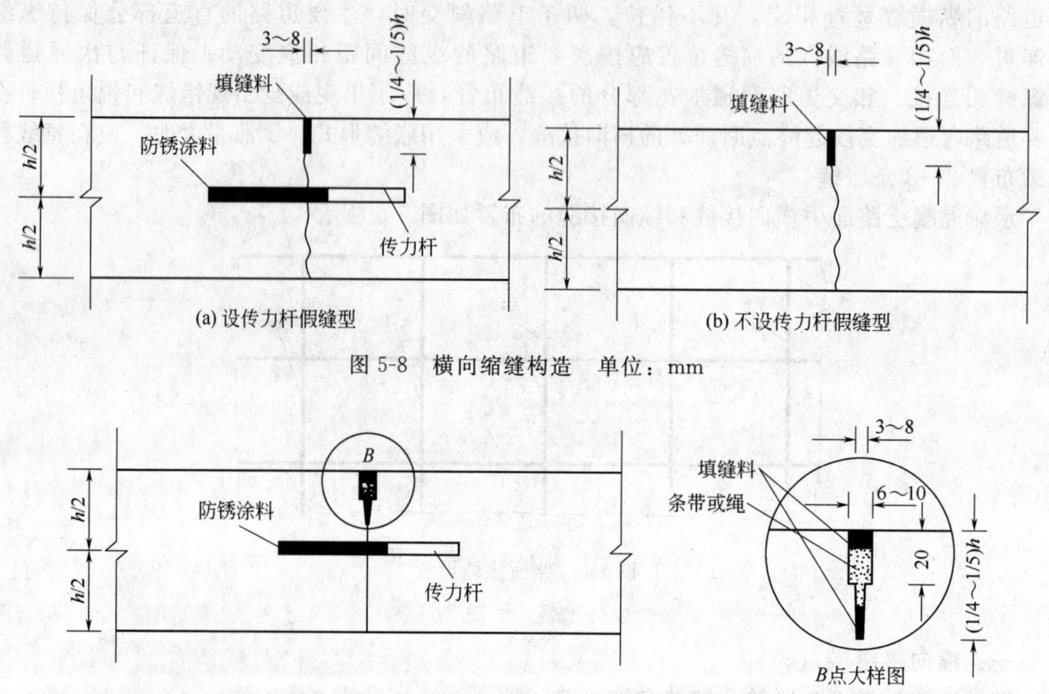


图 5-8　横向缩缝构造　单位：mm

图 5-9　浅槽口构造　单位：mm

3. 横向施工缝

每日施工结束或因临时原因中断施工时，必须设置横向施工缝，其位置应尽可能选在缩缝或胀缝处。

横向施工缝设在缩缝处的施工缝，应采用传力杆的平缝形式，其构造如图 5-10（a）所示，设在胀缝处的施工缝，其构造与胀缝相同。遇有困难需设在缩缝之间时，施工缝采用设拉杆的企口缝形式，其构造如图 5-10（b）所示。

传力杆的尺寸和间距见表 5-23。

**表 5-23　传力杆尺寸和间距**　　单位：mm

| 面层厚度 | 传力杆直径 | 传力杆最小长度 | 传力杆最大间距 |
|---|---|---|---|
| 220 | 28 | 400 | 300 |
| 240 | 30 | 400 | 300 |
| 260 | 32 | 450 | 300 |
| 280 | 35 | 450 | 300 |
| 300 | 38 | 500 | 300 |

## 二、纵向接缝

1. 纵向接缝的构造

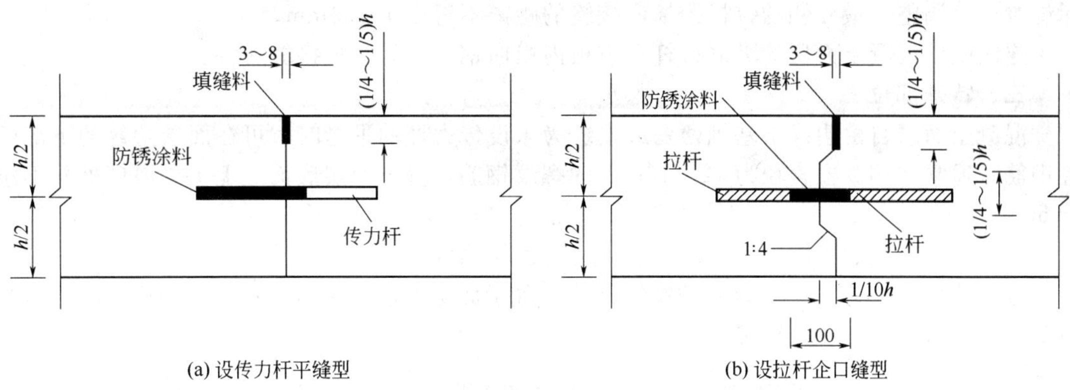


图 5-10　横向施工缝构造（mm）

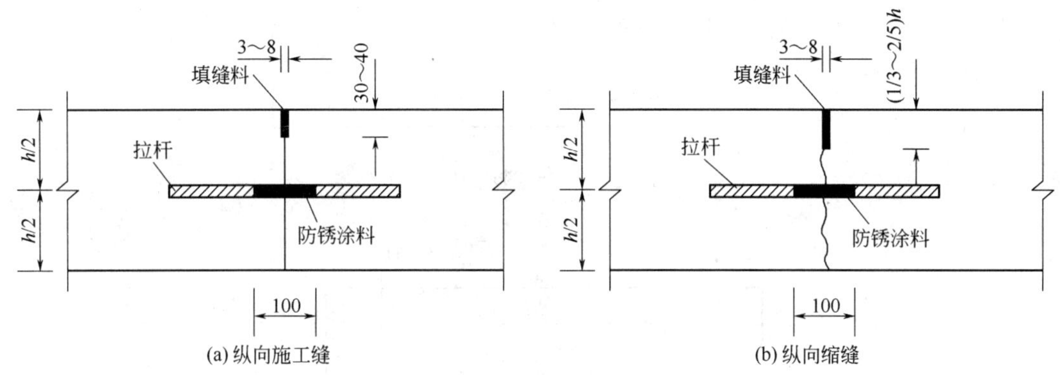


图 5-11　纵缝构造　单位：mm

纵向接缝的布设应根据路面宽度和施工铺筑宽度而定。

当一次铺筑宽度小于路面宽度时，应设置纵向施工缝。纵向施工缝采用平缝形式，上部应锯切槽口，深度为 30～40mm，宽度为 3～8mm，槽内灌塞填缝料，构造如图 5-11（a）所示。

当一次铺筑宽度大于 4.5m 时，应设置纵向缩缝。纵向缩缝采用假缝形式，锯切的槽口深度应大于施工缝的槽口深度。采用粒料基层时，槽口深度应为板厚的 1/3；采用半刚性基层时，槽口深度为板厚的 2/5。其构造如图 5-11（b）所示。

纵缝应与路线中缝平行。在路面等宽的路段内或路面变宽路段的等宽部分，纵缝的间距和形式应保持一致。路面变宽段的加宽部分与等宽部分之间，以纵向施工缝隔开。加宽板在变宽段起终点处的宽度不应小于 1m。

拉杆直径、长度和间距见表 5-24。

**表 5-24　拉杆直径、长度和间距**　　单位：mm

| 面层厚度 | 不同的到自由边或未设拉杆纵缝的距离情况下的数据 | | | | | |
|---|---|---|---|---|---|---|
| | 3.00m | 3.50m | 3.75m | 4.50m | 6.00m | 7.5m |
| 200～250 | 14×700×900 | 14×700×800 | 14×700×700 | 14×700×600 | 14×700×500 | 14×700×400 |
| 260～300 | 16×800×900 | 16×800×800 | 16×800×700 | 16×800×600 | 16×800×500 | 16×800×400 |

拉杆应采用螺纹钢筋，设在板厚中央，并应对拉杆中部 100mm 范围内进行防锈处理。拉杆的直径、长度和间距，可参照表 5-24 选用。施工布设时，拉杆间距应按横向接缝的实

际位置予以调整，最外侧的拉杆距横向接缝的距离不得小于 100mm。

连续配筋混凝土面层的纵缝拉杆可由板内横向钢筋延伸穿过接缝代替。

**三、特殊部位**

混凝土面层自由边缘下基础薄弱或接缝为未设传力杆的平缝时，可在面层边缘的下部配置钢筋。通常选用 2 根直径为 12～16mm 的螺纹钢筋，置于面层底面之上 1/4 厚度处并不小于 50mm，间距为 100mm，钢筋两端向上弯起，如图 5-12（a）所示。

承受特重交通的胀缝、施工缝和自由边的面层角隅及锐角面层角隅，宜配置角隅钢筋。通常选用 2 根直径为 12～16mm 的螺纹钢筋，置于面层上部，距顶面不小于 50mm，距边缘为 100mm，如图 5-12（b）所示。

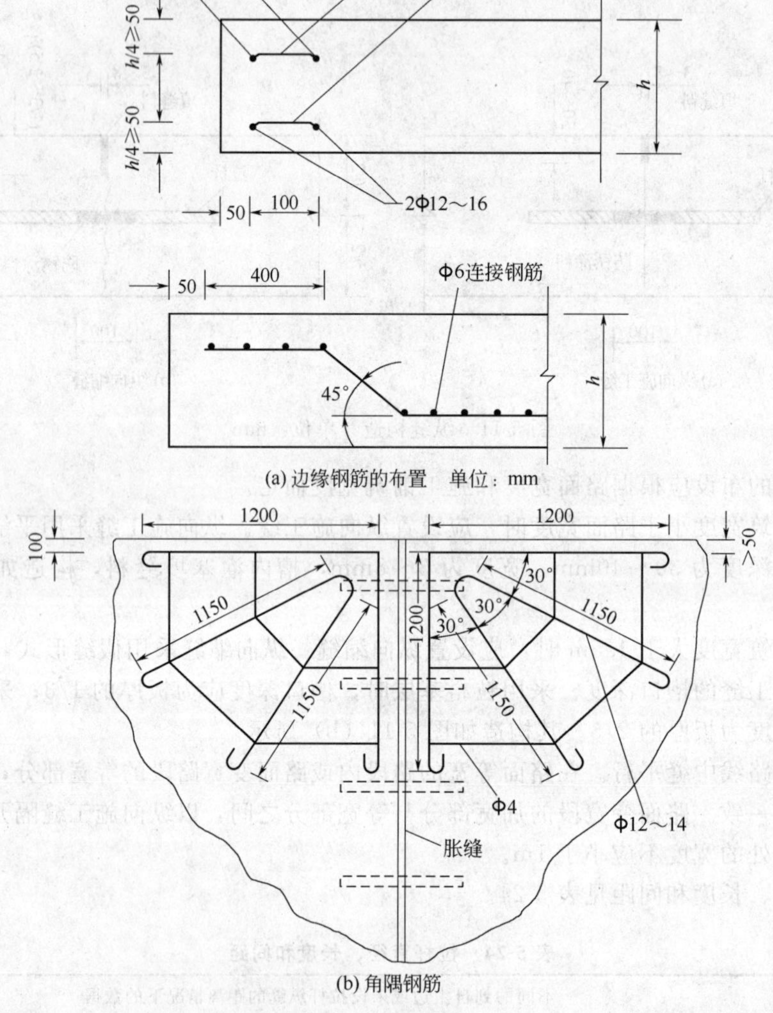


图 5-12　特殊部位配筋布置图

特殊部位混凝土路面处理有以下几种情况：

① 混凝土路面与固定构造物相衔接的胀缝无法设置传力杆时，可在毗邻构造物的板端部内配置双层钢筋网；或在长度约为 6～10 倍板厚的范围内逐渐将板厚增加 20%。

② 混凝土路面与桥梁相接，桥头设有搭板时，应在搭板与混凝土面层板之间设置长 6～

10m 的钢筋混凝土面层过渡板。后者与搭板间的横缝采用设拉杆平缝形式，与混凝土面层间的横缝采用设传力杆胀缝形式。膨胀量大时，应连续设置 2～3 条设传力杆的胀缝。当桥梁为斜交时，钢筋混凝土板的锐角部分应采用钢筋网补强。见图 5-13。

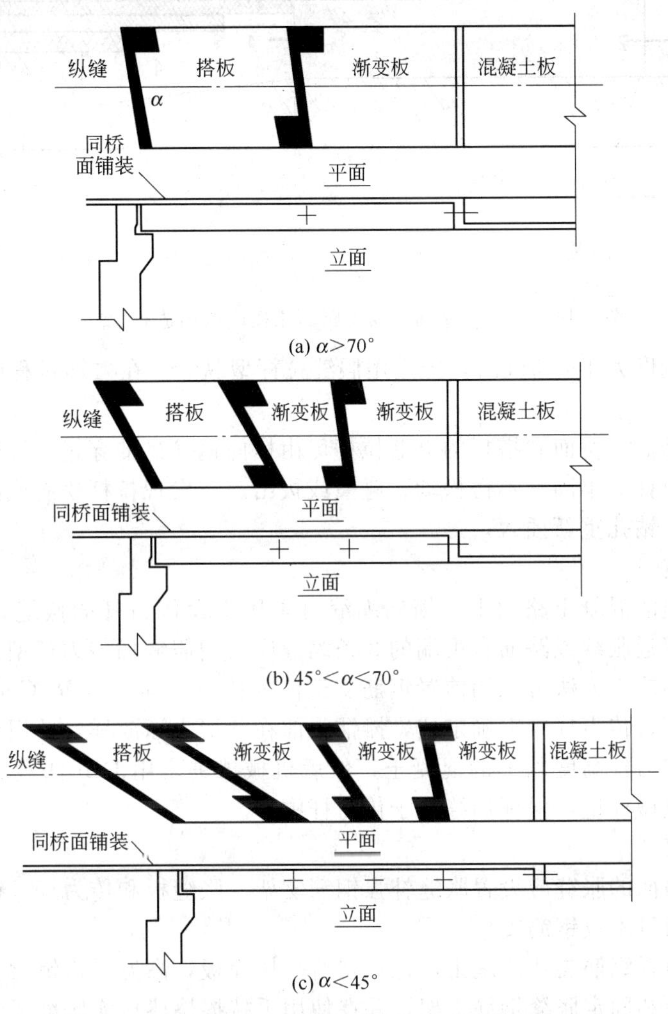


图 5-13　混凝土路面斜交桥梁相接时的构造示意

③ 桥头未设搭板时，宜在混凝土面层与桥台之间设置长 10～15m 的钢筋混凝土面层板；或设置由混凝土预制块面层或沥青面层铺筑的过渡段，其长度不小于 8m。

④ 混凝土路面与沥青路面相接时，其间应设置至少 3m 长的过渡段。过渡段的路面采用两种路面呈阶梯状叠合布置，其下面铺设的变厚混凝土过渡板的厚度不得小于 200mm，如图 5-14 所示。过渡板与混凝土面层相接处的接缝内设置直径 25mm、长 700mm、间距 400mm 的拉杆。混凝土面层毗邻该接缝的 1～2 条横向接缝应设置胀缝。

## 四、接缝施工

### 1. 纵向接缝的施工

当一次铺筑宽度小于路面和硬路肩总宽度时，应设纵向施工缝，构造可以采用平缝加拉杆型。当所摊铺的面板厚度≥260mm 时，也可采用插拉杆的企口型纵向施工缝。采用滑模施工时，纵向施工缝的拉杆可以由摊铺机的侧向拉杆装置插入。采用固定模板施工方式时，应在振实过程中，从侧模预留孔中手工插入拉杆。

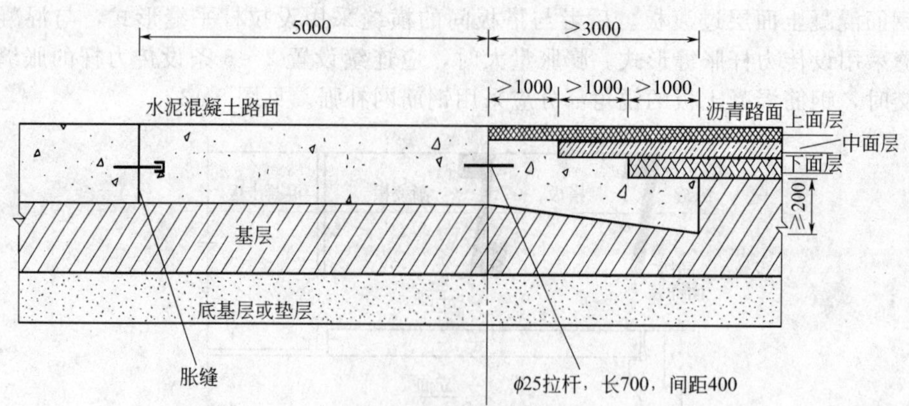


图 5-14　混凝土路面与沥青路面相接段的构造布置（mm）

当一次铺筑宽度大于 4.5m 时，应采用假缝拉杆型纵缝，在摊铺过程中用专用的拉杆插入装置插入拉杆。

钢筋混凝土路面、桥面和搭板的纵缝拉杆可由横向钢筋延伸穿过接缝代替。

插入的侧向拉杆应牢固，不得松动、碰撞或拔出。若发现拉杆松脱或漏插，应在横向相临路面摊铺之前，钻孔重新插入。

2. 横向缩缝施工

在中、轻交通的混凝土路面上，横向缩缝可采用不设传力杆的假缝型。在重和特重交通、收费广场、邻近胀缝或路面自由端的 3 条缩缝应采用假缝加传力杆型。

缩缝传力杆的施工方法可采用前置钢筋支架法或传力杆插入装置（DBI）法。钢筋支架应该有足够的刚度，传力杆应准确定位，摊铺之前在基层表面放样，并用钢筋锚固，宜使用手持振捣棒振实传力杆高度以下的混凝土，然后机械摊铺。用 DBI 法置入传力杆时，应在路侧缩缝切割位置做标记，保证切缝位于传力杆中部。

3. 胀缝的施工

普通混凝土路面的胀缝应设置胀缝补强钢筋支架、胀缝板和传力杆。钢筋混凝土路面和钢纤维混凝土路面可不设钢筋支架。

胀缝应采用前置钢筋支架法施工，也可预留一块面板，高温时再铺封。前置法施工，应先预先加工、安装和固定胀缝钢筋支架，并在使用手持振捣棒振实胀缝板两侧的混凝土后机械摊铺。胀缝板应连续贯通整个路面板宽度。

4. 切缝

贫混凝土基层、各种混凝土面层、加铺层的横向缩缝均应采用切缝法施工。

横向缩缝的切缝方式有全部硬切缝、软硬结合切缝和全部软切缝三种方式。对分幅摊铺的路面应在先摊铺的混凝土板横缩缝已断开的部位做标记，在后摊铺的路面上应对齐已断开的横缩缝提前软切缝。有传力杆的缩缝的切缝深度应为 1/3～1/4 板厚，最浅不得小于 70mm；无传力杆的缩缝的切缝深度应为 1/4～1/5 板厚，最浅不得小于 60mm。缩缝切缝宽度宜控制在 4～6mm。

高速公路和一级公路的纵向施工缝应在上半部涂满沥青，然后硬切缝，并填料。二级及以下公路的施工缝在上半部涂满沥青后，可不切缝。

5. 灌缝

混凝土板养生期满后，应该要及时进行灌缝处理。灌缝前应采用切缝机清除接缝中夹杂的砂石、凝结的泥浆等，再使用压力大于等于 0.5MPa 的压力水和压缩空气彻底清除接缝中的尘土及其他污染物，确保缝壁及内部清洁、干燥。使用常温填缝料时，应按规定比例将两组分材料按 1h 灌缝量拌和均匀后使用。使用加热填缝料时，应将填料加热至规定温度。加热过程中应将填料熔化，搅拌均匀，并保温使用。灌缝的深度为 15～20mm，最浅不得小于 15mm。

**五、抗滑构造**

水泥混凝土路面的抗滑构造是为了在雨天保持车轮和路面之间的充分接触，防止车辆的漂滑、操纵失灵而专门设计的路面雨天高速行车准备的安全技术措施。

抗滑构造的要求，《公路工程质量检验评定标准》JTG F80/1—2004 规定：高速公路、一级公路竣工时的水泥混凝土路面宏观抗滑构造深度（填砂法）TD 不应低于 0.8mm，其他公路 TD 不应低于 0.6mm。对年降雨量在 500mm 以下的地区，可适当降低。公路水泥混凝土路面滑模施工技术规范对宏观抗滑构造深度增加上限要求：高速公路、一级公路还应达到 TD≤1.2mm，即路面竣工时 0.8mm≤TD≤1.2mm；其他公路还应达到 TD≤1.0mm，即 0.6mm≤TD≤1.0mm。

抗滑构造的施工：

① 拉毛处理　在路面摊铺后，应软拖麻袋等做拉毛处理。

② 塑性拉槽　软抗滑沟槽的要求：槽深 2～4cm，槽宽 3～5mm，槽间距 15～25mm。

③ 硬刻槽　硬刻槽方式制作抗滑构造近些年来在我国高速公路以及公路上使用得越来越普遍，硬刻槽机有普通手推式、支架式和自行式三种。硬刻槽的缺点是：施工费用高，效率低，使用的人工多 5～8 倍，刻槽机多，摊铺速度快时，10 台刻槽机都跟不上滑模机的施工进度，锯片损耗多，且锯片较贵。硬刻槽的尺寸为：槽深 3～5mm，槽宽 3mm，槽间距在 12～24mm。

④ 纵向槽　对于一些安全性要求较高或以降低噪声要求为主的特殊路段，如弯道、减小噪声路段，可优先使用纵向槽。

**六、水泥混凝土施工质量控制与检查**

在混凝土路面的施工过程中应按照《公路水泥混凝土路面施工技术规范》（JTG F 30—2003）中规定的项目和频率对原材料、混凝土拌和混合料进行检验。混凝土路面的检验项目、方法和频率见表 5-25。

混凝土路面除了按照表 5-25 中规定的检查项目和频率检测外，其中平整度、弯拉强度和板厚又是混凝土路面质量的三大关键指标。

三米直尺检测平整度只能反映小波长的不平整度，不能反映大波长的不平整度，在施工过程中，因每天摊铺长度并不太长，因此从施工成本考虑，可采用三米直尺量验作为施工过程中平整度控制的检测项目，在验收时必须采用精度较高，能客观反映路面行车过程中的平整度实际情况的平整度仪检测动态平整度，作为验收时工程质量评定依据。施工时，一级以上公路，三米直尺量验结果 90%以上≤3mm，二级以下公路量验 90%以上≤5mm。三米直尺量验频率应为单车道每 100m 两处 10 尺，在检测时若发现平整度不符合要求，应在 10 天内使用最粗磨头的水磨机磨平，并应做出微观抗滑构造和宏观抗滑槽，此种处理方法只能用于小面积少量处理。

抗折强度是混凝土路面的第一强度指标，混凝土路面板的开裂破坏多是因弯拉应力超过抗折强度极限而形成，因此抗折强度达到设计要求是混凝土路面长寿命的重要保证。在施工过程中必须严格控制，对其评价应以搅拌楼生产中随机取得混凝土在振动台上制作的小梁弯拉强度为准。在过去实验中发现振动棒插入振动孔严重降低混凝土的嵌锁能力，简易自制振动板的振动能量无法控制，因此在制作试件时推测结果，不能反映实际路面弯拉强度，不得

表 5-25 混凝土路面的检验项目、方法和频率

| 检查项目 | 检验方法和频率 | |
|---|---|---|
| | 高速、一级 | 其他公路 |
| 弯拉强度 | 每班组留 2～4 组试件,日进度＜500m 取 2 组;≥500m 取 3 组;≥1000m 取 4 组,测 $f_{cs}$、$f_{min}$、$c_v$ | 每班组留 1～3 组试件,日进度＜500m 取 1 组;≥500m 取 2 组;≥1000m 取 3 组,测 $f_{cs}$、$f_{min}$、$c_v$ |
| 钻心劈裂强度 | 每车道每 3km 钻去 1 个芯样,硬路肩为 1 个车道,测平均 $f_{cs}$、$f_{min}$、$c_v$、板厚 $h$ | 每车道每 3km 钻去 1 个芯样,硬路肩为 1 个车道,测平均 $f_{cs}$、$f_{min}$、$c_v$、板厚 $h$ |
| 板厚度 | 路面摊铺宽度内每 100m 左右各 2 处,连续摊铺每 100m 单边 1 处,参考芯样 | 路面摊铺宽度内每 100m 左右各 1 处,连续摊铺每 100m 单边 1 处,参考芯样 |
| 三米直尺平整度 | 每半幅车道 100m 2 处 10 尺 | 每半幅车道 200m 2 处 10 尺 |
| 动态平整度 | 所有车道连续检测 | 所有车道连续检测 |
| 抗滑构造深度 | 铺砂法:每幅 200m 2 处 | 铺砂法:每幅 200m 1 处 |
| 相临板高差 | 尺测:每 200m 纵横缝 2 条,每条 3 处 | 尺测:每 200m 纵横缝 2 条,每条 2 处 |
| 连接摊铺纵缝高差 | 尺测:每 200m 纵向工作缝,每条 3 处,每处间隔 2m 3 尺,共 9 尺 | 尺测:每 200m 纵向工作缝,每条 2 处,每处间隔 2m 3 尺,共 6 尺 |
| 接缝顺直度 | 20m 拉线测:每 200m 6 条 | 20m 拉线测:每 200m 4 条 |
| 中线平面偏位 | 经纬仪:每 200m 6 点 | 经纬仪:每 200m 4 点 |
| 路面宽度 | 尺测:每 200m 6 处 | 尺测:每 200m 4 处 |
| 纵面高程 | 水准仪:每 200m 6 点 | 水准仪:每 200m 4 点 |
| 横坡度 | 水准仪:每 200m 6 个断面 | 水准仪:每 200m 4 个断面 |
| 断板率 | 数断板面板占总块数比例 | 数断板面板占总块数比例 |
| 脱皮裂纹露石缺边掉角 | 量实际面积,并计算与总面积比 | 量实际面积,并计算与总面积比 |
| 路缘石顺直度和高度 | 20m 拉线测:每 200m 4 处 | 20m 拉线测:每 200m 2 处 |
| 灌缝饱满度 | 尺测:每 200m 接缝 6 处 | 尺测:每 200m 接缝 4 处 |
| 切缝深度 | 尺测:每 200m 6 处 | 尺测:每 200m 4 处 |
| 胀缝表面缺陷 | 每条观察填缝及吭边断角 | 每条观察填缝及吭边断角 |
| 胀缝板连浆 | 每条胀缝板安装时测量 | 每条胀缝板安装时测量 |
| 胀缝板倾斜 | 尺测:每块胀缝板每条 2 侧 | 尺测:每块胀缝板每条 2 侧 |
| 胀缝板弯曲和位移 | 尺测:每块胀缝板每条 3 处 | 尺测:每块胀缝板每条 3 处 |
| 传力杆倾斜 | 钢筋保护层仪:每车道 4 根 | 钢筋保护层仪:每车道 3 根 |

注:路面钻心劈裂强度应换算为实际面板弯拉强度进行质量评定。

采用，弯拉强度检测频率应按 200m$^3$ 混凝土制作一组试件，每组 3 块小梁，每天施工开始、中间和结束各一组，按照标准方法养生 28 天，先测弯拉强度，再测抗压强度。

混凝土路面在施工中应严格控制板厚，测量人员将两侧基准线定好以后，用直尺检查基准线到基层距离，即为板厚，每 100m 测 2 个断面，若符合要求，经监理确认后即可摊铺。若板厚不足，面积不大时，可采用铣刨机铣刨基层。若大面积基层偏高，允许在 50m 以外通过调整路面、标高控制板厚。使用模板施工时，应在两横板槽间设一板厚刮板，通过纵向走一遍进行板厚控制，通过上述做法杜绝摊铺后因平均板厚误差超过 1cm 而返工，将问题消灭在摊铺之前。

## 七、竣工验收

混凝土路面施工完毕，施工单位应将全线以 1km 作为一个检查段，按随机取样的方法，

选择对每一检查段的测点，按混凝土面层质量验收和允许偏差的规定进行自检，并向监理部门和建设单位提供全线检测结果及施工总结报告。施工监理单位应会同施工单位一起按随机抽样的办法选择一定数量的检查段进行抽样检查，抽样总长度不宜少于全程的30%，检查的内容和频度应符合规范规定。检查段应不少于3个，每段长度为1km。

混凝土路面完工后，应根据设计文件、交工资料和施工单位提出的交工验收报告，按国家建设工程竣工验收的办法组织验收。验收时应提交设计文件和交工资料、交工验收报告、混凝土强度试验报告、材料检查及材料试验记录、基层检查记录、工程重大问题处理文件、施工总结报告、工程监理总结报告等。各级公路水泥混凝土路面的工程质量验收检查内容和允许偏差应符合表5-26的规定，路面外观应无露石、蜂窝、麻面、裂缝、啃边、掉角、翘起和轮迹等现象。

**表5-26　各级公路混凝土路面铺筑质量要求**

| 检查项目 | | 允许值 | |
|---|---|---|---|
| | | 高速、一级公路 | 其他公路 |
| 弯拉强度/MPa | | 100%符合相关规定 | |
| 板厚度/m | | 代表值≥−5；极值≥−10，$c_v$值符合设计规定 | |
| 平整度 | $\sigma$/mm | ≤1.2 | ≤2.0 |
| | IRI/(m/km) | ≤2.0 | ≤3.2 |
| | 三米直尺最大间距$\Delta h$/mm | ≤3(合格率≥90%) | ≤5(合格率≥90%) |
| 抗滑构造深度/mm | 一般路段 | 0.70～1.10 | 0.50～0.90 |
| | 特殊路段 | 0.80～1.20 | 0.60～1.00 |
| 相邻板高差/mm | | ≤2 | ≤3 |
| 连接摊铺纵缝高差/mm | | 平均值≤3，极值≤5 | 平均值≤5，极值≤7 |
| 接缝顺直度/mm | | ≤10 | |
| 中线平面偏位/mm | | ≤20 | |
| 路面宽度/mm | | ≤±20 | |
| 纵面高程/mm | | ±10 | ±15 |
| 横坡度/% | | ±0.15 | ±0.25 |
| 断板率/‰ | | ≤2 | ≤4 |
| 脱皮裂纹露石缺边掉角/‰ | | ≤2 | ≤3 |
| 路缘石顺直度和高度/mm | | ≤20 | ≤20 |
| 灌缝饱满度/mm | | ≤2 | ≤3 |
| 切缝深度/mm | | ≥50 | ≥50 |
| 胀缝表面缺陷 | | 不应有 | 不应有 |
| 胀缝板连浆/mm<br>胀缝板倾斜/mm<br>胀缝板弯曲和位移/mm | | ≤20<br>≤20<br>≤20 | ≤30<br>≤25<br>≤15 |
| 传力杆倾斜/mm | | ≤10 | ≤13 |

注：$\sigma$是平整度仪测定的平整度差；IRI是国际平整度指数。

## 本章小结

1. 水泥混凝土路面常见的几种施工方式；
2. 水泥混凝土路面对各种原材料的具体要求；

3. 水泥混凝土的搅拌、运输、铺筑、养生施工中的技术要点；

4. 水泥混凝土路面接缝问题处理和抗滑构造的制作；

5. 水泥混凝土路面的检测。

按照水泥混凝土路面的施工过程，在学习本章内容时可按以下顺序，同时要结合施工准备工作和路面检测的章节内容来完成。

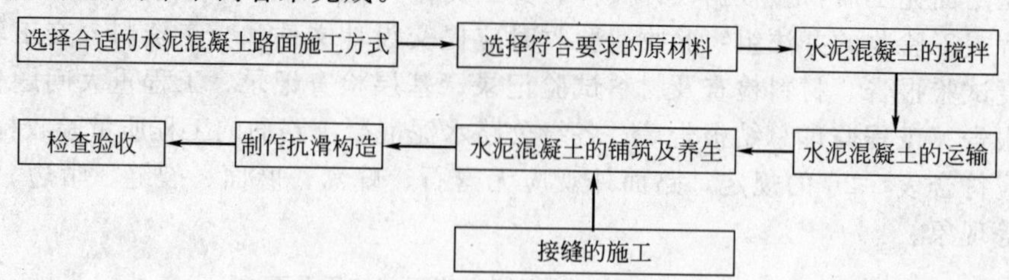


## 课后训练

1. 水泥混凝土路面有哪些特点？
2. 水泥混凝土路面的原材料有哪些？对原材料有哪些要求？
3. 叙述小型机具施工工艺流程。
4. 水泥混凝土路面施工方法有哪些？
5. 叙述三辊轴施工工艺流程。
6. 叙述碾压混凝土施工工艺流程。
7. 叙述轨道摊铺水泥混凝土路面施工工艺流程。
8. 叙述滑模摊铺施工水泥混凝土路面施工工艺流程。
9. 轨道摊铺水泥混凝土路面施工中的注意事项是什么？
10. 滑模摊铺施工水泥混凝土路面施工中的注意事项是什么？
11. 滑模摊铺施工技术有哪些特点？
12. 对滑模摊铺的基准线设置有什么技术要求？
13. 水泥混凝土路面为何设置接缝？
14. 水泥混凝土路面的接缝有哪些形式？
15. 水泥混凝土路面的接缝是如何设置及施工的？
16. 拉杆和传力杆有什么不同？
17. 水泥混凝土路面抗滑构造的作用是什么？
18. 水泥混凝土路面抗滑构造是如何设置及施工的？
19. 水泥混凝土路面试验检测项目有哪些？标准是什么？

# 第六章　路面检测技能训练

**知识目标**

1. 理解路面现场测试随机选点方法；
2. 掌握路面几何尺寸的测定方法；
3. 掌握检测压实度的方法；
4. 掌握路面弯沉的测定方法；
5. 掌握路面平整度检测的方法和程序；
6. 掌握路表构造深度的检测方法与步骤；
7. 掌握路表摩擦系数的检测方法和步骤；
8. 掌握横向力系数的检测方法与步骤；
9. 掌握水泥混凝土路面弯拉强度的检测方法。

**技能目标**

1. 会进行路面结构层厚度检测；
2. 会测定路面结构层压实度，并进行质量评定；
3. 会用贝克曼梁法测定弯沉；
4. 会用落锤式弯沉仪测定弯沉；
5. 会进行弯沉值的计算、分析及评价；
6. 会用三米直尺法检测路面平整度；
7. 会用连续式平整度仪检测平整度；
8. 会用颠簸累积仪检测平整度；
9. 会使用摆式仪进行路面摩擦系数测定；
10. 会进行路面表面构造深度检测；
11. 会进行水泥混凝土路面弯拉强度检测。

## 第一节　随机选点法选择路面现场测试点

在公路路面施工过程中，需要对各个层次进行各项技术指标的检测，如压实度、无机结合料稳定类材料的样品采集（做检验结合料剂量用或制作试件用）等检测工作，为采取代表性试验数据，需要用随机取样选点的方法确定测点的区间、测定断面和测点的位置。

随机取样选点法是按照数理统计原理，确定路基路面现场测点的区间、测定断面和测点的位置。取样的位置不带有任何倾向性。

**一、仪具与材料**

① 钢尺、皮尺。

② 硬纸片（共28块，编号1～28号，每块大小2.5cm×2.5cm，装在一个布袋内）。

③ 骰子2个。

④ 一般取样的随机数表，随机数表总共有 28 个栏号，样表见表 6-1。

⑤ 其他：毛刷、粉笔等。

表 6-1　一般取样的随机数表（部分样本）

| 栏目 3 | | | 栏目 3 | | |
|---|---|---|---|---|---|
| *A* | *B* | *C* | *A* | *B* | *C* |
| 21 | 0.013 | 0.220 | 12 | 0.351 | 0.275 |
| 30 | 0.036 | 0.853 | 20 | 0.371 | 0.535 |
| 10 | 0.052 | 0.746 | 08 | 0.409 | 0.495 |
| 25 | 0.061 | 0.954 | 16 | 0.445 | 0.740 |
| 29 | 0.062 | 0.507 | 03 | 0.494 | 0.929 |
| 18 | 0.087 | 0.887 | 27 | 0.543 | 0.387 |
| 24 | 0.105 | 0.849 | 17 | 0.625 | 0.171 |
| 07 | 0.139 | 0.159 | 02 | 0.699 | 0.073 |
| 01 | 0.175 | 0.647 | 19 | 0.702 | 0.934 |
| 23 | 0.196 | 0.873 | 22 | 0.816 | 0.802 |
| 26 | 0.240 | 0.981 | 04 | 0.838 | 0.166 |
| 14 | 0.255 | 0.374 | 15 | 0.904 | 0.116 |
| 06 | 0.310 | 0.043 | 28 | 0.969 | 0.742 |
| 11 | 0.316 | 0.653 | 09 | 0.974 | 0.046 |
| 13 | 0.324 | 0.585 | 05 | 0.977 | 0.494 |

注：本表节选自《公路路基路面现场测试规程》（JTG E60—2008）附录 A。

## 二、方法与步骤

1. 测定断面或测定区间选定

作为一个检验评定对象，既可以是一个作业段或一天完成的路段，也可以是 1km 长的路段或路线全长。下面主要介绍测定断面的选定步骤。

① 将检测路段按桩号间距（一般为 20m）分成若干个断面，依次编号为 1、2、3、…、*T*，总的断面数为 *T*。

② 从布袋中随机摸出一块硬纸片，硬纸片上的号数即表 6-1 上的栏号，从 1～28 栏中选出该栏。

③ 按照测定区间数、断面数的频度要求（总的取样数 *n*，当 $n>30$ 时应分次进行），依次找出与 *A* 列中 01、02、…、*n* 对应的 *B* 列中的值，共 *n* 对对应的 *A*、*B* 值。

④ 将 *n* 个 *B* 值与总的区间数或断面数 *T* 相乘，四舍五入成整数，即得到 *n* 个断面的编号，与 *A* 样的 1、2、…、*n* 对应。

**【例 6-1】** 按照有关规定，拟从 K36＋000～K37＋000 的 1km 检测路段中选择 20 个断面测定路面宽度、高程、横坡等外形尺寸，断面决定方法如下。

① 1km 总长的断面数 $T=1000/20=50$ 个，编号 1,2,…,50。

② 从布袋里摸出一块硬纸片，其编号例如为 14，即选用表 6-1 的第 14 栏。

③ 从第 14 栏 *A* 列中挑出小于等于 20 所对应的 *B* 列数值，将 *B* 与 *T* 相乘，四舍五入得到 20 个断面号，并得到 20 个断面的桩号，见表 6-2。

2. 测点位置选定

现场进行随机取样或确定检测位置，按下列过程进行：

① 从布袋中任意取出一块硬纸片，纸片上的号数即为表 6-2 中的栏号，从 1～28 栏中选出该栏。

表 6-2　示例路面宽度、高程、横坡检测断面随机选点计算表

| 断面编号 | 14 栏 *A* 列 | *B* 列 | *B*×*T* | 断面号 | 桩号 |
|---|---|---|---|---|---|
| 1 | 17 | 0.089 | 4.45 | 4 | K36+080 |
| 2 | 10 | 0.149 | 7.45 | 7 | K36+140 |
| 3 | 13 | 0.244 | 12.2 | 12 | K36+240 |
| 4 | 08 | 0.264 | 13.2 | 13 | K36+260 |
| 5 | 18 | 0.285 | 14.25 | 14 | K36+280 |
| 6 | 02 | 0.340 | 17.00 | 17 | K36+340 |
| 7 | 06 | 0.359 | 17.95 | 18 | K36+360 |
| 8 | 20 | 0.387 | 19.35 | 19 | K36+380 |
| 9 | 14 | 0.392 | 19.60 | 20 | K36+400 |
| 10 | 03 | 0.408 | 20.40 | 20 | K36+420 |
| 11 | 16 | 0.527 | 26.35 | 26 | K36+520 |
| 12 | 05 | 0.797 | 39.85 | 40 | K36+800 |
| 13 | 15 | 0.801 | 40.05 | 40 | K36+820 |
| 14 | 12 | 0.836 | 41.8 | 42 | K36+840 |
| 15 | 04 | 0.854 | 42.7 | 43 | K36+860 |
| 16 | 11 | 0.884 | 44.2 | 44 | K36+880 |
| 17 | 19 | 0.886 | 44.3 | 44 | K36+900 |
| 18 | 07 | 0.929 | 46.45 | 46 | K36+920 |
| 19 | 09 | 0.932 | 46.6 | 47 | K36+940 |
| 20 | 01 | 0.970 | 48.5 | 49 | K36+980 |

② 按照测点数的频度要求（总的取样数为 $n$）依次找出栏号的取样位置数，每个栏号均有 *A*、*B*、*C* 三列。根据检验数量 $n$（当 $n>30$ 时应分次进行），在所定栏号的 *A* 列，找出等于所需取样位置数的全部数，如 01、02、…、$n$。

③ 确定取样或检验位置的纵向距离，找出与 *A* 列中相对应的 *B* 列中数值，以此数乘以检测区间的总长度，并加在该段的起点桩号上，即得出取样位置距该段起点的距离或桩号。

④ 确定取样或检验位置的横向位置，找出与 *A* 列中相对应的 *C* 列中的数值，以此数乘以检查路面的宽度，再减去宽度的一半，即得到取样位置离路面中心线的距离。如差值是正（+），表示在中心线右侧；如差值是负（−），表示在中心线左侧。

**【例 6-2】** 按照有关规范规定，检查验收时拟定在 K36+000～K37+000 的 1km 检测路段中选择 6 个测点进行钻孔取样检验压实度、沥青用量和矿料级配等，钻孔位置决定方法如下：

① 选定的随机数栏目是栏号 3。

② 在预定检验数为 6 时，栏号 3 中 *A* 列自上而下的小于或等于 6 的数是 01、06、03、02、04、05。

③ 表 6-1 中，*B* 列中与上述 6 个数字对应的小数是 0.175、0.310、0.494、0.699、0.838、0.977。

④ 取样检查段的总长度是 1000m，计算得 6 个乘积（检查位置与本检查段起点的距离）分别是 175m、310m、494m、699m、838m、977m。

⑤ 表 6-1 的 *C* 列中与这 6 个数对应的 6 个小数为 0.647、0.043、0.929、0.073、0.166、0.494。

⑥ 假设路面宽度是 10m，计算得到 6 个乘积分别是 6.47、0.43、9.29、0.73、1.66、4.94。与路面宽度一半相减，就得到取样位置离路面中心的距离分别是：右 1.47m、左 4.57m、右 4.29m、左 4.27m、左 3.34m、左 0.06m。

上述计算结果可采用表 6-3 的方式表示。

**表 6-3 钻孔位置随机取样选点计算表**

| 栏号 3 | | | 取样路段长 1000m | | | 路面宽度 10m | 测点数 6 个 |
|---|---|---|---|---|---|---|---|
| 测点编号 | *A* 列 | *B* 列 | 距起点距离/m | 桩号 | *C* 列 | 距路边缘距离/m | 距中线位置/m |
| No. 1 | 01 | 0. 175 | 175 | K36+175 | 0. 647 | 6. 47 | 右 1. 47 |
| No. 2 | 06 | 0. 310 | 310 | K36+310 | 0. 043 | 0. 43 | 左 4. 57 |
| No. 3 | 03 | 0. 494 | 494 | K36+494 | 0. 929 | 9. 29 | 右 4. 29 |
| No. 4 | 02 | 0. 699 | 699 | K36+699 | 0. 073 | 0. 73 | 左 4. 27 |
| No. 5 | 04 | 0. 838 | 838 | K36+838 | 0. 166 | 1. 66 | 左 3. 34 |
| No. 6 | 05 | 0. 977 | 977 | K36+977 | 0. 494 | 4. 94 | 左 0. 06 |

注：对于连续测量的自动化检测设备，不必按本方法进行选点。

# 第二节 路面几何尺寸检测

## 一、检测项目与要求

在路基路面施工过程中，交工验收期间及旧路调查中，都有必要检测路面各部分的几何尺寸，以保证其符合规定的要求。几何尺寸检测所用的仪器与材料有钢尺、经纬仪、全站仪、水准仪、塔尺等。几种结构层的几何尺寸检测要求见表 6-4。

**表 6-4 几何尺寸检测要求**

<table>
<tr><th rowspan="2">结构名称</th><th rowspan="2">检查项目</th><th colspan="3">规定值或容许偏差</th><th rowspan="2">检查方法和频率</th></tr>
<tr><th colspan="2">高速,一级公路</th><th>其他公路</th></tr>
<tr><td rowspan="6">水泥混凝土面层</td><td>纵横缝顺直度/mm</td><td colspan="3">10</td><td>纵缝 20m 拉线,每 200m 4 处;横缝沿板宽拉线,每 200m 4 条</td></tr>
<tr><td>中线偏位/mm</td><td colspan="3">20</td><td>经纬仪:每 200m 测 4 点</td></tr>
<tr><td>厚度/mm</td><td colspan="3">代表值−5,合格值−10</td><td>钻芯法:每 200m 每车道 2 处</td></tr>
<tr><td>宽度/mm</td><td colspan="3">±20</td><td>尺量:每 200m 测 4 处</td></tr>
<tr><td>纵断高程/mm</td><td colspan="2">±10</td><td>±20</td><td>水准仪:每 200m 测 4 个断面</td></tr>
<tr><td>横坡/%</td><td colspan="2">±0. 15</td><td>±0. 25</td><td>水准仪:每 200m 测 4 个断面</td></tr>
<tr><td rowspan="6">沥青混凝土和沥青碎石面层</td><td rowspan="2">厚度/mm</td><td>代表值</td><td>总厚度:设计值−5%</td><td>−8%H</td><td rowspan="2">用钻芯法或挖坑法检测,双车道每 200m 测 1 处</td></tr>
<tr><td>合格值</td><td>上面层:设计值的 10%</td><td>−15%H</td></tr>
<tr><td>中线偏位/mm</td><td colspan="2">20</td><td>30</td><td>经纬仪:每 200m 测 4 点</td></tr>
<tr><td>宽度/mm</td><td colspan="2">±15</td><td>±20</td><td>尺量:每 200m 测 4 处</td></tr>
<tr><td>横坡/%</td><td colspan="2">±0. 3</td><td>±0. 5</td><td>水准仪:每 200m 测 4 个断面</td></tr>
<tr><td>纵断高程/mm</td><td colspan="2">+10,−15</td><td>+10,−20</td><td>水准仪:每 200m 测 4 个断面</td></tr>
<tr><td rowspan="4">基层,底基层</td><td>中线偏位/mm</td><td colspan="2">50</td><td>100</td><td>经纬仪:每 200m 测 4 点,弯道加 HY,YH 两点</td></tr>
<tr><td>宽度/mm</td><td colspan="3">符合要求</td><td>米尺:每 200m 测 4 处</td></tr>
<tr><td>横坡/%</td><td colspan="2">±0. 3</td><td>±0. 5</td><td>水准仪:每 200m 测 4 个断面</td></tr>
<tr><td>边坡</td><td colspan="3">符合要求</td><td>尺量:每 200m 测 4 处</td></tr>
</table>

注：表列厚度仅规定负允许偏差。其他公路的厚度代表值和合格值允许偏差按总厚度计，当总厚度≤60mm 时，允许偏差为−5mm；总厚度大于 60mm 时，允许偏差分别为−8%和−15%的总厚度。

## 二、准备工作

① 在路基或路面上准确恢复桩号。

② 根据有关施工技术规范或《公路工程质量检验评定标准　土建工程》（JTG F80/1—2004）的要求，按“附录 A”随机取样选点的方法，在一个检验路段内选取测定的断面位置和里程桩号，在测定断面上做标记。通常将路面宽度、横坡、高程、中线平面偏位选取在同一断面位置，且宜在整数桩号上测定。

③ 根据道路设计的要求，确定路基路面各部分的设计宽度的边界位置，在测定位置上用粉笔做记号。

④ 根据道路设计的要求，确定设计高程的纵断面位置，在测定位置上用粉笔做记号。

⑤ 根据道路设计的要求，在与中线垂直的横断面上确定成型后路基路面的实际中线位置。

⑥ 根据道路设计的路拱形状，确定曲线与直线部分的交界位置及路面与路肩（或硬路肩）的交界处，作为横坡检验的基准；当有路缘石或中央分隔带时，以两侧路缘石为横坡测定的基准点，用粉笔做记号。

## 三、纵断面高程检测

① 将精密水准仪架设在路面平顺处调平，将塔尺竖立在中线的测定位置上，以路线附近的水准点高程作为基准，测定并记录测定点的高程读数，以米表示，准确至 0.001m。

② 连续测定全部测点，并与水准点闭合。

## 四、路面横坡度检测

① 对设有中央分隔带的路面，将精密水准仪架设在路面平顺处调平，将塔尺分别竖立在路面与中央分隔带分界的路缘带边缘 $D_1$ 及路面与路肩交界处（或外侧路缘石边缘）的 $D_2$ 处。$D_1$ 与 $D_2$ 两测点必须在同一横断面上，测量 $D_1$ 与 $D_2$ 处的高程，记录高程读数，以米表示，准确至 0.001m。

② 对无中央分隔带的路面，将精密水准仪架设在路面平顺处调平，将塔尺分别竖立在路拱曲线与直线部分的交界处 $D_1$，及路面与路肩（或硬路肩）的交界位置处 $D_2$，$D_1$ 与 $D_2$ 两测点必须在同一横断面上，测量 $D_1$ 与 $D_2$ 处的高程，记录高程读数，以米表示，准确至 0.001m。

③ 用钢尺测量两测点的水平距离，以米表示，对高速公路及一级公路，准确至 0.005m；对其他等级公路，准确至 0.01m。

## 五、中线偏位检测

① 对有中桩坐标的道路：首先从设计资料中查出待测点 $P$ 的设计坐标，用经纬仪对该设计坐标进行放样，并在放样点 $P'$ 做好标记，量取 $PP'$ 的长度，即为中线平面偏位 $\Delta_{CL}$，以毫米表示，对高速公路及一级公路，准确至 5mm；对其他等级公路，准确至 10mm。

② 对无中桩坐标的低等级道路：应首先恢复交点或转点，实测偏角和距离，然后采用链距法、切线支距法或偏角法等传统方法敷设道路中线的设计位置，量取设计位置与施工位置之间的距离，即为中线平面偏位 $\Delta_{CL}$，以毫米表示，准确至 10mm。

## 六、路面各部分的宽度和总宽度检测

用钢尺沿中心线垂直方向水平量取路基路面各部分的宽度，以米表示。对高速公路、一级公路，准确至 0.005m；对于其他等级公路，准确至 0.01m。

测量时钢尺要保持水平，不得将尺紧贴地面量取，也不得使用皮尺。

## 七、数据整理与计算

① 按式（6-1）计算各个断面的实测宽度 $B_{1i}$ 与设计宽度 $B_{0i}$ 之差。总宽度为路基路面各部分宽度之和。

$$\Delta_{Bi}=B_{1i}-B_{0i} \tag{6-1}$$

式中 $B_{1i}$——各断面的实测宽度，m；

$B_{0i}$——各断面的设计宽度，m；

$\Delta_{Bi}$——各断面的宽度和设计宽度的差值，m。

② 按式（6-2）计算各个断面的实测高程 $h_{1i}$ 与设计高程 $h_{0i}$ 之差。

$$\Delta_{hi}=h_{1i}-h_{0i} \tag{6-2}$$

式中 $h_{1i}$——各断面的纵断面实测高程，m；

$h_{0i}$——各断面的纵断面设计高程，m；

$\Delta_{hi}$——各断面的纵断面实测高程与设计高程的差值，m。

③ 按式（6-3）计算各测定断面的路面横坡，准确至1位小数。按式（6-4）计算实测横坡 $i_{1i}$ 与设计横坡 $i_{0i}$ 之差。

$$i_{1i}=\frac{d_{1i}-d_{2i}}{B_{1i}} \tag{6-3}$$

$$\Delta i_i=i_{1i}-i_{0i} \tag{6-4}$$

式中 $i_{1i}$——各测定断面的横坡，%；

$d_{1i}$，$d_{2i}$——各断面测点 $D_1$ 和 $D_2$ 处的高程读数，m；

$B_{1i}$——各断面测点 $D_1$ 与 $D_2$ 之间的水平距离，m；

$i_{0i}$——各断面的设计横坡，%；

$\Delta i_i$——各断面的实测横坡与设计横坡的差值，%。

④ 计算一个评定路段内各测定断面的宽度、高程、横坡以及中线偏位的平均值、标准差、变异系数，但加宽和超高部分的测定值不参加计算。

测定值的平均值、标准差、变异系数等按下列公式计算。

$$\overline{X}=\sum X_i/N \tag{6-5}$$

$$S=\sqrt{\frac{\sum(X_i-\overline{X})^2}{N-1}} \tag{6-6}$$

$$c_v=\frac{S}{\overline{X}}\times 100 \tag{6-7}$$

式中 $\overline{X}$——一个评定路段内测定值的平均值；

$X_i$——各个测点的测定值；

$N$——一个评定路段内的测点数；

$S$——一个评定路段内测定值的标准差；

$c_v$——一个评定路段内测定值的变异系数。

## 八、报告

① 以评定路段为单位，列出桩号及宽度、高程、横坡、中线偏位测定的记录表，记录平均值、标准差、变异系数，注明不符合规范要求的断面。

② 纵断面高程测试报告中应报告实测高程与设计高程的差值，低于设计高程为“－”，高于设计高程为“＋”。

③ 路面横坡测试报告中应报告实测横坡与设计横坡的差值，小于设计横坡为“－”，大于设计横坡为“＋”。

见表 6-5。

**表 6-5　路面几何尺寸检测记录**

工程名称________　路段桩号________　结构层名称
检 验 者________　计 算 者________　校 核 者________　检测日期

| 序号 | 测点桩号 | 纵断高程/m | | | 横坡/% | | | 宽度/m | | | 中线平面偏位/mm |
|---|---|---|---|---|---|---|---|---|---|---|---|
| | | 实测值 | 设计值 | 差值 | 实测值 | 设计值 | 差值 | 实测值 | 设计值 | 差值 | |
| | | | | | | | | | | | |
| | | | | | | | | | | | |
| | | | | | | | | | | | |

# 第三节　路面结构层厚度检测

在路面工程中，各个层次的厚度与道路整体强度密切相关。在路面设计中，路面的厚度是按设计荷载及荷载的作用次数计算出来的。厚度不够，就不能抵抗荷载作用下的应力，或者说就不能保证路面的使用寿命。不管是刚性路面还是柔性路面，各个层次的厚度是至关重要的。只有在保证厚度的情况下，路面的各个层次及整体的强度才能得到保证。除了保证强度外，严格控制各结构层的厚度，还能对路面的标高起到一定的控制作用，因此，厚度是一个非常重要的指标。

路面各结构层厚度的检测一般与压实度同时进行，当用灌砂法进行压实度检查时，可量取挖坑灌砂深度即为结构层的厚度。当用钻芯取样法检查压实度时，可直接量取芯样高度。结构层厚度也可以采用水准仪量测法求得，即在同一测点量出结构层底面及顶面的高程，然后求其差值。这种方法无需破坏路面，测试精度高。

路面结构层厚度的检测方法分为有破损检测方法和无破损检测方法，有破损检测方法包括挖坑法、钻孔取芯法，无破损检测方法包括短脉冲雷达测定法、超声波测定法。对于低等级公路，有时也采用结构层顶面、底面高程来控制厚度。

对于基层或砂石路面的厚度可用挖坑法测定，沥青面层与水泥混凝土路面板的厚度应用钻芯法和雷达、超声波法。

下面主要介绍挖坑及钻芯法检测路面厚度。

### 一、目的与适用范围

这两种方法适用于路面各结构层施工过程中的厚度检验及工程交工验收检查使用。

无机结合料稳定类基层或砂石路面的厚度可用挖坑法测定，沥青面层及水泥混凝土路面板的厚度应用钻孔法测定。已经达到或超过设计强度的无机结合料稳定类基层，其厚度也可用钻孔法测定。

### 二、仪具与材料

① 适合挖坑用的镐、铲、凿子、锤子、小铲、毛刷等。

② 路面取芯样钻机及钻头、冷却水。

钻头的标准直径为 $\phi$100mm，如芯样仅供测量厚度，不作其他试验用时，对沥青面层与水泥混凝土面板可采用直径 $\phi$50mm 的钻头；对基层材料有可能损坏试件时，也可用直径 $\phi$150mm 的钻头，但钻孔深度均必须达到层厚。

③ 量尺：钢板尺、钢卷尺、卡尺。

④ 补坑材料：与检查层位的材料相同。

⑤ 补坑用具：夯、热夯、水等。

⑥ 其他：搪瓷盘、棉纱等。

**三、方法与步骤**

1. 挖坑法检测厚度

① 根据现行相关规范的要求，随机取样决定挖坑检查的位置。如为旧路，该点有坑洞等显著缺陷或接缝时，可在其旁边检测。

② 在选定的检测地点，选择一块 40cm×40cm 的平坦表面，用毛刷将其清扫干净。

③ 根据材料坚硬程度，选择镐、铲、凿子等适当的工具，开挖这一层材料，直至层位底面。在便于开挖的前提下，开挖面积应尽量缩小，坑洞大体呈圆形，边开挖边将材料铲出，置搪瓷盘中。

④ 用毛刷将坑底清扫干净，确认到达下一层层顶。

⑤ 将钢板尺平放横跨于坑的两边，用另一把钢尺或卡尺等量具在坑的中部位置垂直伸至坑底，测量坑底至钢板尺底面的距离，即为检查层的厚度，以毫米计，准确至 1mm。

2. 钻孔取芯样法检测厚度

① 根据现行规范的要求，随机取样决定钻孔检查的位置。如为旧路，该点有坑洞等显著缺陷或接缝时，可在其旁边检测。

② 按路面钻孔及切割取样方法（T0901）钻取路面芯样，芯样的直径应符合要求，钻孔深度必须达到检测层层底。

③ 仔细取出芯样，清除底面灰土，找出与下层的分界面。

④ 用钢板尺或卡尺沿圆周对称的十字方向四处量取表面至上下层界面的高度，取其平均值，即为检测层的厚度，准确至 1mm。

3. 特殊情况下检测厚度

在沥青路面施工过程中，当沥青混合料尚未冷却时，可根据需要随机选取测点，用大螺丝刀插入至沥青层底面后用尺读数，量取沥青层的厚度，以毫米计，准确至 1mm。

4. 填补试坑或钻孔

① 适当清理坑中残留物，钻孔时留下的积水应用棉纱吸干。

② 对无机结合料稳定基层及水泥混凝土路面板，应按相同配合比用新拌的材料分层填补并用小锤压实。水泥混凝土中宜掺加少量快凝早强的外掺剂。

③ 对无机结合料粒料基层，可用挖坑时取出的材料，加水拌和后分层填补，并用小锤压实。

④ 对正在施工的沥青路面，用相同级配的热拌沥青混合料分层填补并用加热的铁锤或热夯压实。旧路钻孔也可用乳化沥青混合料修补。

⑤ 所有补坑结束时，宜比原路面略鼓出少许，用重锤或压路机压实平整。

补坑工序如有疏漏、遗留或补得不好，易成为隐患而导致路面开裂，因此所有的挖坑和钻孔均应仔细填补。

**四、数据整理与计算**

① 按式（6-8）计算实测厚度 $T_{1i}$ 与设计厚度 $T_{0i}$ 之差。

$$\Delta T_i = T_{1i} - T_{0i} \tag{6-8}$$

式中 $T_{1i}$——路面的实测厚度，mm；

$T_{0i}$——路面的设计厚度，mm；

$\Delta T_i$——路面实测厚度与设计厚度的差值，mm。

② 计算评定路段检测的厚度的平均值、标准值、变异系数，并计算代表厚度。

③ 若检验目标是检查路面总厚度，则将各结构层平均厚度相加即为路面总厚度。

**五、路面结构层厚度评定**

① 评定路段内路面结构层厚度按代表值和单个合格值的允许偏差进行评定。

② 按规定频率，采用挖验或钻取芯样测定厚度。

③ 厚度代表值为厚度的算术平均值的下置信界限值，即：

$$X_L = \overline{X} - \frac{t_\alpha}{\sqrt{n}} S \tag{6-9}$$

式中　$X_L$——厚度代表值；

$\overline{X}$——厚度平均值；

$S$——标准差；

$n$——检测点数；

$t_\alpha$——$t$ 分布表中随测点数和保证率（或置信度）而变的系数，$t_\alpha/\sqrt{n}$见表 6-6。

采用的保证率如下：高速公路、一级公路，基层、底基层为 99%，面层为 95%；其他公路，基层、底基层为 95%，面层为 90%。

**表 6-6　$t_\alpha/\sqrt{n}$**

| n \ 保证率 | 99% | 95% | 90% | n \ 保证率 | 99% | 95% | 90% |
|---|---|---|---|---|---|---|---|
| 2 | 22.501 | 4.465 | 2.176 | 21 | 0.552 | 0.376 | 0.289 |
| 3 | 4.021 | 1.686 | 1.089 | 22 | 0.537 | 0.367 | 0.282 |
| 4 | 2.270 | 1.177 | 0.819 | 23 | 0.523 | 0.358 | 0.275 |
| 5 | 1.676 | 0.953 | 0.686 | 24 | 0.510 | 0.350 | 0.269 |
| 6 | 1.374 | 0.823 | 0.603 | 25 | 0.498 | 0.342 | 0.264 |
| 7 | 1.188 | 0.734 | 0.544 | 26 | 0.487 | 0.335 | 0.258 |
| 8 | 1.060 | 0.670 | 0.500 | 27 | 0.477 | 0.328 | 0.253 |
| 9 | 0.966 | 0.620 | 0.466 | 28 | 0.467 | 0.322 | 0.248 |
| 10 | 0.892 | 0.580 | 0.437 | 29 | 0.458 | 0.316 | 0.244 |
| 11 | 0.833 | 0.546 | 0.414 | 30 | 0.449 | 0.310 | 0.239 |
| 12 | 0.785 | 0.518 | 0.393 | 40 | 0.383 | 0.266 | 0.206 |
| 13 | 0.744 | 0.494 | 0.376 | 50 | 0.340 | 0.237 | 0.184 |
| 14 | 0.708 | 0.473 | 0.361 | 60 | 0.308 | 0.216 | 0.167 |
| 15 | 0.678 | 0.455 | 0.347 | 70 | 0.285 | 0.199 | 0.155 |
| 16 | 0.651 | 0.438 | 0.335 | 80 | 0.266 | 0.186 | 0.145 |
| 17 | 0.626 | 0.423 | 0.324 | 90 | 0.249 | 0.175 | 0.136 |
| 18 | 0.605 | 0.410 | 0.314 | 100 | 0.236 | 0.166 | 0.129 |
| 19 | 0.586 | 0.398 | 0.305 | >100 | $\frac{2.3265}{\sqrt{n}}$ | $\frac{1.6449}{\sqrt{n}}$ | $\frac{1.2815}{\sqrt{n}}$ |
| 20 | 0.568 | 0.387 | 0.297 | | | | |

④ 当厚度代表值大于或等于设计厚度减去代表值允许偏差时，则按单个检查值的偏差不超过单点合格值来计算合格率；当厚度代表值小于设计厚度减去代表值允许偏差时，相应分项工程评为不合格。

⑤ 沥青面层一般按沥青铺筑层总厚度进行评定，高速公路和一级公路分 2～3 层时，还应进行上面层厚度检查和评定。

**六、报告**

路面厚度检测报告应列表填写，并记录与设计厚度之差，不足设计厚度为“－”，大于设计厚度为“＋”。

表 6-7 为路面厚度检测记录表。

**表 6-7　路面厚度检测记录表**

工程名称________　路段桩号________　结构层名称
检 验 者________　计 算 者________　校 核 者________　检测日期

| 测点位置 | 实测厚度 $T_{1i}$/mm | 设计厚度 $T_{0i}$/mm | 差值 $\Delta T_i$/mm | 各测点实测厚度统计计算 |
| --- | --- | --- | --- | --- |
| | | | | |
| … | | | | |
| … | | | | |

# 第四节　路面压实度测定

理论分析和实践经验表明，提高土体或路面材料结构的密实度，对其强度和稳定性有显著的提高，对路面使用寿命有明显的增长。

密度的提高一般是通过压实工作来实现的。压实就是把一定体积的土体或路面材料压缩到更小体积的过程。在此过程中，土颗粒或路面材料颗粒相互挤压在一起，从而消除了土体与混合料中的大部分空隙。单位体积的质量增加了，密度也就增大了。

对于沥青路面，由于孔隙大，空气和水进入后，将使沥青结合料发生氧化或形成水损害，极易引起松散、凹陷、坑槽和裂缝等破坏。

沥青混凝土路面密度试验是检验从路面上挖（钻）取试件的密度，用于检查路面的压实度。在工地上检查沥青路面的密实度可采用钻芯法、核子密实度仪法。

**一、钻芯法测定沥青面层压实度**

1. 适用条件与范围

本方法适用于检验从压实的沥青路面上钻取的沥青混合料芯样试件的密度，以评定沥青面层的施工压实度。

2. 仪具与材料

① 路面取芯钻机。

② 天平：感量不大于 0.1g。

③ 水槽。

④ 吊篮。

⑤ 石蜡。

⑥ 其他：卡尺、毛刷、小勺、取样袋（容器）、电风扇。

3. 方法与步骤

(1) 钻取芯样

按现行《公路路基路面现场测试规程》（JTG E60—2008）中“路面钻孔及切割取样方法”钻取路面芯样，芯样直径不宜小于 $\phi$100mm。当一次钻孔取得的芯样包含不同层位的沥青混合料时，应根据结构组合情况用切割机将芯样沿各层结合面锯开分层进行测定。

路面钻芯机和现场钻取的芯样概况如图 6-1 所示。

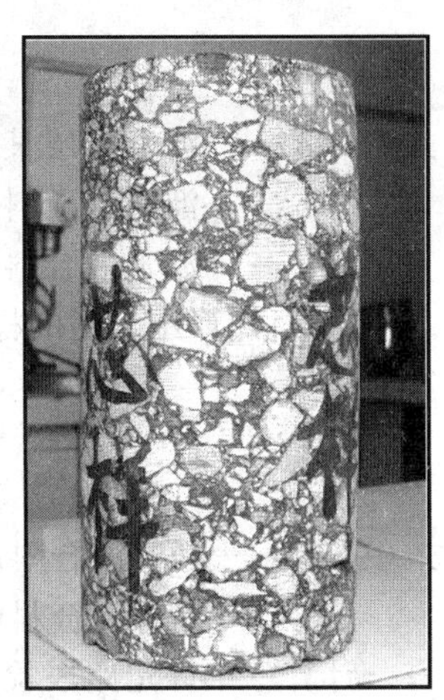

图 6-1 路面钻芯机和现场钻取的芯样

钻孔取样应在路面完全冷却后进行，对普通沥青路面通常在第二天取样，对改性沥青及 SMA 路面宜在第三天以后取样。

(2) 测定试件密度

① 将钻取的试件在水中用毛刷轻轻刷净附着的粉尘。如试件边角有浮松颗粒，应仔细清除。

② 将试件晾干或用电风扇吹干不少于 24h，直至恒重。

③ 按现行《公路工程沥青及沥青混合料试验规程》(JTJ 052—2000) 规定的方法，测定试件密度 $\rho_s$。通常情况下，采用表干法测定试件的毛体积相对密度；对吸水率大于 2%的试件，宜采用蜡封法测定试件的毛体积相对密度；对吸水率小于 0.5%特别致密的沥青混合料，在施工质量检验时，允许采用水中重法测定表观相对密度。

对空隙率很大的透水性混合料及开级配混合料用体积法测定。

4. 确定计算压实度的标准密度

计算压实度的标准密度不得采用配合比设计时的标准密度，应按如下方法逐日检测确定：

① 以实验室密度作为标准密度，即沥青混合料拌和厂每天取样 1～2 次实测的马歇尔试件密度，取平均值作为该批混合料铺筑路段压实度的标准密度。其试件成型温度与路面复压温度一致。

② 以每天实测的最大理论密度作为标准密度。

③ 以试验路段的密度作为标准密度。用核子密实度仪定点检查密度不再变化为止。然后取不少于 15 个的钻孔试件的平均密度为计算压实度的标准密度。

④ 可根据需要选用实验室标准密度、最大理论密度、试验路段的密度中的 1～2 种作为钻孔法检验评定的标准密度。

⑤ 施工中采用核子密实度仪等无破损检测设备进行压实度控制时，宜以试验路段的密度作为标准密度，核子密实度仪的测点数不宜少于 39 个，取平均值，但核子密实度仪需经标定认可。

5. 计算

① 当计算压实度的标准密度采用沥青混合料每天实验室马歇尔击实试件成型密度或试

验路段钻孔取样密度时，沥青面层的压实度按式（6-10）计算：

$$K=\frac{\rho_s}{\rho_0}\times100 \tag{6-10}$$

式中 $K$——沥青面层某一测定部位的压实度，%；

$\rho_s$——沥青混合料芯样试件的表观密度或毛体积密度，$g/cm^3$；

$\rho_0$——沥青混合料的标准密度，$g/cm^3$。

② 当计算压实度的标准密度采用沥青混合料实测最大理论密度时，应按式（6-11）计算压实度：

$$K=\frac{\rho_s}{\rho_t}\times100 \tag{6-11}$$

式中 $\rho_s$——沥青混合料芯样试件的实际密度，$g/cm^3$；

$\rho_t$——沥青混合料的最大理论密度，$g/cm^3$。

计算一个评定路段检测的压实度的平均值、标准差、变异系数，并计算代表压实度。

6. 压实度检测报告

报告应记载压实度检查的标准密度及依据，并列表表示各测点的试验结果。压实度检测报告的记录格式参照表 6-8。

**表 6-8 压实度检测表**（钻芯法）

工程名称××工程　水的密度 1.00g/cm³　标准密度 2.41g/cm³　最佳沥青含量 4.8%

试验日期　检验者　计算者　校核者

| 测点桩号 | 取样位置 | 路面层次 | 试样编号 | 试样质量 $m_a$/g | 试样表干质量 $m_f$/g | 试样水中质量 $m_w$/g | 试样体积 $V/cm^3$ | 毛体积密度或视密度 $\rho_s/(g/cm^3)$ | 压实度 $K$ /% |
|---|---|---|---|---|---|---|---|---|---|
| K190+500 | K191+000～K188+000 | 1m | 1 | 1194.7 | | 695.7 | 499 | 2.39 | 99.2 |
| +300 | | 1.5m | 2 | 1220.3 | | 707.6 | 512.7 | 2.38 | 98.8 |
| | | | | | | | | | |
| K189+800 | | 9.5m | 3 | 1183.3 | | 685.1 | 498.2 | 2.38 | 98.8 |
| +700 | | 1.5m | 4 | 1210.4 | | 704.4 | 506.0 | 2.39 | 99.2 |
| | | | | | | | | | |
| K188+600 | | 10m | 5 | 1235.5 | | 719.6 | 515.9 | 2.40 | 99.6 |
| +300 | | 1m | 6 | 1209.3 | | 703.1 | 506.2 | 2.39 | 99.2 |

7. 沥青层压实度评定

路面压实度以 1～3km 长的路段为检验评定单元，按要求的检测频率及方法进行现场压实度抽样检查，求算每一测点的压实度。在交工验收阶段，一个评定路段的压实度以代表值和极值评定压实度是否合格。

一个评定路段的平均压实度、标准差、变异系数按式(6-12)～式(6-14)计算：

$$\overline{K}=\frac{K_1+K_2+\cdots+K_n}{n} \tag{6-12}$$

$$S=\sqrt{\frac{(K_1-\overline{K})^2+(K_2-\overline{K})^2+\cdots+(K_n-\overline{K})^2}{n-1}} \tag{6-13}$$

$$c_v=\frac{S}{\overline{K}} \tag{6-14}$$

式中　　　　$\overline{K}$——一个评定路段各测点压实度的平均值，%；

$S$——一个评定路段的压实度测定值的标准差，%；

$c_v$——一个评定路段的压实度测定值的变异系数，%；

$K_1$，$K_2$，…，$K_n$——该评定路段内各测点的压实度，%；

$n$——该评定路段内各测点的总数。

一个检验评定路段的压实度代表值 $K$（算术平均值的下置信界限）为：

$$K=\overline{K}-S\cdot\frac{t_\alpha}{\sqrt{n}}\geqslant K_0 \tag{6-15}$$

式中，$t_\alpha$为 $t$ 分布表中随测点数（自由度）和保证率（或置信度 $\alpha$）而变化的系数（$t_\alpha/\sqrt{n}$ 查现行的《公路工程质量检验评定标准》附录 B 确定），当测点数大于 100 时，高速公路的 $t_\alpha$可取 1.6449，其他等级公路的 $t_\alpha$可取 1.2815；$K_0$为压实度的标准值，%。

压实度评定要点是：控制平均压实度的置信下限，以保证总体水平；规定单点极限值不得超出规定值，防止局部隐患；规定扣分界限以区分质量优劣。

当 $K\geqslant K_0$且全部测点大于等于规定值减 1 个百分点时，评定路段的压实度合格率为 100%；当 $K\geqslant K_0$时，按测定值不低于规定值减 1 个百分点的测点数计算合格率。

$K<K_0$时，评定路段的压实度为不合格，相应分项工程为不合格。

**【例 6-3】** 某新建高速公路沥青路面上面层施工中，对其中的一段压实质量进行检查，压实度检测结果如表 6-9 所列，压实度标准 $K_0=98\%$。请按保证率 95%计算该路段的压实度代表值并进行质量评定。

**表 6-9　压实度检测结果**

| 序号 | 1 | 2 | 3 | 4 | 5 | 6 | 7 | 8 | 9 | 10 |
|---|---|---|---|---|---|---|---|---|---|---|
| 压实度/% | 98.4 | 98.0 | 98.5 | 98.3 | 98.3 | 98.8 | 97.9 | 98.7 | 98.3 | 98.6 |
| 序号 | 11 | 12 | 13 | 14 | 15 | 16 | 17 | 18 | 19 | 20 |
| 压实度/% | 98.6 | 97.8 | 98.0 | 98.7 | 98.1 | 97.3 | 98.1 | 98.5 | 98.0 | 98.3 |

**解：** 经计算$\overline{K}=98.26\%$，$S=0.37\%$，经查$\dfrac{t_\alpha}{\sqrt{n}}=0.387$。

因此，压实度代表值 $K=\overline{K}-S\cdot\dfrac{t_\alpha}{\sqrt{n}}=98.26\%-0.37\%\times0.387=98.12\%$

由于 $K>K_0=98\%$，且全部测点均大于等于规定值减 1 个百分点，即 97%，所以，评定路段的压实度合格率为 100%。

## 二、核子密实度仪法测定压实度

1. 目的和适用范围

① 本方法适用于现场用核子密实度仪（图 6-2）以散射法或直接透射法测定路基或路面材料的密度和含水率，并计算施工压实度。

② 核子密实度仪是现场检测压实度较常用的一种方法，仪器按规定方法标定后，其检测结果可作为工程质量评定与验收的依据。本方法可检测土壤、碎石、土石混合物、沥青混合料和非硬化水泥混凝土等材料。

③ 本方法属非破坏性检测，允许对同一个测试位置进行重复测试，并监测密度和压实度的变化，以确定合适的碾压方法，达到所要求的压实度。

2. 干扰因素

图 6-2　核子密实度仪

① 核子密实度仪对靠近表层材料的密度最为敏感，当测试材料的表面与仪器底部之间存在空隙时，测试结果可能存在表面偏差（仅对散射法）。如果采用直接透射法测试，表面偏差不明显。

② 材料的粒度、级配、均匀度以及组成成分等因素对密度的测试结果影响较小。但是对一些含有结晶水或有机物的材料，如高岭土、云母、石膏、石灰等，可能会对水分的测试有明显的影响，检测时需要与其他可靠的方法进行对比，对测试结果进行调整。

③ 对刚铺筑完的热沥青混合料路面标测时，仪器不能长时间放置在路面上，测试完成后仪器应该从路面上移走冷却，避免影响测试结果。

④ 测量进行时，在周围 10m 之内不能存在其他核子仪和任何其他放射源。

3. 仪器的标定

① 每 12 个月以内要对核子密实度仪进行一次标定。标定可以由仪器生产厂家或独立的有资质的服务机构进行。

② 对新出厂的仪器事先已经标定过的，可以不标定。对现存仪器如果经过维修后，可能影响仪器的结构，必须进行新的标定后才能使用。现存仪器如果在标定核实过程中被发现不能满足规定的限值，也必须重新标定。

③ 标定后的仪器密度（或含水率）值应达到要求，所有标定块上的每一测试深度上的标定响应应该在±16kg/m³。

4. 仪具与材料

① 核子密实度仪：符合国家规定的关于健康保护和安全使用的标准，密度的测定范围为 1.12～2.73g/cm³，测定误差不大于±0.03g/cm³；含水率测量范围为 0～0.64g/cm³，测定误差不大于±0.015g/cm³。它主要包括下列部件：

a. γ 射线源：双层密封的同位素放射源，如铯 137、钴 60 或镭 226 等。

b. 中子源：如镅 241-铍等。

c. 探测器：γ 射线探测器，如 G-M 计数管；热中子探测器，如氦 3 管。

d. 读数显示设备：如液晶显示器、脉冲计数器、数率表或直接读数表。

e. 标准计数块：密度和含氢量都均匀不变的材料块，用于标验仪器运行状况和提供射线计数的参考标准。

f. 钻杆：用于打测试孔以便插入探测杆。

g. 安全防护设备：符合国家规定要求的设备。

h. 刮平板、钻杆、接线等。

② 细砂：0.15～0.3mm。

③ 天平或台秤。

④ 其他：毛刷等。

5. 方法与步骤

本方法用于测定沥青混合料面层的压实密度或硬化水泥混凝土等难以打孔材料的密度时宜使用散射法；用于测定土基、基层材料或非硬化水泥混凝土等可以打孔材料的密度及含水率时，应使用直接透射法。

在表面用散射法测定时，所测定沥青面层的层厚应根据仪器的性能决定最大厚度。用于测定土基或基层材料的压实密度及含水率时，打洞后用直接透射法所测定的层厚不宜大于 30cm。

（1）准备工作

① 每天使用前或者对测试结果有怀疑的时候，按下列步骤用标准计数块测定仪器的标准值：

a. 进行标准值测定时的地点至少离开其他放射源 10m 的距离，地面必须经压实而且平整。

b. 接通电源，按照仪器使用说明书建议的预热时间预热测定仪。

c. 在测定前，应检查仪器性能是否正常。将仪器在标准计数块上放置平稳，按照仪器使用说明书的要求进行标准化计数并判断仪器标准化计数值是否符合要求。如标准化计数值超过规定的限值时，应确认标准计数的方法和环境是否符合要求，并重复进行标准化计数；若第二次标准化计数值仍超出规定的限值时，需视作故障并进行仪器检查。

② 在进行沥青混合料压实层密度测定前，应用核子密实度仪与钻孔取样的试件进行标定；测定其他材料密度时，宜与挖坑灌砂法的结果进行标定。标定的步骤如下：

a. 选择压实的路表面，与试验段测定时的条件一致，对纹理较大的路面必须用细砂填平，然后将仪器放置在测试点上转动几下，或者在测试点上用刮平板平刮几下，以达到测试条件。按要求的测定步骤用核子密实度仪测定密度。

b. 在测定的同一位置用钻机钻孔法或挖坑灌砂法取样，量测厚度，按相关规范规定的标准方法测定材料的密度。

c. 对同一种路面厚度及材料类型，在使用前至少测定 15 处，求取两种不同方法测定的密度的相关关系，其相关系数 $R$ 应不小于 0.95。

③ 测试位置的选择

a. 确定测试位置，但距路面边缘或其他物体的最小距离不得小于 30cm。核子密实度仪距其他放射源的距离不得少于 10m。

b. 当用散射法测定时，应用细砂填平测试位置路表结构凹凸不平的空隙，使路表面平整，能与仪器紧密接触。

c. 当使用直接透射法测定时，应用导板和钻杆打孔。在拟测试材料的表面打一个垂直的测试孔，测试孔要以插进探测杆后仪器在测点表面上不倾斜为准。孔深必须大于探测杆达到的测试深度。再将探测杆放下插入已打好的测试孔内，前后或左右移动仪器，使之安放稳固。

d. 按照规定的时间，预热仪器。

（2）测试步骤

① 如用散射法测定沥青混合料压实层密度时，应将核子仪平稳地置于测试位置上。测点应随机选择，测定温度应与试验段测定时一致，一组不少于 13 点，取平均值。检测精度通过试验路段与钻孔试件比较评定。

② 如用直接透射法测定时，应将放射源棒放下插入已预先打好的孔内。

③ 打开仪器，测试员退至距仪器 2m 以外，按照选定的测定时间进行测量，到达测定时间后，读取显示的各项数值，并迅速关机。

注：有关各种型号的仪器在具体操作步骤上略有不同，可按照仪器使用说明书进行。

6. 计算

按下式计算施工干密度及压实度。

$$\rho_d=\frac{\rho_w}{1+w} \tag{6-16}$$

$$K=\frac{\rho_d}{\rho_c}\times 100 \tag{6-17}$$

式中 $K$——测试地点的施工压实度，%；

$w$——含水率，以小数表示；

$\rho_w$——试样的湿密度，g/cm³；

$\rho_d$——由核子密实度仪测定的压实沥青混合料的实际密度，g/cm³，一组不少于13个点，取平均值；

$\rho_c$——沥青混合料的标准密度，g/cm³，按照《公路沥青路面施工技术规范》（JTG F40—2004）附录E的规定选用。

7. 报告

测定路面密度及压实度的同时，应同时记录温度、材料类型、路面的结构层厚度及测试深度等数据和资料。记录格式见表6-10。

**表6-10 压实度检测记录表**（核子密实度仪法）

| 压实度检测记录表(核子密实度仪法) | | | | | | | |
|---|---|---|---|---|---|---|---|
| 工程名称： | | 结构名称： | | 测定厚度： | | 检验日期： | |
| 检验者： | | 试验者： | | 计算者： | | 校核者： | |
| 测点桩号 | 测点位置 | 路面层位 | 测点编号 | 湿密度 $\rho_w$ /(g/cm³) | 含水率 $w$/% | 干密度 $\rho_d$ /(g/cm³) | 压实度 $K$ /% |
| | | | | | | | |
| | | | | | | | |
| | | | | | | | |

8. 注意事项

① 仪器工作时，所有人员均应退到距离仪器2m以外的地方。

② 仪器不使用时，应将手柄置于安全位置，仪器应装入专用的仪器箱内，放置在符合核辐射安全规定的地方。

③ 土质变化大，被测结构层厚度、材料有变化时进行灌砂法与核子仪的校正标定，标定时，灌砂法挖的试坑深度要标准。

④ 核子仪与灌砂法配合使用，才能收到较好效果。

⑤ 仪器应由经有关部门审查合格的专人保管，专人使用。从事仪器保管及使用的人员，应符合有关核辐射检测的有关规定。

# 第五节 路面弯沉测定

## 一、概述

所谓弯沉，就是在车轮荷载作用下路面表面产生的垂直位移。弯沉的大小称为弯沉值，一般以毫米（或0.01mm）计量。它是反映路基路面整体抗压强度的一个综合指标。显然，在同一荷载作用下，路表的弯沉值越大，说明路面抵抗垂直变形的能力越小，即强度低。反之，路面的弯沉值小，说明路面抵抗垂直变形的能力大，即强度高。

**二、贝克曼梁测定回弹弯沉**

1. 适用条件

① 本方法适用于测定各类路基路面的回弹弯沉值以评定其整体承载能力，可供路面结构设计使用。

② 本方法测定的路基、柔性路面的回弹弯沉值可供交工和竣工验收使用。

③ 本方法测定的路面回弹弯沉值可为公路养护管理部门制定养护修路计算提供依据。

④ 沥青路面的弯沉以标准温度20℃时为准，在其他温度测试时，对厚度大于5cm的沥青路面，弯沉值应予以温度修正。

2. 仪具与材料技术要求

本方法需要下列仪具与材料：

① 标准车 双轴，后轴双侧4轮的载重车。其标准轴荷载、轮胎尺寸、轮胎间隙及轮胎气压等主要参数应符合表6-11的要求。测试车应采用后轴10t标准轴载BZZ-100的汽车。

② 路面弯沉仪（图6-3） 由贝克曼梁、百分表及表架组成。贝克曼梁由铝合金制成，上有水准泡，其前臂（接触路面）与后臂（装百分表）长度比为2∶1。弯沉仪长度有两种：一种长3.6m，前后臂分别为2.4m和1.2m；另一种加长的弯沉仪长5.4m，前后臂分别为3.6m和1.8m。弯沉采用百分表量得，也可用自动记录装置进行测量。

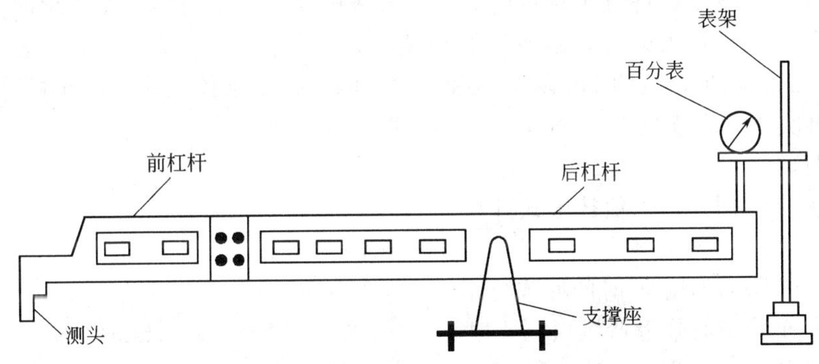


图6-3 路面弯沉仪构造

③ 接触式路表温度计 端部为平头，分度不大于1℃。

④ 其他 皮尺、口哨、白油漆或粉笔、指挥旗等。

**表6-11 弯沉测定用的标准车参数**

| 标准轴载等级 | BZZ-100 |
|---|---|
| 后轴标准轴载 $p$/kN | 100±1 |
| 一侧双轮荷载/kN | 50.0±0.5 |
| 轮胎充气压力/MPa | 0.70±0.05 |
| 单轮传压面当量圆直径/cm | 21.30±0.50 |
| 轮隙宽度 | 应满足能自由插入弯沉仪测头的测试要求 |

3. 方法与步骤

(1) 准备工作

① 检查并保持测定用标准车的车况及制动性能良好，轮胎胎压符合规定充气压力。

② 向汽车车槽中装载（铁块或集料），并用地中衡称量后轴总质量及单侧轮荷载，均应

符合要求的轴重规定，汽车行驶及测定过程中，轴重不得变化。

③ 测定轮胎接地面积：在平整光滑的硬质路面上用千斤顶将汽车后轴顶起，在轮胎下方铺一张新的复写纸和一张方格纸，轻轻落下千斤顶，即在方格纸上印上轮胎印痕，用求积仪或数方格的方法测算轮胎接地面积，准确至 $0.1cm^2$。

④ 检查弯沉仪百分表量测灵敏情况。

⑤ 当在沥青路面上测定时，用路表温度计测定试验时气温及路表温度（一天中气温不断变化，应随时测定），并通过气象台了解前 5 天的平均气温（日最高气温与最低气温的平均值）。

⑥ 记录沥青路面修建或改建材料、结构、厚度、施工及养护等情况。

（2）测试步骤

① 在测试路段布置测点，其距离随测试需要而定。测点应在路面行车车道的轮迹带上，并用白油漆或粉笔画上标记。

② 将试验车后轮轮隙对准测点后约 3～5cm 的位置。

③ 将弯沉仪插入汽车后轮之间的缝隙处，与汽车方向一致，梁臂不得碰到轮胎，弯沉仪测头置于测点上（轮隙中心前方 3～5cm 处），并安装百分表于弯沉仪的测定杆上，百分表调零，用手指轻轻叩打弯沉仪，检查百分表应稳定回零。

弯沉仪可以是单侧测定，也可以是双侧同时测定。

④ 测定者吹哨发令指挥汽车缓缓前进，百分表随路面变形的增加而持续向前转动。

⑤ 当表针转动到最大值时，迅速读取初读数 $L_1$。汽车仍在继续前进，表针反向回转，待汽车驶出弯沉影响半径（约 3m 以上）后，吹口哨或挥动指挥红旗，汽车停止。待表针回转稳定后，再次读取终读数 $L_2$。汽车前进的速度宜为 5km/h 左右。

4. 结果计算

① 路面测点的回弹弯沉值按下式计算。

$$L_T=(L_1-L_2)\times 2 \tag{6-18}$$

式中 $L_T$——在路面温度 $T$ 时的回弹弯沉值，0.01mm；

$L_1$——车轮中心临近弯沉仪测头时百分表的最大读数，0.01mm；

$L_2$——汽车驶出弯沉影响半径后百分表的终读数，0.01mm。

② 当需进行弯沉仪支点变形修正时，路面测点回弹弯沉值按下式计算。

$$L_T=(L_1-L_2)\times 2+(L_3-L_4)\times 6 \tag{6-19}$$

式中 $L_1$——车轮中心临近弯沉仪测头时测定用弯沉仪的最大读数，0.01mm；

$L_2$——汽车驶出弯沉影响半径后测定用弯沉仪的终读数，0.01mm；

$L_3$——车轮中心临近弯沉仪测头时检验用弯沉仪的最大读数，0.01mm；

$L_4$——汽车驶出弯沉影响半径后检验用弯沉仪的终读数，0.01mm。

注：此式适用于测定用弯沉仪支座处有变形，但百分表架处路面已无变形的情况。

5. 报告

报告应包括下列内容：

① 弯沉测定表、支点变形修正值、测试时的路面温度。

② 每一个评定路段的各测点弯沉的平均值、标准差及代表弯沉。

6. 记录表格

记录格式见表 6-12。

7. 质量评定

① 根据检测数据，按照《公路工程质量检验评定标准 土建工程》（JTG F80/1—2004）

表 6-12　回弹弯沉试验记录表

路线名称：　试验车型号：　气温：　路面温度：　单轮当量圆直径：
后轴重：　车轮单位压力：　检验者：　计算者：
校核者：　检验日期：

| 编号 | 测点桩号 | 百分表读数/0.01mm | | | | 支点变形修正值/0.01mm $(L_3-L_4)\times 6$ | 温度修正系数 $K$ | 回弹弯沉值/0.01mm | 路况 | 计算结果 |
|---|---|---|---|---|---|---|---|---|---|---|
| | | 初读数 $L_1$ | | 终读数 $L_2$ | | | | | | |
| | | 左 | 右 | 左 | 右 | | | | | |
| | | | | | | | | | | $\overline{L}=$<br>$S=$<br>$L_r=$ |
| | | | | | | | | | | |
| | | | | | | | | | | |
| | | | | | | | | | | |

的规定计算评定路段的代表弯沉值，公式如下：

$$L_r=\overline{L}+Z_\alpha S \tag{6-20}$$

式中　$L_r$——一个评定路段的代表弯沉值，0.01mm；

$\overline{L}$——一个评定路段内经各项修正后的各测点弯沉值的平均值，0.01mm；

$S$——一个评定路段内经各项修正后的全部测点弯沉值的标准差，0.01mm；

$Z_\alpha$——与保证率有关的系数，见表 6-13。

表 6-13　$Z_\alpha$ 值表

| 层位 | $Z_\alpha$ | |
|---|---|---|
| | 高速公路、一级公路 | 二、三级公路 |
| 路面 | 1.645 | 1.5 |

② 当路面的弯沉代表值不符合要求时，可将超出 $\overline{L}\pm(2\sim3)S$ 的弯沉特异值舍弃，重新计算平均值和标准差。对舍弃的弯沉值大于 $\overline{L}\pm(2\sim3)S$ 的点，应找出其周围界限，进行局部处理。

③ 若用两台弯沉仪同时进行左右轮弯沉值测定时，应按两个独立测点计，不能采用左右两点的平均值。

④ 弯沉代表值大于设计要求的弯沉值时相应分项工程为不合格。

## 三、落锤式弯沉仪测定弯沉

1. 目的和适用范围

本方法适用于测定在落锤式弯沉仪（FWD）标准质量的重锤落下一定高度发生的冲击荷载作用下，路面表面所产生的瞬时变形，即测定在动态荷载作用下产生的动态弯沉及弯沉盆。并可由此反算路面材料的动态弹性模量，作为设计参数使用。所测结果经转换至回弹弯沉值后可用于评定道路承载能力。

2. 仪具与材料技术要求

落锤式弯沉仪：简称 FWD，由荷载发生装置、弯沉检测装置、运算及控制装置与车辆牵引装置组成。结构见图 6-4。

（1）荷载发生装置

重锤的质量及落高根据使用目的与道路等级选择，荷载由传感器测定。如无特殊需要，重锤的质量为 200kg±10kg，可采用产生 50.0kN±2.5kN 的冲击荷载。承载板宜为十字对称分开成 4 部分且底部固定有橡胶片的承载板。承载板的直径一般为 300mm。

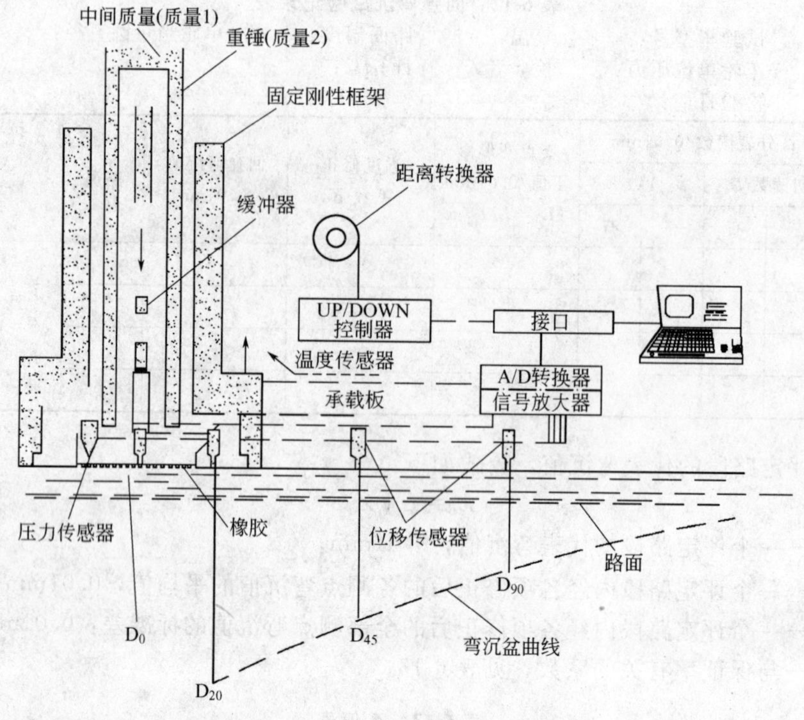

图 6-4 落锤式弯沉仪测量系统示意图

(2) 弯沉检测装置

由一组高精度位移传感器组成。传感器可为差动变压器式位移计（LVDT）或地震检波器。自承载板中心开始，沿道路纵向隔一定距离布设一组传感器，传感器总数不少于 7 个，建议布置在 0～250cm 范围以内，必须包括 0、30cm、60cm、90cm 四点，其他根据需要及设备性能决定。见图 6-5。

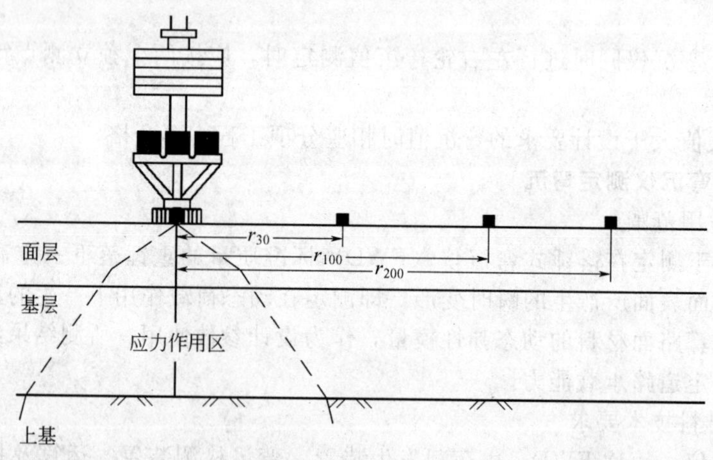

图 6-5 落锤式弯沉仪传感器布置及应力作用范围示例

(3) 运算及控制装置

能在冲击荷载作用的瞬间内，记录冲击荷载及各个传感器所在位置测点的动态变形。

(4) 车辆牵引装置

牵引 FWD 并安装运算及控制装置的车辆。

3. 方法与步骤

（1）准备工作

① 调整重锤的质量及落高，使重锤的质量及产生的冲击荷载符合“仪具与材料”的要求。

② 在测试路段的路基或路面各层表面布置测点，其位置或距离随测试需要而定。当在路面表面测定时，测点宜布置在行车道的轮迹带上。测试时，还可利用距离传感器定位。

③ 检查 FWD 的车况及使用性能，用手动操作检查，各项指标符合仪器规定要求。

④ 将 FWD 牵引至测定地点，将仪器打开，进入工作状态。牵引 FWD 行驶的速度不宜超过 50km/h。

⑤ 对位移传感器按仪器使用说明书进行标定，使之达到规定的精度要求。

（2）测试步骤

① 承载板中心位置对准测点，承载板自动落下，放下弯沉装置的各个传感器。

② 启动落锤装置，落锤瞬即自由落下；冲击力作用于承载板上，又立即自动提升至原来位置固定。同时，各个传感器检测结构层表面变形，记录系统将位移信号输入计算机，并得到峰值，即路面弯沉，同时得到弯沉盆。每一测点重复测定应不少于三次，除去第一个测定值，取以后几次测定值的平均值作为计算依据。

③ 提起传感器及承载板，牵引车向前移动至下一个测点，重复上述步骤，进行测定。

4. 计算

按桩号记录各测点的弯沉及弯沉盆数据，计算一个评定路段的平均值、标准差、变异系数。

5. 报告

① 报告应包括下列内容：

a. 各测点的最大弯沉及弯沉盆测定数据；

b. 每一个评定路段全部测点弯沉的平均值、标准差、变异系数及代表弯沉。

② 如与贝克曼梁弯沉仪进行了对比试验，还应报告相关关系式、相关系数、换算的回弹弯沉。

## 第六节　路面平整度检测与评价

路面平整度是评定路面使用质量、施工质量及现有路面破坏程度的重要指标之一。它直接关系到行车安全性、舒适性以及营运经济性，并影响着路面使用年限。

路面平整度的检测设备分为断面类及反应类两大类。断面类检测设备是测定路面表面凸凹情况的一种仪器，如最常用的三米直尺及连续式平整度仪。国际平整度指数就是以此为基准建立的，它是平整度最基本的指标。反应类检测设备是测定由于路面凹凸不平引起车辆颠簸的情况，这是司机和乘客直接感受到的平整度指标，因此，它实际上是舒适性能的指标。最常用的是车载式颠簸累积仪。现已有更新的自动测试设备，如纵断面分析仪、路面平整度数据采集系统测定车等。这里仅介绍几种常见的平整度测定方法。

常见的路面平整度测试方法的比较见表 6-14。

### 一、三米直尺法测定平整度

三米直尺测定法有单尺测定最大间隙和等距离（1.5m）连续测定两种，前者常用于施工时质量控制和检查验收，单尺测定时要计算出测定段的合格率。等距离连续测试也同样可用于施工质量检查验收，但要算出标准差，用标准差来表示平整度程度。

表 6-14　平整度测试方法比较

| 方法 | 特　点 | 技术指标 |
|---|---|---|
| 三米直尺法 | 设备简单,结果直观,间断测试,工作效率低,反映凸凹程度 | 最大间隙 $h$(mm) |
| 连续式平整度仪法 | 设备较复杂,连续测试,工作效率高,反映凸凹程度 | 标准差 $\sigma$(mm) |
| 车载式颠簸累积仪法 | 设备复杂,工作效率高,连续测试,反映舒适性 | 单向累计值 VBI(cm/km) |

1. 适用范围

三米直尺法以三米直尺基准面距离路表面的最大间隙来表示路面的平整度，以毫米计。

该方法适用于测定压实成型的路面各层表面的平整度，以此评定路面的施工质量。也可用于路基表面成型后的施工平整度检测。

2. 仪具与材料

(1) 三米直尺

测量基准面长度为 3m，基准面应平直，用硬木或铝合金钢等材料制成，如图 6-6 所示。

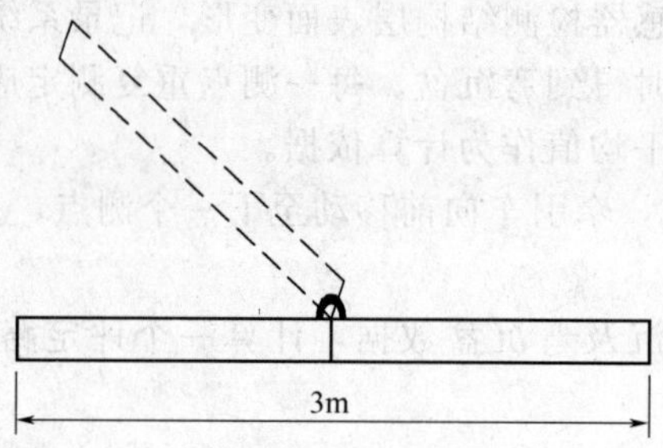


图 6-6　三米直尺

(2) 最大间隙测量器具

① 楔形塞尺　硬木或金属制的三角形塞尺，有手柄。塞尺的长度与高度之比不小于 10，宽度不大于 15mm，边部有高度标记，刻度读数分辨率小于或等于 0.2mm。如图 6-7 所示。

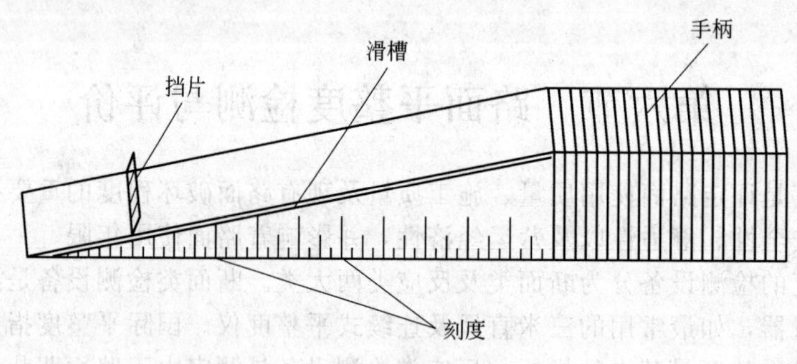


图 6-7　塞尺示意图

② 深度尺　金属制的深度测量尺，有手柄。深度尺测量杆端头直径不小于 10mm，刻度读数分辨率小于或等于 0.2mm。

③ 其他　皮尺或钢尺、粉笔等。

3. 方法与步骤

(1) 准备工作

① 按有关规范规定选择测试路段。

② 测试路段的测试地点选择：当为沥青路面施工过程中质量检测时，测试地点应选择

在接缝处，以单杆测定评定；除高速公路外，可用于其他等级公路路基路面工程质量检查验收或进行路况评定，每 200m 测 2 处，每处连续测量 10 尺。除特殊需要外，应以行车道一侧车轮轮迹（距车道标线 0.8～1.0m）作为连续测定的标准位置，如图 6-8 所示。对旧路已形成车辙的路面，应取车辙中间位置为测定位置，用粉笔在路面上做好标记。

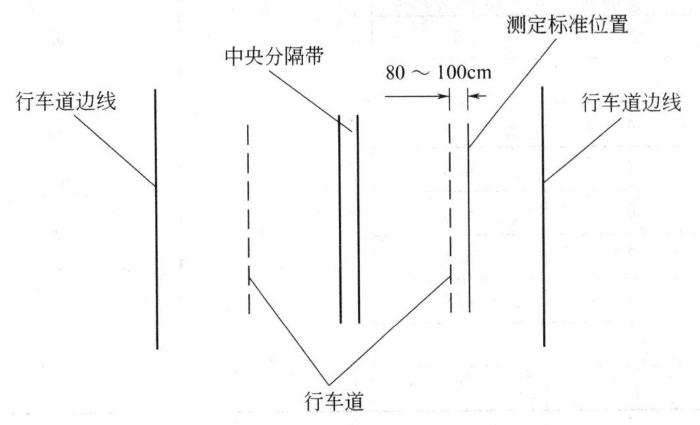


图 6-8 测点位置示意图

③ 清扫路面测定位置处的污物。

（2）测试步骤

① 在施工过程中检测时，根据需要确定的方向，将三米直尺摆在测试地点的路面上。

② 目测三米直尺底面与路面之间的间隙情况，确定最大间隙的位置。

③ 用有高度标线的塞尺塞进间隙处，量测其最大间隙的高度（mm）；或者用深度尺在最大间隙位置量测直尺上顶面距路面表面的深度，该深度减去尺高即为测试点的最大间隙的高度。准确到 0.2mm。见图 6-9。

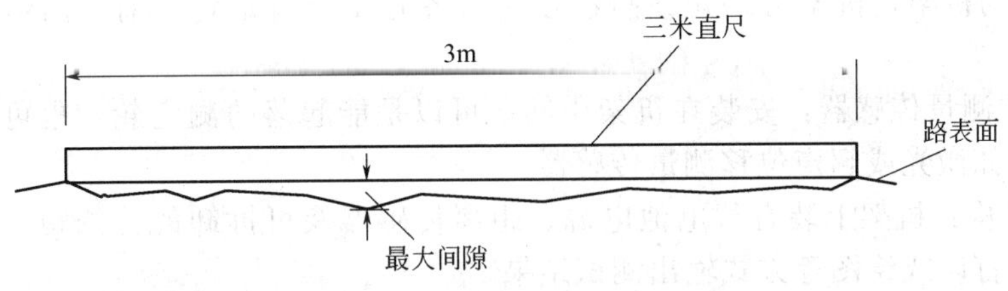


图 6-9 三米直尺测平整度示意图

4．数据处理与评定

单杆检测路面的平整度计算，以三米直尺与路面的最大间隙为测定结果。连续测定 10 尺时，判断每个测定值是否合格，根据要求，按式（6-21）计算合格百分率，并计算 10 个最大间隙的平均值。

$$合格率=\frac{合格尺数}{总测尺数}\times 100\% \tag{6-21}$$

5．平整度报告

单杆检测的结果应随时记录测试位置及检测结果。连续测定 10 尺时，应报告平均值、不合格尺数、合格率。检测记录格式见表 6-15。

## 二、连续式平整度仪测定平整度

连续式平整度仪是近年来我国测定路面平整度的新型仪器，它通过量测路面的不平整度的标准差 $\sigma$ 来表示路面的平整度，以毫米计。其主要优点是可沿路面连续测量。它一般采用

表 6-15　平整度检测表（三米直尺法）

工程名称××三级公路　结构名称沥青混凝土路面　规 定 值 5mm　路段桩号K0＋700～K0＋800
检 验 者＿＿＿＿　计 算 者＿＿＿＿　校 核 者＿＿＿＿　检验日期＿＿＿＿

| 测定区间桩号 | 测尺序号或桩号 | 最大间隙/mm | 合格尺数 | 合格率/% | 平均值/mm |
|---|---|---|---|---|---|
| K0＋700～K0＋800 | 1 | 4.5 | 9 | 90 | 4.72 |
| | 2 | 5 | | | |
| | 3 | 5.3 | | | |
| | 4 | 4.7 | | | |
| | 5 | 4.8 | | | |
| | 6 | 4.3 | | | |
| | 7 | 4.1 | | | |
| | 8 | 4.8 | | | |
| | 9 | 4.7 | | | |
| | 10 | 5 | | | |

先进的微机处理技术，可自动计算、自动打印，自动显示路面平整度的标准差、正负超差等各项技术指标，并绘出路面平整度偏差曲线。

1. 适用范围

本方法适用于测定路表面的平整度，评定路面的施工质量和使用质量，但不适用于在已有较多坑槽、破损严重的路面上测定。

2. 仪具与材料

① 连续式平整度仪，构造如图 6-10 所示。

a. 整体结构：除特殊情况外，其标准长度为 3m，其质量应符合仪器标准的要求。中间为一个 3m 长的机架，机架可缩短或折叠，前后各有 4 个行走轮，前后两组轮的轴间距离为 3m。

b. 标准差测量传感器：安装在机架中间，可以是能起落的测定轮，也可以是非接触式位移传感器，如激光或超声位移测量传感器。

c. 辅助机构：机架上装有蓄电池电源、距离传感器及可拆卸的检测箱，检测箱可采用显示、记录、打印或绘图等方式输出测试结果。

d. 测定间距为 10cm，每一计算区间的长度为 100m，并输出一次结果。

e. 可记录测试长度（m）、曲线振幅大于某一定值（如 3mm、5mm、8mm、10mm 等）的次数、曲线振幅的单向（凸起或凹下）累积值及以三米机架为基准的中点路面偏差曲线图，计算打印。

f. 机架头装有一牵引钩及手拉柄，可用人力或汽车牵引。

② 牵引车：小型面包车或其他小型牵引车。

③ 皮尺或测绳。

3. 方法与步骤

（1）准备工作

① 选择测试路段。

② 当施工过程中质量检测需要时，测试地点根据需要决定；当为路面工程质量检查验收或进行路况评定需要时，通常以行车道一侧车轮轮迹带作为连续测定的标准位置。对旧路已形成车辙的路面，取一侧车辙中间位置为测定位置。当以内侧轮迹（或外侧轮迹带）作为

测定位置时，测定位置距车道标线 80～100cm。

③ 清扫路面测定位置处的杂物。

④ 检查仪器，检测箱各部分是否完好、灵敏，并将各连接线接妥，安装记录设备。

(2) 测试步骤

① 将连续式平整度仪置于测试路段路面起点上。

② 在牵引汽车的后部，将连续式平整度仪与牵引汽车连接好，按照仪器使用手册，依次完成各项操作。

③ 启动牵引汽车，沿道路纵向行驶，横向位置保持稳定。

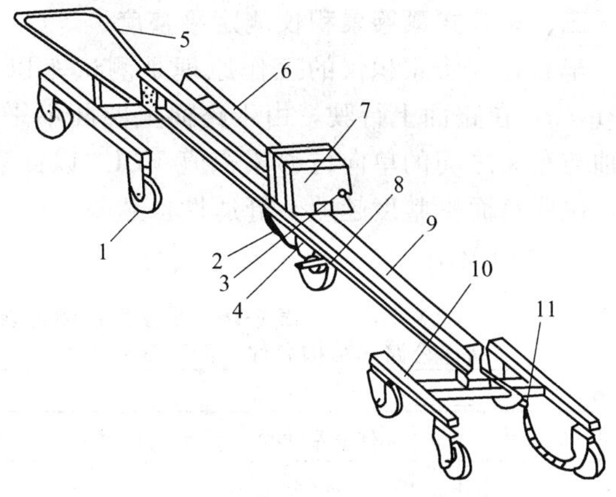


图 6-10 连续式平整度仪示意图

1—脚轮；2—拉簧；3—离合器；4—测量架；5—牵引架；6—前架；7—记录计；8—测定轮；9—纵梁；10—后架；11—软轴

④ 确认连续式平整度仪工作正常。牵引连续式平整度仪的速度应保持匀速，速度宜为 5km/h，最大不得超过 12km/h。

在测试路段较短时，亦可用人力拖拉平整度仪测定路面的平整度，但拖拉时应保持匀速前进。

4. 检测数据的计算

① 连续式平整度仪测定后，按每 10cm 间距采集的位移值自动计算每 100m 计算区间的平整度标准差（mm），还可以记录测试长度（m）。

② 每一计算区间的路面平整度以该区间测定结果的标准差表示，按式（6-22）计算。

$$\sigma_i=\sqrt{\frac{\sum d_i{}^2-(\sum d_i)^2/N}{N-1}} \tag{6-22}$$

式中 $\sigma_i$——各计算区间的平整度计算值，mm；

$d_i$——以 100m 为一个计算区间，每隔一定距离（自动采集间距为 10cm，人工采集间距为 1.5m）采集的路面凹凸偏差位移值，mm；

$N$——计算区间用于计算标准差的测试数据个数。

③ 计算一个评定路段内各区间平整度的平均值、标准差、变异系数。记录格式如表 6-16 所示。

5. 平整度检测报告

列表报告每一评定路段内各区间的平整度标准差，各评定路段平整度的平均值、标准差、变异系数以及不合格区间数。

**【例 6-4】** 某高速公路，用连续式平整度仪对其沥青混凝土路面面层进行测定，测得该路段的平整度标准差见表 6-16。试判断路面面层平整度合格与否（平整度规定值为 $[\sigma]$＝1.2mm）。

**解：** 测试当中对于桥头（包括通道两侧）伸缩缝、路面污染，其数据应予以剔除。在测试当中这些情况就随时记录在测试纸上。

因此，该路段的平整度标准差的平均值应为：

$\bar{\sigma}=(0.48+0.46+0.51+0.50+0.65+0.71+0.50+0.54+0.57)/9=0.55$ (mm)

因为 $\bar{\sigma}<[\sigma]=1.20$mm，所以，该层平整度评定合格。

### 三、车载式颠簸累积仪测定平整度

车载式颠簸累积仪的工作原理是测试车以一定的速度（以 30km/h 为宜，一般不超过 40km/h）在路面上行驶，由于路面上凹凸不平，引起汽车的激振，通过机械传感器可测量后轴与车厢之间的单向位移累积值 VBI。以此表示路面的平整度，以厘米/千米计。VBI 越大，说明路面平整度越差，舒适性也越差。

1. 适用范围

**表 6-16　平整度检测记录**（连续式平整度仪法）

工程名称××高速公路　结构名称 沥青混凝土面层　规 定 值[$\sigma$]＝1.2mm　路段桩号＿＿＿＿
检 验 者＿＿＿＿　计 算 者＿＿＿＿　校 核 者＿＿＿＿　检验日期＿＿＿＿

| 测定区间桩号 | 序号 | 标准差/mm | 平均值/mm | 标准差/mm | 变异系数/% | 合格区间数 | 合格率/% |
|---|---|---|---|---|---|---|---|
| K10＋100 | 01 | 0.48 | 0.55 | 0.083 | 15 | 9 | 100 |
| K10＋200 | 02 | 0.46 | | | | | |
| K10＋300 | 03 | 0.51 | | | | | |
| K10＋400 | 04 | 0.50 | | | | | |
| K10＋500 | 05 | 0.65 | | | | | |
| K10＋600 | 06 | 1.67（桥头伸缩缝） | | | | | |
| K10＋700 | 07 | 1.00（桥头伸缩缝） | | | | | |
| K10＋800 | 08 | 0.71 | | | | | |
| K10＋900 | 09 | 0.50 | | | | | |
| K11＋000 | 10 | 0.54 | | | | | |
| K11＋100 | 11 | 0.57 | | | | | |
| K11＋200 | 12 | 0.91（路面污染） | | | | | |

本方法适于各类颠簸累积仪在新建、改建路面工程质量验收和无严重坑槽、车辙等病害的正常行车条件下连续采集路段平整度数据。本方法的数据采集、传输、记录和处理分别由专用软件自动控制进行。

2. 仪具与材料

（1）测试系统　由承载车辆、距离测量装置、颠簸累计值测试装置和主控制系统组成。主控制系统对测试装置的操作实施控制，完成数据采集、传输、存储与计算过程。测试系统承载车辆应根据设备供应商的要求选择。车载式颠簸累积仪安装示意图如图 6-11 所示。

（2）测试系统基本技术要求和参数

① 测试速度：30～80km/h；

② 最大测试幅值：±20cm；

③ 垂直位移分辨率：1mm；

④ 距离标定误差：＜0.5%；

⑤ 系统工作环境温度：0～60℃；

⑥ 系统软件能够依据相关关系公式自动对颠簸累计值进行换算，间接输出国际平整度指数 IRI。

3. 方法与步骤

（1）准备工作

① 测试车辆具备下列条件之一时，都应进行仪器测值与国际平整度指数 IRI 的相关性标定：相关系数不应低于 0.99；在正常状态下行驶超过 20000km；标定的时间间隔超过 1 年；减震器、轮胎等发生更换、维修。

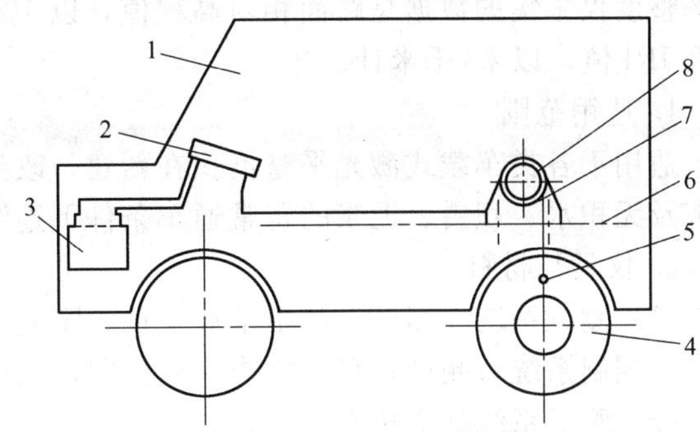

图 6-11　车载试验颠簸累积仪安装示意图

1—测试车；2—数据处理器；3—电瓶；4—后桥；5—挂钩；6—底板；7—钢丝绳；8—颠簸累积仪传感器

② 检查测试车轮胎气压，应达到车辆轮胎规定的标准气压，车胎应清洁，车上载重、人数以及分布应与仪器相关性标定试验时一致。

③ 距离测量系统需要现场安装的，根据设备操作手册说明进行安装，确保紧固装置安装牢固。

④ 检查测试系统，各部分应符合测试要求，不应有明显的可视性破损。

⑤ 打开系统电源，启动控制程序，检查系统各部分的工作状态。

(2) 测试步骤

① 测试开始之前应让测试车以测试速度行驶 5～10km，按照设备操作手册规定的预热时间对测试系统进行预热。

② 测试车停在测试起点前 300～500m 处，启动平整度测试系统程序，按照设备操作手册的规定和测试路段的现场技术要求设置完毕所需的测试状态。

③ 驾驶员在进入测试路段前应保持车速在规定的测试速度范围内，沿正常行车轨迹驶入测试路段。

④ 进入测试路段后，测试人员启动系统的采集和记录程序，在测试过程中必须及时准确地将测试路段的起终点和其他需要特殊标记的位置输入测试数据记录中。

⑤ 当测试车辆驶出测试路段后，仪器操作人员停止数据采集和记录，并恢复仪器各部分至初始状态。

⑥ 操作人员检查数据文件，文件应完整，内容应正常，否则需要重新测试。

⑦ 关闭测试系统电源，结束测试。

4. 计算

颠簸累积仪直接测试输出的颠簸累积值 VBI（以厘米/千米计），要按照相关性标定试验得到的相关关系式，并以 100m 为计算区间换算成国际平整度指数 IRI（以米/千米计）。

国际平整度指数 IRI 是一项标准化的平整度指标。它同反应类平整度测定系统类似，但采用的数学模型是模拟 1/4 车轮（即单轮，类似于拖车）以规定速度行驶在路面断面上，分析行驶距离内动态反应悬挂系统的累积竖向位移量。标准的测定速度为 80km/h。颠簸累计仪测定值与国际平整度指数的相关关系对比试验可参考现行的《公路路基路面现场测试规程》(JTG E60—2008)。

5. 平整度检测报告

① 应列表报告每一个评定路段内测定区间的颠簸累积值 VBI，国际平整度指数 IRI 平均值和现场测试速度。

② 颠簸累计值 VBI 与国际平整度指数 IRI 在选定测试条件下的相关关系式及相关系数。

## 四、车载式激光平整度仪测定平整度

车载式激光平整度仪是一种与路面无接触的测量仪器，测试速度快、精度高。车载式激光平整度仪采集的数据是路面相对高程值，以100m为计算区间长度用IRI的标准计算程序计算IRI值，以米/千米计。

1. 适用范围

适用于各类车载式激光平整度仪在新建、改建路面工程质量验收和无严重坑槽、车辙等病害及无积水、积雪、泥浆的正常通车条件下连续采集路段平整度数据。

2. 仪具与材料

（1）测试系统　测试系统由承载车辆、距离传感器、纵断面高程传感器和主控制系统组成。主控制系统对测试装置的操作实施控制，完成数据采集、传输、存储与计算过程。

（2）测试系统基本技术要求和参数

① 测试速度：30～100km/h；

② 采样间隔：≤500mm；

③ 传感器测试精度：0.5mm；

④ 距离标定误差：<0.1%；

⑤ 系统工作环境温度：0～60℃。

3. 方法与步骤

（1）准备工作

① 设备安装到承载车上以后参考现行的《公路路基路面现场测试规程》（JTG E60—2008）进行相关性试验。

② 根据设备操作手册的要求对测试系统各传感器进行校准。

③ 检查测试车轮胎气压，应达到车辆轮胎规定的标准气压，车胎应清洁。

④ 距离测量装置需要现场安装的，根据设备操作手册说明进行安装，确保机械紧固装置安装牢固。

⑤ 检查测试系统各部分应符合测试要求，不应有明显的可视性破损。

⑥ 打开系统电源，启动控制程序，检查各部分的工作状态。

（2）测试步骤

① 测试开始之前应让测试车以测试速度行驶5～10km，按照设备操作手册规定的预热时间对测试系统进行预热。

② 测试车停在测试起点前50～100m处，启动平整度测试系统程序，按照设备操作手册的规定和测试路段的现场技术要求设置完毕所需的测试状态。

③ 驾驶员按照规定的测试速度驾驶测试车，宜在50～80km/h，避免急加速和急减速，急弯路段应放慢车速，沿正常行车轨迹驶入测试路段。

④ 进入测试路段后，测试人员启动系统的采集和记录程序，在测试过程中必须及时准确地将测试路段的起终点和其他需要特殊标记的位置输入测试数据记录中。

⑤ 当测试车辆驶出测试路段后，仪器操作人员停止数据采集和记录，并恢复仪器各部分至初始状态。

⑥ 检查测试数据文件，文件应完整，内容应正常，否则需要重新测试。

⑦ 关闭测试系统电源，结束测试。

4. 计算

激光平整度仪采集的数据是路面相对高程值，应以100m为计算区间长度用国际平整度指数IRI的标准计算程序计算IRI值，以米/千米计。

5. 检测报告

① 国际平整度指数IRI平均值。

② 激光平整度仪测值与国际平整度指数 IRI 在选定测试条件下的相关关系式及相关系数。

# 第七节　路面抗滑性能检测

路面的抗滑性能（亦称路面粗糙度）是指车辆在路面上高速行驶时不发生滑移的能力。抗滑性能是路面的表面特性，直接关系到车辆行驶的安全性，因此，路面抗滑性能的检测至关重要。

我国公路路面表征抗滑性能的指标有路面宏观构造深度、横向力系数和摆式摩擦系数测定仪法的摆值。高速公路、一级公路沥青表面层抗滑性能以横向力系数和路面宏观构造深度为主要指标；水泥混凝土路面抗滑性能以路面宏观构造深度为主要指标。

## 一、摆式仪测定路面摩擦系数

摆式仪法的测试指标是摆值。摆值指的是用标准的手提式摆式摩擦系数测定仪（摆式仪）测定的路面在潮湿和 20℃条件下的摩擦系数表征值，为摩擦系数的 100 倍，以 BPN（british pendulum number）表示，无量纲。

摆式仪属于轻便型测量仪器，它具有结构简单、操作方便、数据稳定的优点。但它毕竟是一种比照试验法，其试验条件与路面实际行车条件没有直接关系，故有一定的局限性。

1. 适用范围

本方法适用于测定沥青路面、标线或其他材料试件的抗滑值，用于评定路面或路面材料试件在潮湿状态下的抗滑能力。

2. 仪具与材料

① 摆式仪　构造如图 6-12 所示，摆及摆的连接部分总质量、摆杆长度等均为标准值。

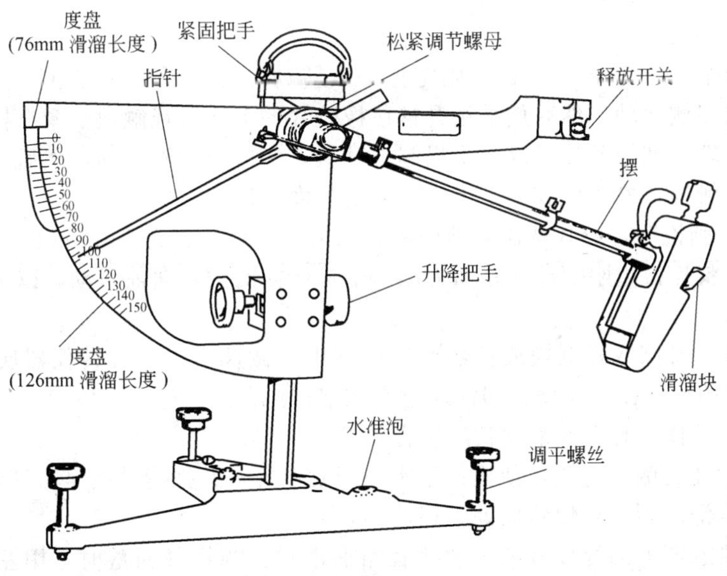


图 6-12　摆式仪结构示意图

② 橡胶片　尺寸为 6.35mm×25.4mm×76.2mm，橡胶质量符合表 6-17 的规定要求。

③ 滑动长度量尺　长 126mm。

④ 路面温度计　分度不大于 1℃。

表 6-17　橡胶物理性质技术要求

| 性质指标 | 温度/℃ | | | | |
|---|---|---|---|---|---|
| | 0 | 10 | 20 | 30 | 40 |
| 弹性/% | 43～49 | 58～65 | 66～73 | 71～77 | 74～79 |
| 硬度(IR) | 55±5 | | | | |

⑤ 其他　喷水壶、硬毛刷、扫帚、记录表格等。

3. 方法与步骤

(1) 准备工作

① 检查摆式仪的调零灵敏情况，并定期进行仪器的标定。

② 对测试路段按随机取样选点的方法选定测点。在横断面上测点应选在行车道的轮迹处，距路面边缘不应小于 1m，并用粉笔做出标记。

(2) 测试步骤

① 清洁路面：用扫帚或其他工具将测点处的路面打扫干净。

② 仪器调平

a. 将仪器置于路面测点上，并使摆的摆动方向与行车方向一致。

b. 转动底板上的调平螺丝，使水准泡居中。

③ 调零

a. 放松两个紧固把手，转动升降把手使摆升高并能自由摆动，然后旋紧紧固把手。

b. 将摆固定在右侧悬臂上，使摆处于水平释放位置，并把指针拨至右端与摆杆平行处。

c. 按下释放开关，使摆向左带动指针摆动。当摆达到最高位置下落时，用左手将摆杆接住，此时指针应指零。若不指零时，可稍旋紧或旋松摆的调节螺母，重复上述 4 个步骤，直至指针指零。调零允许误差为±1。

④ 校核滑动长度

a. 让摆处于自然下垂状态，松开固定把手，转动升降把手，使摆下降。与此同时，提起举升柄使摆向左侧移动，然后放下举升柄使橡胶片的下缘轻轻触地。紧靠橡胶片摆放滑动量尺，使量尺左端对准橡胶片下缘；再提起举升柄，使摆向右侧移动，然后放下举升柄使橡胶片的下缘轻轻触地，检查橡胶片下缘应与滑动长度量尺的右端齐平。

b. 若齐平，则说明橡胶片两次触地的距离（滑动长度）符合 126mm 的规定。在校核滑动长度时，以橡胶片长边刚刚接触路面为准，不可借摆的力量向前滑动，以免标定的滑动长度与实际不符。

c. 若不齐平，升高或降低摆或仪器底座的高度。微调时，用旋转仪器底座上的调平螺丝调整仪器底座的高度比较方便，但需注意水准泡居中。

d. 重复上述动作，直至使滑动长度符合要求。

⑤ 将摆固定在右侧悬臂上，使摆处于水平释放位置，并把指针拨至右端与摆杆平行处。

⑥ 用喷壶水浇洒测点，使路面处于释放状态。

⑦ 按下右侧悬臂上的释放开关，使摆在路面滑过。当摆杆回落时，用左手接住摆，读数但不做记录。然后使摆杆和指针重新置于水平释放位置。

⑧ 重复⑥～⑦的操作 5 次，并读取每次测定的摆值。

单点测定的 5 个值中最大值与最小值的差值不得大于 3。如差值大于 3，应检查产生的原因，并再次重复上述各项操作，至符合规定为止。

取 5 次测定的平均值作为单点的路面抗滑值（即摆值 $BPN_T$），取整数。

⑨ 在测点位置用温度计测潮湿路表温度，准确至1℃。

⑩ 每个测点处由3个单点组成，即需要按以上方法，在同一测点处平行测定3次，以3次测定结果的平均值作为该测点的代表值（准确至1）。

3个测点均应位于轮迹带上，单点间距3～5m。该测点的位置以中间测点的位置表示。

4. 抗滑值的温度修正

当路面温度为$T$(℃)时，测得的摆值为$BPN_T$，必须按式(6-23)换算成标准温度20℃的摆值$BPN_{20}$。

$$BPN_{20}=BPN_T+\Delta BPN \tag{6-23}$$

式中　$BPN_{20}$——换算成标准温度20℃时的摆值；

$BPN_T$——路面温度$T$时测得的摆值；

$\Delta BPN$——温度修正值，按表6-18采用。

**表6-18　温度修正值**

| 温度$T$/℃ | 0 | 5 | 10 | 15 | 20 | 25 | 30 | 35 | 40 |
|---|---|---|---|---|---|---|---|---|---|
| 温度修正值$\Delta BPN$ | −6 | −4 | −3 | −1 | 0 | +2 | +3 | +5 | +7 |

5. 摩擦系数检测报告

① 路面单点测定值$BPN_T$经温度修正后的$BPN_{20}$、现场温度及3次测定的平均值。

② 评定路段路面抗滑值的平均值、标准差、变异系数。

**【例6-5】** 用摆式仪测定某公路中粒式沥青混凝土路面抗滑摆值，见表6-19。

**表6-19　路面摩擦系数检测记录（摆式仪法）**

工程名称××工程　路面类型　中粒式沥青混凝土　路段桩号K1+200～K1+060　检查日期________

检验者________　计算者________　校核者________　路面温度　25℃

| 测点位置 | | 测点序号 | 摆值(BPN) | | | | | | 测点摆值(BPN) | 温度修正值 | 修正后摆值(BPN) |
|---|---|---|---|---|---|---|---|---|---|---|---|
| 桩号 | 横距/m | | 1 | 2 | 3 | 4 | 5 | 平均值 | | | |
| K1+200 | 距中线0.85 | 1 | 44 | 43 | 46 | 45 | 46 | 45 | 47 | 2 | 49 |
| | | 2 | 47 | 48 | 45 | 46 | 48 | 47 | | | |
| | | 3 | 46 | 48 | 49 | 47 | 48 | 48 | | | |
| K1+400 | 距中线0.90 | 1 | 45 | 46 | 45 | 47 | 46 | 46 | 46 | 2 | 48 |
| | | 2 | 46 | 47 | 48 | 45 | 46 | 46 | | | |
| | | 3 | 48 | 46 | 49 | 47 | 46 | 47 | | | |
| K1+600 | 距中线0.90 | 1 | 49 | 46 | 48 | 49 | 47 | 48 | 45 | 2 | 47 |
| | | 2 | 45 | 42 | 43 | 44 | 45 | 44 | | | |
| | | 3 | 46 | 43 | 45 | 43 | 44 | 44 | | | |
| … | … | … | … | … | … | … | … | … | … | … | … |
| 测点数 | 9 | 规定值BPN | ≥45 | 平均值BPN | 48 | 标准差(BPN) | 1 | 变异系数/% | 21 | 合格率/% | 100 |
| 备注 | 每1km应测5个桩号(每200m 1个),本例只取3个桩号9个测点以说明记录方法 | | | | | | | | | | |

## 二、单轮式横向力系数测试系统测定路面摩擦系数

与行车方向成20°偏角的测试轮以一定速度行驶时，专用轮胎与潮湿路面之间的测试轮轴向摩擦阻力与垂直荷载的比值，称为路面横向力系数，简称SFC（side-way force coefficient)，无量纲。

横向力系数测定的方法有单轮式横向力系数测试系统测定法、双轮式横向力系数测试系统测定法、动态旋转式摩擦系数测试仪测定法。这里仅介绍单轮式横向力系数测试系统测定法，其他两种方法可参考《公路路基路面现场测试规程》(JTG E60—2008)。

1. 适用范围

本方法适用于工作原理和结构与 SCRIM 测试车相同的横向力系数测试系统，在新建、改建路面工程质量验收和无严重坑槽、车辙等病害的正常行车条件下，连续采集路面的横向力系数。本方法的数据采集、传输、记录和处理分别由专用软件自动控制进行。

2. 仪具与材料

(1) 测试系统构成　测试系统由承载车辆、距离测试装置、横向力测试装置、供水装置和主控制系统组成。如图 6-13 所示。主控制系统除实施对测试装置和供水装置的操作控制外，同时还控制数据的传输、记录与计算等环节。

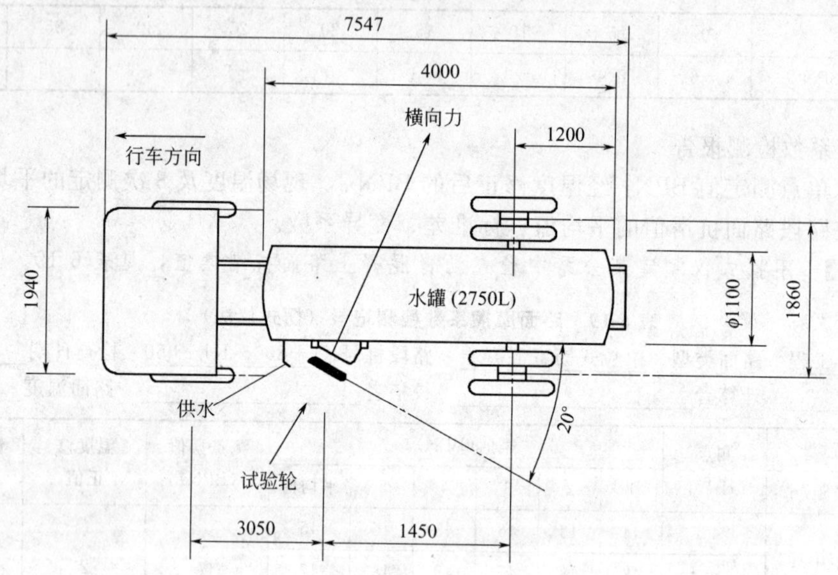


图 6-13　横向力系数测定系统构造示意图

(2) 设备承载车基本技术要求和参数　横向力系数测试系统的承载车辆应为能够固定和安装测试、储供水、控制和记录等系统的载货车底盘，具有在水罐满载状态下最高车速大于 100km/h 的性能。

(3) 测试系统技术要求和参数

① 测试轮胎类型：光面天然橡胶充气轮胎；

② 测试轮胎规格：3.00/20；

③ 测试轮胎标准气压：350kPa±20kPa；

④ 测试轮偏置角：19.5°～21°；

⑤ 测试轮静态垂直标准荷载：2000N±20N；

⑥ 拉力传感器非线性误差：＜0.05%；

⑦ 拉力传感器有效量程：0～2000N；

⑧ 距离标定误差：＜2%。

3. 方法与步骤

(1) 准备工作

① 每个测试项目开始前或连续测试超过 1000km 后必须按照使用手册规定的方法进行测试系统的标定，记录标定数据并存档。

② 检查测试车轮胎气压，应达到车辆轮胎规定的标准气压。

③ 检查测试轮胎磨损情况，当其直径比新轮胎减少达 6mm（也即胎面磨损 3mm）以上或有明显磨损裂口时，必须立即更换新轮胎。更换的新轮胎在正式测试前应试测 2km。

④ 检测测试轮气压，应达到 0.35MPa±0.02MPa 的要求。

⑤ 检查测试轮固定螺栓应拧紧。将测试轮放到正常测试时的位置，检查其应能够沿两侧滑柱上下自由升降。

⑥ 根据测试里程的需要向水罐加注清洁测试用水。

⑦ 检查洒水口出水情况和洒水位置是否正常；洒水位置应在测试轮触地面中点沿行驶方向前方 400mm±50mm 处，洒水宽度应为中心线两侧各不小于 75mm。

⑧ 将控制面板电源打开，检查各项控制功能键、指示灯和技术参数选择状态是否正常。

（2）测试步骤

① 正式开始测试前，首先应按设备操作手册规定的时间要求对系统进行通电预热。

② 进入测试路段前应将测试轮胎降至路面上预跑约 500m。

③ 按照设备操作手册的规定和测试路段的现场技术要求设置完毕所需的测试状态。

④ 驾驶员在进入测试路段前应保持车速在规定的测试速度范围内，沿正常行车轨迹驶入测试路段。

⑤ 进入测试路段后，测试人员启动系统的采集和记录程序。在测试过程中必须及时准确地将测试路段的起终点和其他需要特殊标记点的位置输入测试数据记录中。

⑥ 当测试车辆驶出测试路段后，仪器操作人员停止数据采集和记录，提升测试轮并恢复仪器各部分至初始状态。

⑦ 操作人员检查数据文件应完整，内容应正常，否则需要重新测试。

⑧ 关闭测试系统电源，结束测试。

4. SFC 值的修正

（1）SFC 值的速度修正　测试系统的标准测试速度范围为 50km/h±4km/h，其他速度条件下测试的 SFC 值必须通过式(6-24) 转换至标准速度下的等效 SFC 值。

$$SFC_{标}=SFC_{测}-0.22(v_{标}-v_{测}) \tag{6-24}$$

式中　$SFC_{标}$——标准测试速度下的等效 SFC 值；

$SFC_{测}$——现场实际测试速度条件下的 SFC 测试值；

$v_{标}$——标准测试速度，取值 50km/h；

$v_{测}$——现场实际测试速度，km/h。

（2）SFC 值的温度修正　测试系统的标准现场测试路面温度范围为 20℃±5℃，其他路面温度条件下由于测试轮胎的弹性和路面本身的抗滑性能会发生变化，因而测试的 SFC 值须通过表 6-20 转换至标准温度下的等效 SFC 值。系统测试要求路面温度控制在 8～60℃范围内。

**表 6-20　SFC 值温度修正**

| 温度/℃ | 10 | 15 | 20 | 25 | 30 | 35 | 40 | 45 | 50 | 55 | 60 |
|---|---|---|---|---|---|---|---|---|---|---|---|
| 修正 | −3 | −1 | 0 | +1 | +3 | +4 | +6 | +7 | +8 | +9 | +10 |

5. 不同类型摩擦系数测试设备间相关关系对比试验

（1）基本要求　不同类型摩擦系数测试设备的测值应换算成 SFC 值后使用，所以制动式摩擦系数测试设备和其他类型横向力式测试设备在使用时必须和 SCRIM 系统进行对比试验，建立测试结果与 SCRIM 系统测值——SFC 值的相关关系。

（2）试验条件

① 按 SFC 值 0～30、30～50、50～70、70～100 的范围选择 4 段不同摩擦系数的路段，路段长度可为 100～300mm。

② 对比试验路段路面应清洁干燥，路面温度应在 10～30℃范围内，天气宜为晴天无风。

（3）试验步骤

① 测试系统和需要进行对比试验的其他类型设备按操作手册规定的程序准备就绪。

② 两套设备分别以 40km/h、50km/h、60km/h、70km/h、80km/h 的速度在所选择的 4 种试验路段上各测试 3 次，3 次测试的平均值的绝对差值不得大于 5，否则重测。

③ 两种试验设备设置的采样频率差值不应超过一倍，每个试验路段的采样数据量不应少于 10 个。

（4）试验数据处理

① 分别计算出每种速度下各路段 3 次测试结果的总平均值和标准差，超过 3 倍标准差的值应予以舍弃。

② 用数理统计的回归分析方法建立试验设备测值与速度的相关关系式，相关系数 $R$ 不得小于 0.95。

③ 建立不同速度下试验设备测值 SFC 的相关关系式，相关系数 $R$ 不得小于 0.95。

6. 摩擦系数检测报告

报告应包括横向力系数 SFC 的平均值、标准差、代表值及现场测试速度和温度。

7. 路面横向力系数评定

按照现行的《公路工程质量检验评定标准》（JTG F80/1—2004）的规定：评定路段内的路面横向力系数按 SFC 的设计或验收标准值进行评定。

评定路段内路面横向力系数 SFC 的代表值取 SFC 算术平均值的下置信界限值，即按式（6-25）计算。

$$SFC_r = \overline{SFC} - \frac{t_\alpha}{\sqrt{n}} \cdot S \tag{6-25}$$

式中　$SFC_r$——SFC 代表值；

$\overline{SFC}$——SFC 算术平均值；

$S$——标准差；

$n$——数据个数；

$t_\alpha$——$t$ 分布表中随测点数和保证率（或置信度 $\alpha$）而变的系数。

采用的保证率：高速公路、一级公路为 95%，其他公路为 90%。

当 SFC 代表值不小于设计值或验收标准时，按单个 SFC 值计算合格率；当 SFC 代表值小于设计值或标准值时，相应分项工程评为不合格。

**【例 6-6】**　用横向力摩擦力系数测定车对某高速公路沥青路面抗滑性进行检测验收，SFC 验收标准值为 54。按 20m 一点采样间距连续检测，结果如下：测点数 $n=100$，算术平均值＝63.05，标准差＝6.031，问该路面抗滑性是否合格？

**解：**已知保证率为 95%，$n=100$，查表得　$t_\alpha/\sqrt{n}=0.166$

$$SFC_r = \overline{SFC} - \frac{t_\alpha}{\sqrt{n}} \cdot S = 63.05 - 0.166 \times 6.031 = 62.05$$

因为 $SFC_r>54$，故该路面抗滑性满足要求。

## 三、构造深度测试方法

1. 手工铺砂法

(1) 目的与适用范围　本方法适用于测定沥青路面及水泥混凝土路面表面的构造深度，用于评定路面表面的宏观粗糙度、路面表面的排水性能及抗滑性能。

(2) 仪具与材料

① 人工铺砂仪　由圆筒、推平板组成。

a. 量砂筒　形状尺寸如图 6-14(a) 所示，一端是封闭的，容积为 (25.00±0.15)mL，可通过称量砂筒中水的质量以确定其容积 $V$，并调整其高度，使其容积符合要求。带一专门的刮尺将筒口量砂刮平。

b. 推平板　形状尺寸如图 6-14(b) 所示，推平板应为木制或铝制，直径 50mm，底面粘一层厚 1.5mm 的橡胶片，上面有一圆柱把手。

c. 刮平尺　可用 30cm 钢尺代替。

② 量砂　足够数量的干燥洁净的匀质砂，粒径为 0.15～0.3mm。

③ 量尺　钢板尺、钢卷尺，或采用专用的构造深度尺。

④ 其他　装砂容器 (小铲)、扫帚或毛刷、挡风板等。

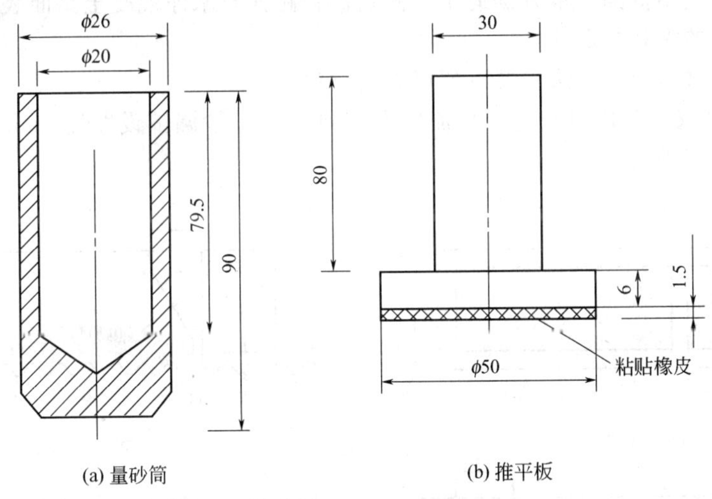


图 6-14　量砂筒和推平板

(3) 方法与步骤

① 准备工作

a. 量砂准备：取洁净的细砂晾干、过筛，取 0.15～0.3mm 的砂置于适当的容器中备用。量砂只能在路面上使用一次，不宜重复使用。回收砂必须经干燥、过筛处理后方可使用。

b. 对测试路段按随机取样选点的方法，决定测点所在横断面位置。测点应选在行车道的轮迹带上，距路面边缘不应小于 1m。

② 试验步骤

a. 用扫帚或毛刷子将测点附近的路面清扫干净，面积不小于 30cm×30cm。

b. 用小铲向圆筒中注满砂，手提圆筒上方，在硬质路面上轻轻地叩打 3 次，使砂密实，补足砂面用钢尺一次刮平。不可直接用量砂筒装砂，以免影响量砂密度的均匀性。

c. 将砂倒在路面上，用底面粘有橡胶片的推平板，由里向外重复做摊铺运动，稍稍用力将砂细心地尽可能向外摊开，使砂填入凹凸不平的路表面的空隙中，尽可能将砂摊成圆形，并不得在表面上留有浮动余砂。注意摊铺时不可用力过大或向外推挤。

d. 用钢板尺测量所构成圆的两个垂直方向的直径，取其平均值，准确至 5mm。

e. 按以上方法，同一处平行测定不少于 3 次，3 个测点均位于轮迹带上，测点间距 3～5m。该处的测定位置以中间测点的位置表示。

（4）计算

① 路面表面构造深度测定结果按式（6-26）计算：

$$\mathrm{TD}=\frac{1000V}{\pi D^2/4}=\frac{31831}{D^2} \tag{6-26}$$

式中　TD——路面表面构造深度；

$V$——砂的体积，25cm³；

$D$——摊平砂的平均直径，mm。

② 每一处取 3 次路面构造深度的测定结果的平均值作为试验结果，精确至 0.1mm。

③ 计算每一个评定区间路面构造深度的平均值、标准差与变异系数。

2. 电动铺砂仪测试路面构造深度

（1）目的和适用范围　本方法适用于测定沥青路面及水泥混凝土路面表面构造深度，用于评定路面表面的宏观构造。

（2）仪具与材料　本方法需要下列仪具与材料。

① 电动铺砂仪　利用可充电的直流电源将量砂通过砂漏铺设宽度 5cm、厚度均匀一致的器具，如图 6-15 所示。

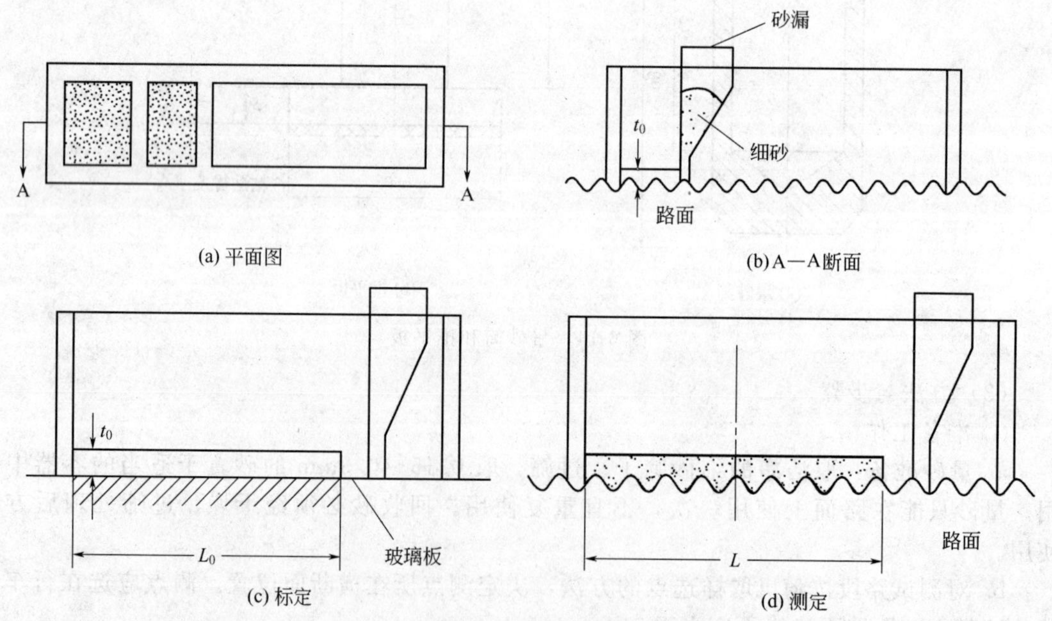


图 6-15　电动铺砂仪

② 量砂　足够数量的干燥洁净的匀质砂，粒径为 0.15～0.3mm。

③ 标准量筒　容积 50mL。

④ 玻璃板　面积大于铺砂器，厚 5mm。

⑤ 其他　直尺、扫帚、毛刷等。

(3) 方法与步骤

① 准备工作

a. 量砂准备：取洁净的细砂，晾干过筛，取0.15～0.3mm的砂置于适当的容器中备用。量砂只能在路面上使用一次，不宜重复使用。

b. 对测试路段按随机取样选点的方法，决定测点所在横断面位置。测点应选在行车道的轮迹带上，距路面边缘应不小于1m。

② 电动铺砂器标定

a. 将铺砂器平放在玻璃板上，将砂漏移至铺砂器端部。

b. 使灌砂漏斗口和量筒口大致齐平。通过漏斗向量筒中缓缓流入准备好的量砂至高出量筒成尖顶状，用直尺沿筒口一次刮平，其容积为50mL。

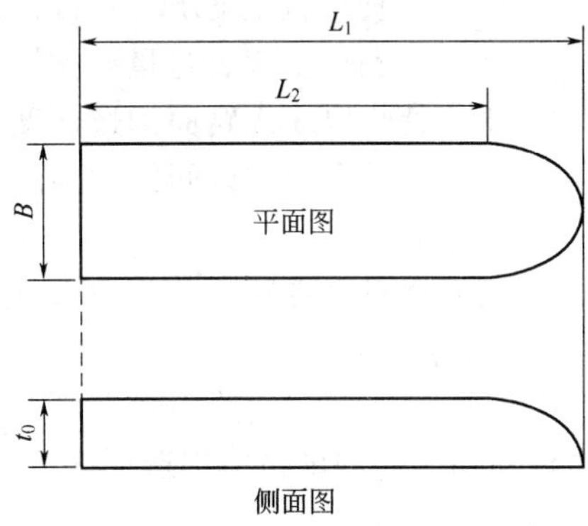


图 6-16　决定 $L_0$ 及 $L$ 的方法

c. 使漏斗口与铺砂器砂漏上口大致齐平。将砂通过漏斗均匀倒入砂漏，漏斗前后移动，使砂的表面大致齐平，但不得用任何其他工具刮动砂。

d. 开动电动机，使砂漏向另一端缓缓运动，量砂沿砂漏底部铺成图6-16所示的宽5cm的带状，待砂全部漏完后停止。

e. 按图6-16，依式(6-27)由 $L_1$ 及 $L_2$ 的平均值决定量砂的摊铺长度 $L_0$，准确至1mm。

$$L_0=\frac{L_1+L_2}{2} \tag{6-27}$$

f. 重复标定3次，取平均值 $L_0$，准确至1mm。

注意：标定应在每次测试前进行，用同一种量砂，由承担测试的同一试验员进行。

③ 测试步骤

a. 将测试地点用毛刷刷净，面积大于铺砂仪。

b. 将铺砂仪沿道路纵向平稳地放在路面上，将砂漏移至端部。

c. 按电动铺砂器标定，在测试地点摊铺50mL量砂，按图6-16的方法量取摊铺长度 $L_1$ 及 $L_2$，由式(6-28)计算 $L$，准确至1mm。

$$L=\frac{L_1+L_2}{2} \tag{6-28}$$

d. 按以上方法，同一处平行测定不少于3次，3个测点均位于轮迹带上，测点间距3～5m。该处的测定位置以中间测点的位置表示。

(4) 计算

① 按式(6-29)计算铺砂仪在玻璃板上摊铺的量砂厚度 $t_0$。

$$t_0=\frac{V}{BL_0}\times 1000=\frac{1000}{L_0} \tag{6-29}$$

式中　$t_0$——量砂在玻璃板上摊铺的标定厚度，mm；

$V$——量砂体积，50mL；

$B$——铺砂仪铺砂宽度，50mm；

$L_0$——玻璃板上50mL量砂摊铺的长度，mm。

② 按式(6-30)计算路面构造深度TD。

$$\mathrm{TD}=\frac{L_0-L}{L_0}t_0=\frac{L_0-L}{LL_0}\times 1000 \tag{6-30}$$

式中　TD——路面的构造深度，mm；

$t_0$——量砂在玻璃板上摊铺的标定厚度，mm；

$L_0$——玻璃板上 50mL 量砂摊铺的长度，mm；

$L$——路面上 50mL 量砂摊铺的长度，mm。

③ 每一处均取 3 次路面构造深度测定的平均值作为试验结果，准确至 0.1mm。

④ 计算每一个评定区间路面构造深度的平均值、标准差、变异系数。

(5) 报告

① 列表逐点报告路面构造深度的测定值及 3 次测定的平均值，当平均值小于 0.2mm 时，试验结果以<0.2mm 表示。

② 每一个评定区间路面构造深度的平均值、标准差、变异系数。

电动铺砂仪测试路面构造深度记录表见表 6-21。

**表 6-21　电动铺砂仪测试路面构造深度记录表**

工程名称＿＿＿＿＿＿＿＿　合同号＿＿＿＿＿＿　编号＿＿＿＿＿＿

| 任务单号 | | 试验环境 | |
|---|---|---|---|
| 试验日期 | | 试验设备 | |
| 试验规程 | | 试验人员 | |
| 评定标准 | | 复核人员 | |

| 施工单位＿＿＿＿＿＿ 工程部位＿＿＿＿＿＿<br>现场桩号＿＿＿＿＿＿ 试样描述＿＿＿＿＿＿ | | | | | | | | | |
|---|---|---|---|---|---|---|---|---|---|
| 测点位置 | | $L_0$ /mm | $t_0$ /mm | $L_1$ /mm | $L_2$ /mm | $L$ /mm | 构造深度 TD/mm | | 备注 |
| 桩号 | 横距/m | | | | | | 单值 | 平均 | |
| | | | | | | | | | |
| | | | | | | | | | |
| | | | | | | | | | |
| | | | | | | | | | |
| | | | | | | | | | |
| | | | | | | | | | |
| 设计值/mm | | | 平均值/mm | | | | 标准差/mm | | |
| 变异系数/% | | | 测点数 | | | | 合格率/% | | |
| 结论： | | | | | | | | | |

## 第八节　水泥混凝土弯拉强度测试与评定

混凝土弯拉强度试验方法应使用标准小梁法或钻芯劈裂法，试件使用标准方法制作，标准养生时间为 28 天。

### 一、水泥混凝土弯拉强度试验

1. 目的和适用范围

本方法规定了测定水泥混凝土弯拉强度的方法，以提供设计参数，检查水泥混凝土施工品质和确定弯拉强度弹性模量试验加荷标准。

本方法适用于各类水泥混凝土棱柱体试件。

2. 仪器设备

① 压力机或万能试验机。

② 弯拉试验装置（即三分点处双点加荷和三点自由支承式混凝土弯拉强度与弯拉弹性模量试验装置）如图 6-17 所示。

3. 试件制备和养护

① 试件尺寸：水泥混凝土弯拉强度试验标准试件尺寸为 150mm × 150mm × 550mm 或 150mm×150mm×600mm，同时在试件长向中部 1/3 区段内表面不得有直径超过 5mm、深度超过 2mm 的孔洞。

② 混凝土弯拉强度试件应取同龄期者为一组，每组 3 根同条件制作和养护的试件。

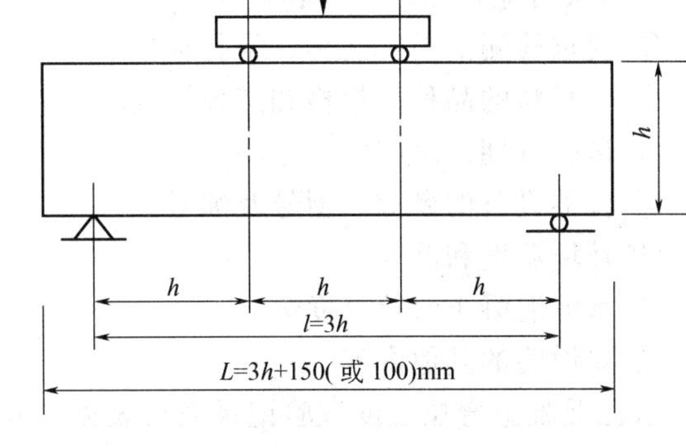


图 6-17 三分点小梁试验装置

4. 试验步骤

① 试件取出后，用湿毛巾覆盖并及时进行试验，保持试件干湿状态不变。在试件中部量出其宽度和高度，精确至 1mm。

② 调整两个可移动支座，将试件安放在支座上，试件成型时的侧面朝上，几何对中后，务必使支座及承压面与活动船形垫块的接触面平稳、均匀，否则应垫平。

③ 加荷时，应保持均匀、连续。当混凝土的强度等级小于 C30 时，加荷速度为 0.02～0.05MPa/s；当混凝土的强度等级大于等于 C30 且小于 C60 时，加荷速度为 0.05～0.08MPa/s；当混凝土的强度等级大于等于 C60 时，加荷速度为 0.08～0.10 MPa/s。当试件接近破坏而开始迅速变形时，不得调整试验机油门，直至试件破坏，记下破坏极限荷载 $F$(N)。

④ 记录最大荷载和试件下边缘断裂的位置。

5. 试验结果

① 当断面发生在两个加荷点之间时，弯拉强度 $f_f$ 按下式计算：

$$f_f=\frac{FL}{bh^2} \tag{6-31}$$

式中 $f_f$——弯拉强度，MPa；

$F$——极限荷载，N；

$L$——支座间距离，mm；

$b$——试件宽度，mm；

$h$——试件高度，mm。

② 以三个试件测值的算术平均值为测定值。三个试件中最大值或最小值中如有一个与中间值之差超过中间值的 15%，则把最大值和最小值舍去，以中间值作为试件的弯拉强度；如最大值和最小值与中间值之差值均超过中间值 15%，则该组试验结果无效。

三个试件中如有一个断裂面位于加荷点外侧，则混凝土弯拉强度按另外两个试件的试验结果计算。如果这两个测值的差值不大于这两个测值中较小值的 15%，则以两个测值的平均值为测试结果，否则结果无效。

如果有两根试件均出现断裂面位于加荷点外侧，则该组结果无效。

【注意】 断面位置在试件断块短边一侧的底面中轴线上量得。

弯拉强度计算精确到 0.01MPa。

③ 采用 100mm×100mm×400mm 非标准试件时，在三分点加荷的试验方法同前，但所取得的弯拉强度值应乘以尺寸换算系数 0.85。当混凝土强度等级大于等于 C60 时，应采用标准试件。

6. 试验报告

试验报告应包括以下内容：

① 要求检测的项目名称、执行标准；

② 原材料的品种、规格和产地；

③ 试验日期及时间；

④ 仪器设备的名称、型号及编号；

⑤ 环境温度和湿度；

⑥ 水泥混凝土弯拉强度值；

⑦ 要说明的其他内容。

水泥混凝土弯拉强度试验记录表样表见表 6-22。

**表 6-22 水泥混凝土弯拉强度试验记录表**

工程名称：　　　　　　合同号：　　　　　　编号：

| 任务单号 | | 试验环境 | |
|---|---|---|---|
| 试验日期 | | 试验设备 | |
| 试验规程 | | 试验人员 | |
| 评定标准 | | 复核人员 | |

结构物名称＿＿＿＿＿＿　　结构部位(现场桩号)＿＿＿＿＿＿

试样描述＿＿＿＿＿＿　　设计强度/MPa＿＿＿＿＿＿

成型方式＿＿＿＿＿＿　　养护方式＿＿＿＿＿＿

龄期/天＿＿＿＿＿＿

| 试样编号 | 试件编号 | 试件宽度 $b$/mm | 试件高度 $h$/mm | 断裂面位置描述 | 破坏极限荷载 $F$/kN | 尺寸换算系数 | 弯拉强度测值 $f_f$/MPa | 弯拉强度测定值 $f_f'$/MPa | 备注 |
|---|---|---|---|---|---|---|---|---|---|
| | ① | ② | ③ | ④ | ⑤ | ⑥ | ⑦ | ⑧ | |
| | | | | | | | | | |
| | | | | | | | | | |
| | | | | | | | | | |
| | | | | | | | | | |
| | | | | | | | | | |
| | | | | | | | | | |

## 二、水泥混凝土圆柱体劈裂抗拉强度试验

1. 目的、适用范围

本方法规定了测定圆柱体试件和现场钻芯取样的劈裂抗拉强度方法。

本方法适用于各类水泥混凝土的圆柱体试件和现场芯样。

2. 仪器设备

① 压力机或万能试验机。

② 劈裂夹具、木质三合板垫层、钢垫条。钢垫条为平面，厚度不小于 10mm，长度不短于试件边长。木质三合板或硬质纤维板垫层的宽度为 20mm，厚为 3～4mm，长度不小于试件长度，垫层不得重复使用。支架为钢支架。

③ 钢尺：分度值为 1mm。

3. 试件制备和养护

① 试件的标准尺寸 $\phi$150mm×300mm。

② 对于现场芯样，长径比大于等于 1。适宜的长径比在 1.9～2.1，最大长径比不能超过 2.1。芯样最小直径为 100mm，直径至少是公称最大粒径的 2 倍。芯样在进行强度试验前需进行调湿，一般应在标准养护室养护 24h。

4. 劈裂试验步骤

① 至试验龄期时，自养护室取出试件，用湿布覆盖，避免其湿度变化。测量出直径、高度并检查外形，尺寸量测至 1mm。

② 在试件中部画出劈裂面位置线。圆柱体的母线公差为 0.15mm。这两条母线应位于同一轴向平面内，彼此相对，两条线的末端在试件的端面上相连，应为通过圆心的直径，以明确标明承压面。将试件、劈裂夹具、垫条和垫层放在压力机上，借助夹具两侧杆，将试件对中。开动压力机，当压力机压板与夹具垫条接近时，调整球座使压力均匀接触试件，当压力到 5kN 时，将夹具的测杆抽掉。

③ 当混凝土的强度等级小于 C30 时，加荷速度为 0.02～0.05MPa/s；当混凝土的强度等级大于等于 C30 且小于 C60 时，加荷速度为 0.05～0.08MPa/s；当混凝土的强度等级大于等于 C60 时，加荷速度为 0.08～0.10MPa/s。当试件接近破坏而开始迅速变形时，不得调整试验机油门，直至试件破坏，记下破坏极限荷载 $F$(N)。

5. 试验结果

① 圆柱体劈裂抗拉强度 $f_{ct}$按式(6-32) 计算：

$$f_{ct}=\frac{2F}{\pi d_m l_m} \tag{6-32}$$

式中　$f_{ct}$——圆柱体劈裂抗拉强度，MPa；

$F$——极限荷载，N；

$d_m$——圆柱体截面的平均直径，mm；

$l_m$——圆柱体平均长度，mm。

② 劈裂抗拉强度测定值的计算及异常数据的取舍原则为：以三个试件测值的算术平均值为测定值。如三个试件中最大值或最小值中有一个与中间值的差值超过中间值的 15%时，则取中间值为测定值；如两个测值与中间值的差值均超过上述规定时，则该组试验结果无效。

结果计算精确至 0.01MPa。

6. 试验报告

试验报告应包括以下内容：

① 要求检测的项目名称、执行标准；

② 原材料的品种、规格和产地；

③ 试验日期及时间；

④ 仪器设备的名称、型号及编号；

⑤ 环境温度和湿度；

⑥ 圆柱体劈裂抗拉强度值；

⑦ 要说明的其他内容。

水泥混凝土圆柱体劈裂抗拉强度试验记录表样表见表 6-23。

**表 6-23　水泥混凝土圆柱体劈裂抗拉强度试验记录表**

工程名称：________________　合同号：________________　编号：____________

| 任务单号 | | 试验环境 | |
|---|---|---|---|
| 试验日期 | | 试验设备 | |
| 试验规程 | | 试验人员 | |
| 评定标准 | | 复核人员 | |

结构物名称________________　结构部位(现场桩号)________________

试样描述________________　设计强度/MPa________________

成型方式________________　养护方式________________

龄期/天________________

| 试样编号 | 试件编号 | 直径 $d_m$/mm | 长度 $l_m$/mm | 破坏荷载 $F$/kN | 劈裂抗拉强度测值 $f_{ct}$/MPa | 劈裂抗拉强度测定值 $f'_{ct}$/MPa | 备注 |
|---|---|---|---|---|---|---|---|
| ① | ② | ③ | ④ | ⑤ | ⑥ | ⑦ | ⑧ |
| | | | | | | | |
| | | | | | | | |
| | | | | | | | |
| | | | | | | | |
| | | | | | | | |
| | | | | | | | |

**三、水泥混凝土弯拉强度评定**

① 按现行的《公路水泥混凝土路面施工技术规范》(JTG F30—2003) 或《公路工程质量检验评定标准》(JTG F80/1—2004) 规定的检查频率，高速公路和一级公路每工作班制作 2～4 组试件：日进度大于等于 1000m 取 4 组，大于等于 500m 取 3 组，小于 500m 取 2 组；其他公路每工作班制作 1～3 组试件：日进度大于等于 1000m 取 3 组，大于等于 500m 取 2 组，小于 500m 取 1 组。每组 3 个试件的平均值作为一个统计数据。

② 混凝土弯拉强度的合格标准

a. 试件组数大于 10 组时，平均弯拉强度合格判断式见式 (6-33)：

$$f_{cs} \geqslant f_r + K\sigma \tag{6-33}$$

式中　$f_{cs}$——混凝土合格判定平均弯拉强度，MPa；

$f_r$——设计弯拉强度标准值，MPa；

$K$——合格判定系数，见表 6-24；

$\sigma$——强度标准差。

表 6-24　合格判定系数

| 试件组数 $n$ | 11～14 | 15～19 | ≥20 |
|---|---|---|---|
| 合格判定系数 $K$ | 0.75 | 0.70 | 0.65 |

当试件组数为 11～19 组时，允许有一组最小弯拉强度小于 $0.85f_r$，但不得小于 $0.80f_r$。当试件组数大于 20 组时，其他公路允许有一组最小弯拉强度小于 $0.85f_r$，但不得小于 $0.75f_r$。高速公路和一级公路均不得小于 $0.85f_r$。

b. 试件组数等于或少于 10 组时，试件平均强度不得小于 $1.10f_r$，任一组强度均不得小于 $0.85f_r$。

③ 当标准小梁合格判定平均弯拉强度 $f_{cs}$ 和最小弯拉强度 $f_{min}$ 中有一个不符合上述要求时，应在不合格路段每千米每车道钻取 3 个以上 $\phi$150mm 的芯样，实测劈裂强度，通过各自工程的经验统计公式换算弯拉强度，其合格判定平均弯拉强度 $f_{cs}$ 和最小值 $f_{min}$ 必须合格，否则，应返工重铺。

④ 实测项目中，水泥混凝土弯拉强度评为不合格时相应分项工程评为不合格。

## 本章小结

1. 路面几何尺寸检测项目有：纵横缝顺直度、中线偏位、厚度、宽度、横坡等。
2. 路面结构层厚度检测方法有：挖坑法、钻孔取样法、地质雷达法等。
3. 沥青混凝土路面压实度的检测方法有：钻芯法、核子密实度仪法等。
4. 路面弯沉检测方法有：贝克曼梁法、落锤式弯沉仪法等。
5. 沥青路面抗滑指标有摩擦系数、构造深度、横向力系数、石料磨光值。
6. 水泥混凝土弯拉强度试验方法有：小梁法、钻芯劈裂法。

## 课后训练

1. 某路段水泥混凝土面板厚度检测数据见表 6-25。保证率为 95%，设计厚度为 25cm，代表值容许偏差为 5mm。试对该路段的板厚进行评价。

表 6-25

| 序号 | 1 | 2 | 3 | 4 | 5 | 6 | 7 | 8 | 9 | 10 | 11 | 12 | 13 | 14 | 15 |
|---|---|---|---|---|---|---|---|---|---|---|---|---|---|---|---|
| 厚度 | 25.1 | 24.8 | 25.1 | 24.6 | 24.7 | 25.4 | 25.2 | 25.3 | 24.7 | 24.9 | 24.8 | 25.3 | 25.3 | 25.2 | 24.9 |
| 序号 | 16 | 17 | 18 | 19 | 20 | 21 | 22 | 23 | 24 | 25 | 26 | 27 | 28 | 29 | 30 |
| 厚度 | 25.0 | 25.0 | 24.8 | 25.0 | 25.1 | 24.7 | 24.9 | 25.0 | 25.4 | 25.2 | 25.1 | 25.0 | 25.0 | 25.5 | 25.4 |

2. 某二级公路土方路基工程进行交工验收，现测得某段的压实度数值如下（%）：94.0；97.2；93.3；97.1；96.3；90.4；98.6；97.8；96.2；95.5；95.9；96.8。请你对检测结果进行评定，并计算其得分值（已知 $K_0=93\%$，规定极值为 88%，规定分为 30 分，保证率为 90%）。
3. 试述钻芯法检测路面结构层厚度的主要过程。
4. 试述贝克曼梁测定路基路面弯沉的主要过程。
5. 某新建二级公路设计弯沉值 $l_d=33$ (0.01mm)，其中一评定段（沥青混凝土面层）弯沉测试结果如下（单位为：0.01mm）17，11，10，14，13，10，16，19，12，14，17，20，试评定该路段弯沉检测结果，并计算实际得分（规定分值为 20 分，保证率为 93.32%）。

附 表

| 保证率 | $t_a/\sqrt{n}$ | | | 保证率系数 |
|---|---|---|---|---|
| | $n=10$ | $n=11$ | $n=12$ | $Z_a$ |
| 99% | 0.892 | 0.833 | 0.785 | 2.327 |
| 95% | 0.580 | 0.546 | 0.518 | 1.645 |
| 90% | 0.437 | 0.414 | 0.393 | 1.282 |
| 97.72% | 0.814 | 0.761 | 0.718 | 2.00 |
| 93.32% | 0.537 | 0.506 | 0.418 | 1.50 |

6. 试述落锤式弯沉仪法检测路面弯沉的主要过程。
7. 试述三米直尺法检测路面平整度的主要过程。
8. 试述连续式平整度仪检测路面平整度的主要过程。
9. 路面抗滑性能的检测方法有哪些？并简述其适用条件。
10. 水泥混凝土路面芯样劈裂强度试验结果如下：4.6、5.5、5.6、4.7、5.2、3.8、3.6、4.8、5.2、4.7、4.2、3.2（MPa）。试对该段路面混凝土强度进行分析评定（设计抗折强度为4.5MPa，折算成劈裂强度为3.0MPa；合格判定系数$K=0.75$）。

# 第七章　路面实施性施工组织设计编制

**知识目标**

掌握路面实施性施工组织设计文件的目的原则、内容和步骤。

**技能目标**

能够对路面实施性施工组织设计文件进行分析，会编制路面实施性施工组织设计文件。

## 第一节　路面实施性施工组织设计文件的组成

公路施工组织设计是公路基本建设项目在设计、招投标、施工阶段必须提交的技术文件，也是公路基本建设管理的主要手段之一。生产阶段和施工组织活动层次不同，施工组织设计的深度和广度也不相同，在公路工程设计和施工的各个阶段都必须编制相应的施工组织设计文件。在初步设计阶段拟定“施工方案”；在技术设计阶段编制“修正施工方案”；在施工图设计阶段编制“施工组织计划”；在招投标阶段编制“指导性施工组织设计”；在施工阶段编制“实施性施工组织设计”。

在公路工程的施工准备阶段，由施工单位编制的施工组织设计称为实施性施工组织设计，施工单位根据施工图纸、野外调查资料及本单位施工条件（施工力量、技术水平）进行编制。因此，这一阶段的施工组织设计十分具体、可行。由于要在工程中实施，所以必须对各分部工程、分项工程、各道工序和施工专业队都进行进度的日程安排和具体的操作设计，内容上更详细、具体。

**一、路面实施性施工组织设计编制原则**

1. 严格执行基本建设程序和施工程序

要严格遵守合同签订的和上级下达的施工期限，按照基本建设程序和施工程序的要求，保质、保量完成施工任务。对工期较长的大型工程项目，可根据施工情况，合理组织力量，确保重点分期分批进行安排。

2. 科学合理地安排施工顺序

按照公路工程施工的客观规律安排施工程序，可将整个项目划分为几个阶段，在各个施工段之间合理搭接、衔接紧凑，在保证质量的基础上，尽可能缩短工期，加快施工进度。

3. 采用先进的施工技术和设备

采用先进的施工技术是提高劳动生产率、加快施工进度、提高工程质量、降低工程成本的重要途径。同时积极运用和推广新技术、新工艺、新材料、新设备，是现代文明施工的标志。在条件允许的情况下，尽可能采用先进的施工技术，不能墨守成规。不断提高施工机械化、预制装配化程度，降低劳动强度，提高劳动效率，从而缩短工期，降低成本。

4. 合理安排冬季、雨季施工项目

对于受冬季影响的工程项目，应优先考虑安排，如沥青面层的摊铺不宜在冬季施工。合理安排冬季、雨季施工项目，就是把那些不受冬季、雨季影响的项目安排在冬季、雨季施工。当然，冬季、雨季施工要采取一些必要的措施，会增加工程的其他直接费用，但能全面地均衡人工、材料的需求量，提高施工的均衡性和连续性。

5. 确保工程质量与安全

公路是永久性的建筑物，工程质量的好坏直接影响其使用效果，甚至影响到沿线区域国民经济的发展。为了保证工程质量，就要认真贯彻施工技术规范，严格按设计要求组织施工。

在进行施工组织设计时，要有保证工程质量和安全施工的措施。在组织时，要经常进行质量、安全教育，严格按操作规程进行施工。杜绝一切违章操作，是保证工程质量和施工安全的必要措施。

6. 统筹布置施工现场，降低工程成本

合理布置施工平面图，节约施工用地，充分利用原有地形、地物，尽量减少临时设施、临时便道、临时便桥的设置，方便施工，避免材料的二次搬运，充分利用当地人工、材料等。

公路工程建设所消耗的资金和资源的数量，由公路工程概（预）算求得。这是个最高限额，施工时一般不允许突破这个限额。施工单位要想获得经济效益，必须实行经济核算，在保证工程质量的前提下，尽量通过各种途径降低工程成本。因此就必须对以上原则严格执行、合理安排，以达到降低工程成本的目的。

**二、路面实施性施工组织设计的主要内容**

1. 编制依据

招标文件、设计图纸及施工合同、现场踏勘、调查所掌握的第一手资料。国家现行的施工技术规范、操作规程。如《公路路面基层施工技术规范》、《公路工程质量检验评定标准》。施工单位现有技术力量、队伍素质、机械装备、财务实力和组织协调能力及多年来在类似工程施工中积累的丰富施工经验。

2. 编制范围

工程施工内容包括路基整修、路面垫层、路面基层、混凝土路面、路肩等工程，以及为完成上述工程施工所发生的临时工程。

3. 工程概况及主要工程数量

概述工程的起讫点，工程的设计情况，如公路等级、路面宽度。工期情况。施工环境，如建筑材料的供应、水电条件、交通条件。

4. 施工总体方案

① 施工组织机构及施工队伍的分布；

② 大临工程的分布及总体设计；

③ 过渡方案和过渡设计；

④ 施工用电；

⑤ 施工用水；

⑥ 施工测试；

⑦ 内业资料（收集、整理、归档、移交）；

⑧ 施工程序（场地清理—测量放线—现场核对—开工报告—工程实施—施工自检—报检签证—试验检测—质量评定—工程验收—土地复耕—工程保修）。

5. 工程的施工方法（分专业）、关键技术、工艺要点、工艺要求

根据工程的特点、工艺要求和工期安排，拟组织若干专业施工队进场，如垫层施工队，

基层施工队，路面施工队分配情况及工程的内容。施工前进行人员的技术交底。

6. 施工中采用的新工艺和新技术的整理安排

工程中对采用的新工艺、新技术应科学组织安排试验段。

7. 总工期及进度计划安排、资金使用计划

以科技为先导、以管理为保证，提高现代化施工水平，建立并完善与现场要求相适应的管理与技术体系。确保优质、按期完成施工任务。

（1）总体施工方案

（2）施工进度安排

① 总体进度计划。

② 分段工期。

8. 主要材料、工程设备的使用计划和供应方案及措施

为确保工程顺利进行，及时确定材料供应情况。所需材料运入现场后，及时对其进行检验验收。在施工过程中，认真做好周、旬、月计划，增强预见性，周密考虑，妥善安排。编制工程主要材料供应计划表。

9. 创优规划和质量保证措施

① 质量创优目标。

② 质量保证体系及质量目标的实现。

③ 质量保证总体措施。

④ 原材料质量保证措施。

⑤ 成品保护措施。

10. 安全保证措施

① 安全施工管理目标。

② 安全保证体系。

③ 安全措施。

11. 工期保证措施

保证合同工期是发挥投资效益、降低工程成本的有效途径，也是业主与施工企业的共同目标。为此在施工组织设计中，应充分考虑工期的重要性，确定保证工期的关键线路，充分制定生产要素的配置和工序安排方案，如建立工期奖罚措施。

12. 环境保护措施

建立环境保护及文明施工管理体系、采取文明施工及环境保护措施。

13. 需附的图表

① 施工总平面布置图。

② 过渡工程设计图。

③ 施工进度图（必须有网络图、横道图、形象进度图三种表示形式）。

④ 主要施工机械设备使用计划表。

⑤ 分年、季度的进度计划。

⑥ 分年、季度的劳动力使用计划表。

⑦ 分年、季度的主要材料、工程设备使用计划表。

⑧ 分年、季度的完成工程数量计划表。

⑨ 分年、季度的资金使用计划表。

## 三、路面实施性施工组织设计编制步骤

编制施工组织设计文件时，必须遵守一定的步骤，才会使编制工作有序和有成效。

（1）施工组织设计主要内容之间的关系　理解施工组织设计文件内容之间的关系，是掌握编制基本步骤的基础，才能够在编制过程中少返工，少走弯路。根据大量的编制工作实践，用图7-1来理解工期、进度计划与施工方案、施工方法、施工措施等相互间的关系。对实施性施工组织设计文件编制和现场施工具有指导意义。

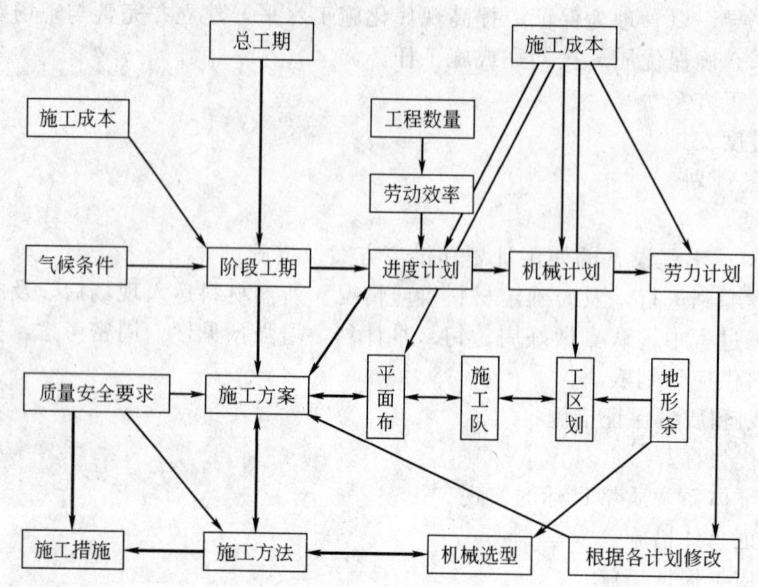


图7-1　主要内容之间的关系

主要内容之间的关系有：主控制约关系，前提条件关系，相互作用关系。

① 主控制约关系　主控制约关系是主导内容确定次要内容的关系，图中用粗箭线条表示。比如总工期与阶段性工期和施工进度、施工方案都是这类关系。

② 前提条件关系　有些内容受好几个关系影响，除去主控制约关系，其他的影响关系，前提关系或顺序关系等都是前提条件关系。比如施工进度与劳力计划、设备计划等之间的关系。图中用细箭线条表示。

③ 相互作用关系　相互作用关系是次要项目（或要素）的变化，也能影响主要项目（或要素）的变化，两者互为前提，相互作用。图中用双箭线条表示，比如施工方法与施工方案，施工方案与施工部署，就属于这类关系。

（2）基本步骤　根据上述的关系图，不难看出编制施工组织设计文件要遵守的基本步骤，采用流程框图（图7-2）归纳表述如下：在编制施工组织设计文件时，作为阶段性总体把握全局的考虑，各项编制工作必须遵守上述基本步骤，在做一些具体编制工作时，要根据上述的内容之间关系图，来确定工作步骤，搞清楚每项工作与其他工作之间的控制关系和条件关系，一步一步展开编制工作。

1. 总体施工方案的编制方法

在编制总体施工方案时要明确所谓的施工方案要从施工部署现场的组织机构、资源组织、施工顺序与衔接这几个方面来阐述。这几个方面需要概述性描述。

（1）施工区段划分与任务分解　在编制时，要从施工区段（也称工区）划分起述，对各个区段配置什么样的施工队伍，各施工队伍承担什么样的工程及工程数量，最好用图形表达区段（工区）的划分。例如用A、B、C、D英文字母代替各个区段的名称，用一个表格表达任务划分。如某施工工区划分见图7-3。

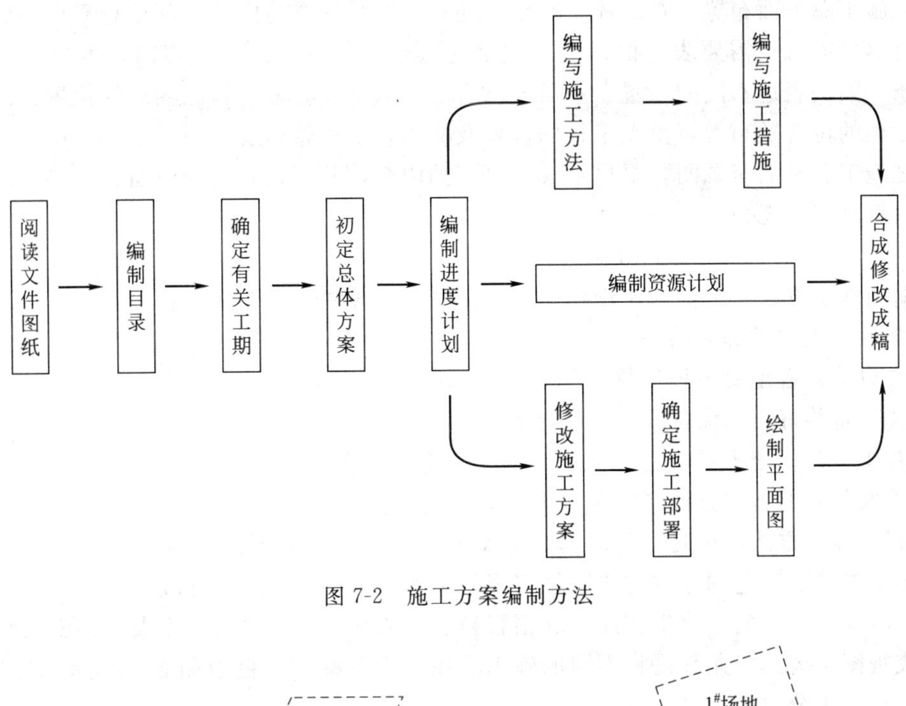


图 7-2 施工方案编制方法

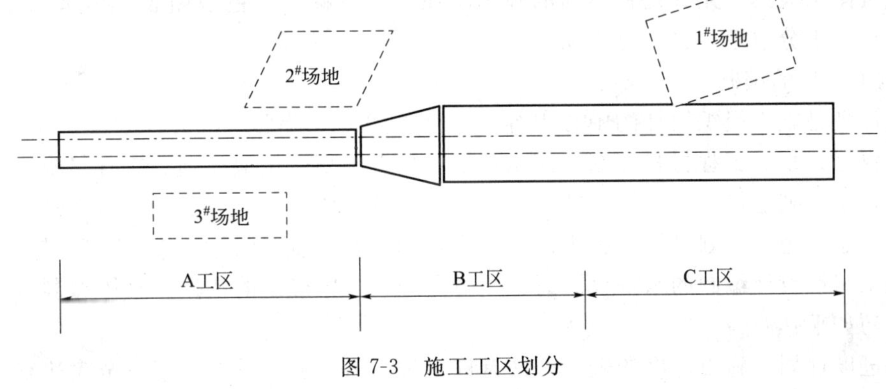


图 7-3 施工工区划分

以上的划分结合视图，在施工布置、顺序、施工方案、施工计划等内容基础上进行编写。

(2) 施工队伍与现场组织机构 有了上述的划分之后，就可以进行组织机构框图的绘制。机构框图可根据不同的要求，绘制可简可繁的图形。在有些施工组织设计中，对于项目部各职能部门（科室）的工作职责也需要简述，这个职责可以用文字来表达，也可以列表表达。施工部署的含义，类似于战场上部队部署的概念，即在什么位置，部署什么样的部队对付什么样的敌人，即承担什么样的作用。因此施工队伍及现场项目部的驻地位置也必须用文字表达和在总施工平面图中示出。

(3) 施工顺序与衔接 施工顺序与衔接的叙述，容易与施工工期相雷同，但实际上不相同，也需要编制人员细心体会中间的差别。在总体施工方案中，施工顺序强调的是开工顺序安排，要想叙述得生动、清楚，可以按照 A、B、C 区段（工区）分开叙述。例如：A 区段先开工××大桥，然后××大桥、××大桥相继开工，B 区段先开××隧道进口，后开工××隧道出口……

施工衔接强调的是某项工程或某个单位工程结束后，后续工程是什么，还有人员的衔接，重要机械设备衔接。当施工顺序较为复杂时，也可以用绘制的方式来表达。

（4）施工总平面布置　在总体方案中，还有一个最重要的内容，就是总平面布置图。在这个图上尽可能表达需要表达的内容，这是一张包含信息量最大的视图，可以用不同的颜色、线条、图例表达不同的布置。一般要求有施工队伍及驻地，施工场地的位置、编号，大小临时工程的位置及布置，重点工程的位置及标志，工程轮廓及走向。

总之施工总平面布置图，要尽量表达更多的内容，并配以必要的说明和表格，能够让人看得明白就是好的视图。

2. 施工方法、工艺的编制方法与技巧

在编制施工方法、工艺为比较容易的工作时一般应注意如下几点：

① 强调突出关键部分的施工方法。

② 要讲清楚各主要工程项目的施工步骤。

③ 要注重绘好工艺流程和编制工艺说明。

④ 对于工艺标准不要叙述太细，不要照抄技术规范。

⑤ 重要部分的施工方法要绘制方案设计图。

⑥ 有多施工方法可选时，要讲清楚拟采用的施工方法选择原因。

在施工方法、工艺的编制时要围绕着施工步骤和工艺流程来展开叙述，也就是要围绕着施工中的时间和空间的变化来叙述，就很容易表达清楚。当感到用文字表述很困难时，可改用表格或视图来表达。尤其是将不同的施工阶段，用一幅幅彩色视图表达出来，配以说明，必然会表达得十分清楚，也十分生动。

3. 施工计划的编制

施工计划是施工组织设计的中心内容，包括工期进度计划、劳力计划、机械设备计划、测量试验仪器计划、工程材料计划、用水计划、用电计划、用地计划。在有些施工组织设计中，将工程量计划也作为施工计划的内容。如每个月完成的土石方数量，每个月完成混凝土浇筑数量。总之施工计划是反映施工前初步安排的动态化量化的施工要素的情况，这种变化反映了施工组织设计编制的水平，同时也是各种施工方案确定的依据。具体编制时要注意的方法与技巧如下：

（1）进度计划　施工进度的表示方法有许多种，需要强调是都不能完全表达复杂的实际工序间关系，最好是用三种图表来共同反映编制人的思路，三种图表就是横道图、网络图、形象进度图。

进度计划的编制要将定额计算和施工经验结合起来，尽量做得合理，均衡。进度计划是施工计划部分的最重要内容。

（2）机械设备及测试仪器计划　相对于施工进度计划来说，机械设备和测试仪器计划比较好编制，按照固定的表格填制即可。需要强调的是，为使计划合理，需要有详细的补充说明。

（3）材料计划　材料计划是必须有时间性的计划，因此必须要根据进度计划来计算分月或分季的需求量。编制材料计划时也应该有详细的补充说明，内容包括材料的规格地点选择、装卸运输、集散收发等内容。

（4）工程量完成计划　在有特殊要求的施工组织设计中，工程量完成计划可以以完成投资量图表来表达，还可以将完成的工程数量编制成图表来表达，这些能体现施工计划优劣，在实际工作中能从工程量完成计划中发现总体方案的缺陷，来修正方案。

4. 保证措施的编制

保证措施是施工方案的重要补充内容，尽管施工方法和工艺就是实现工程目标的主要措施，但是单独有针对性的保证措施，更为直接地表达了施工组织者的有关设想和规划。在保证措施这一部分里，主要是质量保证措施和安全保证措施，需要重点叙述，其他如二期保证措施、环境保护措施、文明施工措施，也是必不可少的内容。

（1）质量、安全保证措施的编制　什么是保证体系？体系是实现目标的综合系统，包括目标系统、组织职责系统、制度系统、方法系统及具体做法。质量或安全保证体系的内容是质量（安全）目标与控制重点、质量（安全）管理机构及职责、质量（安全）管理制度、质量（安全）管理方法及有关注意事项。保证体系，可以用框图来表达，具体的技术措施用文字描述。

（2）环境保护措施的编制　环境保护越来越重要，所有的工程项目都要受社会监督部门的监督。在编制时主要围绕着环境保护的内容与要求来写，那么现在说的环境保护有哪些主要内容呢？包括废气、废水、废弃物的控制和处理噪声、扬尘的控制；动物、植物、文物（建筑物）的保护；自然景观和施工现场（文明施工）的维护。

（3）工期保证措施的编制　工期保证措施主要是围绕着网络图的关键线路来写，找到了这个关键，明白了这个关键形成的原因或控制条件，就可以提出从资源上保证、计划上保证，条件上保证以及备用方案、万一不利情况出现时的应急措施。

## 第二节　路面实施性施工组织设计

**【例 7-1】**

一、工程简介

路面为三层沥青混凝土，其中下层为 8cm（AC-25C）粗粒式沥青混凝土 203632$m^2$，中层为 6cm（AC-20C）中粒式沥青混凝土 203995$m^2$，上层为 4cm（AC-13C）细粒式沥青混凝土 203995$m^2$，半副路面宽为 15.7m。

二、透层和封层的施工

1. 透层施工

（1）施工前的准备　原材料、乳化沥青等报监理工程师审批，符合要求。乳化设备、沥青洒布车等设备运行状态良好。对基层顶面进行清扫→空压机气吹→清水冲洗三道工序，直至表面清洁，集料颗粒表面部分外露。对喷洒区附近的构造物等用塑料布等进行保护，以防污染。

（2）透层施工　在喷洒透层油前先用洒水车喷洒少量水，待稍干后再喷洒透层油。采用煤油稀释沥青，要求透层油渗入基层的深度不小于 5mm，并与基层联结成为一体。通过调节稀释剂的用量来得到适宜黏度的透层油，基层沥青的针入度不小于 100。施工时，要保证基层顶面干净。

2. 封层的施工

封层采用约 2.0kg/$m^2$ 的热喷 SBS 改性乳化沥青下封层，沥青层表面均匀撒布约 60%（1.0～1.5cm）单一粒级的碎石加以保护，并进行稳压。集料撒布要均匀。集料撒布后，用胶轮压路机均匀碾压，使压实厚度达 1cm。局部露黑处发生粘轮时，补撒少量集料。碾压完毕水分蒸发后可摊铺沥青路面下面层。

三、沥青混凝土的施工

1. 施工前准备

(1) 检查下封层的完整性和基层表面的黏结性　对局部基层外露和下封层两侧宽度不足部分应按下封层施工要求进行补铺；对已成型的下封层，用硬物刺破，应与基层表面相黏结，以不能整层被撕开为合格。对下封层表面浮动矿料应扫至路面以外，表面杂物亦清扫干净。灰尘应提前冲洗。施工放样。摊铺设备、碾压设备等施工设备保持良好的运行状态。

(2) 试验　沥青面层的试验，可以分为室内试验（包括各种原材料的性质和鉴定，沥青混合料组成设计，沥青、各种矿料和沥青混合料的日常检验，施工现场部分有关检验等），沥青混凝土拌和（或制备）和铺筑现场试验。

(3) 混合料设计　沥青混合料组成设计简称混合料设计。按沥青路面施工技术规范要求，分三阶段进行，即目标配合比设计阶段、生产配合比设计阶段和生产配合比验证阶段。通过这三个阶段确定沥青混合料的材料品种，矿料级配及沥青用量。沥青混合料的配合比设计用马歇尔试验进行。

① 目标配合比设计　目标配合比设计步骤如下。

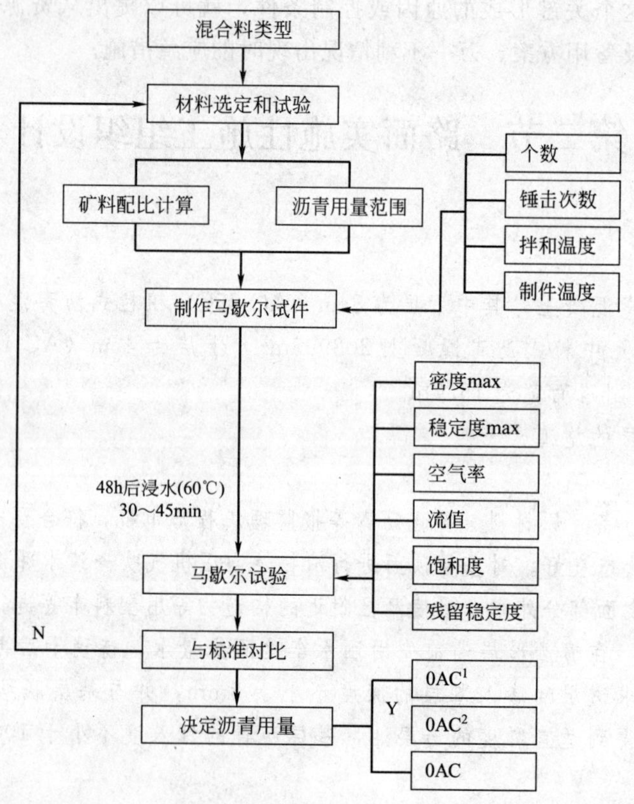


② 生产配合比设计

a. 目的　各冷料仓的矿料按目标配合比确定的比例进入烘干筒烘干后，在采用间歇式拌和机的情况下，热料经过二次筛分重新分成 3～4 个不同粒级的矿料，分别进入 4 个热料仓，因各个热料仓中矿料的颗粒组成已不同于冷料仓中矿料的颗粒组成，因此，需要重新进行矿料配合比计算，确定各个热料仓矿料进入拌和室的比例，并检验确定最佳沥青用量。这一过程称为生产配合比设计。

生产配合比设计应在面层施工前 10 天左右进行。

b. 步骤　生产配合比设计步骤如下：

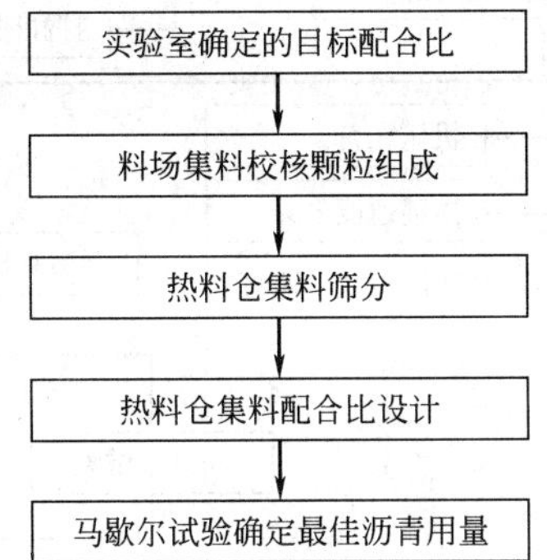


③ 生产配合比验证阶段　生产配合比验证阶段实际上也是沥青面层正式开工前的试铺阶段。因此，施工工序、各工序所用的机械设备、质量管理和质量检验等都应该与面层正式开工后的日常生产相同，而且应该为随后的正式生产提供经验和数据。

通过试铺要解决以下一些问题：

a. 根据马歇尔试验结果（含残留稳定度）、现场取钻芯件的空隙率、矿料间隙率和饱和度，如为表面层还要包括摩擦系数和表面构造深度等验证初定的沥青混合料生产配合比。

b. 确定合适的摊铺温度、摊铺速度、自动找平方式等。

c. 确定所需运料车的数量。

d. 确定压路机的组合方式、碾压方式、碾压温度（含初压、复压和终压），三阶段碾压（初压、复压和终压）的控制方法、碾压速度及每种压路机各自的碾压遍数。

e. 确定能达到的压实度。

f. 确定松铺系数，还需注意以下两点：

(a) 非对应点直接测量虚厚和实厚时不少于 40 点和 20 点，均为随机取点。

(b) 用精密水准仪测量高程计算，基层表面、沥青层未碾压前和压实后的表面定点（事先按随机数表面确定点位）对应测量高程不少于 30 点，随机测量高程时不少于 40 点。

g. 建立用核子密实度仪法测得密度的相关方程（随机定 15 个点，先在点上用核子密实度仪测得密度，每一点 4 个方向核子密实度仪的读数并取其平均值为核子密实度仪测得的密度，然后取钻芯件，用蜡封法测量芯件的毛体积密度）。

每一层沥青混凝土都应分别做对比测量和计算两者的相关方程。

h. 施工缝处理方法。

2. 测量放线

开工前由技术人员进行施工放样，测量高程、宽度、中线及边线，然后进行路缘石的安装，沥青混凝土摊铺采用高程控制“挂双钢线”双幅找平，并且由现场测量工程师做好控制桩。

3. 改性沥青混凝土的施工

(1) 沥青混凝土拌和　沥青混凝土拌和是沥青面层施工的重要组成部分。拌和站的材料、机械设备和产品质量都直接影响能否实现生产配合比确定的矿料级组成、沥青用量和沥青混凝土的各项技术指标以及面层的质量。

① 沥青混凝土所用的材料分为两大部分，一是矿料，二是沥青。

a. 矿料　粗集料采用质地坚硬、表面粗糙、形状接近立方体，有良好的嵌挤能力的破碎集料，采用石灰岩碎石，各层集料要求干燥、洁净、无风化、无杂质；矿粉采用由石灰岩

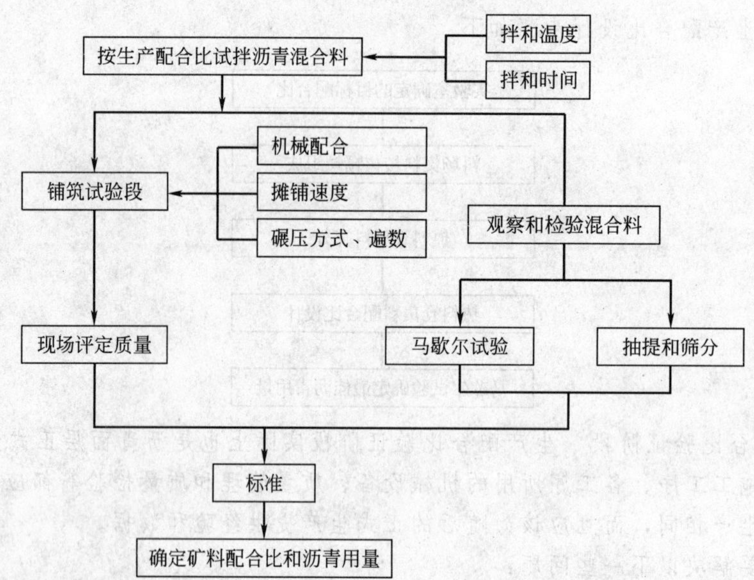


磨制的矿粉，其亲水系数应不小于1.0，含水量不大于1%，视密度不小于2.5t/m³，颗粒细集料采用机制砂或洁净的石灰岩石屑；填料采用由石灰石等碱性岩石磨细的矿粉。

b. 沥青或改性沥青　沥青或改性沥青采用业主指定供应的沥青和改性沥青。

② 主要机械设备　沥青拌和站的主要机械设备有沥青混凝土拌和设备及其主要配套设备，如矿料冷料仓、皮带输送机、烘干筒、吸尘（或除尘）装置、沥青储存罐、桶装沥青的脱桶装置、导热油加热装置等。

沥青混凝土拌和机的产量应该与摊铺机的摊铺速度和摊铺层厚度相匹配。一是能力匹配，二是状况匹配。状况匹配其实仍是指机械完好率的充分保证，同时对特别关键机械设备，一是考虑备用，二是考虑完善养护维修体系。

③ 实验室和仪器设备　在拌和站建立实验室，实验室配备必要的仪器设备，能够进行拌和站和铺筑现场的日常质量管理和质量控制工作。

实验室应该配备的主要仪器设备包括：配套的方孔筛或圆孔筛，感量小、称量2kg的电子天平，称量5～10kg的电子天平或台秤，多孔网篮或专用碎石比重瓶（容量大于1000mL，顶为小孔圆锥形瓶盖），集料压碎值仪，针入度仪，软化点仪，延度仪，沥青混合料拌和设备（手工拌和或小型拌和机），马歇尔试件击实仪（手动或电动），脱模器，恒温水浴，马歇尔试验仪，沥青抽提仪，路面钻芯机，平整度仪，砂补试验仪，摩擦系数仪（摆式仪），5.4m弯沉仪，核子密实度仪等。

④ 质量管理和检验　沥青混凝土混合料需要在严格的条件下进行拌制，例如，各种粗细集料中不能有超出规定的泥土含量；各种粗细矿料的冷料仓都要按事先确定的配合比供料；矿料和沥青都要加热到规定的温度；矿料的含水量大时，烘干的时间就长；各个热料仓应按事先确定的配合比供料；矿粉和沥青也要按确定的数量供料；沥青混合料的拌和时间和沥青混合料的温度等都对沥青混凝土的质量有影响，这是质量管理的内容。

沥青、矿料的加热温度和沥青混合料的出厂温度应根据沥青的品种、标号、黏度，气候条件和铺筑层的厚度确定。沥青的针入度小、黏度小，气温低，铺筑层薄时用高限。

在拌和楼开始试生产之前，必须请计量部门对各个计量装置进行检查和标定，以确保计量正确。

在拌和站生产过程中要经常注意冷料仓供料是否正常和热料仓受料的供应是否均衡。如有异常现象，及时分析研究和进行调整。

要经常注意沥青混凝土混合料卸落到自卸汽车时，为减少混合料细颗粒的离析现象，宜缩短沥青混合料的下落距离，自卸车不要停在一个位置上受料，在受料过程中要更换几个不同位置。

(2) 沥青混合料运输　沥青混合料的运输，采用大于15t的大型自卸汽车运送沥青混合料到摊铺现场，以减少摊铺机前经常短时换车卸料的情况。运输自卸车的数量应该较拌和能力和摊铺速度有所富余，可保证拌和机制的沥青混合料（含预选储存在成品储料仓内的沥青混合料）及时运送到摊铺现场，并在摊铺机前常保持有4～5车沥青混合料待卸。

运输车辆的车厢应打扫干净。为防止沥青混合料与车厢板黏结，在车厢侧板和底部涂1∶3的柴油水混合液。

在往运料车车厢内装载沥青混合料时，为减少沥青混合料的粗细颗粒离析现象，应缩短出料口到车厢的距离。往车厢内装一斗料，车就移动一次位置。

在非高温季节施工时用棚布覆盖沥青混合料，以保持沥青混合料的温度。在雨季施工时，运料车必须设有防雨棚布。

在摊铺现场应凭运料单收料，并检查沥青混合料的质量，如混合料的颜色是否均匀一致，有无花白料、有无结团或严重离析现象，温度是否在容许的范围内。如混合料的温度过高或过低，应该废弃不用。已结块或已遭雨淋的混合料也应废弃不用。

(3) 摊铺沥青混凝土

① 整幅摊铺　主线采用摊铺宽度≥12m的西安ABG423摊铺机2台（根据本合同段单幅宽度15.70m，两机拟组装8m和7.5m）同时进行梯队整幅摊铺，中间热接缝处理。加宽部分调节摊铺机宽度同时进行梯队整幅摊铺，以消除纵向接缝可能出现的不平整和接缝痕迹。

② 摊铺机摊铺速度　在摊铺沥青混合料过程中，不应随意变更摊铺机的摊铺速度，更应避免中途停顿。摊铺机应该匀速、不停顿地连续摊铺混合料。应将每天必需的停机中断摊铺位置，选放在构造物一端预定做收缩缝的位置。

③ 自动找平方式　摊铺下面层——平衡基准梁。在摊铺下面层时摊铺机安装平衡基准梁做自动找平装置。要求操作手熟练掌握其性能，现场管理人员协控。摊铺中面层和表面层——激光找平装置。在摊铺中、表面层时摊铺机安装激光找平装置。要求操作手在每施工班前认真安装、调试激光找平装置，保证其正常工作。摊铺进行中尽量减少对找平装置的调整使其保持较高的连续性，以达到最佳的平整度。

(4) 摊铺机操作　摊铺机的合理操作是影响面层平整度和密实度的另一重要因素。

为达到保持摊铺机匀速和不停顿作业，确保摊铺速度和摊铺质量这一要求，必须做到连续供料。因此，要选择适当的螺旋分料器转速和进料半闸门开度。

① 熨平板的预热　熨平板必须清理干净，调整好熨平板的高度横坡后，预热熨平板。熨平板的预热温度应接近沥青混合料的温度。熨平板不预热，沥青混合料会黏结在底板上并破坏摊铺层的平整度。反之，熨平板过热会使熨平板变形和沥青焦化，影响面层平整度和强度。

通常每天开始摊铺前，摊铺机前有约五辆满装沥青混合料的自卸车待卸。应将最后到达的自卸车（通常沥青混合料的温度较高）先向摊铺机供料。

② 自卸汽车卸料　测量沥青混合料的温度符合要求后，第一辆自卸车缓慢后退到摊铺机前，轻轻接触摊铺机后，挂空挡，向摊铺机受料斗中缓缓卸料，直到受料斗中料满即停止卸料。

摊铺机边受料边将混合料向后输送到分料室。摊铺机按事先确定的行驶速度 3m/min 起步摊铺混合料。摊铺机起步时应控制好熨平板的标高，同时应有两人专门看护传感器，不让它滑出钢丝绳外并注意不要有钢丝绳滑落现象。在采用浮动基准梁的情况下，每根基准梁前都需要有一人执竹帚及时扫除散落在基准梁轮架行走轨道上的混合料颗粒和其他异物，以保证基准梁与下承层表面平行。

摊铺机起步后边摊铺沥青混合料边推动自卸车前进，同时自卸车继续向受料斗中卸料，第一辆车应尽早卸完料并立即开离，第二车辆应尽快后退到摊铺机前并及时向摊铺机喂料，使新料与受料斗中陈料混合。第二辆自卸车后退到离摊铺机 20～30cm 时即停止并挂空挡，同时准备卸料。摊铺机继续前行摊铺混合料，接触第二辆料车并挂空挡，同时准备卸料，摊铺机继续前行，摊铺机受料斗缓缓卸料。在摊铺过程中还应及时调整摊铺宽度，应避免路缘石内侧沥青混合料不足和过量现象。

(5) 接缝处理　接缝包括纵向接缝和横向接缝（工作缝）两种。接缝处理不好，极容易产生的缺陷是接缝处平整度不好，降低行车的舒适性，并使路面产生下凹或凸起，以及由于接缝处压实度不够和结合强度不足而产生裂纹，甚至松散。

为保证路线纵向的平整度，路面纵缝采用热接缝，即：用两台摊铺机梯队作业，作业期间保持 10～15m 的距离，一台双钢轮专门负责接缝的碾压。质检员也要将检测重点放在接缝平整度的控制上。

应控制每一工作班日最少限度的产生横接缝。在当天施工结束时的横接缝应认真处理。在已铺层顶面顺路面中心线方向，在 2～3 个位置先后放一三米直尺，并找出表面纵直或已铺层开始发生变化的断面（已铺层表面与三米直尺底面开始脱离接触处），然后和锯缝机沿此断面切割成垂直面，并将切缝一侧已铺层不符合要求的部分铲除（也可以人工或机械铲除不符合要求的尾部，形成毛接缝）。此工作在铺筑层碾压结束后的当天完成，并采取措施保证接头不被破坏。

(6) 碾压

① 沥青混凝土压实度的重要意义　碾压是保证沥青混凝土的质量使其物理力学性质和功能特性符合设计要求的重要环节，也是沥青面层施工的最后一道重要工序。合适的、符合要求的碾压既能使沥青面层达到高的压实度，又能使沥青面层有良好的平整度。

② 影响压实效果的因素　碾压时沥青混凝土能达到的压实度主要影响因素包括：碾压温度、碾压层的厚度、碾压机械配备等。

③ 碾压程序　沥青混凝土面层的碾压通常分三个阶段进行，即初压、复压和终压。

a. 初压　第一阶段初压习惯上常称为稳压阶段。由于沥青混合料在摊铺机的熨平板前已经过初步夯实及压实，而且刚摊铺成的混合料的温度不低于 160℃，因此只要用较小的压实功能就可以达到和稳定压实效果。拟用 6～8t 的双轮振动压路机以 2km/h 左右的速度进行碾压 2～3 遍。碾压时驱动轮在前静压匀速前进，后退时沿前进碾压的轮迹行驶并振动碾压。

b. 复压　第二阶段复压是主要的压实阶段。在此阶段至少要达到规定的压实度。因此，复压应该在较高温度下并紧跟在初压后面进行。复压期间的温度不应低于 130℃。通常用双轮振动压路机（用振动压实）和 16t 以上的轮胎压路机同时先后进行碾压。碾压遍数参照铺筑试验段时所得的碾压遍数确定，通常不少于 8 遍。碾压方式与初压相同。

c. 终压　第三阶段终压是消除缺陷和保证面层有较好平整度的最后一步，由于终压要消除复压过程中表面遗留的不平整，因此，沥青混合料也需要有较高的温度。终压常使用静力双轮压路机并应紧接在复压后面进行。终压结束时的温度不应低于沥青面层施工规范中规定的70℃，应尽可能在较高温度（如不低于80℃）下结束终压。

④ 横向接缝的碾压 横向接缝的碾压是碾压工序中的重要一环。碾压时，应先用双轮压路机进行横向（即垂直于路面中心线）碾压。需要时，摊铺层的外层应放置供压路机行驶的垫木。碾压时压路机应主要位于已压实的混合料层上，伸入新铺混合料层的宽度不超过20cm。接着每碾压一遍向新铺混合料移动约20cm，直到压路机全部在新铺层上碾压为止。然后进行正常的纵向碾压。

(7) 交通管制 沥青混合料铺筑完成后，待混合料表面温度低于50℃后方可开放交通，但初期通车时，应使车辆在路面全幅范围内均匀行驶。

沥青混凝土路面质量控制

在已完工的路段上按《公路工程质量检验评定标准》中规定的检测项目及频率进行质量检测。检测完毕后，认真整理检测数据，填写相关表格，并得到监理工程师的签证。整理归档。

4. 质量控制

(1) 质量要求

① 沥青面层施工过程中工程质量检查的内容和要求见表7-1。

**表7-1 沥青面层施工过程中工程质量检查的内容和要求**

| 序号 | 检查项目 | | 检查频率 | 试验方法 |
|---|---|---|---|---|
| 1 | 外观 | | 随时 | 目测 |
| 2 | 接缝 | | 随时 | 目测、用三米直尺测量 |
| 3 | 施工温度 | 出场温度 | 1次/车 | 温度计测量 |
| | | 摊铺温度 | 1次/车 | |
| | | 碾压温度 | 随时 | |
| 4 | 石料级配:与生产设计标准级配的差<br>≥4.75mm<br><2.36mm<br><0.075mm | | 每台拌和机2次/日(上、下午各1次) | 拌和厂取样,用抽取后的矿料筛分,至少检查0.075mm、2.36mm、4.75mm、最大集料粒径及中间粒径5个筛孔 |
| 5 | 沥青用量 | | 每台拌和机2次/日(上、下午各1次) | 拌和厂取样,离心法抽提(用射线法沥青含量测定仪随时检查) |
| 6 | 马歇尔试验稳定度、流值、密度、空隙率 | | 每台拌和机1次/日,每次6个试件 | 拌和厂取样成型试验 |
| 7 | 浸水马歇尔试验 | | 必要时 | 拌和厂取样成型试验 |

② 施工过程中材料质量检查的内容与频率应符合表7-2的规定。

③ 在完工的沥青混凝土面层上，单幅每300m随机钻取芯样1处，检验压实度、厚度和施工孔隙率。

④ 所有取样和检验均应按照工程师的要求办理。

(2) 质量标准

① 外观鉴定

a. 表面平整密实，不应有泛油、松散、裂缝、粗细集料集中等现象。存在缺陷的面积不得超过受检面积的0.03%。

b. 接茬应紧密平顺，烫缝不得枯焦。

表 7-2 施工过程中材料质量检查的内容与频率

| 序号 | 材料 | 检查项目 | 检查频率 |
|---|---|---|---|
| 1 | 粗集料 | 外观(石料品种,扁、平细长颗粒,含泥量等) | 随时 |
| | | 颗粒组成、压碎值、磨光值、洛杉矶磨耗损失 | 必要时 |
| | | 含水量、松方单位重 | 施工需要时 |
| 2 | 细集料 | 颗粒组成 | 必要时 |
| | | 含水量、松方单位重 | 施工需要时 |
| 3 | 矿粉 | 外观 | 随时 |
| | | 含水量、<0.075mm 的含量 | 必要时 |
| 4 | 石油沥青 | 针入度、软化点、延度 | 每 100t 1 次 |
| | | 含蜡量 | 必要时 |

c. 面层与路缘石及其他构筑物应顺接，不得有积水现象。

d. 表面无明显碾压轮迹。

② 实测项目　沥青混凝土面层的允许偏差及检查方法应符合表 7-3 的规定。

表 7-3 沥青混凝土面层检测标准

| 序号 | 检查项目 | | 规定值或允许偏差 | 检查频率 |
|---|---|---|---|---|
| 1 | 压实度/% | | 马歇尔试验密度的 94%,试验段钻孔密度的 98% | 每 200m 每车道 1 处 |
| 2 | 平整度/mm | 标准差 σ | σ=2.5mm;<br>IRI=4.2m/km | 平整度仪:全线每车道连续按每 100m 计算 IRI 或 σ |
| 3 | 弯沉值/0.01mm | | 不大于允许值 | 用 5.4m 弯沉仪每 20m 每车道 1 次 |
| 4 | 抗滑 | 摩擦系数 | 符合设计 | 摆式仪每 200m 测 1 处<br>横向力系数车:全线连续 |
| | | 构造深度 | >0.5mm | 砂铺法:每 200m 测 1 处 |
| 5 | 厚度/mm | 代表值 | −5 | 每 200m 每车道测 1 点 |
| | | 极值 | −10 | |
| 6 | 中线平面偏位/mm | | 20 | 经纬仪:每 200m 不少于 4 个点 |
| 7 | 纵断高程/mm | | ±15 | 水准仪:每 200m 4 个断面 |
| 8 | 宽度/mm | | ±30 | 尺量:每 200m 4 处 |
| 9 | 横坡度/% | | ±0.5 | 水准仪:每 200m 4 处断面(每断面 3 点) |

5. 注意事项

① 随时检测标高。

② 对局部出现的离析要人工筛料弥补。

③ 对碾压产生的推拥现象，人工夯实。

④ 三米直尺逐段丈量平整度，尤其是接头，摊铺停机、压路机换向部位要作为检测控制的重点。要采取横向碾压等方式，使平整度满足要求。

⑤ 表面层原则上不准人工修补、处理，摊铺发现混合料有问题时必须将混合料彻底清除。

所以表面施工一定要精益求精。要求在表面层摊铺前，要对中面层进行彻底检查（主要是平整度，对平整度明显不好的部位采取铣刨、打磨、挖除找补等方法彻底处理，在中面层上处理掉一切问题)。要有完整的检测记录或检测报告，经监理工程师批准后方可铺筑表面层。

表面层一定要做到：表面平整均匀、色泽一致，构造深度、摩擦系数符合要求。

## 第三节　××国道××过境公路施工总结

**【例 7-2】**

一、工程概况

××国道××过境公路是我省境内国省干道中重要的一段，合同段起点桩号 K15＋500，终点桩号 K35＋479 段，位于××区东侧经××、××，承建里程长为 19.96km。

1. 工程施工时间

从 2011 年 4 月 27 日开工，到 2011 年 10 月 4 日主体工程完工，提前完成了工程施工任务。

2. 主要工程量

二灰土底基层 496568$m^2$，水泥稳定碎石基层 491698$m^2$，透层 463005$m^2$，下封层 485347$m^2$，下面层 458175$m^2$，中面层 349029$m^2$，上面层 479365$m^2$，路缘石 4489$m^3$，边沟 5553.7m/1499.5$m^3$，排水沟 2133.7m/3328.5$m^3$。

二、机构组织

1. 项目部管理机构

我公司成立××国道××过境公路合同段项目经理部，实行项目经理部、施工队两级管理体系。项目经理 1 名，项目副经理 1 名，总工 1 名组成领导层，设工程部、质安部、财务部、计划合同部、工地实验室、机械物资部、综合办公室七个职能部门。配置七个专业施工队投入人员 500 多人。

2. 主要管理人员投入情况

(略)

3. 设备投入情况

三、质量管理情况

项目经理部建立完善的质量检测机构，按专业配齐专职人员，建立严格的质量保证制度、管理程序。

1. 质量管理措施

① 建立技术交底制度：分项工程开工前，由主管工程师向施工人员进行技术交底，讲清该工程的技术标准、定位方法、几何尺寸、施工方法和注意事项，使全体施工人员在彻底明确施工对象的情况下投入施工。

② 建立“五不施工”制度，即：未进行技术交底不施工；图纸和技术要求不清楚不施工；测量桩和资料未经换手复核不施工；材料无合格证或试验不合格不施工；上道工序不检查、签证不施工。这样就使整个工程质量达到了有序可控。

③ 对工序实行严格的“三检”，即：自检、互检、交接检。上道工序不合格，不准进入下道工序，确保各道工序的工程质量。

④ 做好原材料的试验鉴定工作，从源头上控制质量。

⑤ 明确质量管理目标责任制，项目部领导分区负责，做到人人有目标，人人有责任。

⑥ 建立严格的施工资料管理制度，施工原始资料的积累和保存设专人负责，确保资料与施工同步。

| 机械名称 | 规格型号 | 数量 | 制造时间及生产厂家 | 使用年限及状况 | 进场日期 |
| --- | --- | --- | --- | --- | --- |
| 挖掘机 | DH265LD | 1 | 2010 年 | 2 年、良好 | 2011-03 |
| 挖掘机 | PC300 | 2 | 2009 年 | 3 年、良好 | 2011-03 |
| 装载机 | ZL-50/徐工 | 10 | 2008 年 | 4 年、良好 | 2011-03 |
| 装载机 | ZL-50/柳工 | 10 | 2008 年 | 4 年、良好 | 2011-03 |
| 装载机 | ZL-50/夏工 | 10 | 2008 年 | 4 年、良好 | 2011-03 |
| 装载机 | ZL-50/龙工 | 10 | 2009 年 | 3 年、良好 | 2011-03 |
| 推土机 | T-220/宣化 | 2 | 2008 年 | 4 年、良好 | 2011-03 |
| 推土机 | T-140/宣化 | 4 | 2009 年 | 3 年、良好 | 2011-03 |
| 平地机 | PY220/三一重工 | 1 | 2008 年 | 3 年、良好 | 2011-03 |
| 平地机 | PY230/三一重工 | 1 | 2008 年 | 4 年、良好 | 2011-03 |
| 振动压路机 | 22t | 6 | 2009 年 | 3 年、良好 | 2011-03 |
| 拖式振动压路机 | 25t | 1 | 2009 年 | 3 年、良好 | 2011-03 |
| 双钢轮振动压路机 | 悍马 HD130 | 2 | 2011 年 | 1 年、良好 | 2011-03 |
| 双钢轮振动压路机 | 宝马 BW203AD | 2 | 2011 年 | 1 年、良好 | 2011-03 |
| 胶轮压路机 | 25t | 2 | 2008 年 | 4 年、良好 | 2011-03 |
| 碎土机 |  | 2 | 2011 年 | 1 年、良好 | 2011-03 |
| 拖式振动羊足碾 | 20t | 1 | 2009 年 | 3 年、良好 | 2011-03 |
| 强制稳定土拌和设备 | WBS 600t/h | 1 | 2011 年 | 1 年、良好 | 2011-03 |
| 强制稳定土拌和设备 | WCB 600t/h | 1 | 2011 年 | 1 年、良好 | 2011-03 |
| 沥青混凝土混合料拌和设备 | LB 4000 | 1 | 2011 年 | 1 年、良好 | 2011-03 |
| 沥青存储设备 |  | 5 | 2009 年 | 3 年、良好 | 2011-03 |
| 摊铺机 | WTD950 | 2 | 2010 年 | 2 年、良好 | 2011-03 |
| 摊铺机 | TD1600 | 1 | 2010 年 | 2 年、良好 | 2011-03 |
| 沥青碎石同步封层车 |  | 1 | 2010 年 | 2 年、良好 | 2011-03 |
| 发电机 | 400kW | 1 | 2011 年 | 1 年、良好 | 2011-03 |
| 洒水车 | 东风 153 | 10 | 2008 年 | 4 年、良好 | 2011-03 |
| 自卸车 |  | 40 | 2010 年 | 2 年、良好 | 2011-03 |
| 沥青洒布车 |  | 1 | 2010 年 | 2 年、良好 | 2011-03 |

⑦ 二级路路面施工时要同时保通，此路段为通向牛家梁乡的主要通道，保通压力大，在这种压力下，更要注重施工质量，不能草率了事，项目部配备保通专职人员，细心开导被堵车辆并保证不影响施工质量时才准予放行，为了施工质量，在不得不封路的条件下，项目部领导非常重视，并申请封闭施工，得到了各界的广泛支持。

2. 施工过程中的自检情况

施工过程中我们始终坚持质量第一的原则，加强实验室职责，抓好试验基础工作，确保各种原材料符合工程要求。对发现的工程质量问题，坚决不放过，该停就停、该返就返，不留一点隐患。

实验室主要开展工作有路面配合比 10 组，水泥检验 190 组，碎石常规及压碎石 405 组，机制砂16次，沥青154次，无侧限件抗压件298组，压实度检测6810点。

3. 对工程的评价

通过对我合同段各分项、分部及单位工程的评定汇总，单位工程合格率达100%，合同段工程质量自检评定得分97.6分，合同段质量等级为合格。没有一项工程是由于施工原因而造成工程质量问题，在管理上做到强管理、狠落实，真正做到了“以质量求生存”的公司理念。

四、施工进度控制

根据合同工期要求，我施工单位能提前完工的具体进度措施如下：

① 重视材料供应。对路面工程来说，质优、量足的原材料是工程实施的前提，因此我们同时分三路派出试验工程师和机械物资部主要人员，同时进行考查订货。

② 制定科学的施工方案，采用先进的施工方法和合理的工艺流程来缩短工期。

③ 开展劳动竞赛活动。为确保完成施工任务，加大了人力、机械设备的投入，严密组织管理，协调各方面的积极性，加快施工进度。

④ 统计工程、制订计划、倒排工期。在工程开工后，项目部组织专人认真统计工程，细致划分，落实责任，并与施工队伍签订施工合同，明确质量要求和进度。根据总工期的要求，项目部倒排工期，认真划分每一道工序，使工作能落到实处。

⑤ 攻克艰难，确保工期目标。由于今年雨水较多，榆阳河大桥早期不能通行，且在K17＋626～K18＋426段路基迟迟不能交出的情况下，我部仍按业主拟定的目标迈进，并综合我标段的实际情况，除克服自然条件影响外还通过以上进度控制措施，增加资源配置，发扬不怕苦、不怕累的工作作风，确保如期完工。

五、施工安全与文明施工情况

1. 施工安全

① 建立健全安全保证体系。项目部成立安全领导小组，由项目经理担任组长，项目副经理和总工为副组长，组员由项目部各职能部门负责人组成。各施工队相应成立队安全检查室，并在各工班设专职安全检查员，自上而下形成安全生产监督，对施工生产进行全过程安全监控。

② 严格执行三级安全教育和技术交底制度，未经安全教育和交底的人员不准上岗作业。

③ 坚持“四全、五到位”原则。四全，即：全员、全过程、全方位、全天候。五到位，即：健全机构到位、批阅安全文件到位、深入现场到位、检查到位、处理问题到位。

④ 编制安全专项施工方案。针对我标段平交、沿线过往车辆较多，经过我们严密组织、编制了《平交地段施工及交通疏导安全专项施工方案》和《边施工边通行的安全专项方案》，在保证正常施工的情况下，也保证了车辆的安全。

2. 文明施工

为保证文明施工，我单位采取了以下几点措施：

① 建立健全各项规章制度，工地现场悬挂文明施工标牌条幅、张贴宣传标语，采用多种形式向项目全员进行文明施工教育，提高全员文明施工意识。

② 拌和厂搭建的临时房屋，合理布置，统一现场标识。

③ 拌和厂各种原材料等布置、堆放有序，并进行标识，做好文明施工。

④ 教育全体员工遵纪守法、行为规范、文明施工，争创文明工地。

⑤ 遵守当地居民的生活习惯，搞好施工队伍与当地政府、人民群众的关系。

六、环境保护与节约用地措施

1. 环境保护

保护环境是为当地人民，为子孙后代造福的大事。施工中，加强环保意识，工程完工后不为当地留下任何后患。施工中采取以下措施：

① 在全体职工中认真开展组织学习和贯彻国家《环境保护法》，结合郊区的环境特点，制定规章制度，认真落实环保法规，增强职工环保意识。

② 地表植被和沿线河流水质保护。在施工场地布置和临时便道设置过程中已将环保纳入了统一规划，尽量利用公路用地，不占或少占荒地。

③ 粉尘污染控制

a. 为减少施工用的粉状材料污染，采用袋装或其他密封方法运输，不得散装散卸，现场存放时，严密覆盖，防止尘埃飞扬。

b. 因建设项目在郊区，为减小沥青混凝土拌和楼对环境的污染，新购了一台水除尘和导热油加热的沥青拌和设备。

c. 临时的施工运输，经常洒水除尘。

④ 加强对施工区和生活区的环境卫生管理，清洗施工机械、设备及工具的废水、废油等有害物质以及生活垃圾集中储积处理，禁止乱堆、乱埋、乱流，影响环境卫生。

⑤ 工程全部完工后，拆除不再使用的临时设施，做到工完料尽、场地清洁。

2. 节约用地

采取的措施是，在拌和厂选址上尽量做到不占用农耕地。生活区、临时设施、队伍生活办公设置在公路征地界内，施工便道设置在永久征地内，这些都极大地减少了占用耕地。

七、施工中新技术、新材料、新工艺的应用情况

在××大学新型路面研究所的指导下，对路面各结构层进行调整。为防止底基层和基层开裂，将底基层变更为二灰土，水泥稳定碎石基层中掺入了粉煤灰；新购了布氏黏度计等检测设备，将中、上面层变更为SBS改性沥青，并对碎石合成级配进行优化；取得了良好的效果。

八、工程款支付情况

工程款已按合同条款全部支付到位。

九、施工体会（略）

## 本章小结

路面实施性施工组织是指导施工的重要文件，是保证工程顺利完成的科学依据，因此在编制时必须进行科学的研究与分析，结合工程的实际和特点。

内容包括：编制依据、编制范围、工程概况及主要工程数量、施工总体方案、工程的施工方法（分专业）、关键技术、工艺要点、工艺要求、施工中采用的新工艺和新技术的整理安排、总工期及进度计划安排、资金使用计划、主要材料、工程设备的使用计划和供应方案及措施、创优规划和质量保证措施、安全保证措施、工期保证措施、环境保护措施等。

# 第八章　实　训

## 实训一　沥青路面结构设计

**一、实训目的**

沥青路面实训是一个重要的教学环节。学生通过完成实训作业，进一步系统、全面地掌握沥青路面相关基础知识：路面各结构层材料的选择，设计参数的确定，路面各结构组合，熟悉新建沥青路面厚度设计流程。

**二、实训步骤**

① 熟悉课本中的相关知识。

② 根据沥青路面设计内容，结合下面给出的资料，逐步完成：结构层组合设计，选定路面结构层所用的材料，路面结构计算。

③ 参考相关示例完成道路结构图的绘制，图幅尺寸为 $A_3$。

**三、实训要求**

① 学生应在教师的指导下独立完成实训，允许同学间相互研究讨论交流，但不得抄袭他人成果。

② 图纸要按规定的图幅尺寸，图纸要完整、整洁，计算数据要准确。

**四、实训资料**

某地新建一条一级公路（四车道），路面设计年限为 15 年，预测该路竣工后第一年的交通组成如表 8-1 所示，在使用期内交通量年均增长率为 15%。该路段处于Ⅳ区，为粉质土，稠度为 1.00，沿线有大量碎石集料，并有石灰供用。试用电算法进行路面结构层组合设计并绘制道路结构图。

**表 8-1　交通组成**

| 车型 | 三菱 T653B | 黄河 JN163 | 江淮 HF150 | 太脱拉 138S | 湘江 HQP40 | 东风 EQ155 |
|---|---|---|---|---|---|---|
| 交通量/(次/日) | 300 | 300 | 300 | 200 | 400 | 400 |

## 实训二　水泥混凝土路面结构设计

**一、实训目的**

水泥混凝土路面实训是一个重要的教学环节。学生通过完成实训作业，进一步系统、全面地掌握水泥混凝土路面相关基础知识：面板尺寸的制定，路面各结构层材料的选择，设计参数的确定，路面各结构组合，掌握新建普通水泥混凝土面板厚度的计算。

**二、实训步骤**

① 熟悉课本中的相关知识。

② 根据沥青路面设计内容，结合下面给出的资料，逐步完成：面板尺寸的制定，结构层组合设计，选定路面结构层所用的材料，面板厚度计算。

③ 参考相关示例完成道路结构图的绘制，图幅尺寸为 $A_3$。

**三、实训要求**

① 学生应在教师的指导下独立完成实训。

② 图纸要按规定的图幅尺寸，图纸要完整、整洁，计算数据要准确。

**四、实训资料**

某地新建一条二级公路，该路段自然区划为Ⅱ区，为粉质土，拟采用普通混凝土路面，路面宽 9m。经交通调查设计车道使用初期标准轴载日作用次数为 2200。试设计该路面结构并绘制道路结构图。

# 实训三　路面几何尺寸检测

**一、实训目的**

① 了解路面几何尺寸检测项目与要求。

② 掌握检测方法，学会处理数据。

**二、实训器具**

① 长度量具：钢卷尺。

② 经纬仪、精密水准仪、塔尺或全站仪。

③ 其他：粉笔等。

**三、实训内容**

① 路面宽度检测。

② 纵断面高程检测。

③ 路拱横坡检测。

④ 中线偏位检测。

**四、实训步骤**

1. 准备工作

① 在路基或路面上准确恢复桩号。

② 根据有关施工规范或《公路工程质量检验评定标准　土建工程》（JTG F80/1—2004）的要求，在一个检测路段内选取测定的断面位置及里程桩号，在测定断面做标记。将路面宽度、横坡、高程及中线平面偏位选取在同一断面位置，且宜在整数桩号上测定。

③ 根据道路设计的要求，确定路基路面各部分的设计宽度的边界位置。在测定位置上用粉笔做记号。

④ 根据道路设计的要求，确定设计高程的纵断面位置。在测定位置上用粉笔做记号。

⑤ 根据道路设计的要求，在与中线垂直的横断面上确定成型后路面的实际中心线位置。

⑥ 根据道路设计的路拱形状，确定曲线与直线部分的交界位置及路面与路肩（或硬路肩）的交界处，作为横坡检验的基准；当有路缘石或中央分隔带时，以两侧路缘石边缘为横坡测定的基准点，用粉笔做记号。

2. 路基路面各部分的宽度及总宽度测试步骤

用钢尺沿中心线垂直方向水平量取路基各部分的宽度，以米表示，对高速公路及一级公路，准确至 0.005m；对其他等级公路，准确至 0.01m。测量时钢尺应保持水平，不得将尺紧贴路面量取，也不得使用皮尺。

3. 纵断面高程测试步骤

① 将精密水准仪架设在路面平顺处调平，将塔尺竖立在中线的测定位置上，以路线附近的水准点高程作为基准。测记测定点的高程读数，以米表示，准确至0.001m。

② 连续测定全部测点，并与水准点闭合。

4. 横坡测试步骤

将精密水准仪架设在路基平顺处调平，将塔尺分别竖立在路拱曲线与直线部分的交界位置$d_1$及行车道与路肩（或硬路肩）的交界位置$d_2$处，$d_1$与$d_2$两测点必须在同一横断面上，测量$d_1$与$d_2$处的高程，记录高程读数，以米表示，准确至0.001m。

用钢尺测量两测点的水平距离，以米表示，对高速公路及一级公路，准确至0.005m；对其他等级公路，准确至0.01m。

5. 中线偏位测试步骤

① 有中线坐标的道路：首先从设计资料中查出待测点$P$的设计坐标，用经纬仪对该设计坐标进行放样，并在放样点$P'$做好标记，量取$PP'$的长度，即为中线平面偏位$\Delta_{CL}$，以毫米表示。对高速公路及一级公路，准确至5mm；对其他等级公路，准确至10mm。

② 无中线坐标的低等级道路：应首先恢复交点或转点，实测偏角和距离，然后采用链距法、切线支距法或偏角法等传统方法敷设道路中线的设计位置，量取设计位置与施工位置之间的距离，即为中线平面偏位$\Delta_{CL}$，以毫米表示，准确至10mm。

## 五、实训报告

① 以评定路段为单位列出桩号、宽度、高程、横坡以及中线偏位测定的记录表，记录平均值、标准差、变异系数。注明不符合规范要求的断面。

② 纵断面高程测试报告中应报告实测高程与设计高程的差值，低于设计高程为负，高于设计高程为正。

③ 横坡测试报告中应报告实测横坡与设计横坡的差值。实测横坡小于设计横坡差值为负；实测横坡大于设计横坡差值为正。

## 六、记录表格（见表8-2）

**表8-2　路基路面几何尺寸检测记录表**

工程名称：　　　　路段桩号：　　　　结构名称：　　　　检验者：

计算者：　　　　校核者：　　　　检验日期：

| 序号 | 测点桩号 | 纵断高程/m | | | 横坡/% | | | 宽度/m | | | 路面厚度/cm | | | 路基边坡/% | | | 中线偏位/mm |
|---|---|---|---|---|---|---|---|---|---|---|---|---|---|---|---|---|---|
| | | 实测值 | 设计值 | 差值/mm | 实测值 | 设计值 | 差值/mm | 实测值 | 设计值 | 差值/mm | 实测值 | 设计值 | 差值/mm | 实测值 | 设计值 | 差值/mm | 实测值 |
| | | | | | | | | | | | | | | | | | |
| | | | | | | | | | | | | | | | | | |
| | | | | | | | | | | | | | | | | | |
| | | | | | | | | | | | | | | | | | |

## 七、实训问答

① 路面几何尺寸检测项目有哪几项？

② 路面几何尺寸检测方法有哪些？

# 实训四　钻孔取芯法测定路面结构层厚度

## 一、实训目的

① 掌握路面结构层测定方法。

② 熟悉钻孔取芯法试验步骤。

## 二、实训器具

① 路面取芯样钻机及钻头、冷却水。

钻头的标准直径为 $\phi$100mm，如芯样仅供测量厚度，不做其他试验用时，对沥青面层与水泥混凝土面板可采用直径 $\phi$50mm 的钻头；对基层材料有可能损坏试件时，也可用直径 $\phi$150mm 的钻头，但钻孔深度均必须达到层厚。

② 量尺：钢板尺、钢卷尺、卡尺。

③ 补坑材料：与检查层位的材料相同。

④ 补坑用具：夯、热夯、水等。

⑤ 其他：搪瓷盘、棉纱等。

## 三、实训内容

钻孔取芯法测定结构层厚度。

## 四、实训步骤

① 根据现行规范的要求，随机取样决定钻孔检查的位置。如为旧路，该点有坑洞等显著缺陷或接缝时，可在其旁边检测。

② 按“路面钻孔及切割取样方法”（T0901）钻取路面芯样，芯样的直径应符合要求，钻孔深度必须达到检测层层底。

③ 仔细取出芯样，清除底面灰土，找出与下层的分界面。

④ 用钢板尺或卡尺沿圆周对称的十字方向四处量取表面至上下层界面的高度，取其平均值，即为检测层的厚度，准确至 1mm。

## 五、实训报告

路面厚度检测报告应列表填写，并记录与设计厚度之差，不足设计厚度为“－”，大于设计厚度为“＋”。

## 六、记录表格（见表 8-3）

**表 8-3　路面厚度检测记录表**

工程名称：　　路段桩号：　　结构层名称：

检验者：　　计算者：　　校核者：　　检测日期：

| 测点位置 | 实测厚度 $T_{1i}$/mm | 设计厚度 $T_{0i}$/mm | 差值 $\Delta T_i$/mm | 各测点实测厚度统计计算 |
|---|---|---|---|---|
| | | | | |
| | | | | |
| | | | | |

## 七、实训问答

① 基层和砂石路面、沥青面层及水泥混凝土板的厚度分别用什么方法检测？

② 如何进行路面结构层厚度评定？

# 实训五　钻芯法测定沥青面层压实度

## 一、实训目的

① 了解本方法适合条件。

② 熟悉本方法试验步骤。

## 二、实训器具

① 路面取芯钻机。

② 天平：感量不大于 0.1g。

③ 水槽。

④ 吊篮。

⑤ 石蜡。

⑥ 其他：卡尺、毛刷、小勺、取样袋（容器）、电风扇。

## 三、实训内容

钻芯法测定沥青面层压实度。

## 四、实训步骤

1. 钻取芯样

按现行《公路路基路面现场测试规程》（JTG E60—2008）中“路面钻孔及切割取样方法”钻取路面芯样，芯样直径不宜小于 $\phi$100mm。当一次钻孔取得的芯样包含不同层位的沥青混合料时，应根据结构组合情况用切割机将芯样沿各层结合面锯开分层进行测定。

2. 测定试件密度

① 将钻取的试件在水中用毛刷轻轻刷净沾附的粉尘。如试件边角有浮松颗粒，应仔细清除。

② 将试件晾干或用电风扇吹干不少于 24h，直至恒重。

③ 按现行《公路工程沥青及沥青混合料试验规程》（JTJ 052—2000）规定的方法，测定试件密度 $\rho_s$。

3. 确定计算压实度的标准密度

## 五、实训报告

报告应记载压实度检查的标准密度及依据，并列表表示各测点的试验结果。

## 六、实训记录表（见表 8-4）

**表 8-4　压实度检测表（钻芯法）**

工程名称：　　　水的密度：　　　标准密度：　　　最佳沥青含量：

试验日期：　　　检验者：　　　计算者：　　　校核者：

| 测点桩号 | 取样位置 | 路面层次 | 试样编号 | 试样质量 $m_a$/g | 试样表干质量 $m_f$/g | 试样水中质量 $m_w$/g | 试样体积 $V$/$cm^3$ | 毛体积密度或视密度 $\rho_s$/($g/cm^3$) | 压实度 $K$/% |
|---|---|---|---|---|---|---|---|---|---|
| | | | | | | | | | |
| | | | | | | | | | |
| | | | | | | | | | |
| | | | | | | | | | |
| | | | | | | | | | |
| | | | | | | | | | |
| | | | | | | | | | |
| | | | | | | | | | |

七、实训问答

① 在什么条件下适用钻芯法测定沥青路面压实度？

② 如何计算压实度？

# 实训六　弯沉检测（贝克曼梁法）

一、实训目的

① 熟悉路面弯沉仪结构。

② 处理试验数据。

二、实训器具

① 标准车：双轴，后轴双侧 4 轮的载重车。

② 路面弯沉仪：由贝克曼梁、百分表及表架组成。

③ 接触式路表温度计：端部为平头，分度不大于 1℃。

④ 其他：皮尺、口哨、白油漆或粉笔、指挥旗等。

三、实训内容

贝克曼梁法测定弯沉。

四、实训步骤

1. 准备工作

① 检查并保持测定用标准车的车况及制动性能良好，轮胎胎压符合规定充气压力。

② 向汽车车槽中装载（铁块或集料），并用地中衡称量后轴总质量及单侧轮荷载，均应符合要求的轴重规定，汽车行驶及测定过程中，轴重不得变化。

③ 测定轮胎接地面积：在平整光滑的硬质路面上用千斤顶将汽车后轴顶起，在轮胎下方铺一张新的复写纸和一张方格纸，轻轻落下千斤顶，即在方格纸上印上轮胎印痕，用求积仪或数方格的方法测算轮胎接地面积，准确至 $0.1cm^2$。

④ 检查弯沉仪百分表量测灵敏情况。

⑤ 当在沥青路面上测定时，用路表温度计测定试验时气温及路表温度（一天中气温不断变化，应随时测定），并通过气象台了解前 5 天的平均气温（日最高气温与最低气温的平均值）。

⑥ 记录沥青路面修建或改建材料、结构、厚度、施工及养护等情况。

2. 测试步骤

① 在测试路段布置测点，其距离随测试需要而定。测点应在路面行车车道的轮迹带上，并用白油漆或粉笔画上标记。

② 将试验车后轮轮隙对准测点后约 3～5cm 的位置上。

③ 将弯沉仪插入汽车后轮之间的缝隙处，与汽车方向一致，梁臂不得碰到轮胎，弯沉仪测头置于测点上（轮隙中心前方 3～5cm 处），并安装百分表于弯沉仪的测定杆上，百分表调零，用手指轻轻叩打弯沉仪，检查百分表应稳定回零。

弯沉仪可以是单侧测定，也可以是双侧同时测定。

④ 测定者吹哨发令指挥汽车缓缓前进，百分表随路面变形的增加而持续向前转动。

⑤ 当表针转动到最大值时，迅速读取初读数 $L_1$。汽车仍在继续前进，表针反向回转，待汽车驶出弯沉影响半径（约 3m 以上）后，吹口哨或挥动指挥红旗，汽车停止。待表针回转稳定后，再次读取终读数 $L_2$。汽车前进的速度宜为 5km/h 左右。

**五、实训报告**

① 弯沉测定表读数、支点变形修正值、测试时的路面温度。

② 每一个评定路段的各测点弯沉的平均值、标准差及代表弯沉。

**六、实训记录表格**（见表 8-5）

**表 8-5 回弹弯沉试验记录表**

路线名称： 试验车型号： 气温： 路面温度：

单轮当量圆直径： 后轴重： 车轮单位压力： 检验者：

计算者： 校核者： 检验日期：

| 编号 | 测定桩号 | 百分表读数/0.01mm | | | | 支点变形修正值/0.01mm $(L_3-L_4)\times 6$ | 温度修正系数 $K$ | 回弹弯沉/0.01mm | 路况 | 计算结果 |
|---|---|---|---|---|---|---|---|---|---|---|
| | | 初读数 $L_1$ | | 终读数 $L_2$ | | | | | | |
| | | 左 | 右 | 左 | 右 | | | | | |
| | | | | | | | | | | $\overline{L}=$<br>$S=$<br>$L_r=$ |
| | | | | | | | | | | |
| | | | | | | | | | | |
| | | | | | | | | | | |

**七、实训问答**

① 贝克曼梁法如何评定弯沉值？

② 检测过程中的注意事项有哪些？

③ 哪些条件下适用贝克曼梁法测定弯沉？

# 实训七 弯沉检测（落锤式弯沉仪法）

**一、实训目的**

掌握本方法试验步骤。

**二、实训器具**

落锤式弯沉仪：简称 FWD，由荷载发生装置、弯沉检测装置、运算控制系统与车辆牵引系统等组成。

**三、实训内容**

落锤式弯沉仪测定弯沉。

**四、实训步骤**

1. 准备工作

① 调整重锤的质量及落高，使重锤的质量及产生的冲击荷载符合的要求。

② 在测试路段的路基或路面各层表面布置测点，其位置或距离随测试需要而定。当在路面表面测定时，测点宜布置在行车道的轮迹带上。测试时，还可利用距离传感器定位。

③ 检查 FWD 的车况及使用性能，用手动操作检查，各项指标符合仪器规定要求。

④ 将 FWD 牵引至测定地点，将仪器打开，进入工作状态。牵引 FWD 行驶的速度不宜超过 50km/h。

⑤ 对位移传感器按仪器使用说明书进行标定，使之达到规定的精度要求。

2. 测试步骤

① 承载板中心位置对准测点，承载板自动落下，放下弯沉装置的各个传感器。

② 启动落锤装置，落锤瞬即自由落下；冲击力作用于承载板上，又立即自动提升至原来位置固定。同时，各个传感器检测结构层表面变形，记录系统将位移信号输入计算机，并得到峰值，即路面弯沉，同时得到弯沉盆。每一测点重复测定应不少于三次，除去第一个测定值，取以后几次测定值的平均值作为计算依据。

③ 提起传感器及承载板，牵引车向前移动至下一个测点，重复上述步骤，进行测定。

**五、实训报告**

① 报告应包括下列内容：各测点的最大弯沉及弯沉盆测定数据；每一个评定路段全部测点弯沉的平均值、标准差、变异系数及代表弯沉。

② 如与贝克曼梁弯沉仪进行了对比试验，还应报告相关关系式、相关系数、换算的回弹弯沉。

**六、实训记录表格**（见表 8-6）

**表 8-6 落锤式弯沉仪测定弯沉记录表**

工程名称： 路段桩号： 检 验 者：

计 算 者： 校 核 者： 检测日期：

| 编号 | 桩号 | 弯沉值 | 平均值 | 标准差 | 变异系数 |
|---|---|---|---|---|---|
| | | | | | |
| | | | | | |
| | | | | | |
| | | | | | |
| | | | | | |

**七、实训问答**

① 在什么条件下适用落锤式弯沉仪测定弯沉？

② 本方法与贝克曼梁法试验步骤的区别有哪些？

# 实训八 平整度检测（三米直尺法）

**一、实训目的**

掌握三米直尺法检测路面平整度。

**二、实训器具**

① 三米直尺：测量基准面长度为 3m，基准面应平直，用硬木或铝合金钢等材料制成。

② 最大间隙测量器具

a. 楔形塞尺：硬木或金属制的三角形塞尺，有手柄。塞尺的长度与高度之比不小于 10，宽度不大于 15mm，边部有高度标记，刻度读数分辨率小于或等于 0.2mm。

b. 深度尺：金属制的深度测量尺，有手柄。深度尺测量杆端头直径不小于 10mm，刻度读数分辨率小于或等于 0.2mm。

③ 其他：皮尺或钢尺、粉笔等。

**三、实训内容**

三米直尺法检测路面平整度。

## 四、实训步骤

1. 准备工作

① 按有关规范规定选择测试路段。

② 测试路段的测试地点选择：公路路面工程质量检查验收或进行路况评定，每 200m 测 2 处，每处连续测量 10 尺。除特殊需要外，应以行车道一侧车轮轮迹（距车道线 0.8～1.0m）作为连续测定的标准位置。

③ 清扫测定位置处的污物。

2. 测试步骤

① 施工过程中检测时，按根据需要确定的方向，将三米直尺摆在测试地点上。

② 目测三米直尺底面与路面表面之间的间隙情况，确定最大间隙的位置。

③ 用有高度标线的塞尺塞进间隙处，量测其最大间隙的高度（mm）；或者用深度尺在最大间隙位置量测直尺上顶面距地面的深度，该深度减去尺高即为测试点的最大间隙的高度，准确至 0.2mm。

## 五、实训报告

单杆检测应随时记录测试位置及检测结果。连续测定 10 尺时，应报告平均值、不合格尺数、合格率。

## 六、实训记录表格（见表 8-7 和表 8-8）

**表 8-7　平整度检测记录表**（三米直尺法）

工程名称：　　　施工单位：　　　结构层类型：　　　检测日期：

| 桩号 | 读数/mm | | | | | | | | | | 最大值/mm |
|---|---|---|---|---|---|---|---|---|---|---|---|
| | | | | | | | | | | | |
| | | | | | | | | | | | |
| | | | | | | | | | | | |
| 本段检测点数　个，合格点数　个，合格率　%。 | | | | | | | | | | | |

**表 8-8　平整度检测汇总表**（三米直尺法）

工程名称：　　　结构名称：　　　规定值：　　　路段桩号：

检验者：　　　计算者：　　　校核者：　　　检验日期：

| 测定区间桩号 | 测尺序号或桩号 | 最大间隙/mm | 合格尺数 | 合格率/% | 平均值/mm |
|---|---|---|---|---|---|
| | | | | | |
| | | | | | |
| | | | | | |
| | | | | | |
| | | | | | |
| | | | | | |
| | | | | | |
| | | | | | |
| | | | | | |
| | | | | | |
| | | | | | |
| | | | | | |
| | | | | | |
| | | | | | |
| | | | | | |
| | | | | | |

**七、实训问答**

① 本检测方法注意事项有哪些?

② 本检测方法适用条件是什么?

# 实训九 平整度检测（连续式平整度仪法）

**一、实训目的**

熟悉仪器，掌握检测方法，并记录数据。

**二、实训器具**

① 连续式平整度仪。

② 牵引车：小型面包车或其他小型牵引车。

③ 皮尺或测绳。

**三、实训内容**

连续式平整度仪测定路面平整度。

**四、实训步骤**

1. 准备工作

① 选择测试路段。

② 当施工过程中质量检测需要时，测试地点根据需要决定；当为路面工程质量检查验收或进行路况评定需要时，通常以行车道一侧车轮轮迹带作为连续测定的标准位置。对旧路已形成车辙的路面，取一侧车辙中间位置为测定位置。当以内侧轮迹（或外侧轮迹带）作为测定位置时，测定位置距车道标线 80～100cm。

③ 清扫路面测定位置处的杂物。

④ 检查仪器，检测箱各部分是否完好、灵敏，并将各连接线接妥，安装记录设备。

2. 测试步骤

① 将连续式平整度仪置于测试路段路面起点上。

② 在牵引汽车的后部，将连续式平整度仪与牵引汽车连接好，按照仪器使用手册，依次完成各项操作。

③ 启动牵引汽车，沿道路纵向行驶，横向位置保持稳定。

④ 确认连续式平整度仪工作正常。牵引连续式平整度仪应保持匀速，速度宜为 5km/h，最大不得超过 12km/h。

在测试路段较短时，亦可用人力拖拉平整度仪测定路面的平整度，但拖拉时应保持匀速前进。

**五、实训报告**

列表报告每一评定路段内各区间的平整度标准差，各评定路段平整度的平均值、标准差、变异系数以及不合格区间数。

**六、实训记录表格**（见表 8-9）

**七、实训问答**

① 本方法优点有哪些?

② 如何进行数据处理与评定?

**表 8-9　平整度检测记录**（连续式平整度仪法）

工程名称：　　结构名称：　　规定值：　　路段桩号：

检 验 者：　　计 算 者：　　校核者：　　检验日期：

| 测定区间桩号 | 序号 | 标准差/mm | 平均值/mm | 标准差/mm | 变异系数/% | 合格区间数 | 合格率/% |
| --- | --- | --- | --- | --- | --- | --- | --- |
| | | | | | | | |
| | | | | | | | |
| | | | | | | | |
| | | | | | | | |

# 实训十　摆式仪法测定沥青路面摩擦系数

## 一、实训目的

掌握检测方法及原理。掌握检测步骤并进行数据处理。

## 二、实训器具

① 摆式仪。

② 橡胶片。

③ 滑动长度量尺：长 126mm。

④ 喷水壶。

⑤ 硬毛刷。

⑥ 路面温度计：分度不大于 1℃。

⑦ 其他：扫帚、记录表格等。

## 三、实训内容

摆式仪测定路面摩擦系数。

## 四、实训步骤

1. 准备工作

① 检查摆式仪的调零灵敏情况，并定期进行仪器的标定。

② 按《公路路基路面现场测试规程》附录 A 的方法，进行测试路段的取样选点。在横断面上测点应选在行车道轮迹处，且距路面边缘应不小于 1m。

2. 试验步骤

（1）清洁路面

用扫帚或其他工具将测点处的路面打扫干净。

（2）仪器调平

① 将仪器置于路面测点上，并使摆的摆动方向与行车方向一致。

② 转动底座上的调平螺栓，使水准泡居中。

（3）调零

① 放松紧固把手，转动升降把手，使摆长高并能自由摆动，然后旋紧紧固把手。

② 将摆固定在右侧悬臂上，使摆处于水平释放位置，并把指针拨至右端与摆杆平行处。

③ 按下释放开关，使摆向左带动指针摆动。当摆达到最高位置后下落时，用手将摆杆接住，此时指针应指零。

④ 若不指零时，可稍旋紧或放松摆的调节螺丝。

⑤ 重复本项操作，直至指针指零。调零允许误差为±1。

(4) 校核滑动长度

① 让摆处于自然下垂状态，松开紧固把手，转动升降把手，使摆下降。与此同时，提起举升柄使摆向左侧移动，然后放下举升柄使橡胶片下缘轻轻触地，紧靠橡胶片摆放滑动长度量尺，使量尺左端对准橡胶片下缘；再提起举升柄使摆向右侧移动，然后放下举升柄使橡胶片下缘轻轻触地，检查橡胶片下缘应与滑动长度量尺的右端齐平。

② 若齐平，则说明橡胶片两次触地的距离（滑动长度）符合 126mm 的规定。校核滑动长度时，应以橡胶片长边刚刚接触路面为准，不可借摆的力量向前滑动，以免标定的滑动长度与实际不符。

③ 若不齐平，升高或降低摆或仪器底座的高度。微调时用旋转仪器底座上的调平螺丝调整仪器底座高度的方法比较方便，但需注意保持水准泡居中。

④ 重复上述动作，直至滑动长度符合 126mm 的规定。

(5) 将摆固定在右侧悬臂上，使摆处于水平释放位置，并把指针拨至右端与摆杆平行处。

(6) 用喷水壶浇洒测点，使路面处于湿润状态。

(7) 按下右侧悬臂上的释放开关，使摆在路面滑过。当摆杆回落时，用手接住，但不记录读数。然后使摆杆和指针重新置于水平释放位置。

(8) 重复 (6) 和 (7) 的操作 5 次，并读记每次测定的摆值。

单点测定的 5 个值中最大值与最小值的差值不得大于 3。如差值大于 3 时，应检查产生的原因，并再次重复上述各项操作，至符合规定为止。

取 5 次测定的平均值作为单点的路面抗滑值（即摆值 $BPN_T$），取整数。

(9) 在测点位置上用温度计测潮湿路表温度，准确至1℃。

(10) 每个测点由 3 个单点组成，即需按以上方法在同一测点处平行测定 3 次，以 3 次测定结果的平均值作为该测点的代表值（准确至 1mm）。3 个单点均应位于轮迹带上，单点间距离 3～5m。该测点的位置以中间单点的位置表示。

**五、实训报告**

报告应包含如下内容：

① 路面单点测定值 $BPN_T$ 经温度修正后的 $BPN_{20}$、现场温度、3 次的平均值。

② 评定路段路面抗滑值的平均值、标准差、变异系数。

**六、实训记录表格**（见表 8-10）

**表 8-10　沥青路面抗滑性能试验记录表**

工程名称：　　　　结构名称：　　　　规定值：　　　　路段桩号：

检 验 者：　　　　计 算 者：　　　　校核者：　　　　检验日期：

| 起点/m | | 路段长/m | | | 固定间距/m | 200 |
|---|---|---|---|---|---|---|
| 摩擦系数检测 | | | | | | |
| 桩号 | 摆值 | | | | | 平均值 $F_{BT}$ (BPN) | 结论 |
| | 1 | 2 | 3 | 4 | 5 | | |
| | | | | | | | ≥　合格 |
| | | | | | | | ≥　合格 |
| | | | | | | | ≥　合格 |
| | | | | | | | ≥　合格 |
| | | | | | | | ≥　合格 |

**七、实训问答**

① 本方法的适用条件是什么?

② 如何进行抗滑温度修正?

# 实训十一　手工铺砂法测定构造深度

**一、实训目的**

掌握本方法试验步骤。

**二、仪具与材料**

① 人工铺砂仪：由圆筒、推平板组成。

② 量砂：足够数量的干燥洁净的匀质砂，粒径为 0.15～0.3mm。

③ 量尺：钢板尺、钢卷尺，或采用专用的构造深度尺。

④ 其他：装砂容器（小铲）、扫帚或毛刷、挡风板等。

**三、实训内容**

手工铺砂法测定路面构造深度。

**四、实训步骤**

1. 准备工作

① 量砂准备：取洁净的细砂晾干、过筛，取 0.15～0.3mm 的砂置于适当的容器中备用。量砂只能在路面上使用一次，不宜重复使用。回收砂必须经干燥、过筛处理后方可使用。

② 对测试路段按随机取样选点的方法，决定测点所在横断面位置。测点应选在行车道的轮迹带上，距路面边缘不应小于 1m。

2. 试验步骤

① 用扫帚或毛刷子将测点附近的路面清扫干净，面积不小于 30cm×30cm。

② 用小铲向圆筒中注满砂，手提圆筒上方，在硬质路面上轻轻地叩打 3 次，使砂密实，补足砂面用钢尺一次刮平。不可直接用量砂筒装砂，以免影响量砂密度的均匀性。

③ 将砂倒在路面上，用底面粘有橡胶片的推平板，由里向外重复做摊铺运动，稍稍用力将砂细心地尽可能向外摊开，使砂填入凹凸不平的路表面的空隙中，尽可能将砂摊成圆形，并不得在表面上留有浮动余砂。注意摊铺时不可用力过大或向外推挤。

④ 用钢板尺测量所构成圆的两个垂直方向的直径，取其平均值，准确至 5mm。

⑤ 按以上方法，同一处平行测定不少于 3 次，3 个测点均位于轮迹带上，测点间距 3～5m。该处的测定位置以中间测点的位置表示。

**五、实训报告**

① 列表逐点报告：路面构造测定值 3 次测定的平均值，当平均值小于 0.2mm 时，试验结果以小于 0.2mm 表示。

② 每一个评定区间路面构造深度的平均值、标准差与变异系数。

**六、实训记录表格**（见表 8-11）

**七、实训问答**

① 本方法适合于什么条件?

② 本方法在试验过程应注意的问题有哪些?

③ 如何计算路面表面构造深度?

表 8-11 手工铺砂法测定构造深度记录表

工程名称： 结构名称： 规定值： 路段桩号：
检 验 者： 计 算 者： 校核者： 检验日期：

| 测试地点 | | 构造深度 | | | | 路况描述 | 备注 |
|---|---|---|---|---|---|---|---|
| 桩号 | 横距/m | 1 | 2 | 3 | 平均值 | | |
| | | | | | | | |
| | | | | | | | |
| 测点数 | | 规定值 | 平均值 | 标准差 | | 变异系数 | 合格率 |

# 实训十二 电动铺砂仪测试路面构造深度

## 一、实训目的

掌握本试验方法的适用条件及步骤，并进行数据处理。

## 二、实训器具

① 电动铺砂仪。

② 量砂：足够数量的干燥洁净的匀质砂，粒径为 0.15～0.3mm。

③ 标准量筒：容积 50mL。

④ 玻璃板：面积大于铺砂器，厚 5mm。

⑤ 其他：直尺、扫帚、毛刷等。

## 三、实训内容

电动铺砂仪测试路面构造深度。

## 四、实训步骤

1. 准备工作

① 量砂准备：取洁净的细砂，晾干过筛，取 0.15～0.3mm 的砂置于适当的容器中备用。量砂只能在路面上使用一次，不宜重复使用。

② 对测试路段按随机取样选点的方法，决定测点所在横断面位置。测点应选在行车道的轮迹带上，距路面边缘应不小于 1m。

2. 电动铺砂器标定

① 将铺砂器平放在玻璃板上，将砂漏移至铺砂器端部。

② 使灌砂漏斗口和量筒口大致齐平。通过漏斗向量筒中缓缓流入准备好的量砂至高出量筒成尖顶状，用直尺沿筒口一次刮平，其容积为 50mL。

③ 使漏斗口与铺砂器砂漏上口大致齐平。将砂通过漏斗均匀倒入砂漏，漏斗前后移动，使砂的表面大致齐平，但不得用任何其他工具刮动砂。

④ 开动电动机，使砂漏向另一端缓缓运动，量砂沿砂漏底部铺成图 6-16 所示的宽 5cm 的带状，待砂全部漏完后停止。

⑤ 重复标定 3 次，取平均值 $L_0$，准确至 1mm。

**【注意】** 标定应在每次测试前进行，用同一种量砂，由承担测试的同一试验员进行。

3. 测试步骤

① 将测试地点用毛刷刷净，面积大于铺砂仪。

② 将铺砂仪沿道路纵向平稳地放在路面上，将砂漏移至端部。

③ 按电动铺砂器标定，在测试地点摊铺 50mL，量取摊铺长度。

④ 按以上方法，同一处平行测定不少于 3 次，3 个测点均位于轮迹带上，测点间距 3～5m。该处的测定位置以中间测点的位置表示。

**五、实训报告**

① 列表逐点报告路面构造深度的测定值及 3 次测定的平均值，当平均值小于 0.2mm 时，试验结果以<0.2mm 表示。

② 每一个评定区间路面构造深度的平均值、标准差、变异系数。

**六、实训记录表格**（见表 8-12）

**表 8-12 电动铺砂仪测试路面构造深度记录表**

工程名称： 合同号： 编号：

| 任务单号 | | 试验环境 | |
|---|---|---|---|
| 试验日期 | | 试验设备 | |
| 试验规程 | | 试验人员 | |
| 评定标准 | | 复核人员 | |

施工单位________ 工程部位________

现场桩号________ 试样描述________

| 测点位置 | | $L_0$ /mm | $t_0$ /mm | $L_1$ /mm | $L_2$ /mm | $L$ /mm | 构造深度 TD/mm | | 备注 |
|---|---|---|---|---|---|---|---|---|---|
| 桩号 | 横距/m | | | | | | 单值 | 平均 | |
| | | | | | | | | | |
| | | | | | | | | | |
| | | | | | | | | | |
| | | | | | | | | | |
| | | | | | | | | | |
| | | | | | | | | | |
| 设计值/mm | | | 平均值/mm | | | 标准差/mm | | | |
| 变异系数/% | | | 测点数 | | | | 合格率/% | | |
| 结论： | | | | | | | | | |

**七、实训问答**

① 本方法的适用条件是什么？

② 叙述本方法的测试步骤。

# 实训十三 小梁法测定混凝土弯拉强度

**一、实训目的**

掌握本方法试验步骤及适用条件。

**二、实训器具**

① 压力机或万能试验机。

② 弯拉试验装置。

③ 试件

试件尺寸：水泥混凝土弯拉强度试验标准试件尺寸为150mm×150mm×550mm或150mm×150mm×600mm，同时在试件长向中部1/3区段内表面不得有直径超过5mm、深度超过2mm的孔洞。

混凝土弯拉强度试件应取同龄期者为一组，每组3根同条件制作和养护的试件。

**三、实训内容**

小梁法测定混凝土弯拉强度。

**四、实训步骤**

① 试件取出后，用湿毛巾覆盖并及时进行试验，保持试件干湿状态不变。在试件中部量出其宽度和高度，精确至1mm。

② 调整两个可移动支座，将试件安放在支座上，试件成型时的侧面朝上，几何对中后，务必使支座及承压面与活动船形垫块的接触面平稳、均匀，否则应垫平。

③ 加荷时，应保持均匀、连续。当混凝土的强度等级小于C30时，加荷速度为0.02～0.05MPa/s；当混凝土的强度等级大于等于C30且小于C60时，加荷速度为0.05～0.08MPa/s；当混凝土的强度等级大于等于C60时，加荷速度为0.08～0.10MPa/s。当试件接近破坏而开始迅速变形时，不得调整试验机油门，直至试件破坏，记下破坏极限荷载$F$（N）。

④ 记录最大荷载和试件下边缘断裂的位置。

**五、试验结果**

① 当断面发生在两个加荷点之间时，弯拉强度$f_f$按下式计算。

$$f_f=\frac{FL}{bh^2}$$

式中 $f_f$——弯拉强度，MPa；

$F$——极限荷载，N；

$L$——支座间距离，mm；

$b$——试件宽度，mm；

$h$——试件高度，mm。

② 以三个试件测值的算术平均值为测定值。三个试件中最大值或最小值中如有一个与中间值之差超过中间值的15%，则把最大值和最小值舍去，以中间值作为试件的弯拉强度；如最大值和最小值与中间值之差值均超过中间值15%，则该组试验结果无效。

三个试件中如有一个断裂面位于加荷点外侧，则混凝土弯拉强度按另外两个试件的试验结果计算。如果这两个测值的差值不大于这两个测值中较小值的15%，则以两个测值的平均值为测试结果，否则结果无效。

如果有两根试件均出现断裂面位于加荷点外侧，则该组结果无效。

**【注意】** 断面位置在试件断块短边一侧的底面中轴线上量得。

弯拉强度计算精确到0.01MPa。

③ 采用100mm×100mm×400mm非标准试件时，在三分点加荷的试验方法同前，但所取得的弯拉强度值，应乘以尺寸换算系数0.85。当混凝土强度等级大于等于C60时，应采用标准试件。

**六、实训报告**

① 要求检测的项目名称、执行标准；

② 原材料的品种、规格和产地；

③ 试验日期及时间；

④ 仪器设备的名称、型号及编号；

⑤ 环境温度和湿度；

⑥ 水泥混凝土弯拉强度值；

⑦ 要说明的其他内容。

**七、实训记录表格**（见表 8-13）

**表 8-13　水泥混凝土弯拉强度试验记录表**

工程名称：　　　　　　　　合同号：　　　　　　　　编号：

| 任务单号 | | 试验环境 | |
|---|---|---|---|
| 试验日期 | | 试验设备 | |
| 试验规程 | | 试验人员 | |
| 评定标准 | | 复核人员 | |

结构物名称________　结构部位(现场桩号)________

试样描述________　设计强度/MPa________

成型方式________　养护方式________

龄期/天________

| 试样编号 | 试件编号 | 试件宽度 $b$ /mm | 试件高度 $h$ /mm | 断裂面位置描述 | 破坏极限荷载 $F$ /kN | 尺寸换算系数 | 弯拉强度测值 $f_f$ /MPa | 弯拉强度测定值 $f_f'$ /MPa | 备注 |
|---|---|---|---|---|---|---|---|---|---|
| | ① | ② | ③ | ④ | ⑤ | ⑥ | ⑦ | ⑧ | |
| | | | | | | | | | |
| | | | | | | | | | |
| | | | | | | | | | |
| | | | | | | | | | |
| | | | | | | | | | |
| | | | | | | | | | |

**八、实训问答**

① 本方法适用条件是什么？

② 如何进行试验结果处理？

# 实训十四　水泥混凝土圆柱体劈裂抗拉强度试验

**一、实训目的**

掌握试验步骤，处理试验数据。

**二、实训器具**

① 压力机或万能试验机。

② 劈裂夹具、木质三合板垫层、钢垫条。钢垫条为平面，厚度不小于 10mm，长度不短于试件边长。木质三合板或硬质纤维板垫层的宽度为 20mm，厚为 3～4mm，长度不小于试件长度，垫层不得重复使用。支架为钢支架。

③ 钢尺：分度值为 1mm。

④ 试件

试件的标准尺寸 $\phi$150mm×300mm。

对于现场芯样，长径比大于等于 1。适宜的长径比在 1.9～2.1，最大长径比不能超过 2.1。芯样最小直径为 100mm，直径至少是公称最大粒径的 2 倍。芯样在进行强度试验前需进行调湿，一般应在标准养护室养护 24h。

**三、实训内容**

水泥混凝土圆柱体劈裂抗拉强度试验。

**四、实训步骤**

① 至试验龄期时，自养护室取出试件，用湿布覆盖，避免其湿度变化。测量出直径、高度并检查外形，尺寸量测至 1mm。

② 在试件中部画出劈裂面位置线。圆柱体的母线公差为 0.15mm。这两条母线应位于同一轴向平面内，彼此相对，两条线的末端在试件的端面上相连，应为通过圆心的直径，以明确标明承压面。将试件、劈裂夹具、垫条和垫层放在压力机上，借助夹具两侧杆，将试件对中。开动压力机，当压力机压板与夹具垫条接近时，调整球座使压力均匀接触试件，当压力到 5kN 时，将夹具的测杆抽掉。

③ 当混凝土的强度等级小于 C30 时，加荷速度为 0.02～0.05MPa/s；当混凝土的强度等级大于等于 C30 且小于 C60 时，加荷速度为 0.05～0.08MPa/s；当混凝土的强度等级大于等于 C60 时，加荷速度为 0.08～0.10MPa/s。当试件接近破坏而开始迅速变形时，不得调整试验机油门，直至试件破坏，记下破坏极限荷载 $F$(N)。

**五、实训报告**

① 要求检测的项目名称、执行标准；

**表 8-14　水泥混凝土圆柱体劈裂抗拉强度试验记录表**

工程名称：　　　　合同号：　　　　编号：

| 任务单号 | | 试验环境 | |
|---|---|---|---|
| 试验日期 | | 试验设备 | |
| 试验规程 | | 试验人员 | |
| 评定标准 | | 复核人员 | |

结构物名称＿＿＿＿＿＿　结构部位(现场桩号)＿＿＿＿＿＿

试样描述＿＿＿＿＿＿　设计强度/MPa＿＿＿＿＿＿

成型方式＿＿＿＿＿＿　养护方式＿＿＿＿＿＿

龄期/天＿＿＿＿＿＿

| 试样编号 | 试件编号 | 直径 $d_m$ /mm | 长度 $l_m$ /mm | 破坏荷载 $F$ /kN | 劈裂抗拉强度测值 $f_{ct}$ /MPa | 劈裂抗拉强度测定值 $f'_{ct}$ /MPa | 备注 |
|---|---|---|---|---|---|---|---|
| ① | ② | ③ | ④ | ⑤ | ⑥ | ⑦ | ⑧ |
| | | | | | | | |
| | | | | | | | |
| | | | | | | | |
| | | | | | | | |
| | | | | | | | |

② 原材料的品种、规格和产地；

③ 试验日期及时间；

④ 仪器设备的名称、型号及编号；
⑤ 环境温度和湿度；
⑥ 圆柱体劈裂抗拉强度值；
⑦ 要说明的其他内容。

**六、实训记录表格**（见表 8-14）

**七、实训问答**

① 本方法适用条件是什么？
② 如何评定混凝土抗拉强度？

# 实训十五　路面工程实施性施工组织设计

**一、实训目的**

熟悉路面工程实施性施工组织设计的内容，能够结合工程实际编制施工组织。培养学生分析解决问题的能力。

**二、实训方法**

结合工程实例，通过老师讲解，使学生掌握设计的要点。

**三、实训步骤**

① 熟悉工程文件。
② 收集编制路面工程实施性施工组织设计所涉及的规范、标准、范文等。
③ 结合工程要点编制路面工程实施性施工组织设计文件。

**四、工程概况**

概述：本项目起点××线 k15＋900 处，终点位于××线 k25＋900 处，总长度 10.00km。

1. 设计情况

公路等级：三级公路。

计算行车速度：40km/h。

2. 工期情况

按招标文件要求，本工程总工期 4 个月。

3. 主要工程数量

见表 8-15。

**表 8-15　本项目工程主要工程数量表**

| 序号 | 工程名称 | 单位 | 数量 | 备注 |
| --- | --- | --- | --- | --- |
| 1 | 10cm 厚砂砾垫层 | $m^2$ | 57220 | |
| 2 | 10cm 厚水稳基层 | $m^2$ | 48220 | |
| 3 | 18cm 厚混凝土面板 | $m^2$ | 42220 | |
| 4 | 培土路肩 | $m^2$ | 15000 | |

# 参 考 文 献


[1] 中华人民共和国行业标准．公路沥青路面施工技术规范（JTG F40—2004）．北京：人民交通出版社，2004.

[2] 中华人民共和国行业标准．公路路基路面现场测试规程（JTG E60—2008）．北京：人民交通出版社，2008.

[3] 中华人民共和国行业标准．公路工程技术标准（JTG B 01—2003）．北京：人民交通出版社，2004.

[4] 中华人民共和国行业标准．公路沥青路面设计规范（JTG D50—2006）．北京：人民交通出版社，2006.

[5] 中华人民共和国行业标准．公路工程质量检验评定标准（JTG F80/1—2004）．北京：人民交通出版社，2005.

[6] 中华人民共和国行业标准．公路工程水泥及水泥混凝土试验规程（JTG F30—2005）．北京：人民交通出版社，2005.

[7] 中华人民共和国行业标准．公路水泥混凝土路面设计规范（JTG D 40—2002）．北京：人民交通出版社，2003.

[8] 中华人民共和国行业标准．公路水泥混凝土路面施工技术规范（JTG F30—2003）．北京：人民交通出版社，2003.

[9] 中华人民共和国行业标准．公路路面基层施工技术规范（JTJ 034—2000）．北京：人民交通出版社，2000.

[10] 中华人民共和国行业标准．公路水泥混凝土路面滑模施工技术规范（JTJ/T 037.1—2000）．北京：人民交通出版社，2000.

[11] 中华人民共和国行业标准．公路排水设计规范（JTJ 034—2000）．北京：人民交通出版社，2000.

[12] 中华人民共和国行业标准．公路土工试验规程（JTG E401—2007）．北京：人民交通出版社，2007.

[13] 夏连学．路面施工技术．北京：人民交通出版社，2011.

[14] 杨文渊，钱绍武．公路工程质检工程师手册——路基、路面工程分册．北京：人民交通出版社，2005.

[15] 文德云．公路施工安全技术．北京：人民交通出版社，2004.

[16] 金仲秋，俞高明．公路工程．北京：人民交通出版社，2010.

[17] 金仲秋，夏连学．公路设计技术．北京：人民交通出版社，2007.

[18] 黄晓民，张晓冰，高英．公路工程检测手册．北京：人民交通出版社，2004.

[19] 李嘉．道路设计常用数据手册．北京：人民交通出版社，2006.